한국형
섭식장애를
말하다

김소울 · 최혜윤 · 오정연 · 김태언 공저
의학자문 한혜성

학지사

프롤로그

    스트레스를 먹는 것으로 푸는 것이 일상이 되어 몸도 마음도 망가져 버렸다. 그러나 이를 멈추기는 쉽지 않다. 조금 더 행복한 삶과 자기만족을 위해 다이어트를 시작했지만 자신의 삶은 불행해졌다. 어느 순간부터 절식과 폭식을 오가는 생활패턴은 삶을 지배했고, 먹고 토하는 것은 습관이 되었으며, 자신을 대표하는 것이 마른 몸매나 체중이 되어 버렸다. 어느 틈에 섭식장애가 우리의 일상 속에 여러 모습으로 스며든 것이다.

    최근 우리나라에도 섭식장애를 겪는 인구가 늘어나면서 섭식장애에 대한 사회의 관심이 높아지고 있으며, 섭식장애가 단순히 먹고 안 먹고의 문제가 아닌 일상생활을 영위하는 데 부정적인 영향을 미치는 정신적 장애라는 개념으로 이해되고 있다. 폭식증, 거식증 등으로 알려진 섭식장애는 심리적 장애로, 정신적 질환으로 분류되어 있다. 하지만 섭식장애를 겪고 있는 사람들은 정확한 섭식장애의 기준이 무엇인지, 그 증상은 어떠하며 치료는 어떻게 해야 하는지에 대해 막연하게 느끼는 경우가 많다. 섭식장애군을 만나는 전문가들조차 섭식장애에 대해 조금씩 다르게 이해하고 있는 부분들이 있는데, 이는 섭식장애가 사회문화적인 요소의 영향을 많이 받고, 국제적으로 통용되고 있는 『정신질환의 진단 및 통계 편람(DSM-5)』에서조차 섭식장애의 진단기준이 불명확한 부분이 있기 때문이다. 더욱이 국내에 소개된 섭식장애에 대한 자료나 사례들은 미국의 경우가 대부분이기 때문에 우리나라와의 사회문화적 차이가 적용되지 않아 거리감을 느끼게 할 때가 많다. 섭식장애의 진단기준 뿐만 아니라 치료에 대한 의견도 출처에 따라 다양하기 때문에 섭식장애를 겪는 환자가 잘못된 치료의 방향을 선택하거나 치료의 시기를 놓쳐 섭식장애 증상을 키우기도 한다.

섭식장애 환자는 섭식장애에 대한 다양한 정보를 취하는 과정에서 자신의 섭식장애가 단순히 의지로 변화할 수 있는 질병이 아니라는 것을 깨닫게 된다. 그러나 섭식장애는 일상생활 속 대인관계와 자존감과 같은 심리적인 문제까지 함께 치료되어야 한다는 것을 알게 되더라도 어디서부터 어떻게 시작해야 할지 모르는 경우가 너무나도 많다. 이를 증명하듯 섭식장애 커뮤니티인 '소금인형'에는 자신의 섭식증상과 치료 방법에 대한 질문이 하루에도 수십 건씩 올라온다.

'소금인형'은 2008년에 개설된, 우리나라 최대 규모의 섭식장애 커뮤니티이다. 커뮤니티에 수시로 올라오는 글에는 섭식장애에 관한 다양한 고민을 쉽게 찾아볼 수 있다. 섭식장애에 대한 정확한 치료 방법을 찾기 어렵다고 호소하기도 하고, 잘못된 자가치료로 인한 치료 실패와 재발에 관한 경험을 공유하기도 하며, 섭식장애를 가진 환자의 부모나 친구는 자신이 어떻게 치료에 도움이 될 수 있을지 묻기도 한다. 앞서 언급했듯이, 섭식장애 환자 수는 시간이 지날수록 증가하고 있지만, 우리나라 섭식장애 환자에 대한 명확한 기준과 적용점이 있는 전문자료는 턱없이 부족한 실정이다. '소금인형'은 병원 및 다양한 심리상담기관과의 협업을 통해 섭식치료 프로그램을 소개·진행하기도 하고, 전문자료들을 추천하기도 하는 등 여러 가지 시도를 하고 있다. 그러나 여전히 섭식장애 치료 방법에 대해 혼란스러워하는 섭식장애 환자들이 있다. 이에 소금인형과의 장기간 협력을 통해 심리상담 프로그램을 제공하는 플로리다마음연구소는 정확한 치료의 방향성 및 치료를 실패했을 때의 대처 방안으로서 전문적인 치료의 접근법을 제시하기 위해 이 책의 출간을 기획하게 되었다.

플로리다마음연구소는 섭식장애를 겪는 환자가 자신의 섭식문제의 원인을 찾고 심리적으로 회복할 수 있도록 심리상담을 제공하는 섭식장애 치료 전문기관이다. 치료 프로그램은 개인치료부터 집단치료, 온·오프라인 치료까지 다양하고, 섭식장애 치료와 더불어 자존감, 우울증, 대인관계, 가족문제, 스트레스 관리 등에 대한 치료를 함께 진행한다.

뼈가 보일 정도로 말랐음에도 자신은 계속 뚱뚱하다고 느끼는 인지왜곡, 음식조차 조절하지 못하는 자신을 가치 없다고 느끼는 자기비하적 사고, 먹고 토하는 것 외에는 할 것이 없다는 무기력감, 음식 먹기에 대한 두려움으로 포기해 버린 대인관계, 음식을 제외하고는 자신을 조절할 방법이 없다고 느끼는 낮은 통제감 등은 섭식장애 심리상담에서 주요하게 다루어져야 할 주제이다. 음식을 먹는 행위가 자신에게 어떤 의미인지 확인해 보고 섭식장애로부터 회복된 자신의 모습을 구체적으로 설정해 보는 작업은 회복에 가속도를 붙이는 시작점이 된다. 마음연구소의 다양한 심리치료적 접근방식을 통해 많은 내담자가 섭식장애의 근본적인 원인을 찾고 회복할 수 있었다.

섭식장애 치료 분야에서 치과치료는 사각지대에 놓여 있다. 폭토나 씹뱉 증상은 분명하게 치아에 치명적인 손상을 입히지만 섭식장애 전문 심리상담 기관이나 정신건강의학의 전문의는 치아에 대한 전문적인 지식이 부족하고, 치과에서는 섭식장애에 대한 지식이 부족하다. 마음연구소에서는 별도의 치아상담 파트를 전문적으로 운영 중이며, 섭식장애 환자가 식사치료와 심리치료를 병행함과 동시에 섭식장애 증상과 즉각적으로 연결되는 치아를 치료하고 관리할 수 있도록 연계하고 있다.

회복식은 전문가가 가장 추천하는 섭식장애 식사치료 방법으로 전 세계적으로 가장 널리 사용되고 있고, 병원에서의 식사치료는 특별한 경우를 제외하고는 회복식으로 진행한다. 그러나 최근에는 인터넷에 섭식장애 치료 방법을 검색해 보면 미니머드(MinnieMaud)라는 단어가 자주 등장한다.

미니머드는 Gwyneth의 저서 『Recovery from Eating Disorder: The Homeodynamic Recovery Method, Step by Step Guide』를 통해 소개되고 있으나 아직 국내에는 번역되지 않았고 섭식장애 커뮤니티, 섭식장애 환자들의 SNS, 섭식장애 관련 유튜브, 미국 웹페이지 등을 통해 단편적인 정보를 찾아볼 수 있는 것이 전부이다. 이 책에서는 회복식과 미니머드의 기준을 제공함과 동시에 공통점과 차이점에 대해서도 설명하고 있다.

또한 이 책은 섭식장애를 겪는 환자를 힘들게 하는 심리적인 문제들뿐만 아니라, 실질적으로 궁금해하는 체중변화, 치아 부식, 복부팽만, 부종, 생리불순 등 신체적인 현상에 대한 구체적인 설명을 위해 전문가들이 고심하여 질문과 답을 찾아 제시하였다.

『한국형 섭식장애를 말하다』는 섭식장애 환자들과의 상담 및 진료 현장에서 섭식장애에 대한 여러 사례를 마주하면서, 한국형 섭식장애에 대한 정확한 기준과 증상들, 우리나라의 사회문화적 현상이 적용된 섭식장애 이야기와 치료 방법에 대한 사례가 더욱 중요하다는 필요성에 의해 집필되었다. PART 1 '한국 사람들이 굶기 시작했다'는 우리나라의 문화 독특성 및 사회적 이슈와 연결된 한국형 섭식장애에 대한 정보, 각 세대별 섭식장애, 잘못된 다이어트 정보들에 대한 이야기로 시작한다. PART 2 '굶고, 씹고, 먹고, 토하고'는 섭식장애의 여러 양상과 증상을 다룬다. PART 3 '섭식장애의 도미노 효과'는 섭식장애와 함께 나타나는 부종, 생리불순, 탈모, 치아손상 등의 신체적 증상에 대한 전문적인 내용들로 구성되어 있다. PART 4 '회복의 시작'은 섭식장애 치료 과정에 대한 다양한 이야기, 섭식장애 치료 시 자주 등장하는 질문들에 대한 답을 제시하고 있다. PART 5 '회복을 방해하는 요인'에서는 섭식장애 치료 시 만나게 되는 회복에 방해가 되는 대표적인 요인들을 하나하나 살펴본다. 마지막으로, PART 6 '회복, 그 이후'는 섭식장애 치료 후기부터 재발에 대처하는 자세, 완치의 개념에 대한 내용을 담고 있다. 즉, 한국형 섭식장애란 무엇이고 왜 발병하게 되는지에 대한 이야기로 시작해서 다양한 증상과 치료과정, 회복 이후의 이야기까지 순차적으로 읽을 수 있게끔 구성하였다. 그리고 이 책은 환자와 심리상담기관 그리고 병원 모두의 입장에서 기술되었기에 '내담자'와 '환자'라는 용어를 혼용하여 사용하고 있다.

　이 책이 섭식장애를 겪는 환자, 환자의 주변 사람들 그리고 섭식장애를 다루는 심리상담 전문가 및 정신건강의학 분야 종사자들에게 도움이 될 수 있기를 바란다. 또한 이러한 과정을 통해 한국 사회가 섭식장애에 대한 성숙한 이해도를 가지게 되기를 기대해 본다.

감사의 글

『한국형 섭식장애를 말하다』는 많은 분의 도움으로 출판하게 되었다.

2019년 여름, 플로리다마음연구소와 오랜 인연이 있었던 우리나라 최대 규모의 섭식장애 커뮤니티 '소금인형'의 매니저인 오정연 선생님과 마음연구소의 기획이 시작되었다. 섭식장애 심리상담 현장에서 많은 내담자와 상담을 진행 중인 최혜윤 마음연구소 부소장님 그리고 섭식장애 치아상담과 섭식장애 환자를 위한 치아관리 세미나를 진행해 주시는 한국치과위생사임상연구회의 김태언 회장님이 이 책의 공동 저자로 참여하게 되었다. 4명의 공동 저자는 섭식장애 환자와 가족 그리고 환자를 접하는 현장의 전문가에게 실질적으로 도움이 되는 책을 만들어 보고자 이 책의 집필을 결정하였다.

이 책에 담을 수 있도록 사례 공개를 허락해 준 마음연구소의 내담자들에게 감사의 말을 올린다. 또한 비슷한 일을 겪은 내담자들에게 도움이 되고자 적극적으로 정보를 제공해 준 내담자들의 가족들에게도 진심으로 감사를 드린다.

『한국형 섭식장애를 말하다』의 의학자문을 해 주신 조이의원의 한혜성 원장님에게도 감사의 말씀을 전한다. 한혜성 원장님은 가톨릭대학교 성모병원에서 정신건강의학과 전공의를 수료했고, 가톨릭대학교 서울성모병원 임상교수를 거쳐 현재 가톨릭대학교 의과대학 외래교수로 재직 중이다. 한혜성 원장님은 조이의원에서 많은 섭식장애 환자에게 도움을 주고 있다. 그리고 이 책의 산부인과 관련 부분 집필에 도움을 주신 차여성의학연구소 서울역센터의 유은정 교수님께도 고마운 마음을 표하고 싶다.

마지막으로, 이 책의 출판을 적극적으로 지지해 준 도서출판 학지사 관계자분들께도 감사의 말을 전한다.

2020년 9월

대표저자 플로리다마음연구소 소장

김소울

감사의 글

PART 6
회복, 그 이후

PART 1

한국 사람들이
굶기 시작했다

1. 내가 섭식장애인가요

섭식장애는 여전히 많은 사람에게 낯선 단어이다. 최근 50년간 꾸준한 증가율을 보이고 있고 미디어에서도 섭식장애를 종종 다루고는 있지만, 섭식장애라는 단어를 들었을 때 고개를 갸우뚱하는 사람은 여전히 많다. 과거에는 우울증이 선진국에서 주로 발병한다는 이유로 선진국병이라고 불리기도 했다. 하루하루를 치열하게 살아남기 바쁜 곳에서는 우울할 여유가 없다는 이유에서였다. 당장 먹고 살기 바빠서 끼니를 걱정하는 문화권에서는 발생하기 어렵다는 점에서 섭식장애 역시 우울증과 마찬가지로 선진국병이라고 불리기도 한다.

최근 섭식장애가 대중의 관심을 받게 되면서 현대적인 질병으로 생각되기도 하지만, 역사적 기록을 들여다보면 중세시대에 음식을 거부하는 행위가 종교적 행위로 기술되었다는 것을 발견할 수 있다. 중세의 기록에 따르면, 금욕생활을 했던 여성은 식사를 거부하거나 음식을 먹은 후 바로 구토를 하고 성당에서 주는 영성체 외에는 어떤 음식도 먹지 않았다. 그 당시 금욕생활을 하는 여성은 성녀로 칭송받았고 자신의 야위어 가는 모습에 기뻐했다는 기록이 있다. 그러나 이 증상은 현대의 기준으로 보았을 때 거식증과 유사하다. 성녀는 아니지만 미녀로 칭송받기 위해 일부 사람들은 음식을 극도로 제한하거나 음식을 먹고 토를 하는 등의 행동을 반복하기도 한다.

폭식하고 토하는 폭토 증상과 씹고 뱉는 씹뱉 증상은 과거 로마 시대의 기록에서도 확인할 수 있다. 당시 귀족은 맛있는 음식을 최대한 많이 먹고 음미하기 위해 하인이 들고 있는 양동이에 씹은 음식을 뱉기도 했고, 더 많이 먹고자 일부러 구토를 유발했다고 한다. 섭식장애 환자가 설사를 유발하기 위해 변비약을 복용하는 것처럼 로마 시대에서도 귀족은 다량의 식사를 한 후 설사유도제를 복용했었다. 목적은 다르지만 과거에도 현재에도 많은 사람이 굶거나 먹고 토하는 행동을 반복하고 있다.

우리나라 최대 규모의 섭식장애 커뮤니티 소금인형에는 자신이 섭식장애인지에 대해 확인받으려는 질문을 쉽게 찾을 수 있다.

> "제가 섭식장애인지 그냥 다이어트 중인건지 헷갈려요."
> "이 정도 먹으면 폭식증인가요?"

소금인형에 가입하는 회원들은 그 양상이 다양하다. 스스로 섭식장애 환자임을 인지하고 가입한 사람도 있지만, 다이어트와 섭식장애의 경계선에 존재하는 사람도 있다. 후자는 현재 증상이 다이어트의 부작용인지 아니면 섭식장애 초기 증상인지 혼란스러워 답을 얻기 위해 가입하기도 한다.

다이어트와 섭식장애는 살을 빼고 싶어 한다는 점에서 동일한 목적을 가지지만, 섭식장애 환자의 경우 음식과 섭식행동이 일상생활 영역을 침범한다는 점에서 이 둘은 구분된다. 폭식은 밥 몇 공기, 라면 몇 개와 같은 음식의 절대적인 양으로 결정되는 것이 아니며, 거식 역시 하루 몇 칼로리 이하라는 수치로 결정되는 것이 아니다. 음식의 양에 상관없이 음식을 먹는 것이 불편하지 않고 다른 사람과 즐겁게 식사를 하는 것이 가능하다면 섭식장애라고 말하지 않는다.

그러나 스스로 먹은 음식에 대해 죄책감과 우울, 수치심 등의 과도한 부정적 감정을 느끼거나 섭취한 음식을 제거하려는 행위가 수반된다면 섭식장애라고 말할 수 있다. 즉, 음식이 일상생활을 영위하는 데 방해가 되는지의 여부에 따라 다이어트와 섭식장애를 구분할 수 있다.

≪표 1-1≫ 2014~2018년 섭식장애 환자의 인구통계학적 비율

구분	10대 이하	10대	20대	30대	40대	50대	60대
여성		2,786명 (8.7%)	6,995명 (21.9%)	4,629명 (14.5%)	3,156명 (9.9%)		
남성	463명 (2.7%)	202명 (1.2%)	432명 (2.5%)	272명 (1.6%)	164명 (1.0%)	138명 (0.8%)	114명 (0.7%)

출처: 건강보험심사평가원(2018).

전 세계적으로 섭식장애 환자의 수는 증가하고 있으며, 우리나라도 2018년에 공식적으로 집계된 섭식장애 환자 수가 8,000명을 넘어섰다. 건강보험심사평가원의 「2014~2018년 거식증·폭식증 환자 현황」에 따르면, 최근 5년간 폭식증과 거식증 치료를 위해 진료받은 환자의 수는 약 31,500명이다. 치료를 받은 섭식장애 환자의 수는 2014년(7,261명)에 비해 2018년(8,316명)에는 14.5% 증가했다. 5년간 섭식장애로 진료받은 전체 환자 중 여성은 31,471명, 남성은 6,988명으로 집계됐다. 연령대별 섭식장애 환자의 분포도를 보면 여성은 20대에 가장 높은 발병률을, 남성은 연령대와 상관없이 비교적 고른 발병률의 분포를 보였다. 날씬한 여성을 강요하는 사회 분위기 그리고 마른 몸매는 여성의 전유물이라는 사회적 인식이 젊은 여성의 섭식장애 환자 수를 크

게 늘리고 있는 것으로 보인다. 그러나 통계에 포함된 섭식장애 환자는 실제로 섭식장애를 앓고 있는 환자의 일부에 지나지 않으며 진단을 받지 않은 섭식장애 환자의 수는 통계치의 약 10배 이상일 것으로 추정된다. 일부 전문가들은 대한민국 20대 여성 중 약 10%가 섭식장애라고 단정지을 만큼 통계적 수치와 실제 수치는 차이가 있을 수 있다.

섭식장애 환자는 섭식장애 증상을 스스로 인지함에도 불구하고 치료를 쉽게 시작하지 않는다. 자신의 증상이 섭식장애라는 사실을 모르기도 하고, 알게 되더라도 받아들이고 싶어 하지 않거나, 다른 사람에게 알리는 것이 수치스러운 일이라고 생각하기 때문이다. 서울특별시 소재의 한 정신건강의학과 전문의는 환자가 진료 중에 자신의 섭식장애 증상을 밝히지 않아 기타 정신장애로만 진단하고 섭식장애 진단을 내리지 못하는 경우가 약 50%라고 설명한다.

섭식장애의 분류

현재 세계적으로 가장 많은 정신건강의학과 전문의와 연구자가 정신장애 진단을 위해 사용하는 기준은 미국의 『정신질환의 진단 및 통계 편람(Diagnostic and Statistical Manual of Mental Disorders: DSM-5)』이다. DSM은 정신장애의 정의 및 증상을 판단할 수 있는 통계적인 기준을 제시하고 있지만 모든 환자가 기재된 증상과 100% 일치하는 것은 아니다. 제시된 진단기준에서 크게 벗어난 특이점이 있는 환자들은 DSM 기준에서 제외되었기 때문이다. DSM은 개정에 따라 진단명과 기준이 바뀌고 있고, 이전 개정판에 없던 질병 분류가 새로 생기기도 한다.

국내 정신건강의학과에서도 기본적으로는 DSM-5의 기준으로 섭식장애를 진단한다. 여기서 '기본적으로는'이라고 표현한 이유는 섭식장애가 사람마다 다양한 양상으로 나타나고 시대와 사회적인 인식에 따라 이상 섭식행동에 대한 규정이 달라지기 때문이다. 예를 들어, 지금의 DSM-5의 이전 개정판인 DSM-4에서는 제거 행위가 없는 폭식증인 폭식장애(Binge eating disorder)가 별도의 섭식장애군으로 분류되지 않았다. 또한 섭식장애 환자 중에는 DSM-5에서 명시된 신경성 식욕부진증, 신경성 폭식증, 폭식장애에 표기된 증상을 보이지 않는 경우도 있다. 사람들과 일반적인 식사가 가능하고 제거행위가 없음에도 불구하고 스스로 느끼기에는 식사가 공포스럽고 머릿속에는 음식과 체중에 대한 생각이 가득한 경우가 이에 해당한다.

DSM-5는 진단기준을 제시해 주지만 모든 섭식장애 환자에게 100% 적용되지는 않는다. 다음에 소개하는 4개의 용어는 DSM-5에 상기된 표현은 아니지만 우리나라의 섭식장애 환자들에게 익숙하고 많이 사용되고 있는 섭식장애 용어들이다.

거식

체중이 심각하게 저하된 상태에도 불구하고, 체중증가와 비만에 대한 극심한 두려움으로 장기간 음식섭취를 줄이거나 거부하는 행위로 정의된다. 체중을 감소시키려는 행동이 지속적이고 강박적으로 나타나며, 스스로 자신의 체중과 몸매를 왜곡하여 인지하는 경우가 많다. DSM-5에서는 신경성 식욕부진증(Anorexia Nervosa)으로 분류되고 있다.

제거형 폭식

자신이 기준한 식사량보다 과도하게 많은 음식을 먹은 후, 죄책감이나 체중증가에 대한 극단적인 두려움으로 먹은 음식을 제거하는 행위로 정의된다. 제거행동은 구토, 이뇨제, 변비약 등을 통해 진행한다. 제거행동이 구토일 경우 폭식하고 토했다는 의미에서 '폭토'라는 단어를 사용한다. 이러한 유형의 환자는 폭식을 하는 동안 자제력을 상실하여 먹는 음식의 양과 속도를 조절할 수 없다고 느낀다. 이들은 반복적인 폭식과 구토 행위로 인해 수치심, 초조함, 무기력, 자괴감 등의 부정적 감정을 느끼고, 왜곡된 신체상에 집착한다. 강한 우울감이 자주 동반되며 자기비하적 생각으로 인해 자살사고도 잦은 편이다. DSM-5에서는 신경성 폭식증(Bulimia Nervosa)으로 분류되고 있다.

비제거형 폭식

자신이 기준한 식사량보다 과도하게 많은 음식을 먹은 후 구토, 이뇨제, 변비약 등의 보상행동을 하지 않는 행위로 정의된다. 비제거형 폭식은 많은 양의 음식을 먹은 후 제거행동이 수반되지 않기 때문에 과체중이거나 비만인 경우가 많다. 비제거형 폭식을 겪는 사람은 음식에 중독된 사람처럼 하루 종일 먹는 경우도 있지만 저녁이나 주말에 몰아서 폭식하기도 한다. 이들은 폭식 후에 수치심과 우울감, 죄책감 등의 부정적 감정을 느낀다. DSM-5에서는 폭식장애로 분류되고 있다.

씹뱉

음식을 씹은 후 맛만 보고 그대로 뱉어 내는 행위로 정의된다. 음식물 덩어리가 거의 위장으로 들어가지 않기 때문에 몇 시간에 걸쳐 씹고 뱉는 행위를 지속할 수 있다. 다량의 음식을 소비하고, 식비로 많은 비용을 지출하기도 한다. 음식을 삼켜 몸 안에 넣는다면 체중이 증가할 것이라는 두려움과 체중에 인지왜곡을 가지고 있다. DSM-5에서는 별도의 섭식장애 증상으로 분류되어 있지 않다.

부록: 섭식장애 척도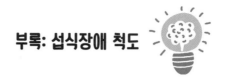

　　DSM-5와 마찬가지로 연구에 사용되고 있는 섭식장애 척도들은 하나의 기준점을 제시하고 있으나, 신뢰도·타당도·일치도 부분에서 더 많은 연구결과를 필요로 하고, 일부 섭식장애 환자가 기준에 포함되지 않는 경우도 있다. 따라서 섭식장애 척도의 결과는 절대적인 것이 아니며, 자신의 섭식장애를 체크해 볼 수 있는 참고 자료로 사용하기를 권한다.

▶ 식사 태도 검사(Eating Attitude Test: EAT-26)

문항	항상 그렇다	거의 그렇다	자주 그렇다	가끔 그렇다	거의 그렇지 않다	전혀 그렇지 않다
1. 살찌는 것이 두렵다.	①	②	③	④	⑤	⑥
2. 배가 고파도 식사를 하지 않는다.	①	②	③	④	⑤	⑥
3. 나는 음식에 집착하고 있다.	①	②	③	④	⑤	⑥
4. 억제할 수 없이 폭식을 한 적이 있다.	①	②	③	④	⑤	⑥
5. 음식을 작은 조각으로 나누어 먹는다.	①	②	③	④	⑤	⑥
6. 내가 먹는 음식의 영양분과 열량을 알고 먹는다.	①	②	③	④	⑤	⑥
7. 빵, 감자 등 탄수화물이 많은 음식은 특히 피한다.	①	②	③	④	⑤	⑥
8. 내가 음식을 많이 먹으면 다른 사람들이 좋아하는 것 같다.	①	②	③	④	⑤	⑥
9. 먹고 난 다음 토한다.	①	②	③	④	⑤	⑥
10. 먹고 난 다음 심한 죄책감을 느낀다.	①	②	③	④	⑤	⑥

11. 내가 더 날씬해져야겠다는 생각을 떨쳐 버릴 수 없다.	①	②	③	④	⑤	⑥
12. 운동을 할 때 운동으로 인해 없어질 열량에 대해 계산하거나 생각한다.	①	②	③	④	⑤	⑥
13. 내가 살이 쪘다는 생각을 떨쳐 버릴 수 없다.	①	②	③	④	⑤	⑥
14. 남들이 내가 너무 말랐다고 생각한다.	①	②	③	④	⑤	⑥
15. 식사 시간이 다른 사람보다 더 길다.	①	②	③	④	⑤	⑥
16. 설탕이 든 음식은 피한다.	①	②	③	④	⑤	⑥
17. 체중조절을 위해 다이어트용 음식을 먹는다.	①	②	③	④	⑤	⑥
18. 음식이 나의 인생을 지배한다는 생각이 든다.	①	②	③	④	⑤	⑥
19. 음식에 대한 자신의 조절 능력을 과시한다.	①	②	③	④	⑤	⑥
20. 다른 사람들이 나에게 음식을 먹도록 강요하는 것 같이 느껴진다.	①	②	③	④	⑤	⑥
21. 음식에 대해 많은 시간과 정력을 투자한다.	①	②	③	④	⑤	⑥
22. 단 음식을 먹고 나면 마음이 편치 않다.	①	②	③	④	⑤	⑥
23. 체중을 줄이기 위해 운동이나 다른 것을 하고 있다.	①	②	③	④	⑤	⑥
24. 위가 비어 있는 느낌이 있다.	①	②	③	④	⑤	⑥
25. 새로운 기름진 음식을 먹는 것을 즐긴다.	①	②	③	④	⑤	⑥
26. 식사 후 토하고 싶은 충동을 느낀다.	①	②	③	④	⑤	⑥

채점 방식:

항상 그렇다=3점   거의 그렇다=2점   자주 그렇다=1점
가끔 그렇다=1점   거의 그렇지 않다=0점   전혀 그렇지 않다=0점

(단, 25번 문항은 역채점한다. 전혀 그렇지 않다=3점, 거의 그렇지 않다=2점, 가끔 그렇다=1점, 자주 그렇다, 거의 그렇다, 항상 그렇다=0점)

채점결과:

남자 15점 이하, 여자 18점 이하: 섭식장애 없음.   남자 15~18점, 여자 18~21점: 경도 섭식장애
남자 19~22점, 여자 22~26점: 중등도 섭식장애   남자 23점 이상, 여자 27점 이상: 중도 섭식장애

출처: 한국판-이민규, 박세현, 손상호, 정영표, 홍성국, 이형관, 장필림, 윤애리(1988).

▶ 섭식장애 신념척도(Testable Assumption Questionnaire–Eating Disorders: TAQ–ED)

문항	전혀 아니다	아니다	보통 이다	그렇다	매우 그렇다
1. 내 몸무게가 늘었다고 느낀다면, 실제로 내 몸무게가 늘었다는 것이다.	①	②	③	④	⑤
2. 먹는 것을 엄격히 관리하지 못하면, 점점 더 많이 먹는 것을 스스로 멈추지 못할 것이다.	①	②	③	④	⑤
3. 내가 뚱뚱하다면, 대부분의 사람들이 나를 비웃을 것이다.	①	②	③	④	⑤
4. 뚱뚱하다는 것은 인간으로서 실패했다는 것을 의미한다.	①	②	③	④	⑤
5. 내가 다른 사람에게 부정적인 감정을 표현한다면, 사람들은 잘 대처할 수 없을 것이다.	①	②	③	④	⑤
6. 내 스스로가 매력적이지 못한다고 느낀다면, 다른 사람들도 나를 그렇게 본다는 것이다.	①	②	③	④	⑤
7. 남자들은 날씬한 여자에게만 관심이 있다.	①	②	③	④	⑤
8. 뚱뚱해지면, 아무도 나와 함께하기를 원치 않을 것이다.	①	②	③	④	⑤
9. 먹는 것을 제한하는 것은 부정적인 생각과 기분을 조절하게 한다.	①	②	③	④	⑤
10. 1kg 정도 체중이 늘면, 대부분의 사람들이 알아볼 것이다.	①	②	③	④	⑤
11. 내가 속으로 어떻게 느끼는지를 말한다면, 사람들은 나를 거부할 것이다.	①	②	③	④	⑤

채점 결과: 섭식장애 신념과 관련하여 낮은 점수는 신념이 낮음을 의미하고 높은 점수는 신념의 정도가 높음을 의미한다.

출처: 박세정(2011), 섭식장애 신념척도의 타당화–여대생을 중심으로.

2. 대한민국 문화 독특성과 섭식장애

　어느 순간부터 날씬한 몸매는 철저한 자기관리의 상징이 되었다. 그로 인해 달고 짜고 기름진 음식을 먹고 싶지만 절제하는 것, 움직이고 싶지 않은 욕구를 극복하고 규칙적으로 운동을 하는 것, 즉 자신의 욕구를 최대한으로 억제하는 행동이 곧 자기관리라고 통용되고 있다. 동시에 이와 반대인 사람들, 즉 비만인 몸매는 게으름의 상징이자 미련한 존재로 무시당하기도 한다. 예전의 다이어트는 비만한 사람이 정상 체중이 되기 위해 식단조절을 하고 운동을 하는 개념이었다. 그러나 몇년 전부터는 날씬함을 넘어서 마른 몸매를 가진 사람이 남들보다 자기관리를 잘한다는 인식이 점차 만연해졌고, 결국 이런 왜곡된 인식이 주는 무언의 압력은 정상 체중임에도 불구하고 마른 몸매를 위해 다이어트를 시도하도록 만들었다.

　섭식장애는 다양한 원인으로 촉발될 수 있는데, 음식과 관련된 환경에서의 노출도 그중 하나가 될 수 있다. 음식을 요리하고 먹는 방송이 전 세계적으로 주목받는 하나의 장르가 되었고 우리나라는 특히 음식을 먹는 채널이 엄청난

인기를 얻고 있다. 과거 '아프리카 TV'로부터 알려지기 시작한 먹는 방송(이하 먹방)이 다양한 유튜브 채널로 확산되었고, 외국에서 이러한 콘텐츠를 다룰 때 'Mukbang'이라 표기할 정도로 먹방은 새로운 한국문화의 하나로 자리 잡고 있다. 누군가 많은 양의 음식을 맛있게 먹는 모습은 시청자에게 대리만족이라는 긍정적 효과도 줄 수 있지만, 식사와 감정이 예민하게 연결된 사람에게는 왜곡된 방식으로 작용될 수 있다. 많은 양의 음식을 먹어도 살이 찌지 않는 유튜버의 모습에 부러운 마음이 드는 반면, 먹는 만큼 살이 찌는 자신의 신체에 부정적 감정을 느끼는 것이다. 이러한 감정은 폭식이나 절식을 유발할 수 있다.

우리 사회의 손쉬운 배달음식 문화도 섭식장애를 촉발할 수 있는 환경적 원인 중 하나로 지목되고 있다. 배달음식이 섭식장애를 직접적으로 유발하지는 않지만 자극적인 음식을 손쉽게 주문해 먹을 수 있는 환경은 폭식을 용이하게 한다. 배달앱에서 24시간 주문이 가능한 야식은 여러 가지 면에서 섭식장애와 부정적인 상호작용을 한다. 습관적인 야식은 수면 호르몬인 멜라토닌과 식욕억제 호르몬인 렙틴의 분비를 감소시켜 불필요한 식욕을 상승시키기 때문이다.

"얼굴 좋아졌네."

우리 사회에서는 식사 여부를 인사로 사용하는 독특한 문화가 있다. "식사하셨어요?"는 가벼운 안부를 묻는 통상적인 인사말로 여겨진다. 이러한 문화에서 음식을 먹고 토를 하거나 살찔 것이 두려워 음식을 먹지 못하는 행동은 '비상식'의 범주에 들어갈 수밖에 없다. 고리타분하게 예전 보릿고개의 이야기를 굳이 꺼내지 않아도 먹은 것을 게워 내거나 음식을 거부하는 것은 대다수의 사람에게 공감받기 어려운 행동이다.

오랜만에 만난 지인이나 친구의 신체나 체중변화를 짚어 내며 이야기하는 것을 인사라고 생각하는 사람들도 있다.

"어휴~ 얼굴 살이 올랐네. 요새 편한가 봐?"
"에고, 깡마른 것 좀 봐. 밥 좀 잘 먹고 다녀야지."

타인의 체형을 굳이 말로 표현하는 무례한 행위를 서슴지 않는 것이다.

인사치레로 건네는 가벼운 말들이 아니더라도 일상 속의 대화 중 신체에 대한 이야기는 자주 등장한다. 단골 식당에서는 "잘 먹으면 좋죠. 더 먹어요."라고 말하지만 정작 밥을 추가하면 "무슨 여자가 밥을 그렇게 많이 먹냐."는 이야기를 쉽게 꺼낸다. 편의점에서 가끔 마주치는 사장님은 배가 좀 나오거나 살이 붙으면 "임신했어?"라는 말을 아무렇지도 않게 한다. 이러한 신체변화에 대한 평가는 불쾌함으로 다가온다. 정기적으로 방문하는 마사지 숍 원장의 "시집가려면 살 빼라."는 말에는 뚱뚱한 여성은 시집 못 간다는 전제가 깔려 있어 기분이 나빠진다. 독립 후 일 년에 한두 번 방문하는 본가에서도 "혼자 집에만 있으니까 살찌고 시집도 못 가지."라는 말을 쉽게 꺼낸다. 오랜만에 얼굴 보니 반갑다는 말이 먼저 나올 법도 한데 혼기가 지난 딸이 못마땅한 아버지의 한마디는 수많은 남성이 자신에게 살쪘다고 손가락질하는 듯한 기분을 느끼게 한다.

대한민국은 개인 간의 사회적 공간이 상당히 좁은 문화권에 속한다. 일부 한국인은 체중변화, 애인 유무, 결혼을 언제 할 것인지, 결혼을 했다면 아이가 있는지, 없다면 언제 낳을 것인지에 대해 서슴없이 물으면서도 자신이 무례한 행동을 한다는 것을 인지하지 못한다. "실례지만 나이가 어떻게 되세요?"라고 묻는 것은 '예의에 어긋나는 것을 알지만 그건 당신에게 적용되는 사항은 아니고 당신 나이가 몇 살이야.'라고 상대방을 철저하게 무시하는 행위이다. 실례라는 것을 안다면 상대방에게 묻거나 이야기하지 말아야 한다. 동방예의지국이라고 말만 내세웠을 뿐, 상대방에게 가혹한 말과 질문을 쉽게 꺼내는 곳이 바로, 대한민국이다. 사람을 위축시키는 말들로 발생한 불편한 감정은 다른 사람을 만나는 시간이나 장소를 피하도록 만든다. 이러한 문화는 실제로 여성의 생각과 행동에도 영향을 미쳐 섭식장애가 발병하기 쉬운 환경을 만든다.

최근 들어 다양한 사이즈를 존중하자는 변화의 조짐이 관찰되기는 하지만 여전히 여성에게 가해지는 획일화된 외모와 체형에 대한 강요는 여전히 압도적이다. 여성의 인권에 대한 목소리가 높아진 지 오랜 시간이 지났지만 여전히 차별은 존재하는 것처럼, 외모지상주의에 대한 사회적 분위기와 메시지를 한순간에 변화시키는 것은 불가능할 것이다. 그래도 여성의 권리가 시간이 지남에 따라 점차 신장되고 있듯이, 외모와 체형에 대한 사회적 압력도 충분히 완화될 수 있다. 그 시작은 개인이 할 수 있는 작은 노력에서부터 비롯된다. 당장 나부터 다른 사람의 체중과 체형에 대한 농담과 평가를 멈추는 것, 다른 사람의 살에 대한 이야기를 하지 않는 것 그리고 살찐 사람을 바라보는 시선에 자동적으로 느껴지는 부정적 편견으로부터 벗어나려는 노력에서부터 작은 변화는 시작될 것이다.

감정을 표현하기 어려운 대한민국

우리 사회는 감정표현에 대해 소극적인 사회이다. 대한민국에서는 인간의 감정을 희로애락(喜怒哀樂)이라는 4가지 감정으로 구분하고 있지만, 사실상 한국에서 감정을 명확히 표현하며 살아가는 사람은 많지 않다. 한국 사회는 오랜 시간 인간의 감정을 표현하는 것보다는 인간의 도리와 인의예지를 강조했고 그것이 더 가치 있다고 생각해 왔다. 타인의 마음이 상하지 않도록 말하는 것이 예의라고 교육받았고, 상대방의 예의 없고 무례한 말에도 직접적으로 감정을 드러내는 것보다는 웃으면서 넘기거나 피하는 방식이 좋은 대처라고 인식해 왔다. 추가적으로, 어른이 하는 이야기에 말대꾸하는 사람에 대해서는 예의 없다고 치부해 버리는 문화도 손윗사람이 던지는 외모에 대한 이야기를 인내하도록 만든다. 자신의 외모나 체중에 대해 지적하는 말에 정색하거나 반박하는 사람은 예민하다고 여겨지며, 분위기를 험악하게 만드는 사람이라고 치부하는 것이다. "몸매가 좋아졌네." "살 빠지니 이제 좀 여자 같네."라고 가볍게 던지는 말에 단호하게 불쾌함을 표현할 수 있는 사람이 얼마나 될까. 결국 표현하지 못한 불편한 감정은 축적되어 비합리적인 자기비하 사고를 만들어 낸다.

'역시 나 같은 건 아무짝에 쓸모없어.'
'나를 좋아하는 사람도 없으니 차라리 죽는 게 나아.'

자신을 깎아내리고 무의미하도록 만드는 감점 대화를 스스로에게 건네는 것이다. 일부 섭식장애 환자는 "외국이었으면 뚱뚱해도 신경 쓰지 않고 비키니도 입고 할 텐데."라는 이야기를 하며 한국이기 때문에 특별히 외모에 대한 평가가 엄격하다고 생각하기도 한다. 그러나 대부분의 전 세계 문화권에서도 외모와 체형은 사람을 평가하는 잣대로 작용되고 있고, 비만 비율이 높은 나라라고 하여 비만에 대해 부정적인 시선이 없는 것도 아니다. 익숙하지 않은 문화권에 대한 이해는 반대의 경우에도 마찬가지로 적용된다. 한 예로, 2018년에 캐나다의 한 정신과 의사가 "동양권에도 섭식장애가 있다. 홍콩에서 보고된 것을 보았다."고 인터뷰한 것만 보아도 그 오해의 맥락을 파악할 수 있다. 여기서 강조하고자 하는 것은 한국이기 때문에, 우리나라에서 이러한 문화를 가지고 있기 때문에 피해를 입었다는 사고를 가질 필요는 없다는 것이다. 다만, 한국 사회에 만연해 있는 음식과 타인의 외모에 대한 비난이 어떤 부분에서 섭식장애를 강화하고 있는지를 알고 인지하는 것은 중요하다. 결국, 자신이 노출되어 있는 환경에 대한 이해가 선행된다면 섭식장애에 관련된 다양한 연결고리를 파악할 수 있을 것이고, 회복을 시도할 때 발생하는 방해 요소들을 예방하고 대비할 수 있을 것이다.

3. 초등학생부터 기혼자까지

섭식장애가 주요하게 발생하는 연령대는 분명 존재하지만 시간이 지남에 따라 발병 연령대는 점차 그 폭이 넓어지고 있다. 특히 최근 들어 섭식장애 발병 시기가 앞당겨지면서 어린 환자군에 대한 우려의 목소리가 높아지고 있다.

놀림받기 싫은 아이들

"우리 아이는 아기 때부터 좀 통통한 편이었어요. 하루는 친구들이 우리 애한테 통통하다고 조금 놀렸나 봐요. 그때부터 '엄마, 살 빼려면 어떻게 해야 해?' '이거 먹으면 살찔까?'와 같이 살에 대한 것들을 물어보더라고요. 저는 제 아이여서 그런지 귀엽고 통통한 게 좋아 그냥 괜찮다고 살찌면 어떠냐고 흘려들었어요. 그런데 제가 알려 주지 않으니 아이가 혼자 유튜브 같은 데서 다이어트 식단을 찾더라고요. 그리고 밥은 탄수화물이라 살찌니 안 먹는다고 하고, 곤약 같은 것을 사 달라고 하고, 삼겹살처럼 기름진 것은 안 먹겠다고 이야기했어요. 처음에는 아이가 체중감량에 흥미가 있어 보이고 저도 아이가 하고 싶다는 것을 해 주고 싶어서 대부분 해 달라는 것을 맞춰 줬는데 그 정도가 점점 심각해지더라고요. 지금은 제가 아무리 괜찮다고 해도 자기가 정한 식단대로만 먹으려고 해요. 그런데 제가 보기에는 아이가 정한 식단이 건강에 좋지 않아 보여요. 그렇다고 아이가 영양소를 잘 알고 있는 거 같지도 않아요. 탄수화물이 살찐다며 쌀밥은 안 먹는다고 하지만 빵은 또 부담 없이 잘 먹거든요. 마요네즈가 범벅돼도 샐러드는 다이어트에 좋다고 많이 먹고요. 아직은 정확하게 영양소를 이해하고 분류해서 자신의 식단을 만드는 것이 아니라 단편적으로 보이는 유튜브 영상에서 하는 말들을 무조건 따라 하는 것 같아요. 그리고 아이들끼리도 학교 급식시간에 반찬을 고르면서 이건 살찌니까 이건 덜 찌니까 이렇게 구분하면서 골라 먹기도 하더라고요."

우리 사회에 만연한 다이어트 열풍에 유튜브까지 합세하면서 다이어트 비법이나 다이어트 식단에 대한 정보들이 무더기로 쏟아지고 있다. 그러나 다양한 매체들과 콘텐츠에서 말하는 주된 다이어트 식단과 비법은 성장기 아이들에게는 맞지 않는 내용이 많다. 심지어 성장기에 해로운 식단과 운동을 강요하는 내용도 아주 많다. 문제는 넘쳐나는 콘텐츠가 아니다. 판단력이 미숙한 아이들이 정보를 무분별하게 수용하는 것이 문제이다. 아이들은 다이어트 방법이 자신에게 맞는지 아닌지, 혹은 해당 정보가 자신에게 어떤 영향을 미칠지에 대해 대부분 모른 채 수용하기 때문이다.

초등학생도 성인과 마찬가지로 날씬해지고 예뻐지고 싶은 욕구가 있다. 그렇기에 여러 가지 다이어트와 관련된 콘텐츠들을 찾아서 체중 감량을 시도한다. 그렇지만 잘못된 다이어트 방법과 식습관은 건강하게 자라야 할 성장기 몸의 상태를 약하게 만들고 호르몬의 불균형을 초래한다. 넘어져서 다친 무릎이 쉽게 회복되지 않거나, 생리를 하지 않거나 2차 성징이 진행되지 않거나, 고작 열 살인데 극심한 탈모가 오기도 한다. 잘못된 식이요법과 다이어트 정보는 아이의 건강한 식습관을 망가뜨릴 뿐만 아니라 신체에도 크게 손상을 입힌다. 한 예로, 잘 자란 11세의 아이가 극심한 다이어트로 인해 뇌 기능이 손상되어 지적장애 진단을 받은 후 섭식장애 치료를 시작했던 사례가 있다. 아이는 끝내 지적 능력을 회복하지 못했고 앞으로 남은 삶을 지적장애인으로 보내야 했다. 일반적으로 생각하는 것 이상으로 초등학생의 섭식문제는 그 정도가 심각하고, 부모조차 그 심각성을 모르는 경우가 많다. 모든 연령층에서 섭식장애 치료가 적시에 시작되는 것이 중요하지만, 초등학생의 섭식장애 치료는 절대로 지연되어서는 안 된다. 한 번 지나간 성장기는 다시 돌아오지 않기 때문이다.

성장기 아이들에게 균형 잡힌 식단은 선택이 아닌 필수이다. 섭식장애 치료를 받는 초등학생 내담자 혹은 자신만의 다이어트를 고집하는 초등학생은 균형 잡힌 식단이 중요하다는 것에 대해 자신도 충분히 알고 있다는 듯 말하기도 한다.

> "선생님, 저 비타민이랑 영양제 잘 챙겨 먹고 있어요."
> "근육이랑 뼈는 다 단백질이래요. 저 닭가슴살 진짜 잘 챙겨 먹어요."

정말 이 아이들은 몸에 필요한 영양소를 다 챙겨 먹고 있는 것일까. 비타민과 단백질을 잘 섭취하더라도 체내 에너지원으로 쓰여야 할 다른 영양소들이 부족하다면 신체는 영양이 충분하다고 느끼지 못한다. 단백질은 신체의 면역을 담당하는 항체 호르몬의 주요 구성 성분으로 신체의 면역체계에 중요한 역할을 수행한다. 또한 성장기에 몸의 근육조직, 피부, 뼈, 머리카락 등을 구성하는 주요 성분으로 쓰이는 핵심 영양소이다. 따라서 단백질을 잘 챙겨 먹는 것은 매우 중요하다. 매일 단백질을 잘 섭취해 준다면 단백질은 체내에 들어가 자신의 역할을 하고 아미노산 형태로 잘 저장되어 있을 것이다. 그러나 지방이나 탄수화물 같은 다른 영양소의 섭취가 부족해지면 신체는 저장해 놓았던 단백질을 에너지원으로 돌려서 써 버리게 된다. 결국 단백질이 아닌 다른 영양소를 잘 챙겨 먹지 않으면 단백질을 아무리 먹어도 그 역할을 다하지 못하게 되는 것이다.

초등학생이 쉽게 무시하는 대표적인 영양소로 지방이 있다. 다이어트를 시도하는 많은 사람이 지방은 우리 몸에서 없어져야 하는 것으로만 인식하거나, 지방은 최대한 안 먹는 것이 좋다고 생각한다. 유행하는 다이어트 식단들 중 대다수가 지방을 최소화하거나 아예 제외해 버리기도 하고, 견과류 등에서 나오는 소량의 지방만을 섭취하도록 짜여 있다. 성장기 아이에게 지방이 제한된 식단 혹은 소량의 특정 지방만을 제공하는 식단은 명백하게 영양구성이 불충분한 식단이다. 지방은 탄수화물, 단백질과 함께 3대 기본영양소이며, 3개의 영양소 중 단 하나만 결핍되더라도 신체건강의 균형은 무너진다.

지방은 사람의 뇌와 신경세포들을 구성하는 중요한 성분으로 세포막을 구성하고 신체 체온 유지에 중요한 역할을 한다. 또한 지방은 성장기에 이루어지는 조직들의 성장과 여러 가지 생리적 기능을 정상적으로 수행하기 위해서도 필수적이다. 여자아이의 경우 자궁이 발달되고 가슴이나 엉덩이와 같이 여성스러운 신체 굴곡이 만들어지는 2차 성징에 지방이 주요한 역할을 한다. 따라서 초등학생이 자신이 성장기인 것을 고려하지 않은 채 무리한 다이어트를 하거나 성인 및 특정 직업군에게 맞춰진 극단적인 식단을 따라 하는 것은 매우 위험하다. 이런 자녀의 행동을 유의 깊게 지켜보고 올바른 방향으로 지도하는 것이 부모 및 성인의 역할이다.

또래집단의 외모 평가는 초등학생의 섭식문제를 가속화시키는 원인 중 하나이다. 뚱뚱하다고 놀림받았던 경험은 트라우마가 되어 아이의 사고에 섭식장애 회로를 발동시킨다. 한창 신체적인 변화가 많은 성장기에는 살이 찔 수도 있고 단기간에 키가 많이 클 수도 있다. 그런데 아이들의 경우 자신과 익숙하지 않은 것을 받아들이고 편견 없이 바라보는 성숙도가 부족하다. 그러다 보니 자신의 눈에 보이는 다른 것을 이해하고 받아들이기보다는 멀리하거나 특이하다는 이유로 놀리게 된다. 아직 아이들이기에 충분히 그럴 수 있으나 아이라는 이유로 모든 행동이 무조건적인 이해를 받을 수는 없다. 재미로 뚱뚱하다고 놀린 말 한마디를 듣고 밥을 굶거나, 뚱뚱한 친구가 놀림받는 것을 보고 자신도 살이 찌면 왕따를 당할 수 있다는 두려움에 비정상적인 식사를 고집할 수도 있기 때문이다. 악의가 없더라도 타인의 인생에 고통을 준다면 이는 명백히 잘못된 행동이다.

이러한 상황에 놓인 아이들에게는 부모의 양육과 교사의 역할이 무엇보다 중요하다. 단순히 아이들이 서로를 놀리지 못하게 하거나 놀리면 혼을 내는 것은 정답이 아니다. 근본적으로 아이들이 자신과의 다름도 잘 받아들일 수 있도록 아이들의 시각을 다양하게 넓혀 주는 것이 중요하다. 사람은 누구나 다양하고 모두가 같은 모습일 수 없다는 것 그리고 지금의 모습으로 평생을 지내는 것이 아니라 언제든 변할 수 있다는 것을 알려 주는 것이다. 아이들마다 내면적 성숙과 신체적인 성장 속도가 모두 다를 수 있다는 것을 교육시키는 것도 성인의 역할이다. 아이들이 미성숙한 또래집단을 통해 나쁜 영향을 받는다면 성인의 개입이 필요한 것이다. 아이들이 자신의 말과 행동에 대한 책임감의 무게를 알 수 있도록 도와주는 것도 성인의 역할이다. 이러한 성숙한 성인의 자세는 아이들이 섭식문제에 노출되는 것을 예방해 줄 수 있다.

"초등학생이 살찔 수도 있지. 스트레스를 받아 봤자 얼마나 받겠어. 애들은 원래 놀리고 싸우면서 크는 거지."

아이들의 스트레스 상황을 일반화시키는 성인들도 많다. 이것은 트라우마라는 개념에 대한 무지에서 비롯된다. 트라우마는 각자의 삶에서 주관적으로 그 강도가 결정된다. 트라우마는 성장 과정에서 겪었던 강렬한 사건으로 발생될 수 있지만, 유아의 입장에서는 엄마에게 안아 달라고 팔을 벌렸는데 엄마가 동생을 먼저 안아 준 상황과 같은 사소한 경험도 큰 트라우마로 남을 수 있다. 초등학생이 바라보는 세계는 성인의 세계보다 그 시야가 좁고, 또래관계는 아이들의 세계에서 가족을 제외한 대부분을 차지한다. 그렇기에 또래관계에서 발생한 갈등은 아이의 삶을 좌지우지할 만큼의 영향력이 있다. 아이가 친구들에게 놀림을 받았다고 하거나 힘들다고 이야기를 한다면 성인의 시점에서 해결책을 제시하거나 별것 아니라는 식으로 대응하는 것이 아니라, 아이의 이야기에 집중해 주고 아이가 느끼는 불편한 감정에 대해 듣는 것이 중요하다. 초등학생의 심리적 갈등의 원인은 성인에 비해 상대적으로 가벼워 보일 수 있지만, 초등학생이 마주하게 되는 섭식문제는 성인과 동일하게 심각해질 수 있다.

마음연구소에 방문했던 섭식장애가 있는 다수의 초등학교 여학생들에게 가장 무서운 것이 어떤 것인지 물어 보았다. 이들은 전쟁, 암, 부모의 사망보다 살이 찌는 것이 더 두렵다고 대답했다. 10세 아이들의 80%가 살이 찌는 것에 대해 두려움을 느끼고 있었으며, 심지어 초등학생보다 어린 집단인 유치원생조차 자신이 뚱뚱한 것에 대해 스트레스를 받는다고 대답했다. 어린 시절에 인지적으로 학습되고 습관화된 사고는 성인이 되어서도 쉽게 변하지 않고 유지될 가능성이 높다. 그렇기에 가치관이 정립되는 시기에 부모를 포함한 성인들이 아이들의 섭식, 타인 평가, 외모와 체형의 인식 등에 대한 올바른 교육을 제공해 주면 아이들은 평생 도움이 되는 건강한 사고를 가지게 될 것이다. 신체와 사고가 성숙해진 상황에서는 스스로 섭식장애의 대처와 회복을 선택하고 책임질 수 있지만 초등학생들의 섭식문제는 부모 혹은 보호자가 함께 책임져야 할 문제이다. 다시 말해, 초등학생들에게는 가족과 주변의 도움은 보조 수단이 아닌 필수요소이다.

날씬한 뮤즈를 바라보는 청소년

중·고등학생, 즉 청소년기는 섭식장애 발병률이 높은 시기이다. 청소년기의 여학생들 사이에서 주를 이루는 대화는 연예인의 패션, 미용과 다이어트, 체중과 신체 사이즈 등과 같이 외모와 체형에 대한 내용들이다. 미디어에서 보는 연예인이나 모델처럼 날씬해지기 위해 여러 종류의 다이어트를 시도하는 또래가 급격히 증가하는 시기이기도 하다. 또래집단의 영향을 가장 많이 받는 시기라는 것도 청소년기 섭식장애 발병률을 높인다.

청소년기는 사회인과 다르게 소속에 따른 지위 없이 모두가 같은 학생이기에 외모와 같이 눈에 보이는 평가가 가치판단 기준의 많은 부분을 차지한다. 그렇기 때문에 뚱뚱하다는 이유로 무시당하고 놀림을 받거나, 심하게는 왕따를 경험하기도 한다. 초등학생과는 다르게 청소년의 체형에 대한 비난은 지능적이고 체계적이다. 실제 여자 중학생의 30%, 남자 중학생의 25%가 체형 때문에 놀림을 받은 경험이 있다고 대답했다. 이렇게 체중이나 체형에 따라 또래집단에서 놀림을 받는 부정적인 경험을 하거나 뚱뚱한 친구가 놀림받는 것을 목격하는 청소년의 경우, 사고는 자연히 '살을 빼야겠다.' 혹은 '살이 찌면 안 된다.'로 향하게 된다. 이러한 사고는 점점 살에 대한 강박으로 이어져 섭식장애를 야기하고, 거식증이 되더라도 다이어트에 성공하고 싶다는 잘못된 마음을 만들어 낸다. 청소년기에 섭식장애가 발병된 저체중 환자의 대부분은 또래집단의 평균보다 키가 큰 편이라는 점도 이를 뒷받침해 준다. 덩치가 크고 살이 쪘었기 때문에 다이어트를 결심하고, 그렇게 시작된 극심한 다이어트가 결국 섭식장애로 이어진 것이다.

대부분의 청소년은 섭식장애가 자신의 건강을 해치고 있다는 것에 대해 기본적으로 인지하고 있다. 극심한 다이어트로 인해 얻게 된 거식증 때문에 신체적 기능이 손상되고 있다는 것을 알고 있음에도 섭식장애를 포기하지는 않는다. 그 이유는 신체적 기능을 회복하는 것보다 마른 몸을 유지하는 것이 더 중요하고, 뼈가 보일 정도로 살을 빼야지만 예쁘고 멋있을 것 같다는 왜곡된 생각 때문이다. 부모는 자녀가 점차적으로 음식을 먹지 않고 말라가는 모습을 지켜보다가 그로 인한 문제가 발생되어야만 급히 병원 혹은 심리상담기관으로 자녀를 데리고 간다. 그러나 애타는 부모의 마음과는 다르게 정작 청소년 내담자는 치료에 대해 비자발적이고 의지가 없는 경우가 많다. 계속 마르고 싶은 청소년 자녀는 부모에게 직접적으로 치료하고 싶지 않다고 말하기도 하고, 다이어트를 멈추고 다시 잘 먹을 테니 병원치료 및 심리상담 치료를 받고 싶지 않다고 말하기도 한다. 부모는 자녀가 다이어트를 안 한다고 약속했으니 음식을 이전처럼 다시 잘 먹기를 기대한다. 그러나 섭식장애 치료 의지가 없는 청소년은 부모의 바람처럼 쉽게 나아지지 않는다. 청소년은 부모에게 자신은 그냥 관리 중이고, 요즘 다들 이 정도 다이어트는 한다고 설명하기도 한다. 그러나 청소년기 자녀가 월경을 하지 않고 몸이 앙상해짐에도 음식을 조절하고 있다면 다이어트 중이 아니라 거식증에 걸린 것이다.

청소년과 마찬가지로 부모도 반드시 알아야 할 사실은 거식증은 그저 살 빠지는 병이 아니라 사망률이 높은 위험한 병이라는 것이다. 기숙 학교에 재학 중인 학생이 거식증이라는 것이 학교에 알려지면 학교에서는 학생에게 자퇴를 권유한다. 이는 숙식을 책임지는 학교 내에서 굶어 죽는 사건이 발생하게 되면, 그 죽음에 대한 책임이 학교에 있게 되기 때문이다. 거식증이 단순히 건강이 상하는 것에서 그치지 않고 사망까지 이를 수 있음을 학교는 이미 알고 있는 것이다.

청소년의 세계는 성인보다 작다. 청소년은 성인에 비해 다양한 사람을 만날 기회가 적어 이들이 접하는 대상이 자신의 세계의 전부가 되기도 한다. 가까운 친구나 가족을 제외하면 가장 쉽게 마주할 수 있는 대상은 매체를 통해 보는 사람들이다. 매체에 노출된 연예인이나 인플루언서는 청소년의 사고 체계에 큰 영향을 미치게 되는데, 연예인의 비정상적으로 마른 몸매가 이상적으로 추구해야 하는 몸매라고 사고해 버리기도 한다. 이런 사고는 청소년에게 극심한 다이어트를 강요하고, 극단적으로 굶는 거식을 유발하기도 한다.

실제로 소통하는 지인이나 가족의 말 한 마디도 청소년의 섭식장애에 큰 영향을 미친다. "도대체 살은 언제 뺄래, 그만 좀 먹어라."라는 몸매와 체중에 대한 습관적인 잔소리나 빈정거림은 섭식장애를 유발하는 원인이 되거나 가속시키는 요인이 될 수도 있다.

섭식문제로 마음연구소를 방문했던 한 내담자는 자신의 체형을 가족과 비교하고 있었다. 어머니와 언니 모두 자신보다 날씬하고 키가 크지만 자신은 작고 통통한 편이라는 설명은 초기 상담부터 언급되었다. 어머니는 자녀가 왜 다른 사람도 아니고 가족을 경쟁 대상으로 여기는지 이해하지 못했다.

이 청소년 내담자에게 처음부터 가족이 경쟁 대상이었던 것은 아니었다. 살과 다이어트에 대해 알아 가면서부터, 어머니와 언니가 먹는 음식을 신경 쓰면서부터, 그 불편함이 시작된 것이다. 외식을 가거나 집에서 식사할 때 내담자는 고기나 기름진 음식을 좋아해 거기에 젓가락이 더 가는 반면, 어머니나 언니는 스시나 샐러드와 같이 가벼운 음식들을 선호했다. 어머니와 아버지는 둘째 딸이 고기나 기름진 것만 먹으려 할 때마다 건강에 좋지 않다며 식단에 대해 종종 잔소리를 했다. 어릴 적에는 그냥 흘려들었지만 다이어트를 접하고 나니 "왜 살찌는 것만 먹느냐."는 잔소리를 예전처럼 그냥 넘기기는 어려웠다. 자신보다 날씬하고 키가 큰 어머니와 언니에게 느끼고 있었던 자격지심이 살, 다이어트, 칼로리 등에 대한 정보와 결합되면서 내담자의 섭식문제가 시작됐다.

중학교에 진학하자 성장기에 발생하는 식욕과 살을 빼고 싶은 욕구 사이에서의 갈등은 스트레스를 유발했다. 이 둘을 모두 포기하지 못했던 그녀는 가족과의 식사를 마친 후 몰래 음식을 챙겨 방으로 들어와 먹고 토하기 시작했다. 어머니에게 음식이 없어진 것을 들킬 것 같은 날에는 학교에서 음식을 잔뜩 산 후 화장실에서 폭토를 하고 귀가했다. 고등학교 때는 기숙사 생활을 시작했는데 더 이상 눈치 볼 어머니도 없고 비교할 언니도 없었지만 폭식하고 토하는 습관은 계속되었다. 기숙사에서 함께 생활하는 룸메이트 몰래 폭토를 해야 했기 때문에 심리적 부담감은 더 가중되었고 폭토 증상은 더 심각해졌다.

선택의 자유가 넓어진 성인

"살쪄도 괜찮아, 공부만 해. 대학 가면 다 빠진다."

성인이 되면 자연스럽게 살이 빠진다는 오랜 믿음이 착각이었음을 알게 되는 시기. 성인 초기는 이성에게 매력적으로 보이고 싶은 마음에 본격적인 다이어트를 시작하는 때이기도 하다. 날씬하고 마른 몸매를 가지게 되면 이성에게 더 매력적으로 보일 수 있다는 생각은 다이어트에 더욱 몰입하도록 만든다. 자유로운 환경에 놓인 성인은 절식이나 금식을 하는 것이 청소년기보다 더 쉽다. 더 이상 정해진 시간에 집밥을 먹거나 급식을 먹지 않아도 되고 음식을 자유롭게 선택해서 먹을 수 있기 때문이다.

이러한 현상을 뒷받침하듯 상당수의 여대생이 체중감량을 위해 금식을 택하고 있다. 아르바이트 등으로 청소년기보다 많아진 용돈으로 다이어트 식품이나 다이어트용 도시락, 헬스장을 등록할 수도 있지만 상당수의 성인은 여전히 굶는 것을 다이어트 방법으로 택한다. 다이어트 식품이나 운동으로 체중을 감량하는 것보다 굶어서 체중을 감량하는 것이 보다 손쉽기 때문이다.

성인이 되면 술을 접하기 시작한다. 초기에는 자신의 주량을 알지 못해 사람들이 주는 대로 마시다가 구토가 나올 정도로 과음하는 경험을 하기도 한다. 이때 먹고 토한다는 개념을 처음 접하게 된다. 일부는 구토를 하면 술자리에서 먹은 안주가 몸 밖으로 빠져 나갔으니 살이 찌지 않을 것 같다는 생각도 들고 마치 신세계를 만난 것처럼 느끼기도 한다. 그 후부터는 술안주를 마음껏 먹더라도 살이 찌지 않을 방법으로 먹고 토하기를 선택하는 경우가 발생한다. 술을 먹지 않은 날에도 살이 찔까봐 불안하고 음식을 먹고 싶다는 욕구는 계속 올라오기 때문에 술자리가 아니더라도 먹고 토하는 습관은 일상으로 확장된다.

성인이 되면 폭토용 음식을 구매할 경제적 여유가 생기기 때문에 폭식과 폭토는 더욱 가속화된다. 처음에는 살이 찔까 봐 시작되었던 폭토가 스트레스 해소용으로, 외롭거나 힘들 때 위로의 행위로 이어져 매일 먹고 토하는 것이 반복된다.

마음연구소를 찾아 온 한 대학생 내담자는 다이어트로 인해 구토를 시작했는데 이제는 토를 하지 않으면 불안한 심리상태가 되어 상담을 시작하게 되었다고 말했다.

"오늘도 학교에서 1, 2교시가 끝나고 3시간 정도 공강이 있었는데, 제가 무슨 생각을 했냐 하면요. '아 오늘은 3시간이나 공강이 있으니까 마음껏 먹고 구토할 시간이 되겠다.'였어요. 예전에는 화장실에서 구토하는 소리가 들릴까 봐 조마조마하고 저희 과랑 떨

Part 1 한국 사람들이 굶기 시작했다

어진 화장실을 찾았었는데, 얼마 전에 학교 건물 중에 사람이 잘 오지 않는 외진 화장실을 찾았어요. 그래서 요즘은 하루 종일 수업 시간에 빨리 끝나고 가서 먹고 토하고 싶다는 생각만 해요. 수업이 끝나자마자 학교 매점에 가서 이것저것 막 집어 담은 다음에 봉지를 들고 그 화장실로 가서 공강 시간 내내 먹고 토해요. 변기 뚜껑을 내리고 거기 앉아서 신나게 먹고 토하는 경우도 있는데, 그때가 저 혼자만 오롯이 즐길 수 있는 시간이라는 생각에 기다려질 때도 있어요. 오늘도 그렇게 8만 원 넘게 먹고 토하는 데 썼어요. 한심하죠. 음식 살 돈이 필요하니까 아르바이트를 하고 또 아르바이트를 하면서 받는 스트레스로 또다시 먹토를 하게 되고. 악순환 같아요."

먹고 토하는 섭식문제가 반복되면 신체적·심리적인 어려움뿐만 아니라 경제적인 어려움까지 겪게 된다. 매일매일 편의점과 배달앱을 통해 지출하는 음식비는 점점 감당하기 어려워지고 심지어는 대학등록금을 먹고 토하는 것에 모두 사용해 휴학을 해야 하는 경우도 발생한다.

이렇게 성인이 되어 얻은 자유는 오히려 섭식장애 증상을 악화시킨다. 또한 자신이 이미 성인이라는 생각은 섭식장애 치료를 위한 도움 요청을 어렵게 만들기도 한다. 과거에는 섭식장애가 30대가 넘어가면 극명하게 줄어드는 증상으로 인식되었지만, 현재 섭식장애 치료 현장에서 40~50대의 내담자를 만나는 것은 어려운 일이 아니며, 이 증상이 60대까지 지속되는 경우도 있다.

결혼 후에도 따라다니는 족쇄

인생에서 겪는 큰 사건은 섭식장애를 비롯한 심리적 증상에 다양한 방식으로 영향을 미친다. 결혼은 인생의 전환점이 되는 중요한 사건이다. 새로운 가족이 생기고, 동거하는 가족 구성원도 변화한다. 결혼에서 오는 스트레스와 압박은 섭식장애의 시발점이 될 수도 있고, 임신과 출산을 통한 체형의 변화가 섭식장애를 가속화시키기도 한다. 반면에 결혼을 통해 얻은 심리적 안정감은 섭식장애를 종결시키기도 한다.

결혼과 출산을 원하는 여성 섭식장애 환자는 더 깊은 고민에 빠진다. 섭식장애를 겪을 경우 무월경이나 신체기능 저하로 인해 불임 상태가 되거나, 임신이 되더라도 유산이 되는 경우도 있기 때문이다. 섭식장애 증상이 지속되었을 때 불임 가능성이 높다는 것은 대부분의 환자들이 알고 있다. 그렇지만 섭식장애 환자는 여전히 이상 섭식행동을 끊어내지 못해 힘겨워한다.

섭식장애를 겪고 있던 환자가 임신을 위해 식단을 건강하게 바꾸기 시작하면서 임신에 성공하는 경우도 종종 볼 수 있다. 그러나 임신이라는 새로운 사건을 계기로 예전에 겪었던 폭식과 폭토와 같은 섭식문제가 재발하는 경우도 있다. 섭식장애 환자는 임신으로 인해 앞으로 체중이 급속히 증가하고 체형도 변할 것이라는 막연한 불안감을 가지고 있는데, 실제로 증가한 체중은 이러한 불안감을 강화시킨다. 그로 인해 축복받아 마땅한 임신 시기를 섭식장애로 인해 힘들게 보내는 임신부도 있다. 드물지만 임신을 하면서 처음으로 폭토를 시작하는 경우도 있다. 입덧을 통해 처음 구토를 했는데 먹고 토해 보니 임신 중에도 살이 찌지 않는 방법을 찾았다는 생각을 하게 된 것이다. 먹고 토해 버리면 임신을 해도 체중이 증가하지 않을 것이라는 생각에 폭토가 시작되었다고 이야기하는 내담자도 있다.

언급된 모든 사례는 살이 찌면 안 된다는 명제에서 출발한다. 이미 나았다고 생각했던 섭식문제가 임신을 계기로 재발했다고 생각할 수 있지만 실제로는 섭식문제가 근본적으로는 치료되지 않고 덮여 있었을 확률이 더 높다. 임신이 아니라 다른 어떤 상황이라도 절대 살이 찌면 안 된다는 명제를 늘 우선순위에 놓고 산다면 섭식문제는 언제든지 재발할 수 있다. '살이 찌면 어쩌지.' 정도의 걱정과 '절대 살이 찌면 안 돼.'는 보기에는 비슷해 보일 수 있지만, 이 생각의 차이가 가져오는 결과는 다르다. 임신 과정에서 살이 찌는 것은 자연스러운 일이다. 그럼에도 불구하고 마음연구소를 방문했던 한 여성 내담자는 살이 찌면 안 된다는 강박으로 폭토를 지속하고 있었다. 임신 7개월 차인 그녀의 몸무게는 임신 전의 몸무게보다 더 적게 나가고 있었는데, 태아의 건강보다 자신의 몸에 살이 찌는 것 자체가 더 두렵고 무섭다는 생각으로부터 비롯된 결과였다. 산부인과 전문의와 심리상담사의 설득을 통해 임신 8개월 차부터 회복식을 시작하였고, 비록 평균보다는 적은 몸무게였지만 다행히 아기를 무사히 출산하였다.

임신을 위해 폭토나 절식 욕구를 잠시 참았다가 출산 후 다시 섭식문제가 시작되기도 한다. 임신준비-임신-출산-수유의 기간까지 아이를 위해 토하고 싶거나 굶고 싶은 욕구를 잠시 눌렀다가 섭식문제가 아이에게 직접적인 영향을 미치지 않는다고 판단되었을 때 이상 섭식행동들을 다시 시작하는 것이다. 인위적으로 억제했던 섭식문제가 자유를 만났을 때, 이전 시기보다 더 극심한 이상 섭식문제를 경험할 확률도 높다.

결혼 전, 임신을 준비하거나 임신 기간에도 섭식문제가 없던 여성이 출산 후 섭식장애를 처음으로 겪기도 한다. 임신을 통해 변해버린 체형과 출산 후 오랫동안 빠지지 않는 부기, 수유를 핑계로 챙겨 먹은 음식들, 밤낮 구분이 없어진 불규칙한 육아는 체중조절을 어렵게 만든다. 이런 스트레스는 결국 체중증가에 막대한 영향을 미친다. 추가적으로 출산과 육아로 단절된 사회경력, 육아로 인한 스트레스, 남편을 비롯하여 친정 및 시댁에 대한 갈등은 스트레스성 폭식을 유발하기도 한다. 날씬한 미혼 친구들과 출산 후에도 관리를 통해 예전의 몸매를 되찾은 친구를 보며 다이어트의 필요성을 느끼지만, 갓난아이를 돌보며 건강한 식단을 챙겨 먹거나 운동한다는 것은 먼 나라 이야기처럼 느껴진다. 이때 가장 쉽게 선택할 수 있는 다이어트 방법은 굶거나 음식을 먹고 구토하는 잘못된 방법이다.

또 지루하고 반복적인 삶이 폭토를 강화시키기도 한다. 무료함과 외로움의 감정이 폭토와 씹뱉의 트리거(Trigger)로 작동한다고 이야기하는 내담자도 많다. 여기에 산후우울증까지 더해질 경우 섭식장애 증상은 극명하게 악화될 수 있다.

기혼 여성의 경우, 남편에게 자신의 이상 섭식문제를 말하지 못하고 몰래 숨기는 경우가 압도적으로 많다. 출산과 육아로 인해 예전보다 변해버린 체형은 자존감을 극심하게 저하시켜 자신의 힘든 감정과 문제를 남편에게 편하게 털어놓지 못하도록 한다. 아이가 있는 엄마가 이러면 안 된다는 죄책감, 아이 엄마가 음식 가지고 이해할 수 없는 행동을 한다는 것을 사람들에게 들켰을 때 받게 될 비난은 섭식장애로 인한 고통을 가중시킨다. 이런 섭식문제와 함께 발생하는 자책감, 자기혐오, 비관감 등은 또 다른 심리적 문제를 연속적으로 불러일으킨다.

4. 우울증과 섭식장애가 삶에 스며드는 과정

섭식장애는 필연적으로 이상 섭식행동이 수반되는 만큼 음식을 먹거나 먹지 않는 행위 자체가 섭식장애의 원인이라고 오해받기도 한다. 그러나 섭식장애는 표면적으로 드러난 증상일 뿐, 그 원인은 기저에 존재하는 심리적인 문제인 경우가 더 많다. 환자 스스로 그 심리적 원인을 알고 있는 경우도 있지만, 일부 환자는 불편한 감정을 무의식 속으로 억압하여 섭식장애와 심리적 원인을 연결시키지 못한다. 그렇기에 심리상담 현장에서 섭식장애 환자는 예상하지 못했던 오래되고 깊은 마음의 상처와 분노를 발견하기도 한다. 해결되지 못한 채 쌓인 상처는 시간이 흘렀을 때 어떠한 방식으로든 곪아 터지는 성질을 가진다. 그 발현 방식 중 하나가 이상 섭식행동이다. 섭식장애뿐만 아니라 알코올 중독이나 자해를 비롯한 이상 증상은 심리적인 요인이 건강하지 못한 방식으로 발현된 것으로 신체적인 손상과 더불어 낮은 자존감과 우울한 감정 등 다양한 심리적 문제를 유발한다.

특히 낮은 자존감은 스스로를 사랑하지 못하고 무가치하다는 생각으로 이어져 내적인 가치보다 외적인 가치에 집착하도록 만든다. 섭식장애 환자는 외적인 모습에서의 긍정적인 평가와 인정을 위해 강박적으로 음식을 조절하고 자신을 완벽하게 조절하기 위해 부단히 노력한다. 섭식장애를 유발하는 요인으로 다이어트가 높은 비율을 차지하지만 다이어트를 시도한 모든 사람이 섭식장애를 겪는 것은 아니다. 기저에 존재하던 심리적 부적절함이 다이어트라는 환경을 만나 섭식장애가 촉발되는 것이다.

과거의 경험으로 인해 발생한 부적절한 감정 및 생각과 섭식장애의 관계탐색은 섭식장애와 연결된 심리적 요인의 발견을 위해 필수적이다. 섭식장애 환자가 느끼는 대표적인 부정적인 감정으로는 불안감, 수치심, 죄책감, 우울감, 무기력감 등이 있다. 구체적으로 살펴보면, 계획과 다른 식사를 했을 때 살이 찔 것 같은 불안감, 현재 자신의 모습이 타인에게 부정적으로 비춰질 것에 대한 걱정, 날씬한 친구가 멋진 이성친구를 만나는 것을 보았을 때 자신은 날씬하지 않아서 이성친구가 없다고 생각하는 열등감, 친구와 다이어트를 동시에 시작했지만 비교적 덜 노력한 친구의 체중감량 속도가 더 빨랐을 때 느껴지는 무기력감, 예쁘지 않아서 살이라도 빼야 사람들에게 칭찬받을 수 있다고 생각하는 낮은 자존감, 인생에서 유일하게 제어할 수 있는 것이 음식밖에 없다는 왜곡된 사고 등이다. 섭식장애 환자는 자신 및 타인이 설정한 이상적인 모습과 현재 자신의 모습을 끊임없이 비교함으로써 자신의 가치를 찾으려 하고 이런 상황은 고통스러운 섭식장애 상황을 지속시킨다.

섭식장애와 우울증은 연관 검색어처럼 자주 따라다닌다. 사람에 따라 다르지만 우울감이 섭식장애를 유발하기도 하고, 섭식장애 증상이 우울감을 유발하기도 한다. 이 둘은 원인과 결과일 수도 있고, 뒤엉켜서 동시다발적으로 발생하는 기제이기도 한다. 그러나 명백한 것은 우울감과 섭식장애는 서로를 강화한다는 것이다. 다이어트 중 우울감을 처음 느낄 때, 사람은 자신이 우울하다는 것을 쉽게 인지하지 못한다. 다이어트를 잘하고 있고, 식단조절도 잘

하고 있고, 운동을 하여 체중이 감소하고 있을 때 오히려 즐겁다는 감정이 쉽게 느껴지기 때문이다.

성공적인 다이어트는 외모 자신감을 향상시키기도 하고, 평소에 가지고 있던 우울한 감정을 감소시키기도 한다. 그러나 식단에 대한 규칙이 늘어나고 운동이 강박적이 되었을 때, 다이어트 성공 밑에 자리 잡은 섭식장애라는 어둠이 자신을 잠식하고 있다는 것을 눈치채는 사람은 많지 않다.

우울감은 생활의 작은 스트레스로부터 시작될 수 있다. 식단조절을 멈추면 다시 살찐 과거로 돌아갈지도 모른다는 불안감, 다른 여자들은 먹고 싶은 걸 다 먹으면서도 날씬한데 나는 이렇게 노력해야지만 이 몸을 유지한다는 열등감과 비교의식, 남들 앞에서는 여유 있게 웃고 떠들지만 뒤돌아서면 죽어라 러닝머신에서 뛰어야 하는 스트레스 등, 겉으로는 보이지 않지만 자신은 분명하게 인지하고 있는 불편함이 내면에서 자라나기 시작한다.

먹고 싶은 음식을 먹지 못하는 상황이 짜증스럽고, 눈앞에 보이는 음식이 맛있는 것을 알기 때문에 음식을 제한하는 일은 스트레스가 된다. 애초에 처음부터 살이 찌지 않았더라면 이렇게 고생하지 않았을 것이라며 살찐 체형을 준 부모를 원망하기도 하고, 과거 게걸스럽게 먹어 살을 찌워 버린 자신을 자책하기도 한다. 다이어트를 그만두는 순간 다시 살이 찔 것 같은 불안감에 다이어트를 멈추는 것도 불가능하다. 먹고 싶은 음식을 먹지 못하는 상황은 심리적인 압박으로 작용하고, 가장 기본적인 의식주 욕구 중 하나가 충족되지 않음은 허망한 감정을 불러일으킨다.

대부분의 사람은 음식의 종류와 양을 억지로 조절해야 하는 상황을 불편하게 여긴다. 그리고 다이어트를 하는 사람은 이 불편함이 다이어트를 포기함으로써 간단히 해결된다는 것도 잘 알고 있다. 그럼에도 불구하고 음식을 조절하는 이유는 체중조절로 인한 행복감이 더 가치 있다고 판단했기 때문이다.

발생한 불편한 감정은 어디론가 흘러가야만 한다. 부정적인 감정은 마치 살아있는 유기체와도 같아서 한 번 생겨나기 시작했다면 어떤 방식으로든 처리되어야 하기 때문이다. 누군가는 그것을 자연스럽게 흘려보내는 방식을 선택할 수도 있지만, 누군가는 그 감정에 대해 격렬하게 반응하기를 선택할 수도 있다. 이것은 사람에 따라 특정된 대응 방식이 아니며, 자신의 신체적·정신적 상황에 따라 바뀌게 되는 대응 방식이다.

굶어서 예민한 상태의 몸은 스트레스 상황에서 날카롭고 공격적이 된다. 평상시 같았으면 흘려보낼 수 있던 일들이 예민해진 상태에서는 흘려보내기가 어렵게 되는 것이다. 이렇게 각성된 공격성은 외부를 향하기도 하고 스스로를 향하기도 한다. 여자에게 날씬함을 강요하는 이 사회에 분노가 생기고, 음식조절 하나 제대로 하지 못한 자신에게 화가 난다. 한 번 날카로워진 생각은 더 뾰족한 형태로 바뀌어 스스로를 공격할 수 있는 무기가 되는데, 고작 치킨 두 조각을 입에 넣었다는 이유로 '미친 거 아냐?'라는 질문을 스스로에게 던지는 상황으로까지 이르는 것이다.

이때 궁지에 몰리면서 평소에 하지 않던 방향으로 생각이 진행되기 시작한다. 고작 치킨 두 조각을 먹었다고 불안해하는 지금의 마음을 안정시키기 위해서는 안심할 수 있는 규칙이 필요한 것이다. 치킨 두 조각까지는 허용하고 그 이상을 먹게 되었을 때 스스로를 벌한다는 규칙을 만들면 된다. 이렇게 규칙은 하나 둘씩 늘어난다. 살찌는 것이 불안하면 저녁 6시 이후에 음식을 먹지 않고, 기름으로 튀긴 음식 자체를 식단에서 빼면 된다. 백색 탄수화물도 복합 탄수화물도 모두 두렵다면 그냥 탄수화물을 안 먹으면 된다. 매번 먹고 싶은 것을 모두 안 먹는 것은 스트레스가 되니, 제한된 음식을 주말에만 먹는 규칙을 설정할 수도 있다. 조금 먹으면 살이 빠진다는 것은 모두가 안다. 그러나 그 '조금'에 대한 기준이 애매하기에 그냥 조금이 아니라 특별한 기준이 필요한 것이다. 나와 함께 먹는 사람보다 무조건 조금 먹는 규칙을 만들기도 한다. 가늠하지 못할 정도로 많이 먹어 버린 날이라면 그냥 다음 날은 쭉 굶어버리기를 선택하면 된다. 그러나 여전히 불안하다. 불안을 감소하기 위해서는 더욱 구체적인 기준이 필요하고, 많은 섭식장애 환자가 이때 가장 합리적이고 명확한 '숫자'를 선택한다. '많이' '조금'이라는 기준은 불완전하니 확실하게 숫자를 이용하여 관리하면 실수도 덜 하고 덜 불안할 것 같기 때문이다. 하루에 먹은 칼로리를 더하고, 음식의 무게를 재니 쉽고 편리하다. 몇 칼로리, 몇 그램, 몇 개, 몇 스푼 등으로 매일 규칙이 늘어난다. 안심감을 위한 식사규칙과 지침은 점점 늘어난다. 이렇게 자연스러워야 할 인간의 3대 기본 욕구 중 하나인 식욕이 규칙 안에 갇혀 버리게 되는 것이다.

섭식장애 환자는 이 순간에 한 발자국 더 나아가기를 선택한다. 더욱 강화된 식사규칙을 만들어 아주 조금만 먹기를 선택을 하거나, 맛은 보고 싶고 배부른 감각이 두려우니 씹고 뱉기를 선택하거나, 음식을 참는 것이 더 이상 어려우니 먹고 게워 내기를 선택하는 것이다. 아직은 자신이 섭식장애라는 생각은 하지 않고, 다이어트 방식이 조금 극단적인 형태가 되었다고만 생각한다. 굶기는 최종적으로 체중을 감소시킬 것이며, 씹고 뱉는 행위는 살찔까 봐 입에 대지도 않았던 음식을 오랜 시간 계속해서 씹을 수 있다는 쾌감을 안겨 준다. 폭토를 선택하면 다이어트 내내 먹지 못했던 음식을 입에 모두 욱여넣을 수 있고, 결국 다 게워 내면 살도 안 찐다는 생각은 황홀감까지 안겨 준다. 그렇게 한 발자국, 한 발자국 계속 섭식장애의 늪으로 빠져든다. 이 방법이 잘못되었다는 것을 깨닫기까지는 그리 오랜 시간이 걸리지 않지만 도중에 멈추기란 쉽지 않다. 늪에 빠졌기 때문이다. 시야는 좁아졌고 발버둥칠수록 그 안에서 더 맴돌기 시작한다.

이런 식사규칙과 섭식장애 증상은 '내가 지금 뭐 하고 있지?'라는 염세적인 생각을 불러일으킨다. 우울감과 죄책감이라는 다른 감정으로 다이어트로 받아오던 스트레스를 우선 뭉개버리는 것이다. 마치 하이힐을 신고 발이 너무 아플 때 또 다른 하이힐을 신으면 당장 발이 나아지는 상황과 유사하다. 두 번째 하이힐은 첫 번째 하이힐과 다른 부분을 짓누르기에 당장 첫 번째 하이힐이 주던 고통은 완화된다. 그러나 두 번째 하이힐 역시 다른 방식으로 발을 고통스럽게 만든다. 다이어트가 점점 이상해지고 있고 지금의 행동이 합리적이지 않다는 것도 알고 있다. '이건 아닌데.'라는 생각도 자꾸 들고 스스로를 부정하고, 미워하고, 실망하는 감정을 더 자주 느낀다. 자기 비관적인 생각은 우울한 감정을 발생시키고, 우울한 감정은 시간이 지나감에 따라 한 사람의 삶 전반으로 확장되며 또다시 납득할 수 없는 행동들을 유발한다.

처음 우울감을 느꼈을 때에는 두통이나 생리통처럼 그냥 조금 안 좋다가 지나가는 일시적인 감정으로 생각되는 경우가 많다. 온몸이 축 처지고 기운이 없더라도, 누구나 그런 날은 있는 것이기에 잠깐 쉬거나 잠을 자고 나면 괜찮아질 것이라고 여기는 것이다. 그러나 시간이 지나도 아침에 눈을 떴을 때 푹 자고 일어난 개운한 기분이 들지 않는 날들이 반복된다. 세수를 하고 화장을 하는 일처럼 사소한 일이나 평소에 하던 일상들이 점점 힘들게 다가온다. 집에서부터 지하철역까지 걷는 시간이 갑자기 늘어진 테이프처럼 지루하고 멍하게 느껴지기도 한다. 늘 먹던 대로 제한된 음식을 먹고, 밖에서는 아무렇지 않은 척 행동하고, 집에 돌아와서는 늘 보던 TV 프로그램을 보는데 예전처럼 재미있다는 생각도 들지 않는다.

비슷한 날들이 며칠 반복되고 나서야, 스스로 부정적인 정신 상태에 갇혀 있다는 것을 인지하게 된다. 그러나 대부분은 깊이 있게 자신의 감정에 대해 생각해 보지 않고 지나치기를 선택한다. '다들 그렇게 살아가고 있잖아.' '나만 힘든 거 아니잖아.'라는 생각으로 스스로를 합리화하고 있기 때문이다. 회사나 학교에 가서도 자꾸 멍해지고, 사람들과 어울려 이야기를 나누는 것이 예전만큼 재미있지도 않고, 그냥 혼자 있고 싶다는 생각이 강하게 든다. 그러나 다른 사람들 앞에서는 가짜 자아의 가면을 쓰고 웃어 본다. 그냥 대충 적당히 지나가면 이 상황을 넘길 수 있을 것이라 기대하기 때문이다. 그런데 시간이 지나도 우울한 감정이 좀처럼 해결되지 않고 불안감은 점점 커지기 시작한다. 가짜 얼굴로 사회생활을 하고 집에 돌아오면 혼자 있는 동안에는 아무런 표정이 없다. 밖에서 웃는 얼굴을 만들기 위해서는 생각보다 많은 에너지가 필요하다는 것도 알게 된다.

사람들과 만나는 약속은 다양한 이유로 점점 어려운 일이 된다. 다른 사람과의 식사에서의 음식조절은 스트레스이기에, 외식 자리에서 나오는 음식은 내가 먹을 수 있는 음식이 없기에, 만나면 내가 너무 말랐다든가 살쪘다는 외모 평가를 듣는 것이 싫기에, 다양한 핑계들로 친구, 가족, 지인과의 만남도, 연락도 점점 줄어든다. 몸이 좋지 않거나 바쁘다는 이유로 약속을 매번 취소하고 다음에 만날 것을 기약하지만 사실은 사람들과 함께하는 식사로부터 도망치고 있는 것이다. 스스로 납득할 수 없는 증상을 다른 사람에게 설명하는 것보다 차단해 버리는 것이 더 편리한 방식이라고 생각한다.

스스로를 사회생활과 인간관계에서 점차 고립시키게 되면, 평소에 느꼈던 작은 즐거움도 더 이상 자신과 상관없다는 생각이 든다. 유튜브나 웹툰, 드라마를 몰아 보며 느꼈던 소소한 만족감은 더 이상 느껴지지 않는다. 무언가 해야 하는 것들의 무게가 점점 무거워진다. 늘상 정리하던 화장품들은 점점 제자리를 잃고 있는데 음식을 먹고 구토하는 횟수는 줄어들지 않는다. 외출하지 않은 날은 잘 씻지도 않게 되고, 집 앞 편의점을 가는 것조차 어려워진다. 힘이 없어서도 아니고, 귀찮아서도 아니고, 그저 일상 속 작은 수행들이 너무 버겁게 느껴지는 것이다.

무언가 해야 하는 동기들이 사라진다. 즐겁지 않고 기쁘지 않은 지도 오래되었다. 어쩔 수 없이 해야 하는 등교나 출근을 제외한 시간에는 가만히 누워 있거나 앉아서 시간을 보낸다. 기쁘거나 만족스럽지 않은 날들이 반복되면서, 이 상황에서부터 벗어나야 하는 이유를 상실하고 노력해야 할 필요성을 느끼지 못한다. 어떤 날은 멍한 시간이 반복되고, 가만히 그 침묵과 고요함의

무게 속에서 겨우 숨만 쉬고 있기도 한다. 갑자기 울음이 터져 나오기도 하지만, 갑자기 감정이 사라지는 경험을 하기도 한다. 자신을 제외한 주변이 슬로우 모션처럼 천천히 움직이는 경험을 하기도 한다. 현실분간 능력이 점점 떨어지는 것이다.

이런 무기력함은 실제의 체중과는 상관없이 몸이 무겁다는 느낌을 반복적으로 주고, 무기력하게 집에서 늘어져 있는 시간을 점차 늘린다. '이렇게 가라앉은 기분이 다시 좋아질 리 없어.'와 같은 자포자기의 심정, 이렇게 되도록 자신을 내버려 두었다는 죄책감, 이 상황을 다시 바로잡고 싶은 마음 사이에 갈등이 일어난다. 음식을 먹지 않거나, 먹고 토하거나, 너무 많이 먹거나, 씹고 뱉는 이 모든 상황이 일어나지 않았더라면 어땠을까 하고 가정해 보면서 우울함에 깊이 박혀 버린 자신을 바로잡기 위해 충동적으로 여러 가지 행동을 해 본다. 기분전환을 위해 여행을 가 보기도 하고, 쇼핑에 큰 돈을 써 보기도 하고, 낯선 사람과의 모임에 참여해 보기도 하는 등 새로운 자극을 추구해 보는 것이다. 작은 일탈은 일시적으로 기분을 좋게 만든다. 그러나 잠깐의 시간이 지난 후 다시 혼자가 되었을 때 관성처럼 우울감이 느껴진다. '어차피 난 안되겠다.'는 생각이 떠오르고 변화를 위한 시도와 실패가 여러 차례 반복되는 경험이 쌓여 간다.

고립감과 우울감이 자신의 일상을 침범해 올 때, 자기 비하적 사고는 걷잡을 수 없이 자라나게 된다. 다른 사람과 자신을 비교하는 행동은 이러한 자기 비하적 사고를 더욱 강화한다.

SNS 등을 통해 타인의 행복, 흥미, 즐거움, 몸매, 식사 등에 몰두하고, 자신을 깎아내릴 수 있는 모든 측면을 비교하기 시작한다. 예쁘고 맛있는 식사를 먹는 타인과 음식을 즐겁게 먹지 못하는 자신을, 늘 당당하고 활기 넘치는 타인과 우울함에 허우적대는 자신을, 다채로운 취미와 활동을 가진 타인과 아무것도 하지 않고 시간을 소비하고 있는 자신을, 늘 날씬하고 아름다운 타인과 섭식장애가 없으면 바로 돼지가 될 것 같은 자신을 비교하는 것이다.

　이쯤 되면 자존감은 바닥을 내리친다. 사회적으로 고립되고, 삶의 목적이 결여된 인간은 극단적인 생각을 하게 될 수 있다. 살아야 할 이유가 없어진다면 '더 이상 이 고통을 유지할 이유가 있을까.' '삶을 지속해야 할까.' 이런 근본적인 질문을 던지기 시작할 때 스스로 삶을 포기할 수도 있겠다는 생각이 든다.

5. 완벽주의와 강박

완벽주의(完璧主義): 결함이 없는 완전함을 이루기 위해 끊임없이 노력해야 하며, 도달할 수 있는 보다 완벽한 상태가 존재한다고 믿는 신념

완벽주의자는 완전해지고 싶지만 단 한 번도 완전해진 적이 없는 사람들이다. 이들은 완벽주의가 자신에게 주고 있는 피해를 분명하게 알고 있고, 자신이 완벽주의라는 사실도 대부분 잘 알고 있다. 그럼에도 불구하고 이 신념을 버리지 못하는 이유는 완벽주의가 주는 혜택이 많기 때문이다. '모든 문제에는 언제나 완벽한 해결책이 있다.'는 생각이 중심이 된 행동은 완벽주의자에게 만족스러운 결과물을 제공한다.

이러한 완벽주의 신념은 섭식장애 상담 과정에서 섭식장애를 촉발한 요인으로 자주 등장한다. 많은 섭식장애 내담자가 '완벽한 식단을 짜야 하며 그 계획이 지켜지지 않으면 나는 실패자다.'라는 극단적 신념을 가지고 있다. 지나

치게 철저한 계획으로 구성된 식단이 식욕을 이기지 못해 어긋나는 순간, 완벽주의자는 실패를 경험한다. 섭식장애가 없는 사람은 섭식장애 환자가 음식에 휘둘리는 모습을 보고 의지박약이라 오해하기도 한다. 폭식은 무절제해 보이고, 거식은 지나치게 소극적으로 보이기 때문이다. 그러나 대부분의 섭식장애 환자는 자신의 작은 실수조차 용납하지 못하는 완벽주의와 자신이 설정한 강박 안에 갇혀 있는 경우가 많다.

3년 전 마음연구소를 방문했던 27세의 폭식증 여성의 주요 호소 문제 역시 완벽주의로부터 비롯되었다. 그녀는 이미 날씬한 몸을 가지고 있었지만 거울 속 자신은 여전히 살쪄 보였고, 적당한 양의 음식을 먹어도 함께 먹은 사람보다 더 많은 양을 먹었을 경우 '자제하지 못하고 더 먹어 버렸다.'는 자책감과 수치심을 느꼈다.

그녀에게는 철저한 자신만의 완벽한 식단이 있었는데, 계획한 것보다 더 먹어 버린 날은 실패한 하루가 되었다. 마음연구소에서는 그녀에게 '식사'에 관한 감정을 중심으로 하루의 일정을 6컷 만화로 그려 보게 했다. 아침이 되면 '오늘 하루는 철저히 완벽하게 저칼로리로 구성된 식단들만 먹어야지.'라는 생각과 함께 간단한 아침 식사로 하루를 시작한다. 점심 식사 때가 되면 매우 낮은 저칼로리 음식을 소량만 먹어 주린 배를 채운다. 이때까지만 해도 계획대로 완벽한 하루가 될 것 같은 생각이 든다. 그러나 15시간이 넘게 억제된 식욕은 그녀에게 무언가 먹으라고 신호를 보낸다. 뇌는 그녀의 철저한 다이어트보다 몸을 생존시키는 것이 더 중요하기 때문이다. 저녁에 되자 그녀는 식욕을 이기지 못하고 음식을 맛만 조금 보려 했지만, 한 입에서 멈추지 못하고 스스로 계획한 음식 양보다 더 많이 먹어 버렸다. 동생이 치킨을 주문했고 딱 치킨 한 조각만 먹겠다고 다짐했는데 세 조각이나 먹어 버린 것이다. 아침에 세운 오늘의 완벽한 식사계획이 틀어졌다.

그때부터 그녀는 '오늘은 망했다.' '난 역시 안 된다.' '잘 할 거라 믿은 내가 바보다.'라는 부정적인 생각들을 끊임없이 생산하기 시작했다. 오늘 하루는 망했기에 어떻게 되어도 상관없어진 것이다. 어차피 이렇게 된 거, 이것저것 계획에도 없던 음식들을 입에 욱여넣으며 먹고 싶지도 않은 음식으로 위를 채워 버렸다. 먹는 도중에도 이미 너무 많은 음식을 먹었다는 죄책감이 밀려오고 '살이 찌면 어쩌지.'라는 걱정에 화장실로 달려가 억지로 구토를 시도했다. 그러나 구토를 해도 일부 음식만이 나올 뿐이다. 고개를 들어 거울을 보니 퉁퉁 부어 있는 얼굴, 충혈된 눈, 헝클어진 머리를 하고 있는 초라한 자신이 보였다. 수치심이 밀려들면서 한없이 우울해졌다. '난 왜 이거밖에 되지 못할까.' '내일은 꼭 조금만 먹어서 완벽한 식단을 성공해야지.'라고 다짐을 하며 울다 지쳐 잠에 든다.

완벽주의뿐만 아니라 음식에 대한 강박도 섭식장애를 발생시키는 신념 중 하나이다. 음식에 대한 두려움으로 인해 먹을 수 있는 음식이 극도로 제한적이었던 20대 여성이 마음연구소를 방문했다. 그녀는 살이 찔 것 같다는 불안감에 기름진 음식은 물론, 밀가루가 들어간 음식은 일체 입에 대지 못하고 있었다. 그녀는 낮아진 체중으로 인한 기력 저하뿐 아니라 탈모와 관절통 그리고 집중력과 기억력의 저하도 함께 호소했다.

그녀는 뚱뚱했던 과거가 있었다. '더 이상 뚱뚱하게 살 수 없다.'고 결심한 그녀는 먹는 양을 줄여 나갔고, 강박적인 운동을 병행하며 살을 뺐다. 그러는 과정에서 탄수화물은 그녀의 식단에서 거의 제외되었고, 단백질 함량과 그램 수까지 계산해서 먹을 만큼 철저히 섭취했다. 유산소 운동을 하루 3시간 이상 하고 근력 운동도 부위별로 나누어서 요일별로 진행하였다. 잠자는 시간을 줄여 가며 쉬지 않고 운동했다. 75kg이었던 몸무게는 어느새 꿈꿔 왔던 체중인 48kg이 되었지만, 요요로 인해 다시 살이 찔 수도 있다는 불안감이 생기기 시작했다.

예전의 뚱뚱한 몸으로 돌아갈 수도 있다는 공포는 생각보다 컸다. 30kg의 체중을 감량한 과정은 너무나도 고통스러웠기에 그 과정을 다시는 겪고 싶지가 않았다. '철저한 식단과 운동으로 정해진 생활양식을 만들어야 한다.'는 그녀의 생각은 불안과 걱정이라는 부정적 감정을 계속 양산했다. 다이어트 도중 폭식했던 경험, 뒷풀이 때 평소 안 먹던 고기의 맛을 보니 절제하지 못하고 혼자 몇 인분 먹었던 경험, 친구가 한 입만 먹으라고 했던 과자에서 손을 뗄 수 없었던 경험이 있었기 때문이다. 폭식을 하는 날은 그에 대한 보상행동으로 16시간 이상의 금식과 4시간 동안의 운동이 수반됐고, 다이어트에 도움이 된다고 광고하는 약들을 사서 먹어야만 불안감이 사라졌다. 식사 후의 행동마저 강박이 되었다. 그녀는 식사 후 4시간 동안 눕거나 잠을 잘 수가 없었다. 살쪘던 과거를 돌이켜 봤을 때, 밥을 먹은 후 바로 자던 습관이 있었기 때문이다. 살이 찌기 싫었기에, 살쪘을 때의 행동은 절대 반복되어서는 안 된다는 생각이 들었다. 그녀는 피곤하고 졸린 날에도 잠을 참아 가며 가만히 앉거나 서서 4시간을 버텼다.

강박적 다이어트와 요요로 인한 불안감은 그녀를 지치게 했다. 그런 그녀에게 강력하게 떠오른 생각이 있었다. 다시 살이 찌지 않는 완벽한 방법은 '먹지 않는 것'이었다. 그때부터 그녀는 식사를 거부하기 시작했다. '나는 돼지였다. → 조금만 먹어도 살이 찔 것이다. → 그러므로 굶어야 한다.'는 생각의 구조가 그녀의 머릿속에서는 정답이 되어 갔다. 그녀는 살쪘던 시기에 즐겨 먹던 음식들을 식단에서 모두 제외시켰다. '밀가루 음식을 먹고 살이 쪘었으니 밀가루 음식은 절대 먹으면 안 된다.'와 같은 식사규칙이 점점 많아졌고, 먹을 수 있는 음식이 거의 없어 죽지 않을 만큼만 먹으며 하루하루를 견뎠다. 부모가 아무리 설득해도 '예전에 먹던 음식을 먹으면 무조건 돼지가 될 것이다.'라는 강력한 신념 때문에 식사량은 그 이상 늘릴 수 없었다.

그녀의 식단은 절대 먹지 못하는 음식과 조금만 먹을 수 있을 것 같은 음식으로 구분되어 있었다. 절대 먹지 못하는 음식은 밀가루, 기름(굽고 튀긴 모든 음식), 당분이 있는 간식, 고기 지방, 치즈와 같은 유제품이었고, 정말 조금 입만 댈 수 있을 것 같은 음식은 현미, 통밀, 잡곡과 같은 복합탄수화물, 당이 없거나 무첨가된 두유와 같은 음료, 기타 다이어트 음식들이었다. 제한된 음식들이 맛있다는 것은 알지만 먹기 싫었다. 그녀는 자신이 정한 저칼로리의 완벽한 식단만을 입에 댈 수 있었다. 결국 에너지 섭취가 부족하여 영양실조가 오게 되었고 32kg이 되었을 때 서울의 한 정신건강의학과 보호병동에 입원하여 체중을 회복하기에 이르렀다. 그녀는 퇴원 후 약물치료와 심리상담을 병행하며 치료를 지속하는 중이었다.

그녀는 정신건강의학과 병원에 입원했을 때를 회상하며 상황을 설명했다. 병원 입원 당시를 생각하면 손발이 시체처럼 차가웠고, 옷을 몇 겹을 입어도 추위에 떨어야 했다. 배가 고프면 허기진 느낌이 아니라 두통이 심하게 왔고, 나중에는 일상 대화나 드라마에도 집중도 하지 못할 만큼 뇌로 흘러가는 영양분이 부족했다. 눈도 다 풀리고 멍해져서 다른 사람과 얘기할 때 자꾸 어딜 보냐는 말을 들었다. 요요에 대한 불안과 완벽한 식단과 운동에 대한 강박에 시달려 스무 살이 누려야 하는 일상생활은 미뤄 둔 채였다. 병원에서의 피검사 결과는 골감소증, 부정맥, 갑상선기능저하증, 여성호르몬 부족, 높은 간수치, 낮은 백혈구 수치 등의 결과가 나왔고 '이러다 정말 죽겠다.' 싶어서 입원을 선택했다.

입원치료를 통해 40kg까지 체중을 회복했지만 그녀의 왜곡된 사고까지는 회복되지 못했다. 그녀는 퇴원 후에도 아침식사는 거의 하지 않고 있었다. 친구와 함께 자취를 하고 있었는데, 같이 사는 친구가 아침을 먹지 않기 때문에 괜히 그녀 혼자 챙겨 먹으면 많이 먹는 느낌이 들어 굶는다고 했다. 남들보다 더 많이 먹는 것은 수치스러운 일이라는 왜곡된 신념은 그녀가 어딜 가서도 모인 사람 중 가장 적게 먹는 사람이 되도록 만들었다. 완벽한 해결책은 덜 먹고 또 덜 먹어서 남들보다 '음식조절'에 있어서 완벽성을 보이는 것이었다.

그녀가 다이어트를 처음 시작했을 때 지금처럼 앙상한 몸이 목표는 아니었다. 그저 뚱뚱한 것이 싫었고, 그저 평범하게 살고 싶었던 것뿐이었는데 여기까지 오게 된 것이다. 그녀는 인생에서 가장 예쁠 수 있는 20대를 날씬하게 보내고 싶었지만 늘 배가 고픈 비만이었다. 길을 가다가 가게 앞에 걸려 있는 옷이 예뻐도 작은 옷은 그녀에게 맞지 않았고, 사진 찍는 것을 좋아하면서도 찍히는 것을 싫어했다. 평범하고 예쁜 모습을 가지기 위해 시작한 다이어트가 체중과 음식에 대한 강박으로 변질되면서 그녀의 삶의 질은 현저하게 낮아지고 있었다.

　그녀가 원했던 평범한 삶은 옷을 살 때 '사이즈가 없지 않을까?'라는 걱정 없이 예쁜 옷을 골라서 사 입는 것이었다. 친구들과 놀러 가서 사진을 찍을 때 피하지 않고 같이 찍고, 연애도 해 보고, 남의 시선을 신경 쓰지 않는 그런 삶이었다. 그런데 지금까지 말한 것 중 그녀가 할 수 있는 일은 아무것도 없었다. 친구가 만나자고 하면 뭔가를 먹어야 한다는 부담에 만남을 거부했고, 여전히 누군가 자신을 쳐다보면 자신의 체형이 뚱뚱해서 쳐다본다고 생각하고 있었다.

　다이어트를 하기 전 그녀는 수많은 요소로 자신을 설명할 수 있었다. 성격, 꿈, 취미, 가족, 공부, 친구, 미래 계획 등 많은 것이 존재했다. 그러나 이제는 체중계의 숫자만이 그녀의 가치를 말해 주는 척도였다. 50kg이 넘는 자신을 스스로가 용납할 수 없었고, 정확히는 배가 나오는 것과 허벅지 사이가 붙는 몸이 되는 것을 혐오했다. 자신의 허벅지 사이가 다시 붙어 버리는 것은 예상 가능한 자신의 미래 중 가장 끔찍한 사건이었다.

　어릴 적 뚱뚱했던 기억에 대한 집착 그리고 단 한 방울의 기름만 먹더라도 다시 돼지가 될 것 같다는 극도의 불안감으로 선택한 그녀의 완벽한 해결책은 강박적 식사였고, 이것은 그녀의 삶을 위태로운 수준까지 몰아갔다. 그녀의 잘못된 신념들은 머릿속에서 얽혀서 똘똘 뭉쳐 있었다. 시간이 걸리더라도 그녀가 진리라고 만들어 놓은 신념들을 하나부터 열까지 모두 풀어내서 버려야 했다. 칼로리 강박, 집착적인 식욕, 비합리적인 신념, 잘못된 식습관, 이 중 무엇 하나 앞으로의 미래에 가지고 가야 할 것들은 없었다. 그러나 그녀는 이것들을 하나같이 완벽하게 지켜 나가려고 애쓰고 있었다. 심리상담 치료의 첫 번째 목표는 그녀의 완벽주의를 버리는 것으로 설정되었다.

6. 음지의 질환 섭식장애

DSM-5에서 섭식장애는 급식 및 식이장애(Feeding and eating disorders)로 분류된 정신장애이지만, 우리나라 보건복지부는 2019년에 어느 매체와의 인터뷰에서 섭식장애를 질병으로 분류하고 있지 않으며 특별한 대책이 마련되어 있지 않다고 답하였다.

우리나라에서 섭식장애는 공식적으로도 쉬쉬해야 하는 음지의 질환인 것이다. 적극적인 치료를 위해 자신이 섭식장애라고 밝힌 사람을 제외하고는 주변에 자신의 증상을 설명하고 다니는 사람은 거의 없다. 상담을 진행하면서 자신의 섭식증상을 공유한 지인이 있느냐는 질문에 많은 내담자가 배우자나 연인과 같은 정말 가까운 지인에게 공개했다고 말하거나, "저의 섭식장애 증상을 누군가에게 이야기하는 것은 처음이에요."라고 대답을 했다.

음식 먹기라는 자연스러운 일상의 영역이 침범되고 있음에도 불구하고 주변인에게 공개하기 어려운 이유는 무엇일까. 이를 역설적으로 생각하면 가장 평범하고 일상적인 영역이 침범되고 있기 때문이다. 통상적으로 '정상'이라고 생각하는 범주에서 완전하게 벗어난 증상에 대한 사람들의 이해도는 오히려 더 높다. 대표적으로 공황장애가 그러하다. 갑자기 숨을 쉴 수 없을 것 같은 죽음의 공포를 느끼는 것은 환자가 엄살을 부린다고 생각하거나 그냥 좀 참으면 되는 것이라고 그 누구도 말하지 않는다. 공황장애는 심리적·정신적인 장애라고 명확하게 사회적으로 이해된다.

그러나 섭식장애는 다르다. 섭식장애는 동물이기에 가지고 있는 너무나 당연한 본능에 위배되는 증상을 보이기 때문이다. 인류는 언제나 배고픔과 싸워 왔고, 먹을 수 있을 때 최대한 먹으며 생존하는 것이 가장 중요한 수단이었다. 그리고 다이어트를 하며 체중을 줄이기 시작한 것은 수천 년의 인류의 역사에서 보았을 때 불과 100여 년 정도밖에 되지 않는다.

다시 상식과 비상식의 범주에 돌아와서, 비상식에 포함되는 질환 중 대표적인 것이 우울증이었다. 우울증은 사치의 질병으로 언급되며 '먹고 살기 힘든 나라에는 우울증은 없다.'고 이야기되어 왔다. 그러나 우울증 환자들이 높은 자살률을 보이면서 세계보건기구부터 우리나라의 보건복지부까지 우울증의 위험성을 알리고 치료를 위한 홍보를 하기 시작했다. 우울증으로 인한 사회적 손실에 대해 국가에서 분명하게 인지했기에 가능한 일이었다. 모두가 동의하지는 않지만 '우울증은 마음의 감기'라는 문구가 익숙해질 만큼 우울증에 대한 사회적 이해도는 높아졌다.

섭식장애 환자는 섭식장애가 사회적으로 쉽게 받아들여지지 않는 것을 이미 잘 알고 있다. 그렇기에 부모님에게, 친구에게, 애인에게, 배우자에게 이 이야기를 꺼내기를 두려워한다. 섭식장애를 고백했을 때 그동안 혼자서 고생했던 시간들을 위로받고 함께 치료에 적극적으로 참여해 주는 가족이 있다면 앞으로의 상황은 좋아질 수 있을 것이다. 그러나 부모의 인성, 교육수준, 경제력에 상관없이 자녀의 섭식장애 증상은 부모 입장에서는 쉽게 이해하기 어렵고 화가 나기도 할 것이다. 자녀 양육을 위해 부모로서의 역할을 다하고 경제

활동도 열심히 하고 있는데 살이 찐다는 이유로 밥을 먹지 않는다니, 어처구니가 없는 것이다. 먹은 음식을 토하고 음식을 삼키지 않고 뱉는다는 이야기를 들었을 때 그 증상을 이해할 수 있는 부모는 많지 않다. 섭식장애에 대한 이해도가 부족한 부모의 시선으로 보았을 때, 거식증을 겪는 자녀는 마치 아무것도 안 하고 있는 것처럼 보인다. 그래서 "지금도 엄청 말랐으니 먹어."라며 먹는 행동을 강요하려 하거나 자녀가 폭토를 할 경우 "그냥 안 먹고 토를 안 하면 안 돼? 좀 참아 봐."라는 말을 쉽게 꺼내기도 한다.

섭식장애를 겪는 30대 딸과 함께 마음연구소를 방문했던 60대 어머니는 '우리 때는~'이라고 하며 어렸을 때 먹을 것을 구하기가 얼마나 어려웠는지에 대해 딸 앞에서 장황하게 설명했다. 이런 말은 치료에 아무런 도움이 되지 않을뿐더러 오히려 치료에 방해만 될 뿐이다. 어머니는 딸에게 '나는 너의 섭식장애를 이해하지 못하겠다.'는 마음을 명백하게 전달하고 있는 것이다.

섭식장애를 겪고 있는 것을 주변에서 눈치채지 못하고 몇 년 동안 유지가 가능한 이유는 상황적 특이성이 반영되기 때문이다. 섭식장애로 인해 중도의 우울장애와 대인기피증을 함께 겪는 환자라면 그 상황이 다르겠지만, 대부분의 환자에게 섭식장애를 겪는 자아와 사회생활을 하는 자아가 함께 공존한다. 즉, 연애를 하면서도 남자친구 앞에서는 잘 먹고 날씬한 역할을, 집에서는 먹고 토하는 역할을 동시에 하는 것이다. 회사원으로서, 학교 교사로서, 학생으로서 자신의 역할은 수행하고 남들에게는 잘사는 것처럼 충분히 가장이 가능하다.

함께 식사를 정기적으로 해야 하는 회사원들의 경우 다이어트를 한다는 핑계로 도시락을 싸거나 가벼운 식사를 할 수 있고, 퇴근 후 몰아서 먹고 토하더라도 아는 사람이 없다. 식사 약속이나 데이트를 해야 할 경우 미리 토할 수 있는 화장실을 물색해 놓고 식사 후 잠시 화장실을 다녀오면 그만이다. 씹뱉에 중독된 경우에는 평일 저녁과 주말의 시간을 씹뱉에 할애하고 나머지 시간은 문제없이 일상생활을 할 수 있다. 가족과 함께 살더라도 샤워 시간을 활용하거나 모두가 잠든 늦은 밤에 구토를 하면 잘 모른다. 때론 자신의 방에서 게워 내거나 씹고 뱉은 토사물을 화장실로 가져가 조용히 처리하기도 한다.

폭토나 씹뱉을 하면서 체중이 급격하게 감소하는 경우가 아니라면 가족이나 가까운 지인이 이들의 신체변화를 눈치채는 것은 쉽지 않다. 음식을 전면적으로 거부하는 경우에는 어느 순간 앙상해진 모습을 보고 문제를 발견할 수도 있지만 폭토나 씹뱉은 극단적인 체중변화를 보이지 않는 경우가 더 많다. 그렇기에 초저체중의 상태가 아닌 경우, 환자가 설명하지 않는 이상 의사라도 환자가 섭식장애가 있다는 것을 알기는 어렵다.

7. 내 아이의 섭식장애

　부모가 자녀의 섭식장애를 이해하는 것은 어려운 일이지만, 그래도 다행인 것은 최근에는 부모의 움직임이 점점 적극적으로 변하고 있다는 것이다. 섭식장애 커뮤니티 소금인형에 가입하는 회원의 주(主)연령대가 10~20대임에는 변함이 없지만 섭식장애 자녀를 둔 40~50대 부모의 가입 수도 점차 증가하고 있다. 섭식장애 자녀를 둔 부모의 가입은 커뮤니티에 내에서도 작은 반향을 일으키고 있다. 부모가 자녀의 증상에 대한 고민 글을 올리면 자녀 또래의 회원들이 자녀의 입장에서 도움이 되는 말을 해 주기도 하고, 같은 고민을 하는 부모들끼리도 정보를 공유하거나 위로를 주고받기도 한다. 또한 자녀들은 부모 회원의 걱정과 고민 글을 보며 부모의 마음을 헤아리기도 한다. 비록 온라인상이지만 자신의 어머니나 아버지로부터 받지 못했던 심리적 지지를 다른 부모 회원으로부터 받는 것이다.

자녀의 섭식장애 초기증상

섭식장애를 겪는 자녀가 있는 부모는 더 일찍 자녀의 상태를 알아보지 못한 것이 후회된다고 이야기한다. 그저 자녀가 다이어트를 열심히 하고 있다고 생각했는데 섭식장애까지 진행된 것을 눈치채지 못했다는 것이다. 이것은 부모가 자녀에게 무관심했기 때문이 아니다. 자녀 본인조차 섭식장애 초기증상이라는 것을 알아채는 경우가 많지 않을뿐더러, 자녀가 섭식장애 증상을 부모에게 숨기려고 작정하면 부모가 이를 알아차리기란 어렵다. 그렇다고 하여 자녀의 증상을 절대 눈치챌 수 없다는 말도 아니다. 독립하지 않은 자녀는 결국 부모와 함께 생활해야 하기 때문에 섭식장애에 대한 기본적인 정보를 가지고 자녀의 식생활을 주의 깊게 살펴본다면 초기증상을 발견할 가능성은 높다. 다음의 행동이나 표현들은 자녀가 섭식장애 초기에 접어들었다는 신호가 될 수 있다.

섭식장애의 단서는 생활의 여러 측면에서 발견된다. 첫째, 음식 섭취를 제한하려는 모습을 통해 확인할 수 있다. 섭식장애의 자녀는 '혼자 방에서 먹겠다.' '이미 밖에서 먹었다.' '배고프지 않다.' 등 여러 핑계를 대면서 가족과 함께 식사하는 것을 피하거나, 몸에 좋은 음식만 먹고 싶다면서 탄수화물과 지방, 당이 들어간 음식을 전혀 먹지 않거나 다이어트 콜라, 아메리카노와 같이 칼로리가 거의 없어 살이 찌지 않으면서 포만감을 유지할 수 있는 음식을 선택한다.

둘째, 먹은 음식을 보상행동을 통해 살을 빼려고 시도할 수 있다. 식사 후에 화장실로 곧바로 가서 오랜 시간 나오지 않거나, 외식 후 식당에서 나오기 전에 화장실을 다녀왔는데 눈이 충혈되어 있다면 섭식장애를 의심해 볼 수 있다. 특히 자녀가 화장실에 오래 머문다는 것은 구토뿐만 아니라 변비약을 복용하여 설사를 하기 위함일 수도 있으니 예의주시해야 한다.

셋째, 지나친 운동도 섭식장애의 증상 중 하나라는 것을 알 필요가 있다. 대부분의 부모는 운동이 건강에 좋다고 생각하기 때문에 자녀가 운동을 열심히 하는 모습이 몸에 나쁜 행동일 것이라는 의심조차 하지 않는다. 그러나 과도하게 운동하는 것은 구토나 변비약의 복용과 마찬가지로 먹은 것을 소모시키려는 보상행동이다.

넷째, 확률적으로는 낮으나 자녀가 친구와 보내는 시간이나 학교생활에 흥미를 잃고 혼자만의 시간을 보내려 할 때 이것이 단순히 따돌림이나 학교 부적응이 아닌 다른 심리적 요인이 있을 가능성도 배제할 수 없다. 이 모든 증상이 반드시 섭식장애를 가리키고 있다는 것은 아니다. 그러나 섭식장애를 겪고 있는 아동·청소년은 높은 확률로 이러한 모습을 보이기에 부모는 제공된 단서들을 바탕으로 자녀의 섭식장애를 의심할 수 있는 것이다.

다이어트가 아니라 거식증일 수 있다

고등학생 자녀를 둔 한 어머니는 병원에서 딸이 거식증이라는 진단을 받고 충격을 받았다. 그저 딸이 열심히 다이어트를 한다고만 생각했는데 뉴스에서나 들었던 거식증이란 진단이 내려지니 쉽게 받아들일 수 없었던 것이다.

고등학교에 갓 입학한 딸은 첫 학기가 얼마 지나지 않아 다이어트를 한다고 선언했다. 평소에 딸이 자주 다이어트를 선언하고 포기했었기에 어머니는 '이번에는 그 결심이 얼마나 갈까?'라고 의심했다. 하지만 딸은 생각보다 다이어트를 잘했고, 딸의 강한 의지와 실천력을 보니 기쁜 마음도 들어 적극적으로 응원해 주었다. 딸이 요청한 다이어트 식품은 모두 사 주었고, 살 빠진 모습을 본 지인들의 '예쁘다'는 말에 아이가 자랑스럽게 느껴지기까지 했다.

그런데 어느 순간부터 딸이 가족과 함께 식사하는 것을 꺼리더니 닭가슴살이나 토마토와 같은 극단적인 다이어트 식단만을 고집했다. 어느 날은 쉽게 짜증을 내고 갑자기 울음을 터트리는 등 심한 감정기복을 보였다. 이런 모습을 지켜본 어머니는 "음식을 너무 안 먹으니 감정이 불안한 것 같다. 이제 다이어트는 그만 하자."고 아이에게 권했고, 딸도 다이어트를 그만 하겠다고 대답했다. 그러나 딸의 절식은 멈추지 않았고 체력은 계속 현저히 떨어졌다. 결국에는 앉아 있는 것도 힘들어져서 학교와 집에서 거의 엎드려 있거나 누워 있었다.

보다 못한 어머니는 아이에게 영양주사를 맞히기 위해 내과를 방문했다. 그런데 의사로부터 "건강상태가 아주 위험하니 대학병원에 가서 진단과 치료를 받아야 한다."는 청천벽력과 같은 말을 들었다. 소견서를 받은 어머니는 대학병원을 예약해 MRI, 뇌파검사, 위장조영검사, 피검사, 초음파검사 등의 여러 검사를 받았고, 최종적으로 딸이 받은 진단은 신경성 식욕부진증, 거식증이었다. 딸은 이미 섭식장애가 중증으로 진행되었고, 신체기능은 거의 바닥나 있는 매우 위험한 상태였다.

자녀의 섭식장애 치료에 있어 또 다른 장애물은 부모의 섭식장애 증상에 대한 낮은 이해도이다. 한 어머니는 고등학생 딸이 음식을 먹지 않아 말라가고 있는 것을 알고는 있었지만 그 심각성을 인지하지는 못했다. 거주하고 있는 동네 내과에 방문했을 때, 의사는 다음과 같이 설명했다.

> "따님은 거식증입니다. 현재 갑상선 기능이 심각하게 저하되었고, 신장도 좋지 않습니다. 지금 저체온과 저혈압으로 매우 위험한 상태입니다."

그러나 어머니는 딸이 얼마나 위험한 상태인지에 대해 정확하게 이해하지 못했다. 딸의 상태를 되물었을 때 의사는 다음과 같은 충격적인 답변을 했다.

"아이가 지금 자다가 죽어도 이상할 것이 없습니다. 요양병원에 누워 있는 노인과 같다고 생각하시면 됩니다."

어머니는 그제서야 딸이 심각한 상태임을 깨달았다. 자녀가 다이어트를 한다는 말을 들은 후 살이 빠지는 것을 보았을 때, 섭식장애라고 판단하기란 쉽지 않다. 그러나 자녀가 현재 다이어트 중인지, 그를 넘어선 거식 증상을 보이는지에 대해서는 결국 부모의 판단이 개입되어야 한다. 뒤늦게 부모가 자녀의 섭식장애 증상을 발견해 병원에 데려가 진단을 받았을 때에는 이미 자녀의 섭식장애가 만성화되어 버린 경우를 많이 볼 수 있다.

부모님께 말하긴 어려워요

자녀의 입장에서 자신의 섭식장애 증상을 부모에게 말하는 것은 너무나도 어려운 일이다. 섭식장애인지 몰라서 말하지 않는 경우도 있지만, 알고 있더라도 꺼내기에는 너무 무거운 주제인 것이다. 자녀 역시 분명 '내가 섭식장애가 아닐까?'라며 스스로를 의심한 시기가 있었을 것이다. 웹상에 나와 있는 섭식장애 증상들을 본인의 증상과 비교하기도 하고, 자가 섭식장애 진단을 통해 폭식증이나 거식증이라는 결과가 나왔을 때에는 부정하고 싶은 마음도 들었을 것이다. 그리고 섭식장애에 대한 개념을 정립하고 자신의 증상과 비교하면서 결국 섭식장애를 받아들이게 되었을 때 누군가에게 도움을 요청하고 싶었을 것이다. 같은 증상을 겪는 커뮤니티 회원의 응원 댓글도 도움이 되지만, 많은 아동·청소년이 실질적으로 나를 알고 지켜봐 주는 부모를 머릿속에 떠올린다.

음식을 먹고 억지로 구토를 하거나, 음식을 잔뜩 씹은 후 맛만 보고 뱉어 버리거나, 며칠을 굶어 버리는 행동은 스스로가 생각해도 정상적인 행동으로 보이지 않는다. 하루에도 몇 번씩 오르내리는 심한 감정기복과 툭 건들면 눈물이 뚝뚝 떨어질 것만 같은 날들이 반복된다. 본인의 이상 섭식행동에 두려움을 느낀 자녀는 부모에게 다가가 손을 내밀기도 한다.

> "엄마, 쌀밥 먹으면 살 찐다는데 먹어도 괜찮을까?"
> "혹시…… 나 뚱뚱해?"
> "살 빼는 애들 보니 대단하다. 난 못하는데."

이와 같이 자녀는 음식과 체형에 대해 부모에게 질문을 던지기도 하고 지금껏 하지 않았던 스킨십을 시도하면서 불안한 마음의 신호를 부모에게 전달한다. 그러나 안타깝게도 부모는 자녀의 이런 중요한 신호를 쉽게 놓친다.

> "왜 안 하던 행동을 하니."
> "쓸데없는 생각하지 말고 공부나 해."
> "의지가 부족하니 살을 못 빼지."

오히려 상처를 주는 답변을 되돌려주기도 한다. 이런 부모의 부정적인 피드백은 자녀가 마음의 문을 닫아 버리고, 초기에 수정될 수 있는 섭식장애의 치료시기를 놓치게 하는 요인이 된다.

자녀가 섭식장애라고 진단받은 부모 입장에서는 이렇게 심각해지기 전에 힘들면 힘들다고 솔직하게 말해 주었으면 좋았을 것이라 생각할 수도 있다. 그러나 자녀의 입장에서는 먹을 것 하나 조절하지 못하는 모습, 폭토를 하거나 씹뱉을 하는 행위, 앙상하게 뼈만 남은 몸을 부모에게 보여 주기란 쉽지 않다. 부모에게 혹여나 이미 다른 부분으로 인해 죄책감을 가지고 있는 자녀라면 부모에게 걱정을 끼치기 싫다는 생각에 섭식장애에 대한 고백을 더 망설인다.

부모가 섭식장애의 원인일까

　자녀가 섭식장애라는 사실을 알게 된 일부의 부모는 죄책감을 가진다. 필수적인 의식주 중 하나인 음식을 자녀에게 제대로 제공하지 못했다는 자기 비난과 부모의 기본 의무를 다하지 못해 심리적 장애까지 진행되었다는 자책감이 끊임없이 맴돌기 시작한다.

　　'너무 공부만 하라고 스트레스 줬나.'
　　'살 뺀다고 했을 때 다이어트 음식들 괜히 사 줬나.'

　부모는 다양한 죄책감에 사로잡힐 수 있으나, 자녀의 섭식장애 발병 이유가 반드시 부모인 것은 아니다. 섭식장애는 다양한 이유로 발병하게 되며, 부모의 문제는 원인 중 하나일 뿐이다. 다만, 자녀가 섭식장애 증상을 분명히 보이고 있는데도 적극적 치료를 권하지 않거나 지원하지 않았다면 그것은 부모의 잘못이 맞다.

　자녀가 신체적·심리적 문제를 호소할 때 부모는 이것이 유전이 된 것은 아닌지 걱정을 한다. 섭식장애가 유전이 가능하다는 연구결과는 분명 있으나 이것은 섭식장애 증상 그 자체의 유전이 아닌, 심리적 취약성에 대한 유전을 의미한다. 그렇기에 아동·청소년이 이러한 기질을 가지고 있다면 환경에 대한 부적응적 대처로서 섭식장애가 아닌 다른 심리장애가 야기될 수도 있었다는 것이다. 자녀의 취약성을 알게 되었다면 지금을 어떻게 잘 극복해 나갈 것인지 그리고 앞으로의 삶에서 만나게 되는 다양한 갈등에 어떻게 잘 대처해 나갈 것인지를 준비하는 과정에 집중해야 한다. 예민한 자신 때문에 자녀도 예민해졌다는 자책은 자녀의 회복에 아무런 도움이 되지 않는다.

　전문가들이 말하는 섭식장애의 원인은 크게 세 가지이다. 첫째, 생물학적 원인이 있다. 식욕 및 포만감 충주에 관여하는 다양한 신경전달물질 문제, 에너지 대사 문제, 신경 내분비적 문제로 인해 식욕이나 식사 행동에 변화가 나타난다. 둘째, 심리적 원인이다. 섭식장애 환자는 자신의 가치평가에 있어서 체중과 체형을 가장 중요하게 생각한다. 체중의 오르내림은 자존감의 높이와 비례하기도 하고, 왜곡된 신체상을 통해 스스로를 비하하는 감점사고를 만들어 내기도 한다. 소외감, 우울감, 외로움 등 부정적인 감정 역시 섭식장애를 야기하는 원인이 되기도 한다. 셋째, 사회적 원인이다. 마르거나 날씬한 체형은 자기관리에 철저한 사람이고 뚱뚱한 사람은 자기관리를 못하고 게으른 사람이라고 판단하는 사회적인 편견이 이에 해당한다. 1차적 사회관계인 가족구성원 내의 갈등도 섭식장애의 원인이 되기도 한다.

낮은 확률이지만, 앞서 말했듯 섭식장애는 유전의 영향을 받는다. 어떤 단일 유전자에 의해 유전된다고 정확히 밝혀지지는 않았지만, 분명히 유전적 소인도 존재한다는 연구결과가 있다. 섭식장애의 유전적인 소인은 타고난 기질, 인지 양식, 성격, 기분조절 능력, 완벽주의 등 다양하다. 섭식장애와 유전에 관련된 연구결과, 일란성 쌍둥이일 경우 한 아이가 섭식장애가 있을 때 다른 아이도 섭식장애일 확률이 50% 이상이다. 추가적으로 이란성 쌍둥이일 때는 이 확률이 1/3이었다. 현재까지 폭식증과 거식증은 다인자유전의 영향을 받는 것으로 알려져 있지만 폭식증과 거식증 중 어느 쪽이 유전이 더 잘 된다고 말하기는 쉽지 않다. 일부 연구는 섭식장애의 가족력 자체는 거식증보다 폭식증에서 더 높게 나온다는 결과를 발표했으며, 거식증에서는 주요우울장애 등 기분장애의 가족력이 더 많다는 연구도 있다.

자녀의 섭식장애 돌보기

자녀가 섭식장애 진단을 받게 되면 부모는 섭식장애에 대한 정보를 찾아보기 시작한다. 웹서핑을 통해 섭식장애 정보를 검색하고 섭식장애 관련된 책과 논문도 읽어 본다. 국내에는 섭식장애 대한 자료가 많지 않기 때문에 해외 자료를 검색하기도 한다. 그런데 해외 섭식장애 자료는 국내 자료에 비해 방대하지만 모두 번역이 되어 있지 않다는 점과 우리나라의 정서와 실생활에 적용되기 어렵다는 점에서 한계가 있다.

부모 입장에서 섭식장애는 증상부터 치료방법까지 확실한 답이 보이지 않는 막막한 심리장애를 보이기도 한다. 자녀의 치료를 결심한다 하더라도 서울, 경기권 외에는 섭식장애 전문 클리닉 및 상담센터가 전무하며, 심리상담의 경우 보험 혜택도 받을 수 없다. 병원치료의 경우 간단한 초진 검사와 10분의 정신건강 전문의의 상담을 받고 일주일 치 약을 처방받는 경우 치료비는 한 달에 약 5~10만 원으로 부담이 덜하나 종합심리검사(Full-battery)를 받을 경우 40만 원 내외를 예상해야 한다. 심리상담치료는 1회에 적게는 5만 원에서 많게는 15만 원을 지불해야 하고, 혹시라도 자녀가 입원을 하게 되면 한 달 병원비를 150만 원에서 많게는 700만 원까지도 예상해야 한다. 이러한 이유들로 현재 국내 섭식장애 치료는 의료 지원의 사각지대에 놓여 있다고 해도 과언이 아니다. 섭식장애 자녀의 부모는 정신적인 고통과 함께 자녀의 증상과 치료비에 대한 부담으로 경제적인 어려움도 동시에 호소한다.

부모도 지친다

부모의 정서적 지지는 치료에 영향을 미치는 중요한 요소이다. 부모와 함께 거주하고 있는 섭식장애 자녀가 신체활동이 어렵거나 사회생활을 지속하기 어려운 경우, 하루 중 많은 시간을 부모와 함께 보내게 된다. 이 시간은 자녀와 부모 모두에게 고통의 시간이 될 수 있다. 자녀는 부모의 눈치를 보느라 힘들고, 부모는 자녀가 어떻게 될지 모른다는 높은 불안 상태에서 자녀와 치료 동맹을 맺기 위해 많은 노력을 해야 하기 때문이다.

처음에는 자녀가 걱정되어 치료에 모든 것을 매진하지만 길어지는 치료, 자녀의 더딘 변화, 부모의 소진은 동정피로를 야기하기도 한다. 동정피로(同情疲勞)란 누군가를 돕는 사람이 시간이 지남에 따라 연민의 감정이 점차 약화되는 상태를 의미하는데, 섭식장애 자녀를 돌보는 부모도 그 예외가 아니다. 자녀가 부모를 거부하고 화를 자주 낼 때, 부모가 실제로는 아이의 섭식장애 증상을 이해하지 못하면서도 치료를 위해 이해하는 척 가장하는 것이 반복될 때, 자녀가 섭식장애 증상으로 부모를 조정하려 들 때, 자녀가 치료 의지가 없어 보이거나 치료를 포기하려고 할 때 동정피로는 높아진다.

섭식장애 치료는 최소 6개월에서 몇 년간 지속되기도 한다. 이런 고통스러운 현실이 계속되면 아무리 부모라도 자녀의 고통에 대한 동정심이 약해질 수 있다. 그래서 부모는 동정피로를 예방하기 위해 자녀의 치료와 자녀와의 갈등에 모든 에너지를 소진해서는 안 된다. 섭식장애 치료는 단기치료가 아니라 장기치료가 대부분으로, 부모도 긴 치료시간을 이겨낼 수 있는 별도의 에너지를 비축해야 자녀를 꾸준하게 도울 수 있기 때문이다. 다음은 섭식장애 자녀가 있는 부모들이 동정피로를 예방하거나 극복하기 위해 추천하는 대표적인 방법들이다. 가족 혹은 개인에 따라 적합한 방법은 다를 수 있으나 활용할 수 있는 정보는 도움이 될 것이다.

첫째, 자녀의 증상을 직면한다. 자녀는 지금 아픈 상황이고, 학교 및 집 밖의 활동을 정상적으로 하지 못한다.

둘째, 섭식장애의 상황을 직시한다. 당분간 식사시간이 모든 가족에게 스트레스가 될 것이고, 치료에는 많은 비용과 시간이 소모될 것이다.

셋째, 부모가 자녀의 모든 상황에 완벽하게 대응할 수 없다는 것을 인정한다. 자녀에게 앞으로 예상치 못한 일들이 벌어질 수 있고, 부모도 실수할 수 있다.

넷째, 자녀의 섭식장애 치료시간을 고통의 시간으로만 받아들이지 말고 자녀와의 관계를 개선하는 새로운 시선으로 바라본다. 그동안 듣지 못했던 자녀의 목소리에 귀 기울여 본다.

다섯째, 섭식장애 자녀를 치료하는 다른 부모와 교류함으로써 힘든 마음을 위로받고 공감하는 시간을 가진다. 힘든 상황에서 비슷한 어려움을 겪는 사람들의 정보와 위로는 큰 힘이 된다.

여섯째, 자녀의 섭식장애 치료가 부모의 일상적인 삶을 모두 침범해서는 안 된다. 부모의 삶의 질이 일정 수준으로 유지되어야 자녀를 돌보는 것도 가능하기 때문이다. 동정피로의 예방과 대처를 위해서는 이 여섯 가지가 모두 도움이 되지만, 자기돌봄의 과정은 부모가 간과하기 쉬운 부분이다.

마음연구소를 방문했던 한 어머니는 모든 일상이 자녀의 치료에 맞추어져 있었다. 일하던 직장도 그만두었고, 자녀의 치료를 제외한 가족과의 시간은 거의 보내지 못하고 있었다.

"아이가 섭식장애가 있다는 것을 알고 나서부터는 매주 병원에 방문하고, 이곳저곳 매주 도움이 된다는 심리상담실을 같이 데리고 다녀요. 집에서도 아이가 먹고 싶다고 하는 것이 조금이라도 더 생길까 장을 보고 요리하는 것에 엄청 신경을 쓰고요. 남편과 외식한 지가 언제인지 기억도 안 나요. 남편은 가끔은 부부만의 시간을 가지자고 해요. 저도 그 마음을 모르는 것은 아니지만 아이가 섭식장애를 겪고 있는데 어떻게 아빠가 그렇게 말할 수 있냐고 쏘아붙였어요. 저도 그런 시간이 싫은 것은 아니에요. 그런데 아이의 섭식장애가 나의 완벽주의 때문은 아닐까, 그전에 왜 눈치채지 못했을까 하는 마음에 아이의 치료에만 몰두할 수밖에 없어요. 우선 아이가 낫는 것이 가장 중요하니까요."

자녀의 섭식장애를 통해 죄책감을 경험하는 부모의 경우 자신의 생활의 모든 초점은 자녀의 회복에 맞춰진다. 그러나 섭식장애는 치료가 시작되더라도 당장 눈에 보이는 치료효과를 확인하기 어려우며, 몇 주 혹은 몇 달 안에 치료될 것이라는 보장도 없다.

부모의 삶에 있어서 자녀의 섭식장애 치료가 우선순위가 될 수는 있다. 그러나 다음 순위들이 사라져 버리고 자녀의 치료가 삶의 모든 것이 되어 버린다면 결국 가장 힘을 내야 할 부모가 지쳐 버리거나 자녀의 치료과정 중 생기는 심리적인 부담감과 스트레스가 또 다른 가족 간의 문제를 야기할 수도 있다. 효과적인 치료과정을 위해서는 자녀의 섭식장애 치료에 모든 것을 몰두하기보다는 부모도 자신의 일상을 유지하도록 노력해야 할 것이다.

일상의 삶 속에서 부모 자신을 위한 힐링 방법을 찾는 것은 중요하다. 개인의 생활방식에 따라서 그 방법은 다양할 수 있다. 정기적으로 휴식 시간을 가지거나, 마음을 위한 기도나 명상의 시간 혹은 정기적인 외출도 도움이 된다. 경제적 여유가 된다면 부모 역시 개인상담을 받는 것도 도움이 될 것이다. 종교가 있다면 종교 활동도 할 수 있을 것이고, 부부 간에 대화를 나눌 수 있는 별도의 식사 자리를 갖는 것도 좋다.

"나는 지금 힐링을 할 여유가 없어요."
"지금은 그럴 때가 아닙니다. 아이가 낫고 나면 할 거예요."

부모는 일반적으로 자녀가 아픈 상황에서 자신을 위해 시간이나 돈을 쓰는 것은 사치라고 여긴다. 그러나 부모가 자신의 마음을 챙기지 못하는 상황은 결국 자녀의 치료에도 좋지 않은 영향을 미친다. 부모의 스트레스와 과로는 자녀에게 고스란히 전달되며, 이는 '도와주기 싫은데 억지로 도와주는 척하고 있다.'는 자녀의 억측을 유발하기도 한다. 혹은 반대의 경우 부모가 자신 때문에 아무것도 하지 못하고 있다는 죄책감이 자녀의 마음을 무겁게 만든다. 자녀의 섭식장애 치료과정 중에 부모 자신을 위한 힐링의 시간은 중요하지만 이것이 꼭 정기적이거나 긴 시간을 소요할 필요는 없다. 부담이 가지 않는 선에서 각자의 상황에 맞춰 조절을 할 수 있는 힐링 요소들을 발견하고 부모 스스로의 상태를 체크해 나가는 것이다. 이는 최종적으로 자녀의 섭식장애 치료에 도움이 될 것이다.

섭식장애가 권력이 되다

자녀는 섭식장애를 빌미로 부모와 힘겨루기를 하기도 한다. 청소년 자녀가 학업이나 섭식 또는 병원 및 상담 치료 진행 여부를 가지고 부모를 좌지우지하는 것이다. 예를 들면, "병원치료를 받게 하면 학교를 자퇴하겠다." "내가 원하는 것을 해 줄 때까지 음식을 절대 먹지 않겠다."와 같은 협박을 하는 것이다. 섭식장애 전문가들은 청소년 섭식장애의 원인으로 부모와의 문제를 언급하기도 한다. 정신분석학에서는 부모와의 애정 결핍, 어머니에 대한 거부감 등이 섭식장애를 유발할 수 있다고 설명한다. 태어나서부터 젖을 막 떼는 18개월 정도까지를 구강기(口腔期)라 칭하는데, 이때 충족되어야 할 욕구들이 좌절된 경우 자아가 완성되는 청소년기에 음식에 관련된 문제 행위로 나타난다는 것이 정신분석학의 주장이다. 입으로 음식을 먹는 행위를 스스로 포기함으로써 부모와 가족에게 분노를 표현하기도 하고, 애정이나 관심을 요구하기도 한다는 것이다. 이들이 부모에게 반항할 때에는 대부분 미워하면서도 애정을 바라는 양가감정을 가진 경우가 더 많다. 일부 청소년 섭식장애 환자는 부모에 대한 저항으로 섭식장애 증상을 더 악화시키거나 치료를 거부한다.

"저는 강박적이고 완벽주의 성격을 가진 엄마 밑에서 성장했어요. 저는 그동안 엄마가 시키는 대로 행동해야 했지만 제가 섭식장애임을 엄마가 알고부터 제 마음대로 할 수 있는 것들이 늘어났어요. 15년 동안 저는 제가 입는 옷, 신발, 양말조차 선택할 수 없었어요. 엄마 의견에 무조건적으로 순종해야 했고 엄마의 의견에 따르지 않으면 욕을 먹거나 매를 맞았죠. 엄마 의견을 따르는 것이 제가 살아가는 방법이었어요. 하지만 제 마음속에는 엄마에 대한 분노가 쌓이고 있었던 것 같아요. 제 삶에서 마음대로 할 수 있는 것은 음식밖에 없었어요. 그래서 음식을 미친 듯이 먹어 보기도 하고 토하기도 했고, 그러다가 살이 찌면 바짝 마를 때까지 굶어 보기도 했어요. 그러다가 학교에서 토하는 것을 선생님께 들켰는데 선생님께서 이상한 낌새를 눈치챘는지 이 행동이 엄마 귀에 들어갔어요. 병원에 가서 검사하고 섭식장애 진단을 받았을 때의 엄마 표정을 생생히 기억해요. 엄마가 저의 섭식장애로 인해 힘들어하는 것을 알았을 때, 저는 사실 그렇게 미안하다는 생각이 들지 않았어요. 엄마가 지금에서야 나의 고통과 상처를 알아준다는 생각이 들어서 오히려 그동안 쌓였던 분노가 조금 풀리는 기분이었거든요."

성장 과정에서 부모의 강압적인 양육태도는 자녀의 자존감을 무너뜨리기도 하고 가짜 자아를 만들어 내기도 한다. 생존을 위해 만들어진 가짜 자아는 아직 힘이 약하기 때문에 부모의 의견에 순종하는 모습을 보인다. 그러나 자녀의 무의식 속에서는 원하는 욕구가 해결될 수 없다는 좌절감과 원망이 쌓이게 되고 이러한 억눌린 감정은 신체적으로 자립할 수 있는 시기가 되었을 때 폭발할 준비를 하고 있다. 이 시기가 바로 청소년기이다. 자녀는 그동안 쌓아 왔던 부모에 대한 원망과 분노를 자기 파괴적인 방식으로 표출한다. 청소년 자녀는 표출 방식으로 폭식증보다는 거식증을 더 자주 선택한다. 자신의 분노를 섭식장애 증상을 통해 보여 주고 그런 모습을 보고 어찌할 바를 모르는 부모를 보며 그동안 상처받은 마음에 보상받는 감정을 느끼는 것이다.

자녀의 힘겨루기는 부모에 대한 복수로만 단순하게 설명되지 않는다. 아동·청소년은 부모에게 의존하고 싶은 욕구를 왜곡된 방식으로 표현할 때도 있기 때문이다. 이들은 복합적인 내면 갈등으로 인해 부모의 죄책감과 불편한 마음을 이용하기도 한다. 어릴 적 결핍된 욕구, 억눌린 분노, 부모의 애정을 테스트해 보고 싶은 마음 등 여러 가지 감정이 발생할 때 부모에게 화를 내고 짜증을 내기도 한다. 이 표현방법 중 하나가 섭식장애인 것이다.

섭식장애의 치료는 부모가 자녀의 섭식장애에 관심을 가지고 자녀에게 부족한 애정을 채워 줄 때 가속화된다. 부모가 우선적으로 할 일은 자녀가 화를 낼 때 "그동안 참 힘들었구나. 너의 마음을 알아주지 못해서 미안하다."고 말하며 자녀의 감정을 먼저 받아주는 것이다. "학교를 가지 않겠다." "상담치료를 받지 않겠다."고 부모를 협박하는 경우, 다그치기보다는 "네가 뭔가 불편하니까 그렇구나. 엄마는 너의 마음을 알고 싶은데 말해 줄 수 있니?" 등과 같이 말하는 것이 좋다. 자녀의 마음에 적극적으로 귀 기울이는 모습을 보여 줄 때 자녀는 심리적 안정감을 느끼고 치료에 적극적인 모습을 보여 줄 것이다. 치료 자체를 아예 거부할 때에는 부모가 대신 심리상담기관에 방문하여 자녀에게 도움이 되는 이야기를 듣고 오는 것도 하나의 방법이다. 이러한 부모의 적극적인 태도는 자녀가 치료결심을 하도록 만들 수도 있다. 어쩌면 달래고 기다리고 머무는 과정이 치료 내내 반복될 수도 있다. 힘들겠지만 부모가 자녀에게 줄 수 있는 가장 큰 도움은 묵묵히 이 상황을 견뎌 주는 것이다.

8. 남자도 마르고 싶다

    섭식장애에 대해 말할 때 대표적으로 그려지는 이미지가 있다. 아주 마른 여성이 거울 앞에 서 있고, 거울에 비치는 모습은 아주 뚱뚱한 모습으로 보이는 사진 혹은 그림이다. 섭식문제나 폭식증 거식증을 웹에 검색해 보면 대부분 여성의 모습이 나온다. 그동안 우리가 접해 왔던 섭식장애에 대한 모습과 내용이 모두 여성의 이미지와 맞닿아 있기 때문에 섭식장애는 여성만의 병이라는 것은 아무도 의심하지 않고 자연스럽게 받아들여져 왔다. 우리나라와 미국 모두 이와 비슷한 고정관념을 가지고 있다. 그러나 실제로 섭식장애 환자 중 10~15%는 남성이다. 좋은 외모를 가져 다른 사람에게 좋은 평가를 받고 싶은 욕구는 남녀노소에게 모두 공통적으로 적용되는 사항이기 때문이다. 그런데 왜, 언제부터 섭식장애는 여성의 병이라고 생각하게 되었을까. 이 질문에 대한 답변에는 남성은 강인함을, 여성은 가녀림을 당연한 것으로 여겼던 사회적인 분위기가 포함될 것이다.

    섭식문제가 정신적 질환이라고 인식한 초창기로 돌아가 보면 섭식장애를 겪은 사람의 대부분이 '마르고 싶다.'라는 다이어트 강박으로부터 시작한 경우가 많았다. 사람들에게 마른 이미지는 곧 여성이라는 생각을 가지고 있었기 때문에 당연히 섭식장애는 여성에게 발생하는 심리적 장애라고 생각되었다. 그래서 이 시기의 섭식장애와 관련된 연구 자료들은 대부분 여성에게 맞춰서 진행되었다.

약 10년 전부터는 남성집단의 섭식연구에 대한 자료들이 조사되기 시작했다. 여전히 섭식장애에서 여성 내담자가 차지하는 비율은 압도적으로 높지만 섭식장애 진단을 받고 치료받는 남성 내담자의 수가 꾸준히 증가하고 있다. 다이어트가 이제는 여성에게만 적용되는 것이 아니라 남성에게까지 영역이 확장된 것도 중요한 변화이다. 과거에 남성이 운동을 하는 이유는 근육을 키우기 위함이거나 마른 몸매를 벗어나기 위함이었다. 그러나 이제는 남성이 체중감량을 위해 헬스장을 등록하는 것도 크게 이상한 일은 아니다.

사회적으로 남성도 외모에 대한 관심이 높아졌고 외모에 대한 기준 또한 계속해서 바뀌고 있다. 과거의 남성상이 터프하고 강인한 모습만이 인기가 많았다면 요즘 젊은 층이 선호하는 남성상은 마르고 보호본능을 일으키는 중성적인 매력을 가진 외모이다. 이러한 사회상에 맞춰 남성도 마른 외모에 가치를 두는 비율이 점차 증가하고 있다.

과거와 달리 중성적 남성이 선호된다는 것을 알고 있음에도 불구하고 남성은 자신의 섭식장애 증상을 이야기하는 것을 어려워한다. 친구들과의 식사 모임에서 살 뺀다고 덜 먹는 것조차 비웃음거리가 될 수 있고, 이성친구에게 섭식장애임을 말했을 때 남자답지 못하다고 외면받을 수 있다는 생각을 하기 때문이다. 잘 먹는 것은 남자다움의 상징이고 남자는 듬직해야 한다는 사회적 잣대가 이러한 생각을 만들어 낸다. 부모에게 말했다가는 다 큰 사내자식이 멍청한 소리를 한다고 비난받을 것 같은 걱정이 든다. 이야기할 곳이 없는 상황은 스스로를 고립시켜 증상을 더욱 악화시킨다.

이러한 고립감은 우울감으로 연결된다. 앞서 언급했듯이 섭식장애가 동반하는 가장 대표적인 증상이 우울증인데, 우울증 역시 남녀와 상관없이 찾아온다. 우울증 이외에도 불안이나 스트레스로 인한 심리적 부적응이 행동적 문제를 야기하기도 하고 그중 하나가 섭식장애 증상일 수도 있다.

"남자도 상담받을 수 있나요?"

자신이 섭식장애라고 인식하기까지의 시간도 남성이 여성보다 더 길고, 병원에 가서 진단을 받거나 치료를 받기까지 걸리는 시간도 남성이 여성보다 훨씬 더 오래 걸린다. 그렇기에 심리치료 현장에 방문한 남성 내담자의 경우 평균적으로 여성에 비해 증상이 심각한 경우가 더 많다. 한 남성 내담자는 다음과 같이 상담문의를 하기도 했다.

"남자도 섭식장애 상담을 받을 수 있나요?"

심리상담을 시작하더라도 남성 내담자의 대부분은 개인상담을 선택하고, 섭식장애 집단상담에 참여하는 비율은 매우 낮다. "남자 섭식장애 환자도 있나요?"도 아닌 "남자도 상담받을 수 있나요?"라는 질문을 통해 남성 내담자가 얼마나 망설이고 조마조마하며 치료기관의 문을 두드리는지 알 수 있다.

시간상, 거리상으로 마음연구소에 방문상담이 가능한 환경임에도 불구하고 대면 상담을 거부하고 온라인 상담만을 고집했던 한 내담자가 있었다. 자신은 신경성 폭식증을 겪는 남자인데 상담 후기를 보거나 섭식장애 커뮤니티를 들어가 보아도 남자는 한 명도 없는 것 같아서 모습을 드러내기가 두려웠다고 설명했다. 이 내담자는 퇴근 후 밤마다 폭토를 하였고, 증상이 점점 심해져 다음 날 충혈된 눈과 피곤한 모습으로 출근하는 날이 반복되고 있었다. 도저히 이대로는 안 될 것 같아 섭식장애를 치료하기 위해 심리상담소를 찾았으나 직접 방문할 용기는 없었던 것이다.

대부분의 섭식장애는 다이어트와 연관된 경우가 많은데, 남성이 살을 빼기 위해 다이어트를 한다고 말하면 "무슨 남자가 살을 빼냐."고 조롱하며 남성에 부여한 사회적인 편견을 더하는 사람도 여전히 있다. 그러다 보니 남성이 섭식장애를 숨기고 부정하는 것은 어찌 보면 당연한 선택일 수도 있다. 섭식장애 자체가 사회적 시선과 편견과 싸워야 하는 심리장애인데, 남자는 여기에 넘어야 할 벽이 하나 더 있는 것이다. 추가적으로, 심리상담사가 대부분 여성이라는 점, 집단상담의 경우 참여자들의 대부분이 여성일 것이라는 점이 남성에게 치료장벽으로 작용하기도 한다. 여성의 눈에 자신이 어떻게 비춰질지에 대한 두려움이 치료를 늦추는 요인이 될 수도 있는 것이다.

남성 내담자는 여러 번 망설이다가 치료결심을 하면서도 대면 상담보다는 비대면 상담을 고집하는 경우가 많은데, 비대면 상담과 대면 상담은 각각 장단점이 명확하다. 비대면 상담은 거리와 시간의 제약이 없고, 가격이 저렴하며, 익명성이 보호된다는 장점이 있다. 비대면 상담이었기에 치료가 가능했던 사례들도 분명 있다. 그러나 대면 상담에서 얻을 수 있는 치료적 혜택을 남성 내담자라는 이유로 배제하는 것은 안타까운 일이다.

치료를 결심하는 남자들

마음연구소에 방문했던 한 20대 남성 내담자는 심리상담을 받으러 오기까지 다양한 상담기관에 여러 번 문의를 했었다고 한다. 전화 문의부터 카톡 문의, 이메일 문의 등 여러 곳에 연락을 했었는데, 상담기관이 남성 섭식환자에 대한 이해가 부족해 보이거나, 되돌아오는 질문들에 공격당하는 듯한 느낌이 들어 상담 문의를 멈췄다고 한다. 그러다 마음연구소를 알게 되었고 이번이 마지막이라는 생각으로 다시 한번 상담 문의를 한 것이다.

이 남성 내담자는 마음연구소에 방문해 대면 상담을 시작하였다. 자신의 섭식장애에 영향을 미쳤던 다양한 심리적 요인들을 탐색해 보았고, 스스로 자각하지 못했던 어린 시절의 경험들을 떠올렸다. 가정불화와 친구들에게 놀림받던 학창 시절의 영향으로 자연스럽게 항상 주눅 들었던 모습 그리고 주변에서도, 스스로도 자신을 쓸모없다고 여겼던 유년 시절을 떠올리게 된 것이다. 어린 시절 제대로 성장하지 못한 자존감은 성인이 되어서도 영향을 미쳤다. 그는 군대에서도 자신감 없고 주눅 들어 있는 모습 때문에 선임과 심지어 동기들로부터도 많은 괴롭힘을 당했다. 제대 후 스스로가 못난 사람이라는 생각에 직장을 찾기보다는 편의점과 PC방 단기 아르바이트를 하며 생활을 이어나갔다.

야간 아르바이트가 끝나고 그가 외로움과 낮은 자존감을 해결하기 위해 선택한 것은 폭식이었고, 단조롭고 반복되는 일상 속에서 새벽 퇴근 후 먹는 야식은 유일한 위로가 되는 듯했다. 그러나 위로가 되었던 폭식은 습관이 되어 어느새 스스로 무엇을 먹는지도 모르는 상태에서 음식을 입속으로 집어넣고 있었고, 매일 반복되는 폭식으로 몇 개월 사이 몸이 많이 망가질 정도로 살이 찌고 말았다. 밤에 잠들기 직전까지 입에 음식을 넣다가 잠드는 날이 반복되자, 더 이상 단순한 스트레스성 폭식이 아니라 '무언가 잘못되고 있다.'는 생각이 들기 시작했다.

소금인형 커뮤니티를 통해 섭식장애에 대해서 자세히 알게 되었지만 치료를 결심하기까지는 일 년이라는 시간이 더 필요했다. 그러나 커뮤니티에 올라오는 남성의 글은 전무했고, 어디서부터 어떻게 시작해야 할지도 막막했다. 그러는 사이 폭식증상은 점차 심해져 일상생활을 유지하는 데 불편해지기 시작했고, 자신의 의지로만 끊어 내기 어렵다는 것을 느껴 상담을 결심하게 되었다. 그는 정신건강의학과의 약물치료와 병행하며 심리상담 치료를 시작하게 되었다.

그는 단순히 감정적인 폭식인 줄로만 알았던 증상이 사실은 자존감, 대인관계문제, 고립감, 과거의 트라우마 등 여러 가지 복잡한 문제와 얽혀 있다는 사실을 알게 되었고, 이는 스스로가 자신을 너무 못난 사람이라고 대해 왔던 날들에 대한 직면으로 이어졌다. 친구도 많이 없었고, 가족 간에도 사이가 좋지는 않았기 때문에 외로움과 고립감이 극심했지만, 스스로가 못난 사람이라 생각해서 새로운 모임이나 관계를 만들어 가는 시도조차 하지 않았다는 것도 깨달았다. 인간관계에서의 실패를 처음부터 차단하면서 안전하다고 생각한 위험한 공간에 스스로를 가두고 있던 것이다. 상담이 거듭될수록 그는 그동안 자신에게 너무 가혹했던 시간들을 떠올리며 과거의 자신을 안쓰러워했으며, 과거로부터 이어져 온 감정들을 회복해 갔다. 심리상담을 통해 감정을 재구성하고 자존감을 향상시켜 가면서 점차 그동안 해 주지 못했던 자신을 위한 구체적인 행동들을 해 나가기 시작했다. 한 번도 사 본 적 없던 비싼 옷도 구입해 보고, 온전히 자신만을 위한 휴가도 가져 보았다.

그의 심리상담은 약 8개월 지속된 후 종료되었는데, 상담의 끝을 바라보던 그는 이제 폭식을 할 시간 없이 다양한 일로 가득 찬 일상에 대해 기쁘게 설명했다. 여전히 스트레스를 받거나 고립감을 느낄 때면 잔존하는 섭식문제가 한 번씩 등장하기도 했다. 그는 폭식하는 것은 언제라도 다시 시작할 수 있다고 이야기했다. 그러나 이제는 스스로를 못난 놈이라고 비하하거나 자책하지 않는다는 것이 중요했다. 치료의 과정을 통해 그는 스스로를 토닥이면서 회복해 나가는 방법을 깨달은 것이다.

이 남성 내담자는 어려운 발걸음을 움직여 대면 상담을 선택했다. 그리고 상담과정에서 다루어진 내용들은 여성의 섭식장애에 영향을 미쳤던 심리적 요인들과 크게 다를 것이 없었다. 섭식장애가 여성만의 병이 아님에도 불구하고 사회는 여전히 남성 섭식환자에게 더 차가운 시선을 보낸다. 소수자는 언제나 소외되고 외로운 싸움을 해야 할 수밖에 없다. 이때 스스로 타인의 시선과 편견에 갇혀 고립되기를 선택한다면은 매일 흘러가고 있는 소중한 시간을 잃어버리는 것이며, 사라지는 것은 더 나은 삶을 영위할 기회들이다.

섭식장애 치료를 망설이고 있다면 꼭 알아야 하는 것이 있다. 친구, 여자친구, 부모는 남성의 섭식장애에 대해 이해도가 낮을 수 있고 증상을 이야기했을 때 상처를 주는 눈빛을 보낼 수도 있다. 그러나 심리상담기관이나 정신건강의학과에서는 환자를 대할 때 환자의 상태나 행동에 대해서 함부로 가치판단을 하거나 이상하다고 여기지 않는다. 심리상담기관과 병원은 편견이나 판단을 두려워하는 남성 섭식환자의 상황을 함께 이해하고 치료하기 위해 언제나 준비되어 있기 때문이다. 심리상담사나 의사의 역할은 찾아오는 환자에게 환자가 어떤 증상과 상황으로 힘들고 아파하는지 함께 파악하고 효과적인 치료의 방향성을 함께 찾아 회복의 길을 제시하는 것이다.

9. 잘못된 다이어트 정보

 섭식장애의 대부분은 다이어트에서 비롯된다. 그러나 다이어트를 한다고 모두 섭식장애로 연결되거나 부정적인 결과를 만들지는 않는다. 건강을 위해서 다이어트가 꼭 필요한 사람도 있고, 다이어트를 잘 진행했을 때에는 더 건강하고 만족스러운 삶을 살아갈 수 있다.

 다이어트는 방법도 이론도 대상도 다양하기 때문에 자신에게 맞는 건강한 다이어트를 선택하는 것은 쉽지 않은 일이다. 다이어트에 미친 대한민국이라는 말이 있을 정도로 요즘은 유명 다이어트 서비스 업체들이 많이 생겼는데, 업체들에서 요구하는 식단과 방법은 대부분 획일화되어 있다. 매번 인바디를 체크하고, 몸 사이즈를 측정하고, 체지방률의 숫자만 확인할 뿐 결국 획일화된 다이어트 방법을 회원 모두에게 적용한다.

 대부분의 패턴은 다음과 같다. 절식을 강요하거나, 추천하는 다이어트용 도시락을 먹게 하거나, 소량으로 구성된 저염식 식단을 제공한다. 업체와 제휴가 된 다이어트 보조식품 회사의 셰이크만을 먹게 하는 곳도 있다. 보통은

간이 거의 없어 맛이 없는 경우가 대부분인데, 이런 식사의 패턴이 반복되면 결국 먹는다는 행위가 즐겁고 좋은 것이 아닌 스트레스를 주는, 숙제 같은 것이 되어 버린다. 그러나 비싼 돈을 내고 다이어트 업체에 등록했고, 또 이번에는 진짜 다이어트를 결심했으니 해내고 싶다는 생각에 지겨운 다이어트용 도시락을 반복해서 먹으면서 계속 스트레스를 받는다.

그러는 사이 점차 불만족감이 쌓여 가고 극도의 스트레스가 폭발하게 되는 날, 업체에서 지정한 식단을 지키지 못하고 간이 세거나 느끼한 음식을 양껏 먹어 버리게 된다. 먹은 후에는 잘 먹었다는 만족감보다는 '망했다'는 생각이 먼저 들며 극심한 후회가 곧 몰려온다. 당장은 하소연할 곳도 없기 때문에 후회를 안고 잠이 들고 다음 날 업체에 다시 방문해 보면 자신 말고 다른 회원들은 모두 다이어트를 잘하고 있는 것 같다.

인바디 측정 후 바로 다이어트 코디를 만나 상담을 한다. 이때 코디들은 다음과 같이 이야기한다.

> "이 정도도 못 참으시면 어떻게 하려고 그러세요. 다른 사람들은
> 다 잘하고 있어요. 보세요."

다이어트 코디의 말은 다른 사람들과의 비교강박과 자존감을 낮추는 부정적인 생각을 들도록 만든다. 대부분의 코디는 극단적인 성공 사례와의 비교를 하기 때문에, 이런 비교를 당하게 되면 스스로 더 괴리감을 느끼고 자책하게 된다. 또한 다이어트 서비스 업체에서는 살을 빼야 하는 이유를 장황하게 설명하는데, 결론적으로는 대부분 살을 빼는 것이 마치 인생의 해결책처럼 이야기된다.

> "살을 빼면 여자친구가 생길 것이다."

Part 1 한국 사람들이 굶기 시작했다

"살을 빼면 남편과의 관계가 좋아질 것이다."

"살을 빼면 사람들과의 관계에서 우월할 수 있다."

"살을 빼면 당당해질 수 있을 것이다."

결국은 살을 빼야만 삶이 개선될 수 있다는 이야기는 살을 못 빼면 삶이 비참해질 수도 있다는 논리적 비약으로 발전되기도 한다.

겨우겨우 다이어트 프로그램을 지속하고 프로그램이 끝날 즈음에는 결국 어느 정도 살이 빠지게 된다. 덜 먹으면 무조건 살이 빠지는 것은 당연한 원리이기 때문이다. 그러나 프로그램 종료되고 나면 그동안 쌓인 스트레스와 자책감 때문에 자존감은 낮아질 대로 낮아져 있고 예민함도 추가되어 있다. 다이어트가 끝났다는 해방감과 그동안 억눌렸던 식욕에 대한 불만족감은 결국 다시 폭식으로 연결된다. 이렇게 시작된 폭식은 요요를 경험하게 하고, 안타깝게도 살이 다시 원상복귀 되거나 다이어트 서비스 업체에 등록하기 이전보다 살이 더 쪄 버리기도 한다. 그동안 굶은 탓에 탈모가 생기거나 피부가 푸석해져 나이 들어 보이는 얼굴을 얻게 되기도 한다. 눈에 보이지는 않지만 자신을 미워하고 한심해하는 자기 비하적 사고도 추가적으로 생길 수도 있다.

섭식장애 치료를 위해 심리상담기관을 방문한 내담자 중에 다이어트 서비스 업체에 등록했다가 섭식장애 증상이 생겼다고 말하는 경우도 있다. 다이어트 결심 후, 유명 다이어트 업체에 등록했다가, 앞서 언급한 과정들을 거쳐서 섭식강박이 생기고 자존감은 하락한, 몸도 마음도 더 엉망인 상태가 되어서 심리상담을 받으러 온 것이다. 상담이 시작되면 다이어트 업체에 날려 버린 비싼 등록비가 아깝다고 후회하는 말을 자주 들을 수 있다. 그러나 잃어버린 돈보다 더 중요한 것은 엉망이 된 자존감이며, 음식에 대해 생겨버린 섭식강박이다. 아무리 비싼 곳이라도 대부분의 다이어트 서비스 업체에서 목표로 두는 것은 극단적인 다이어트의 성공이기 때문에 등록한 회원의 심리적 요인까지 신경 써 주기는 어렵다.

치팅데이

　몇 년 사이 미디어에서 아주 쉽게 볼 수 있는 단어 '치팅데이'.

　연예인들이 티비에 나와서 "오늘은 나의 치팅데이!"라며 참았던 음식들을 끊임없이 먹거나 "내일이 치팅데이니까 오늘까지만 참자!"라고 하면서 방울 토마토 몇 개와 물만 먹는 모습은 이제 익숙한 장면이 되었다. 이런 영향으로 다이어트에 관심이 없는 사람이라도 치팅데이라는 단어가 극단적으로 음식을 참았다가 폭발적으로 먹는 날, 다이어트 기간 동안 먹고 싶은 것을 내내 참고 있다가 주 1회 혹은 각자가 정해진 기간마다 한 번씩 먹고 싶은 음식들을 먹는 날로 알고 있다. 치팅데이는 마치 다이어트를 하는 사람이 음식을 먹어도 되는 권리처럼 여겨져, 다이어트 내내 저염식만 먹다가 치팅데이에 라면을 국물까지 흡입하고 매운 족발이나 닭발과 같이 양념이 강한 음식을 절제 없이 먹거나 달달한 케이크 한 판을 통째로 먹어 버리는 것이다. 이렇게 정해진 날 모든 음식을 허용하는 행동은 당연히 다이어트 기간 동안 참아 왔던 식욕이나 식탐, 그동안 먹지 못한 불만족감 등을 한번에 해결할 수 있다는 장점이 있다. 이후에 또 다시 힘들고 맛없는 다이어트 식단을 먹기 위해 응원과 힘을 주는 효율적인 방법으로 생각되기 때문에 다이어트 프로그램에도 많이 쓰이고 있다.

　애초에 치팅데이는 먹고 싶던 것을 폭발시켜서 먹는 행위로 심리적인 불만족감을 만족시켜 준다거나, 자극이 강하고 기름진 고칼로리의 음식을 몰아서 먹는 날을 의미하지 않는다. 치팅데이는 오랜 시간 규칙적인 운동과 식단을 유지해 왔기 때문에 신체의 변화가 더딘 보디빌더나 운동선수가 몸의 지방을 없애고 근육량을 늘리는 목적으로 사용하는 식이요법을 의미한다. 탄수화물을 섭취하게 되면 섭취된 탄수화물은 신체의 간과 근육에 글루코겐의 형태로 저장되는데, 치팅데이를 통해 평소보다 탄수화물을 많이 먹어서 인슐린의 분비를 급격히 증가시켜 간과 근육에 저장되는 글리코겐의 양을 늘릴 수 있다. 급격히 증가한 인슐린은 다시 급하강하여 혈당을 낮추고 이것은 결국 탄수화물이 지방으로 변환되는 비율을 낮춰 준다. 운동선수나 보디빌더는 이렇게 치팅데이를 통해 근육량을 늘리고 지방을 없애는 데 도움을 얻었다.

그러나 다이어트를 시도하는 많은 사람은 치팅데이를 그동안 먹고 싶었지만 다이어트 때문에 참아 왔던 자극적이고 고열량인 음식을 먹는 날로 사용하고 있기 때문에 오히려 이전에 없던 폭식습관을 만들어 낸다. 차라리 치팅데이라는 명목하에 한번에 폭식으로 몰아서 먹은 음식을 일주일 동안 나눠서 먹어 주는 것이 소화기관에 무리가 덜할 것이며 다이어트에도 더 효과적일 것이다. 잘못된 치팅데이의 사용은 급격히 혈당을 증가시키고 소화기관에 자극과 무리를 주며 비정상적인 호르몬 분비와 교란을 야기한다. 또한 다이어트의 기간이 길어지고, 치팅데이가 반복되다 보면 심리적인 만족감보다는 자책감이 더 커지는 상황이 발생한다. 이렇게 폭식과 절식을 오가며 심리적으로 위축되는 상황은 섭식장애가 발병되기 쉬운 환경을 만든다.

다이어트 약물

섭식장애를 유발하는 잘못된 다이어트 방법 중에는 변비약과 함께 남용되고 있는 다양한 다이어트 약물이 있다. 변비약과 다양한 다이어트 보조식품은 모두 시중에서 판매되는 합법적인 것들이기 때문에 적절히 사용했을 경우에는 전혀 문제가 되지 않는다.

변비약의 경우 실제로 배변활동이 어려워서 복용하는 것은 복부의 불편함을 해소하는 데 도움이 된다. 그러나 변비약은 시중에 판매하는 약 중에 내성이 가장 강한 약 중 하나로 분류되기 때문에 장기 복용할 시에는 상당히 위험하다. 조금의 체중 상승도 용납하지 못하고 섭취한 음식물을 빼내기 위해 변비약을 계속 먹거나, 절식으로 인해 먹은 것이 없어 생겨난 변비를 손쉽게 해결하기 위한 목적으로 변비약을 복용하게 되면 변비약을 먹지 않은 상황이 곧 체중증가와 연결되어 버린다. 이렇게 시작된 변비약 복용이 장기화되면서 섭식장애를 겪게 될 경우 심리치료 현장에서 변비약을 끊기 위한 상담이 추가적으로 진행되어야 하는 상황이 발생한다.

변비약은 그만큼 의존성과 내성이 강하다. 의사나 약사는 변비약 사용이 일주일을 넘기지 않도록 권고하고 있다. 변비약을 장기 복용할 경우 종류에 따라 부작용은 다양하지만, 대표적으로 대장의 기능 약화, 장경련이나 전해질 이상, 흡수장애, 대장 흑색증, 대장폐쇄 등을 유발할 수 있다. 이런 경고에도 불구하고 잘못된 다이어트의 방법으로 변비약을 장기간 복용하면서도 심각하게 생각하지 않는 섭식장애 환자가 많이 있다. 앞서 언급했듯이, 변비약은 내성이 강하기 때문에 과도하게 복용하고 나면 장이 같은 만족감을 경험하려고 더 강한 강도의 자극을 필요로 한다. 그렇기에 변비약의 용량은 점차 늘어나게 되고, 먹던 만큼의 양이 충족되지 않을 경우 장의 활동이 비정상적으로 느려진다.

변비약의 위험성을 인지하고 복용을 중단했다고 하여 바로 변비약을 먹기 전의 상태로 회복되지는 않는다. 장의 기능은 이미 퇴행되어 있기 때문이다. 그렇기 때문에 장기적으로 변비약을 복용했던 섭식장애 내담자는 변비약을 먹지 않으면 하루 종일 배가 아프고, 신경 쓰이고, 찝찝하고, 복부팽만감이 들고, 불편감을 느끼기 때문에 참지 못하고 다시 변비약을 복용하는 악순환을 이어 나간다.

섭식장애로 마음연구소를 찾아온 한 내담자는 변비약의 복용 양을 자의적으로 늘리다가 결국 40알까지 늘리게 되었다. 매번 식사 이후에 변비약을

40알씩 먹어도 점차 배변활동이 어려워지자 병원을 찾았다. 병원에서는 대장 내시경을 했는데 내시경이 장에 들어가지 않아 의료진은 고생을 해야 했다. 과도한 변비약의 복용으로 이미 장의 기능이 거의 멈춘 상태였기 때문에 내시경이 다른 환자들처럼 쉽게 들어가지 않았던 것이다.

다이어트를 도와준다고 광고하는 다양한 다이어트 보조제들도 상당한 부작용을 가지고 있다. 광고에 많이 나오는 대표적인 다이어트 약으로 가르시니아와 L-카르니틴이 있다. 가르시니아는 열대식물인 가르시니아 캄보지아 열매 껍질 추출물인 하이드록시구연산이 핵심 성분이다. 가르시니아는 과다 섭취된 탄수화물이 지방으로 전환될 때 사용되는 효소의 활동을 억제시켜 주는 역할을 하기 때문에 탄수화물 커팅제로 많이 알려져 있다. 가르시니아가 열매에서 추출된 성분이기 때문에 일반적으로 부작용에 대해서 크게 생각하지 않기도 하는데, 과다 복용했을 경우 알레르기나 피부 트러블을 유발하고 체내 당 대사에 영향을 주기 때문에 당뇨나 간, 심장이 취약한 사람의 경우 복용 시 건강에 적신호가 올 수 있다.

대중에게 자주 노출된 또 다른 성분으로는 L-카르니틴이 있다. L-카르니틴은 체내에서 생성되기도 하고 붉은 육류인 양고기나 소고기를 통해 섭취될 수도 있다. L-카르니틴이 다이어트 보조용으로 쓰이는 이유는 체지방이 분해되는 과정에 관여하기 때문인데, 운동을 하면서 L-카르니틴을 함께 복용할 경우 운동의 효과를 높일 수 있다. L-카르니틴의 부작용으로는 구토나 우울증, 초조감 등이 있고, 장기적으로 과복용을 할 경우 뇌손상이 있을 수 있다는 연구들이 발표되고 있다.

알약의 형태나 가루의 형태가 아닌 다이어트 한약에 많이 쓰이는 것으로 마황이 있는데 마황은 풀처럼 생긴 소관목 약재이다. 마황이 다이어트 한약에 쓰이는 이유는 마황에 있는 에페드린이라는 성분이 산소 흡입량을 늘려 주고 축적된 체지방을 열로 발산시켜 주는 역할을 하기 때문이다. 열을 많이 발산시켜 줌으로써 기초대사량을 올려 주는 역할을 하게 된다. 마황의 부작용으로는 심장 두근거림, 어지러움, 두통, 가슴 답답함 등이 있다.

시중에서 구매할 수 있는 다이어트 보조제 이외에 병원에서 처방받는 다이어트 약들도 있다. 대표적인 지방흡수억제제로 제니칼이 있고, 식욕억제제로는 펜터민, 펜디메트라진이 있다. 제니칼은 음식으로 흡수한 지방을 장에서 일부 흡수하지 않고 항문을 통해 배출하도록 유도하기에 항문을 통해 기름변이 계속 새어나가 항상 생리대를 착용하고 있어야 하는 불편함이 있다. 부작용으로는 복통, 메스꺼움, 설사, 호흡기질환, 우울증 등이 있다.

식욕억제제는 중추신경계의 교감신경을 흥분시켜 식욕을 떨어뜨리는데, 교감신경을 흥분시킨다는 것은 결국 자신의 몸을 계속 긴장 상태로 계속 유지시킨다는 것이다. 두근거림, 입 마름, 식은땀, 혈압 상승 등의 증상이 동반되며 대표적인 부작용으로는 불면증과 우울증이 있다. 공식적으로 알려진 부작용 이외에도 뇌기능 저하, 환각, 환청 등의 부작용 사례도 계속 보고되고 있다.

식욕억제제의 대표적인 약물인 펜터민의 가장 심각한 부작용은 복용을 중단했을 때 감당 못할 정도로 식욕이 상승한다는 것이다. 체중을 살짝 감소시키려고 펜터민을 복용했다가 체중감소 이후에 펜터민을 끊었는데 그 부작용으로 비만이 된 사람들도 많다. 그래서 다수의 환자는 다시 펜터민을 복용하게 되는데, 펜터민의 장기 복용은 심한 우울증과 자살에 대한 생각까지도 유발한다. 우울증의 위험성을 경험한 사람은 다시 어쩔 수 없이 약을 끊으려고 시도하지만 약의 중단과 함께 폭발한 식욕이 초고도비만까지 이어지는 악순환이 반복된다.

펜터민 복용 중단→초고도 비만→우울감→자살사고→다시 복용 중단으로 연결되는 반복을 끝내고자 먹고 토를 하는 방법을 선택하는 경우도 있다. 더 이상 펜터민 복용 중단의 부작용으로 느낀 식욕을 없애려고 다시 펜터민을 복용할 수는 없기 때문에 식욕의 충동에 따라 먹은 다음 토해 버리는 것이다. 이러한 경우 호르몬 체계가 망가져 하루에 10번도 넘게 토할 수 있게 되고 신체적 손상은 급속도로 가속화된다. 물론 이 부작용의 패턴이 모든 사람에게 적용되지는 않는다. 약을 먹었을 때 특별히 식욕억제의 효과도 못 느끼고 부작용이 없는 사람도 있고, 복용을 중단했을 때 크게 변화를 느끼지 못하는 소수도 있다. 그러나 식욕억제제를 먹고 식욕이 잘 억제되었다면 자신의 몸이 약 자체에 대한 예민도가 높다는 것을 알아야 한다. 이러한 몸은 부작용에 대해서도, 복용 중단 후에 따라 오는 식욕폭발에 대해서도 예민할 수밖에 없다.

　다이어트약, 변비약이 섭식장애에 부정적인 영향을 미치는 경우는 연구들을 통해서도 밝혀지고 있다. 하버드공중보건대학원(Harvard MPH; Master of Public Health) 연구팀이 발표한 연구에 따르면, 다이어트약과 변비약을 최소 일 년 이상 장기 복용할 경우 정상적이던 다이어트를 하던 35%의 사람들이 병적인 다이어트를 경험하고 그중 20~25%는 부분적으로 혹은 완전한 섭식장애로 연결되었다. 다이어트약과 변비약은 소화기관의 정상적인 생리 기능을 변화시키는 강력한 성분을 가지고 있는 경우가 많고, 그런 성분들은 정상적인 내장기관을 변형시킬 뿐 아니라 그와 이어진 다른 여러 가지 합병증을 일으킬 수 있어 사실상 자의적인 복용은 굉장히 위험하다. 이러한 위험성에도 불구하고 약국과 인터넷 등을 통해 다이어트 약과 변비약은 전문가의 조언이나 처방 없이 너무 쉽게 구매와 복용이 가능하다.

　병원에서 처방받아야 하는 식욕억제제나 지방배출제도 한 병원에서는 일정량을 처방해 주겠지만 병원을 옮겨 다니면서 처방받아 과량을 복용하거나, 병원에서 권장하는 일정 기간 이상 장기 복용하거나, 부작용을 숨기고 계속 처방받아 먹는 것은 어렵지 않다. 또한 일부 비양심적인 병원의 경우 명백히 저체중임에도 불구하고 비만치료로 처방되어야 하는 약물들을 그냥 처방해 주기도 한다. 소비자는 변비약이나 다이어트 보조제 그리고 다이어트 약물들에 대한 각종 부작용에 아무런 대책 없이 노출되어 있는 것이다.

급속도로 살을 빼는 것에 목적을 두고 다이어트를 하면 할수록 부작용은 눈에 잘 들어오지 않는다. 약이 어떻게 다이어트에 도움이 되는지에 대한 달콤한 설명만이 크게 들어오기 때문이다. 결국 복용 설명서나 전문가의 복용 권고치보다 많은 양을 장기간 복용하게 되고, 이는 섭식장애와 같은 심리적 문제와 신체적 손상을 동시에 야기한다.

부록: DSM-5의 섭식장애 진단기준

DSM-5의 분류기준에 의한 급식 및 섭식장애(Feeding and eating disorder)의 주요 하위 유형은 이식증, 반추장애 또는 되새김장애, 회피적/제한적 음식섭취장애, 신경성 식욕부진증, 신경성 폭식증, 폭식장애가 있다. 여기서는 이 책에서 다루고 있는 섭식장애 환자군에게 해당하는 3가지 증상의 진단기준만을 제시한다.

신경성 식욕부진증(Anorexia Nervosa)

A. 필요한 양에 비해 지나친 음식물 섭취 제한으로 연령, 성별, 발달 과정 및 신체적인 건강수준에 비해 현저하게 저체중을 유발하게 된다. 현저한 저체중은 최소한의 정상 수준보다 체중이 덜 나가는 것으로 정의되며, 아동·청소년의 경우 해당 발달 단계에서 기대되는 최소한의 체중보다 체중이 적게 나가는 것을 의미한다.

B. 체중이 증가하거나 비만이 되는 것에 대한 극심한 두려움, 혹은 체중증가를 막기 위한 지속적인 행동. 이러한 행동은 지나친 저체중일 때도 이어진다.

C. 기대되는 개인의 체중이나 체형을 경험하는 방식에 장애, 자기평가에서 체중과 체형에 대한 지나친 압박, 혹은 현재의 저체중에 대한 심각성 인지의 지속적 결여가 있다.

다음 중 하나를 명시할 것

(F50.01) 제한형: 지난 3개월 동안, 폭식 혹은 제거 행동(즉, 스스로 구토를 유도하거나 하제, 이뇨제, 관장제를 오용하는 것)이 반복적으로 나타나지 않는다. 아형은 저체중이 주로 체중 관리, 단식 및 과도한 운동을 통해 유발된 경우를 말한다.

(F50.02) 폭식/제거형: 지난 3개월 동안, 폭식 혹은 제거행동(즉, 스스로 구토를 유도하거나 하제, 이뇨제, 관장제를 오용하는 것)이 반복적으로 나타난다.

심각도는 성인의 경우 최저수준은 현재의 체질량 지수(BMI)를 기준으로 한다. 아동·청소년의 경우 BMI 백분위수에 해당하는 기준을 사용한다. 심각도의 수준은 임상증상, 기능성 장애 정도, 그리고 관리의 필요성을 반영하여 증가될 수도 있다. 경도, 중등도, 고도, 극도로 분류된다.

신경성 폭식증(Bulimia Nervosa)

A. 반복되는 폭식삽화. 폭식삽화는 다음 2가지로 특징지어진다.

　　1. 일정 시간 동안(예, 2시간 이내) 대부분의 사람이 유사한 상황에서 동일한 시간 동안 먹는 것보다 분명하게 많은 양의 음식을 먹음

　　2. 삽화 중에 먹는 것에 대한 조절 능력의 상실감을 느낌(예, 먹는 것을 멈출 수 없거나, 무엇을 혹은 얼마나 많이 먹어야 할 것인지를 조절할 수 없는 느낌)

B. 체중이 증가하는 것을 막기 위한 반복적이고 부적절한 보상행동, 예를 들면 스스로 유도한 구토, 이뇨제, 관장약, 다른 치료약물의 남용, 금식 혹은 과도한 운동 등이 나타난다.

C. 폭식과 부적절한 보상행동이 둘 다, 평균적으로 적어도 3개월 동안 일주일에 1회 이상 일어난다.

D. 체형과 체중이 자기평가에 과도하게 영향을 미친다.

E. 이 장애가 신경성 식욕부진증의 삽화 기간 동안에만 발생하지 않는다.

심각도에 따라 경도, 중등도, 고도, 극도로 분류된다.

폭식장애(Binge-eating disorder)

A. 반복되는 폭식삽화. 폭식삽화는 다음과 같이 특징지어진다.
  1. 일정 기간 동안(예, 2시간 이내) 대부분의 사람이 유사한 상황에서 동일한 시간 동안 먹는 것보다 분명하게 많은 양의 음식을 먹음
  2. 삽화 중에 먹는 것에 대한 조절 능력의 상실을 느낌(예, 먹는 것을 멈출 수 없거나, 무엇을 혹은 얼마나 많이 먹어야 것인지를 조절할 수 없는 느낌)
B. 폭식삽화는 다음 중 3가지(혹은 그 이상)와 연관된다.
  1. 평소보다 많은 양을 급하게 먹음
  2. 불편하게 배가 부를 때까지 먹음
  3. 신체적으로 배고프지 않은데도 많은 양의 음식을 먹음
  4. 얼마나 많이 먹는지에 대한 부끄러운 느낌 때문에 혼자서 먹음
  5. 폭식 후 스스로에 대한 역겨운 느낌, 우울감 혹은 큰 죄책감을 느낌
C. 폭식으로 인해 현저한 고통이 있다고 여겨진다.
D. 폭식은 평균적으로 최소 3개월 동안 일주일에 1회 이상 발생한다.
E. 폭식은 신경성 폭식증에서 관찰되는 것과 같은 부절절한 보상행동과 연관되어 있지 않으며 신경성 폭식증 혹은 신경성 식욕부진증의 기간 동안에만 발생하지 않는다.

심각도에 따라 경도, 중등도, 고도, 극도로 구별된다.

PART 2

굶고, 씹고,
먹고, 토하고

1. 거식과 폭식의 뫼비우스 띠

"음식강박을 고치려다가 폭식이 시작되었어요. 하루에 10번씩 체중계에 올라가고 폭식 후에는 며칠 동안 쫄쫄 굶어요. 그러다가 다시 식욕을 못 참고 폭식해요. 거의 한 달 동안 집에서 폭식과 절식만 계속했어요. 이제는 굶어도 살은 안 빠지고 오히려 체중이 느는 것 같아요."

"폭식하다가 살이 계속 쪄서 씹뱉으로 바꿨어요. 편의점에 들어가서 보이는 음식을 모조리 사서 씹고 뱉기만을 3시간 동안 계속했어요. 토할 수 있는 용기도 없고 살찌는 건 너무 두려워서 음식을 신나게 씹고 뱉은 다음 날은 음식에 입도 안 대요. 그러다 보니 얼굴형도 이상해졌고 몸 상태도 항상 안 좋아요."

섭식장애 커뮤니티 소금인형에는 반복되는 폭식과 구토, 거식의 굴레에서 벗어나지 못해 힘들어하는 회원들의 글을 쉽게 찾아볼 수 있다. 자신의 섭식장애 증상을 의심하는 사람은 본인의 증상이 어떤 섭식장애 분류에 속하는지 알고 싶어 웹 검색을 하지만 웹상에서 찾을 수 있는 정보들은 애매하고 정확한 기준이 제시된 정보를 찾기란 사막에서 바늘 찾기이다. 제거형 폭식, 비제거형 폭식, 폭토, 먹토 등 모호하고 이해하기 어려운 단어들이 다수 존재하고 섭식장애 증상은 복합적인 경우가 많기에 자가진단을 내리는 데도 어려움을 겪는다. 사실상 대부분의 섭식증상은 명확한 진단을 내리기 어려운 상황이 더 많다. 섭식장애 전문가들뿐만 아니라 폭식증과 거식증을 동시다발로 경험해 본 섭식장애 환자들 역시 이 두 증상을 정확히 구분하는 것이 실질적으로 의미가 없음을 잘 알고 있다.

복합되어 나타나는 증상들

불안을 해결하는 방식은 사람마다 다르다. 누군가는 스트레스를 받았을 때 음식을 먹음으로써 기분전환을 하기도 하고, 누군가는 음식을 보거나 먹는 것이 스트레스를 높이기 때문에 문제가 해결될 때까지 음식에 거의 손을 대지 않기도 한다. 이와 유사하게 섭식장애 증상이 발현되는 것도 사람의 성향 및 기질에 따라 다르다. 충동적이고 극단적인 성격이거나 불안 수준이 높은 사람은 폭식증에 취약할 수 있으며, 완벽주의적이거나 예민한 성향을 가진 사람은 거식증에 취약할 수 있다.

일반적으로 폭식증과 거식증은 전혀 다른 성격의 심리장애라고 생각할 수 있다. 그러나 폭식증과 거식증 환자는 자존감이 대부분 저하되어 있고 살이 찌지 않기 위해 최대한 적게 먹으려고 노력한다는 공통점을 가지고 있다. 일부는 자신의 체중과 체형이 뚱뚱하다고 생각하는 왜곡된 신체 상을 가지고 있기도 하다.

스트레스 상황은 더 많은 음식을 찾도록 유도한다. 인류에게 스트레스는 위협적인 상태를 의미해 왔으며, 스트레스 상황에 직면하게 되면 생존을 위한 기제가 작동하여 음식을 먹도록 만드는 것이다. 음식은 열량 보충의 의미도 있지만 씹는 행동 자체가 스트레스 호르몬인 코르티솔 수치를 감소시켜 불안 감을 완화시켜 주기도 한다. 스트레스를 줄이는 또 하나의 방식으로 평소보다 단 음식을 찾기도 하는데 단 음식은 순간적으로 포도당 공급을 높여 세로토닌의 분비를 증가시킨다. 감정을 조절하는 신경전달물질인 세로토닌은 스트레스 상황에 노출되면 분비량이 줄어들어 우울감, 불안감, 충동성이 높아질 수 있다. 이에 뇌는 배가 고프지 않아도 세로토닌의 양을 일정하게 유지하기 위해 당의 섭취를 유도하거나 빠르게 먹게 함으로써 세로토닌 분비를 증가시 킨다.

이렇듯 음식을 통해 나아지는 감정은 일시적인 효과일 뿐, 곧바로 체중증 가에 대한 두려움, 자기통제를 못 했다는 자책감, 이상 섭식행동에 대한 수치 심 등의 다양한 감정이 뒤따른다. 그 감정을 상쇄시키는 가장 쉬운 방법은 지 금껏 먹은 음식을 없애 버리는 보상행동을 하는 것이다.

대표적인 보상행동으로 자가 유발성 구토나 변비약 등을 떠올릴 수 있으나, 불편한 감정을 유발한 식사 이후 일정 시간 이상 과도하게 음식을 먹지 않는 것과 지나친 운동도 제거를 위한 보상행동에 포함될 수 있다. 보상행동은 또 다른 불편한 감정을 가져오게 되고 결국 불안감을 없애려는 시도로 또다시 이상 섭식행동이 선택되기도 한다. 섭식장애 환자들은 결국 복합적인 섭식증 상들을 반복적으로 겪는 상황에 놓인다.

거식증 환자는 치료를 선택하지 않고 극도의 거식 상태를 유지할 경우 그대로 사망하기도 하지만 심각한 폭식증을 겪기도 한다. 거식증 내내 억제되어 왔던 식욕은 주체할 수 없이 폭발하게 되며, 30kg대였던 몸무게는 60kg대로 급격하게 상승한다. 60kg이라는 체중 자체가 절대적으로 비만하다는 것을 의미하지는 않지만, 갑자기 늘어난 체중은 환자에게 큰 절망감을 안겨 준다.

폭식증을 동반한 거식증

일반적으로 거식증 환자 대부분은 매우 마른 체형을 가지고 있기 때문에 음식을 거의 먹지 않는 사람으로 이해된다. 그러나 거식증 환자는 살을 빼려는 노력을 지속하기 때문에 저체중을 유지하는 것이고, 이 노력이 단순하게 굶기만을 의미하는 것은 아니다. 거식증 환자도 음식을 먹는다. 다만 식사 양상이 정상적인 범주에서 벗어나 있는 경우가 많다. 음식을 숨겨 놓고 먹기도 하고, 자신이 지정한 특정 음식만을 먹기도 하고, 폭식 후 자발적인 구토를 반복하기도 한다.

거식증은 극단적으로 음식을 제한하는 유형과 간헐적으로 폭식과 구토를 하는 유형으로 구분되는데, 그 유형은 복합적으로 나타난다. 주 6일은 음식 섭취를 최소한으로 제한하고 일요일에만 뷔페에 가서 폭식하는 유형, 하루는 폭식하고 3일은 금식하는 유형, 폭식 후 바로 구토함으로써 음식을 몸속에 저장하지 않으려고 노력하는 유형 등 이 모든 증상이 거식증의 변형된 모습들이다. 여러 연구에서 거식증 환자의 약 50%는 폭식증이나 과식 장애로 양상이 바뀌고, 폭식증 환자의 1/4은 거식증의 과거력을 가지고 있다고 설명한다. 거식증 환자 중 일부는 자신의 식사량에 대한 왜곡된 사고를 가지고 있어 음식을 제거하는 구토 행위로 연결되기도 한다. 스스로는 폭식을 했다고 생각하지만 실제 먹은 양은 폭식으로 보기 어려운 극소량인 경우가 많고, 그마저도 제거 행위를 통해 온전히 섭취하지 못하기 때문에 심각한 영양결핍 상태로 이어지기도 한다.

입막음 음식

　입막음 음식은 섭식장애 환자들 사이에서도 낯선 단어로, 특정 음식으로 폭식을 할 것 같을 때 폭식을 제어할 수 있는 대처음식을 의미한다. 예를 들어, 오늘 밤에 치킨과 피자로 폭식을 할 것 같다는 생각이 들면 살이 찌지 않으면서도 당장의 식욕을 사라지게 만들기 위해 방울토마토를 먹음으로써 치킨과 피자로 폭식하는 상황을 막는 것이다. 입막음 음식을 선택하는 섭식장애 환자 중 일부는 몸에 좋지 않은 패스트푸드나 정크푸드보다는 더 질 좋은 음식으로 배를 채웠고, 잠시 식욕이 가라앉는 상황에 만족하기도 한다. 입막음 음식을 이용하는 섭식장애 환자는 대처음식을 먹으면 식욕이 바로 사라지고 먹는 양도 잘 조절할 수 있다고 생각하지만 사실 대부분 크게 도움되지는 않는다. 입막음 음식은 또 다른 섭식장애의 모습이기도 하다. 많은 섭식장애 환자가 입막음 음식으로 선택하는 대상은 방울토마토, 곤약 젤리, 오이 등과 같이 칼로리는 낮지만 포만감을 채워 줄 수 있는 음식들이다. 입막음 음식으로 잠시 폭식의 욕구를 피할 수는 있으나 이것이 해결책이 될 수는 없다. 입막음을 하려고 방울토마토를 메스꺼울 정도로 먹거나, 곤약 젤리를 한 번에 20개씩 먹는 등 입막음 음식으로 폭식하게 되는 부작용이 나타날 수 있기 때문이다.

　입막음 음식이 주는 장점은 배고플 때 음식을 배에 채워 주었다는 위안감이다. 먹고 싶은 음식을 먹지 못했지만 굶어서 발생하는 부정적인 감정보다는 당장 섭취한 음식이 주는 긍정적인 감정이 강조되기 때문이다. 하지만 호르몬에 의해 조절되는 식욕은 입막음 음식에는 실질적인 반응을 보이지 않는다. 배고픔과 배부름이라는 식욕조절의 원리를 알기 위해서는 그렐린(Ghrelin)과 렙틴(Leptin)이라는 두 가지 호르몬에 대한 이해가 필요하다. 그렐린은 식욕자극 호르몬으로, 배가 고프니 음식을 먹으라는 명령을 뇌에 전달한다. 레틴은 식욕억제 호르몬으로, 이제 배가 부르니 그만 먹으라는 신호를 뇌에 전달한다. 결국 식욕을 억제하기 위해서는 랩틴이 몸에서 분비되거나 그렐린이 억제되어야 하는데, 입막음 음식은 그렐린의 분비를 억제하지 못한다.

식욕억제 호르몬과 음식량 그리고 영양소의 상관관계를 알아보기 위해 진행되었던 쥐 연구 실험은 최소한의 영양소가 충족되었을 때만 그렐린의 분비가 억제된다는 가설을 증명하기 위한 실험이다. 실험용 쥐에 영양소는 없는 생리식염수를 가득 채운 뒤 쥐의 식욕조절 호르몬 분비 상태를 확인했다. 생리식염수의 부피로 인해 쥐의 위는 실질적으로 가득 찼지만 그렐린은 전혀 억제되지 않았다. 생리식염수에는 '충분히 먹었다.'라고 인지할 만한 영양소가 전혀 없었기 때문이다. 이 실험은 아무리 부피가 큰 음식이 위 속에 가득 채워져도 뇌와 신체가 충족할 만한 영양소가 섭취되지 않으면 식욕억제 호르몬이 분비되지 않는다는 가설을 입증하였다.

결론적으로, 입막음 음식은 폭식충동 개선에 도움이 되지 않는다. 이상 섭식행동을 막기 위해 또 다른 이상 섭식행동을 하는 것은 섭식장애를 또 다른 섭식장애로 덮는 것에 불과하다. 그렇기 때문에 입막음 음식보다는 음식이 아닌 다른 곳에 시선을 옮길 수 있는 대체행동을 찾는 것이 훨씬 도움이 될 수 있다. 대체행동은 충동이 느껴졌을 때 즉각적으로 할 수 있는 행동이어야 하고, 섭식장애 충동을 이길 수 있을 만큼 매력적이어야 한다. 섭식장애 환자는 기본적으로 불안 수준이 높고 예민하다. 그래서 어떤 한 가지 대체행동이 효과적이지 않을 때 쉽게 좌절하고 다시 섭식장애로 돌아오려고 할 수 있다. 그렇기에 대체행동은 한두 가지가 아닌 몇 가지의 자신만의 목록을 보유하고 있는 것이 좋다. 다음은 소금인형 회원들이 폭식충동을 막기 위해 사용하고 있는 다양한 대체행동 목록들이다.

섭식장애 환자들이 생각하는 폭식을 대처하는 나만의 방법

- 밥을 직접 차려서 먹는다. 준비하는 과정에서 식욕이 줄어들기도 한다.
- 다른 사람과 함께 시간을 보낸다.
- 양치를 해서 입안을 개운하게 한다.
- 뜨거운 차나 커피를 천천히 마시며 수다를 떤다.
- 가구 배치를 바꾸거나 방 꾸미기를 하는 등 집 분위기에 변화를 준다.
- 샤워나 입욕을 통해 이완을 한다.
- 산책을 나가거나 카페를 가는 등 지금의 환경에서 벗어난다.
- 새로운 산책로를 개발한다.
- 빨래를 하거나 청소 등 몸 쓰는 일을 한다.
- 공부, 글쓰기 등 머리 쓰는 일을 한다.
- 게임을 하거나 유튜브, 넷플릭스 등을 시청한다.
- 반드시 먹고 싶은 것은 먹는다.
- 따뜻한 죽염물, 설탕물, 커피를 마신다.
- 섭식장애로 인한 고통을 기억하며 지금 폭식하는 것이 그것보다 가치 있
  는지를 따져 본다.
- 몸을 쉴 새 없이 바쁘게 만든다.
- 물을 많이 먹고 30분만 식욕을 참아보는 연습을 한다.

출처: 섭식장애 커뮤니티 소금인형

개인마다 자신의 폭식욕구에 대처하는 방법은 모두 다르고 다양하며, 누군가에게는 도움되는 일이 누군가에게는 오히려 폭식을 유발하는 행동이 될 수

도 있다. 그렇기에 스스로에게 맞는 적합한 대체행동을 시도해 보고 찾는 것
이 중요하다.

2. 습관이 되어 버린 폭토와 씹뱉

폭식과 폭토가 반복되는 일반적인 패턴은 다음과 같다.

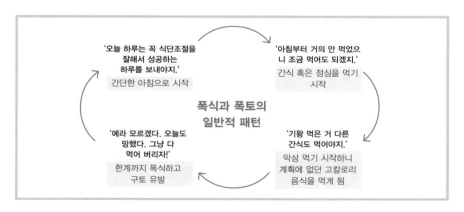

▶그림 2-1 폭식과 폭토의 일반적 패턴

폭토가 습관화되면 많이 먹어 구토를 하게 되는 것이 아닌, 폭토를 위해 토하기 쉬운 부드러운 음식들을 마구 채워 넣고 폭토하는 행동이 반복된다. 폭식 후, 살찔까 봐 혹은 죄책감에서 시작된 폭토가 이제는 주객이 전도되어 토를 하기 위해 폭식을 하는 패턴이 되어 버린 것이다. 이쯤되면 섭식장애환자는 폭토를 통한 해방감과 만족감을 경험하게 된다. 이미 감정적 스트레스 해소용, 도피처이자 위안처가 되어 버린 폭토 행위는 다른 어떤 행동보다 훨씬 매력적으로 느껴진다. 스스로가 이상행동을 하고 있다는 것을 알고 있고 먹고 토하는 행위는 정상적이지 않다는 것을 알면서도 반복하게 되는 것이다.

폭토의 대안행동

폭토 증상으로 일상생활과 대인관계가 힘들어진 한 20대 여자 내담자가 마음연구소를 방문했다. 이 내담자는 초기 상담에서 자신의 삶이 더 망가지기 전에 어떻게든 폭토를 끊어 내고 싶다고 말했다. 그녀는 처음에 다이어트 방법으로 폭토를 하기 시작했다. 처음에는 적당히 원하는 몸무게에 도달하면 폭토를 그만둘 계획이었고, 하루에 한 번 정도 적당히 조절해 가면서 폭토를 유지하려고 했었다. 그러나 예상대로 행동을 조절하는 것은 쉽지 않았고 하루에도 몇 번씩 폭토를 하는 상황이 되고 말았다. 지금은 폭토로 인해 망가진 삶에 대해 분명하게 인지하고 있었고, 애초에 시작하지 않았더라면 좋았을 것이라며 과거의 자신을 후회했다. 변하고 싶다는 의지가 분명했음에도 불구하고 이 내담자는 폭토를 쉽사리 끊어 내지 못했고 상담에 와서도 생각과 다르게 행동하는 자신에 대해 혼란스러워했다. 그녀의 폭식과 폭토를 유발하는 패턴을 찾아내는 것이 급선무였다. 그녀는 상담을 통해 폭토가 주는 쾌감, 만족감, 스트레스로부터의 해소감과 해방감 등을 찾아냈고, 이를 대체할 수 있는 대안행동들을 탐색해 보았다. 평소에 스스로 좋아하는 행동이나 좋아하는 장소 혹은 섭식문제가 있기 전에 즐겨하던 행동들에 대한 질문의 답을 즉각적으로 말하기는 어려웠으나, 그녀는 날이 좋은 날의 산책, 좋아하는 음악 듣기,

반신욕하기 등 과거에 자신이 즐겨했던 행동들을 힘겹게 떠올려 냈다. 그녀는 자신의 과거에서 찾아낸 대안행동들을 일주일 동안 의도적으로 시도해 보고 다음 상담에 돌아와서 이야기하겠다고 했다.

일주일 후 다시 마음연구소를 방문한 그녀는 크게 변화하지 못한 자신을 자책했다. 일주일 동안 산책과 음악, 반신욕 모두를 시도해 보았으나, 폭토는 여전히 같은 패턴으로 반복되었던 것이다. 그녀는 스스로를 실망스러워했고 한심해하기도 했다. 단순히 그녀의 의지가 부족했던 것도 아니었고, 대안행동을 했음에도 폭토를 했다고 하여 평생을 폭토와 함께 살아가야 함을 의미하는 것도 아니었다. 그녀에게 한 주 동안 대안행동으로 시도했던 것들을 적고 그때 느낀 기분을 색으로 칠해 보도록 했다. 그녀는 날이 좋은 날의 산책은 녹색을, 좋아하는 음악 듣기는 살구색을, 반신욕하기는 노란색으로 칠했다. 다음으로는 폭토를 할 때의 기분을 색으로 칠해 보도록 하였다. 그녀는 폭토에 대한 감정을 표현해 보라는 제안에 처음에는 당황스러워했다. 폭토는 없애야 하는 것이기에 최대한 외면해야 하는 대상으로 생각했던 것이다. 한참을 머뭇거리던 그녀는 크레파스를 들고 도화지에 색을 칠해 나가기 시작했다. 놀랍게도, 폭토와 연결된 기분 색상은 오색찬란했다. 빨강, 노랑, 검정, 초록, 파랑, 무지갯빛으로 칠한 그녀는 금색 크레파스까지 선택했다.

폭토를 끊지 못하는 이유는 이렇게 확연히 색의 차이로 나타났다. 폭토가 주는 만족감과 쾌감은 오색빛깔로 찬란한데, 대안행동으로 시도한 행동들은 고작 한두 가지 색상일 뿐이었다. 이제 세 개 정도 대안행동을 시도한 것이니 폭토가 주는 오색빛깔의 찬란함을 이기기는 아직 역부족일 수밖에 없었다. 그녀는 이번 주도, 그리고 다음 주에도 다양한 대안행동들을 생각하고 시도해 보겠다고 했다. 그러나 그 외의 추가적인 대안행동은 생각처럼 쉽게 떠오르지 않았다. 스스로 좋아하는 것이 무엇인지, 만족감을 주는 것이 무엇인지 명확하게 알지 못했기 때문이다. 당장 지금 좋아하는 것이 떠오르지 않을 뿐 아니라 과거의 자신이 무엇을 좋아했는지조차 생각해 내기 어려워했다. 실제로 섭식장애 발병 이전에 좋아했던 행동들이 딱히 많이 없었다 하더라도 치료의 진행에 문제가 되지는 않는다. 이제부터라도 다양하게 시도해 보면 되기 때문이다. 머릿속으로 별로일 것이라고 생각했던 대안행동들은 직접 시도해 보지 않으면 자신에게 적합한지 알지 못한다. 시도해 보아야 자신이 어떤 기분을 느끼고 그 경험이 어떤 색으로 표현될지 알 수 있다. 그녀는 폭토가 사라지고 비어가는 시간들을 채워 나가기 위해 새로운 활동들에 도전해 보았다. 영어 스터디에 등록했고, 매일 지나가면서 보기만 했던 카페에도 들어가 여유를 즐기기도 했고, 새로 오픈한 전시회를 보기 위해 버스로 한 시간이 넘게 걸리는 미술관을 가기도 했다. 그렇게 점점 그녀의 삶 속에 다양한 색이 채워지면서 폭토의 오색찬란한 색들은 서서히 지워졌다. 그리고 그녀에게 새로운 삶의 즐거움을 채워 주는 새로운 색들이 하나둘씩 생겨나기 시작했다.

폭토는 오색찬란한 무지갯빛처럼 살이 찌지도 않고 음식을 많이 먹을 수도 있는 즐거움을 줄 수 있다. 그런데 100세 시대를 살고 있는 현대인이 죽을 때까지 먹은 것을 계속 토해 내면서 살아갈 수 있을까. 계속 토할 수 있다고 해도 사람의 몸이 언제까지 버텨 줄까. 그리고 정말 폭토를 하면 살이 찌지 않을까. 이 모든 질문에 전문가들은 입을 모아 아니라고 대답한다. 폭토가 지속되면 결국 신체는 서서히 망가진다. 폭토를 하면 더 이상 살이 찌지 않는다고 생각했을지 모르지만, 결국 폭토가 오랜시간 반복되면 신체는 조금만 먹어도 살이 급격하게 찌는 체질로 변하게 된다. 음식이 아주 짧은 시간 동안 위에 들어갔다가 입 밖으로 나왔을 뿐인데도, 몸에서는 비상사태로 인식하고 음식을 강하게 잡아당겨 빠르게 흡수하고 움켜쥐려 하게 되기 때문이다.

변화할 수 있다는 믿음

　　폭토와 씹뱉의 패턴이 오랜 시간 지속될수록 환자의 몸과 마음은 망가진다. 이것이 자신에게 나쁜 행동이고, 자신의 삶을 망치고 힘들게 하고 있다는 것을 너무 잘 알면서도 그들은 쉽게 그만두지 못한다. 잘못되었다고 판단된 행동이 오랜 시간 반복되면 폭토와 씹뱉이 이제는 마치 삶의 일부처럼 받아들여지고, 더 나아가 자신은 이 섭식장애에서 영원히 벗어날 수 없을 것이라는 무기력감까지 느끼게 된다. 변화를 시도해 보았으나 좌절되었던 경험은 무기력감을 강화하고 이는 학습된 무기력으로 발전하여 더 이상 시도조차 하지 않으려는 상황까지도 만들어 낸다. 섭식이 고질적인 습관이 되어 벗어나기 어려울 것이라고 생각하고 있다면 나쁜 습관이 가지는 독특성에 대해 알고 있는 것이 좋다. 섭식 습관뿐만 아니라 세상에 존재하는 무수히 많은 나쁜 습관을 바로잡는 데에는 시간이 필요하다. 그것이 자신에게 좋지 않은 영향을 주고 있다는 것을 인지했다 하더라도 생각과 행동을 바로 수정하는 것은 쉬운 일이 아니기 때문이다. 제대로 된 치료를 시작하기도 전에 자신은 계속 이렇게 살 것이라고 속단할 필요는 없다는 의미이다.

　　'나는 의지가 부족하니까.'
　　'이제 너무 오래돼서 바뀌지도 않겠지.'

　　스스로를 비난할 필요도 없고 실패를 계획할 필요도 없다. 습관을 바꾸는 것은 원래 쉽지 않은 일이다.

　　'또 망했어.'
　　'결국 또 돌아왔어.'

잠깐의 시도가 성공적이지 않다고 해서 회복의 마음을 접어 버리는 생각들은 대표적인 치료의 방해 요소들이다. 습관을 바꿔 나가는 첫걸음은 하루아침에 완벽하게 모든 것을 바꾸는 것은 불가능하다는 사실을 받아들이는 것에서부터 시작된다. 좋지 않은 행동들이 쌓여서 지금의 습관을 만든 것처럼, 좋은 행동들이 쌓이면 새로운 습관을 만들어 낼 수 있다. 일상 속에서 올바른 식습관을 의도적으로 만들고 다양한 대안행동들이 모여서 서서히 나쁜 습관이 차지하고 있던 공간을 밀어내게 될 것이다. 여기에서 중요한 것은 한 번 두 번 건강한 습관을 시도하고 쌓아서 자신의 힘으로 변화를 만들어 냈다는 성취감을 경험하는 것이다. 첫 시작은 어려울 수 있으나, 스스로 변화에 대한 가능성을 믿어 주었을 때 음식과 감정에 얽혀 있던 습관은 다른 모습을 보이게 된다.

3. 섭식장애가 중독이 되다

섭식장애가 시작된 이유는 개인마다 다르지만 섭식장애를 끊지 못하는 이유는 공통적이다. 섭식장애라는 행동에 중독되었기 때문이다. 중독은 크게 유해물질에 의한 신체적 중독과 의존중으로서의 정신적 중독으로 구분된다. 섭식장애 행동은 의존성이 강한 행동중독 중 하나로서, 습관이 강화되어 갈망 및 탐닉의 감정까지 포함되는 개념이다. 특정 행위에 중독될 경우 그 행동에 대해 심리적 의존성이 발생하여 행동을 강박적으로 반복하고, 중단하지 못하는 과정에서 신체적·정신적·사회적·직업적인 손상을 수반한다.

중독의 조건

중독은 금단증상과 내성이라는 조건이 충족되어야 성립이 된다. '금단증상'은 중독행동이 없어졌을 때 나타나는 불쾌한 감각들을 의미한다. 식사 후 구토를 반복적으로 하던 사람이 약속 장소에서 식사를 하고 당장 토를 할 수 없는 상황이 되면 느껴지는 불안한 감정이 이에 해당한다. 거식 증상에 중독된 사람은 굶지 못하고 억지로 밥을 먹어야 하는 상황에 노출되면 패닉 상태에 이르기도 한다. '내성'은 같은 효과를 얻기 위해 점점 그 대상을 더 많이 필요로 하는 상황을 의미한다. 쾌감이 자극되는 상황은 신경전달물질인 도파민의 분비를 촉진하는데, 중독 기간이 오래될수록 도파민의 수용체 수는 줄어들게 되고 중독자는 더 큰 자극을 찾게 된다. 처음에는 라면 1개를 먹고 토하는 것이 상당한 쾌감으로 느껴졌으나, 이후에는 똑같은 양을 먹고 토했을 때 이전과 같은 자극을 느끼지 못한다.

폭토와 약물중독 사이의 유사성을 분석하는 다양한 연구가 발표되었는데, 터프츠 대학교(Tufts University) 의과대학에서 발표한 연구결과에 따르면, 폭토와 약물중독 모두 특정 상황이나 감정과 연결된 욕구에서 시작된다는 점과 긍정적인 자극과 기분을 위해 반복된다는 공통점이 있었다. 음식물은 잔뜩 먹었는데, 예전처럼 손가락을 넣어 토가 나오지 않으면 내담자는 칫솔, 티스푼과 같이 목구멍 깊숙이 들어가는 기다란 도구를 쓰기도 한다. 손가락 끝에는 감각이 있어 목에 가해지는 자극을 조절할 수 있지만 기다란 도구들은 목 내부를 손상시켜 토할 때 피가 함께 섞여 나오게 된다. 또한 손가락만 넣어도 역겹게 느껴지며 잘 쏟아져 나오던 토가 어느 순간 쉽게 나오지 않는 상태가 되기도 한다. 손가락이 이물질이라고 인식되어 구토가 유발된 것이지만 손가락으로 인한 자극이 점차 무뎌졌기 때문이다. 결국 인지적으로 이물질이라고 여겨지는 물질을 입과 목구멍에 넣어야 하는 상황까지 이르게 된다. 수채 구멍의 머리카락이나 자신의 인분이 대표적이며, 역한 감각을 더하기 위해 변기 안을 핥고 다시 구토를 시도하기도 한다. 이런 부분 역시 약물중독자가 점차 강한 약물을 원하는 것과 유사한 점이다. 컬럼비아 대학교(Columbia University)의 연구는 약물중독과 폭토가 유사한 생물학적·신경학적 패턴이 있다는 것을 증명했다. 폭식·폭토를 하는 사람의 뇌 신경계의 패턴과 코카인 및 알코올

중독인 사람의 뇌 신경계 패턴에 유사한 도파민의 이상이 있다는 것을 발견한 것이다. 이 외에도 두뇌가 폭토를 갈망할 때 활성화되는 패턴과 마약을 갈망할 때 활성화되는 패턴이 유사하다는 연구결과가 다양하게 보고되고 있다.

이렇게 하면 살이 찌지 않겠지

섭식장애 증상에 중독된 사람은 그 행동이 자신에게 주는 긍정적 감각에 집중한다. 섭식장애 증상이 우울함이나 불안감, 걱정이나 스트레스 등의 부정적인 감정을 해결해 주고 있다는 잘못된 믿음을 가지게 하는 것이다. 또한 섭식장애 행동이 주는 안심감은 환자가 섭식장애에 계속 머물도록 만든다. 폭식을 하고 토하거나, 씹고 뱉거나, 굶는 행위, 약의 복용, 과도한 운동은 '이렇게 하면 살이 찌지 않겠지.'라는 분명한 안심감을 느끼게 해 준다. 그다지 효과를 느끼지 못하면서 비싼 화장품을 쓰는 사람이 비싼 화장품을 쓰지 않을 때 느껴지는 불안감을 해소된다는 이유만으로 지속적인 구매를 하는 것과 유사한 원리이다. 토해서 이 정도 체중을 유지하는 건데 토라도 해야 불안하지 않은 것이다. 현상 유지 혹은 더 나빠지지 않기 위한 행동중독은 지금 하는 행동이 자신을 위한 것이라는 착각에 빠지도록 만든다.

일부 사람은 거식 행위가 음식을 먹지 않기 때문에 아무것도 하지 않는 상태라고 오해할 수도 있으나, 거식은 엄연하게 먹지 않는 혹은 음식을 제한하는 적극적인 행동이다. 건강이 심각하게 훼손되고 있음을 인지하고 있음에도 불구하고 식사를 제한하는 것은 적극적 의사 행위가 없는 인격체가 행할 수 없는 행동 양식이다.

운동을 하는 행동 역시 중독이 될 수 있다는 것은 1970년대부터 논해져 온 개념이다. 당시에는 운동이 다른 행동중독과 유사한 기제를 가지고 있지만 좋은 결과를 이끌어 낸다는 점에서 긍정적 중독(Positive addiction)이라는 단어를 사용했다. 그러나 이후의 연구에서는 운동에 중독될 경우 업무, 신체적 손상, 인간관계, 가족생활 등 삶의 다양한 영역에서 부정적인 결과를 유발할 수 있다는 반대의 개념이 더 우세하게 보고되고 있다.

저항할 수 없는 충동

행동에 중독된 사람은 그 행동을 반복함으로써 안도감을 느끼지만 좌절감도 동시에 느끼게 된다. 자신의 충동에 따라 행동한 이후 순간적인 만족감을 얻지만 결국 그 행동이 주는 부정적인 영향을 분명히 알고 있기 때문이다. 오랜 시간 게임을 끝낸 후, 유튜브 알고리즘에 빠져 시간을 허비한 후, 홈쇼핑 충동구매 이후의 잔고를 확인한 후에 느끼는 감각과 유사하다. 구토를 한 후 토사물과 붉게 충혈된 눈을 보면서 느껴지는 불편한 감정은 분명 존재하지만 스스로 애써 모른 척한다. 그렇게 해야만 자신이 다시 그 행동을 할 수 있는 힘을 얻게 되기 때문이다. 음식 제한을 통해 머리숱이 적어지는 것도, 피부가 푸석해지는 것도 분명 느끼고 있지만 이것은 중독적인 이상 섭식행동을 지속하기 위해서는 무시되어야 한다.

중독행동을 가지고 있는 사람은 처음에는 그 행동을 기쁘게 받아들인다. 그 행동이 주는 쾌감이 압도적으로 강하기 때문이다. 다이어트 기간 동안 먹지 못했던 음식을 잔뜩 먹을 수 있다는 희열, 먹고 토해 버리면 살이 찌지 않을 것 같은 안도감, 건강이 상하면 여리여리한 체형이 될 것이라는 기대감은 압도적인 쾌감으로 작용한다. 이 쾌감은 통제를 불가능하게 만들고 결국 그 행동을 강박적으로 반복하도록 한다. 점차 자신의 의지와는 무관한 불쾌한 압력에 스스로 제어하지 못하고 오히려 통제받고 있다는 경험을 하게 한다. 섭식장애 환자가 음식에 휘둘리고 있다고 표현하는 것도 이 때문이다. 처음의 시작은 자신의 선택에 의한 것이었지만, 그다음에는 저항할 수 없는 충동으로 빠지는 것이다.

　특정 행동에 중독된 사람들에 대한 연구는 지속적으로 이루어지고 있다. 중독행동을 보이는 사람은 논리적 증거보다 사회적 이미지에 기초한 영향에 쉽게 설득당한다. 섭식장애를 통해 자신이 잃게 되는 실질적인 사항들보다 '날씬함'이라는 이미지에 더 비중을 두는 것이다. 행동중독을 보이는 사람은 자아존중감이 낮고, 환상적이고 상징적인 것을 중요시하는 성향이 강하다. 또한 행동중독이 없는 사람에 비해 걱정을 더 많이 하고 충동을 만났을 때 스스로 잘 조절하지 못하는 모습을 보인다.

4. 씹뱉은 왜 다이어트가 아닐까

　씹뱉 환자는 자신이 음식물을 입에서만 씹고 맛을 본 후 그대로 뱉는 행위를 하고 있기에 살이 찔 리가 없다고 생각한다. 그러나 먹은 것은 없는데 살은 생각처럼 빠지지 않는다. 폭토를 하는 경우에는 위에 가득 음식물을 욱여넣어 포만감을 느낀 다음에 변기에 다시 쏟아내는 것이기에 일정 시간 동안은 배가 부르다는 감각을 느낀다. 그러나 씹뱉 환자는 단 한 번도 배부른 적이 없기에 억울함을 호소한다. 음식물을 삼키지도 않는데 얼굴이나 몸이 붓고 생각보다 살이 빠지지 않는 것이다. 결론부터 말하면, 씹뱉을 하는 동안 입에 들어온 음식물을 조금도 삼키지 않고 모두 다 뱉어낼 수는 없다. 그리고 실질적으로 음식물을 대부분 뱉어낸다 하더라도 씹는 과정에서 흡수되는 소량의 음식물로도 살이 찌거나 부을 수 있다. 예를 들어, 아이스크림을 씹뱉할 경우에 침에 섞인 설탕은 그대로 넘어가며 과자를 씹뱉할 경우 나트륨과 설탕도 침과 함께 연하되는 것이다. 신체가 에너지를 내기 위해 음식물을 소화하는 과정을 살펴보면 씹뱉을 통한 붓기의 원인, 그리고 씹고 뱉었음에도 살이 찌는 이유를 알 수 있다.

신체적으로 볼 때 사람이 음식물을 섭취한다는 것은 영양분을 섭취해 신체
활동에 필요한 에너지를 얻는 것이다. 이때 음식물 자체가 가지는 영양소는
사람이 바로 사용할 수 있는 에너지의 형태가 아니다. 음식은 여러 가지 영양
소의 집합체로 이루어져 있으며, 에너지원으로 사용하기 위한 소화 과정을 거
쳐 작은 단위로 나누어져야 비로소 사용이 가능하다. 이 책에서는 앞으로 음
식을 분해하여 영양분을 만들어 사용 가능한 에너지의 형태로 변형시키는 과
정을 이화작용(Catabolism)이라 부를 것이다. 에너지를 만들어 내는 이화작용
을 위한 첫 번째 단계는 소화이다.

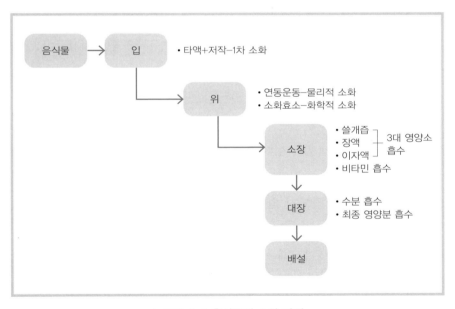

▶그림 4-1 음식물의 소화 과정

소화 과정은 입에서부터 시작된다. 맨 처음 입으로 들어온 음식물 덩어리는
침과 섞여 치아를 통해 잘게 부서지고 혀와 구강조직의 연하작용으로 식도를

통해 위장으로 보내진다. 위장에서의 소화는 두 가지로 분류된다. 첫 번째로 위장 근육의 물리적 수축과 이완 과정을 거쳐 음식을 더욱 잘게 부수고, 두 번째로 화학적으로 소화를 돕는 염산과 펩시노겐이라는 위액이 분비되어 음식물을 분해한다. 염산은 산 중에서도 물질을 녹일 정도로 강한 산이다. 이러한 염산은 위에서 살균 작용을 하며 펩시노겐을 펩신으로 활성화한다. 펩신은 음식물 속 단백질을 분해하기 시작한다. 위에서 소화된 음식물은 소장으로 내려가 각 영양소를 분해하는 효소들을 만난다. 쓸개즙에는 지방을 분해하는 효소가, 장액에는 탄수화물과 단백질을 분해하는 효소가, 이자액에는 3대 영양소를 모두 분해하는 효소가 포함되어 있다. 작은 단위로 소화된 음식물은 소장에 흡수되어 몸에 필요한 에너지를 만들어 내는 이화작용을 한다. 비타민(A, B, C, D, E, K) 역시 소장에서 흡수된다. 소장에서 흡수되고 남은 찌꺼기는 대장으로 보내진다. 대장에서는 남은 수분과 일부 유익한 대장균이 만들어 낸 영양분을 흡수하고 최종적으로 찌꺼기를 대변으로 만들어 몸 밖으로 배출한다.

씹뱉은 결국 음식물을 씹는 작용의 반복 수행이다. 단순히 씹는 작용을 시작하기만 해도 음식이 침에 섞여 소화의 첫 단계가 시작되는 것이다. 음식물이 입안에 머무는 시간이 길어지고 씹는 시간이 길어질수록 소화가 쉬운 형태로 변할 것이다. 결국 작아진 음식물 입자는 침에 섞여 식도로 넘어간다. 씹고 뱉는 것은 의식적으로 행해지나 흡수되는 것은 의식적으로 인지되지 못한다. 또한 침의 성분 중 아밀라아제는 탄수화물의 다당류 형태인 녹말을 작은 단위인 엿당으로 분해하는 역할을 한다. 밥을 오래 씹을수록 단맛이 느껴지는 이유가 이 때문이다. 분해가 시작되면 음식물의 화학구조가 작은 단위로 바뀌는데 이것은 삼키기 쉬운 작은 음식물의 형태로 전환되는 것이다. 입에 음식을 물고 있는 것만으로도 기본적인 소화 작용은 이미 시작된다는 것이다.

또한 물리적·화학적으로 분해되어 몸에 흡수되어야 하는 3대 영양소를 제외하고 음식물에 포함된 나트륨과 전해질은 삼키지 않아도 씹는 동안 섭취된다. 특히 나트륨은 물에 잘 녹는 성질을 가지고 있기 때문에 침과 섞여 식도로 넘어갈 가능성이 높다. 씹뱉을 하는 과정에서 침 삼킴은 필연적으로 수반된다. 더불어 씹뱉은 많은 음식물을 씹고 뱉기 때문에 일반적인 식사에 비해 나트륨이 매우 과다하게 섭취되도록 한다. 따라서 몸속 나트륨 함량이 높아지고 체내 삼투압 현상으로 인해 부종이 발생한다. 라면을 먹고 잤을 때 붓는 것과 기본 원리는 같다. 결론적으로 씹뱉은 음식을 부수고 뱉어 낼 수는 있지만 나트륨과 같은 전해질이나 당, 그리고 미세한 형태의 음식물의 연하작용을 완벽히 차단할 수는 없다. 날씬해지기 위해 씹뱉을 시작했지만, 씹뱉이 반복되면 몸은 붓고 결국 살도 찐다.

텀블러에 씹고 뱉고

음식을 삼키지는 않고 씹고 뱉는 씹뱉은 또 다른 의미에서 내담자를 심리적으로 압박한다. 폭토 환자는 다른 사람들과의 식사 자리에서는 음식을 삼켜 넘긴 다음, 화장실로 가서 변기에 음식물을 다시 쏟아 내는 방식으로 사회적 식사를 유지할 수 있다. 그러나 씹뱉 환자는 밖에서 식사하거나 다른 사람과 함께하는 식사가 거의 불가능하다. 음식을 삼킬 수 없기에 오랜만에 모이는 동창회 모임이나 친구의 생일 파티에서 참여하는 것이 어렵다. 자리에 나가게 되더라도 여러 가지 핑계를 통해 현재 식사를 할 수 없는 이유를 만들어 내야 한다. 점차 대인관계와 일상생활이 불편해지고 어려워지니 스스로를 고립시키게 된다. 물론 밖에서 씹뱉이 전혀 불가능한 것은 아니다.

한 내담자는 다이어트 중이라는 핑계로 회사 사람들과 식사는 하지 않으면서도 자신의 업무 자리에서는 몰래 씹뱉을 하고 있었다. 큰 텀블러를 가져가서 간식류를 씹고 그 텀블러에 물을 마시는 척하면서 계속 뱉어냈다. 그러다 다른 여직원이 뭘 마시냐고 궁금해하며 텀블러를 집어 들었는데 손이 미끄러지며 내용물이 바닥에 쏟아지고 말았다. 침이 섞인 씹은 견과류로 가득 찬 텀블러의 무게는 커피나 음료에 기대했던 무게보다 무거웠기 때문이다. 어떤 상황인지에 대해 서로 이야기가 오고 가지는 않았지만 그녀가 간식들을 텀블러에 씹고 뱉었다는 사실은 이 사건으로 명백해졌다. 결국 그녀는 회사를 스스로 그만두었다.

씹뱉은 스스로를 더 숨기고 사람들로부터 멀어져야만 지속 가능한 행동이다. 씹뱉을 계속하는 환자는 대인관계가 점점 피폐해지고 고립감을 느끼게 되면서 자신이 괴물인 것 같고 정상이 아니라는 생각에 빠져들게 된다.

5. 술과 수면제, 기억이 나지 않는 폭식

폭식을 하는 사람은 그렇지 않은 사람에 비해 술을 마시는 빈도가 평균적으로 높다. 폭식이 폭음을 유발하는 경우도 있지만, 폭음이 폭식을 유발하기도 하기 때문에 이 둘은 좋지 않은 의미에서 상호 간에 강화제의 역할을 한다. 그리고 술을 수면제와 함께 섭취했을 때 폭식은 분명한 악영향을 받게 된다. 섭식장애는 흔하게 불면증을 동반한다. 그렇기에 섭식장애 환자가 수면제를 복용하는 것은 드문 일이 아니다. 수면장애의 치료제로서 수면제를 적절하게 복용할 경우 수면의 질을 높여 우울감을 완화시키고 하루의 패턴을 수정 가능하게 해 준다. 그러나 수면제를 알코올과 함께 복용하면 높은 확률로 문제가 발생하기도 한다. 의사는 수면제를 처방하면서 절대 술과 함께 먹으면 안 된다는 주의를 주지만 술을 좋아하는 사람에게 이러한 주의는 쉽게 무시된다. 그리고 적은 양의 술을 마셨음에도, 이 둘이 혼합될 때 기억이 사라지는 현상이 쉽게 발생한다.

술과 수면제를 함께 복용한 후 폭식을 하는 경우, 자신이 어떤 음식을 먹었는지조차 기억나지 않을 때가 있다. 밤에 먹은 음식은 소화가 제대로 되지 않았을 뿐만 아니라 먹고 바로 누워 버렸기에 먹은 음식이 신진대사를 거쳐 에너지원으로 사용되지 못하고 결국 살이 찐다. 섭식장애 환자에게 살이 찐다는 것은 또다시 강력한 스트레스의 원인이 된다. 기억이 나지 않는 상태에서도 폭식 후 깨끗이 치우고 자는 사람도 있지만 그렇지 않은 사람이 더 많다. 그래서 아침에 눈을 떠 전날 먹은 지저분한 흔적을 보았을 때 죄책감과 더불어 수치심을 느끼게 되는 것이다.

기억이 나지 않는 상태에서 구토까지 하는 경우도 있다. 평소에 폭토 증상이 있던 사람이라면 충분히 가능한 일이다. 수면제를 복용한 후 일정 시간이 지났는데도 잠이 들지 않았을 경우 신체는 활동하고 있지만 기억은 나지 않는 '좀비화' 현상이 일어난다. 술에 만취한 상태에서도 여전히 음식을 먹고, 집에 돌아오고, 옷을 갈아입고, 화장을 지우고 여전히 움직이고 말을 한다. 절대 일어나서는 안 되는 일이지만, 그 상태로 외출을 하기도 하고 운전을 하기도 한다.

32세의 한 여성 내담자는 수면제와 술을 함께 복용하지 말라는 의사의 경고를 자주 무시하고 약과 술을 함께 섭취하고 몽롱한 기운에 잠드는 습관을 즐겼다. 그녀는 기억이 나지 않는 상태에서 요리를 하고 만든 음식으로 폭식하기를 반복했다. 가스 불을 사용할 때에는 음식을 조리하는 과정에서 화상 입는 것이 반복되었고, 결국 그녀는 가스레인지를 핫플레이트로 바꾸는 선택을 했다. 그러나 핫플레이트는 불이 켜져 있다는 것이 쉽게 확인되지 않아 조리 후 전원을 끄지 않는 일이 자주 발생했다. 밤에 정신없이 요리를 만들면서 핫플레이트 위에 튄 음식들은 새벽이면 새카맣게 타 집안을 가득 메웠다. 아침이면 포비돈과 같은 먹어서는 안 되는 물질이 자신이 먹은 음식에 흩뿌려져 있는 것도 본 적이 있다. 이렇게 위험한 일들이 반복되었다. 그러나 그녀는 이러한 위험행동들을 전혀 기억하지 못했다. 아침의 집 상태나 테이블 위 상태를 통해 자신이 무엇을 했는지 추측하기만 했던 것이다. 기억도 나지 않는 찌개나 음식들이 널브러져 있었고, 식탁은 지저분하게 어지럽혀져 있었다. 밤에 수면제를 먹은 채 음식을 먹기 시작한 것이 화근이었다. 밤에 너무 배가 고파서 냉동 피자 한 조각에 와인 한 잔만 하고 자려고 했었는데, 수면제와 술이 만나니 그녀의 기억은 사라져 버렸다. 아침의 지저분한 부엌 상태로 추측해 보건대, 그 뒤로 피자 두 조각, 라면 한 봉지, 그리고 라면 국물에 즉석밥까지 말아 먹어 버린 것 같다. 식탁을 비롯하여 바닥까지 사방에 튄 라면 국물은 그녀가 얼마나 휘청휘청한 상태로 음식물을 나르고 먹었는지를 알려 주었다. 김치를 비롯한 밑반찬들은 냉장고에 다시 돌아가지 못한 채 고스란히 식탁 위에 놓여 있었다.

자신이 기억을 잃은 채 폭식한다는 것을 처음 알았을 때 그녀는 상당한 충격을 받았다. 그러나 특정 사건에의 반복적인 노출은 심리적 압박감을 약화시킨다. 아침에 폭식으로 엉망이 된 부엌을 보는 것이 지속적으로 반복되자 그녀에게 이 상황은 더 이상 충격으로 느껴지지 않게 되었다. 자신이 밤에 무엇을 먹었는지를 확인하고 그 음식물들을 치우는 것은 매번 고통스러운 일이었으나, '내가 또 그랬네.'라는 습관적인 자책감과 수치심을 느낀 후 출근할 준비를 했다. 아침이 되면 샤워를 하고 화장을 하고 옷을 입은 후, 자신만의 비밀을 숨긴 채 아무렇지 않은 듯 집을 나와 그날 하루의 일정을 모두 마치고 퇴근을 했다.

폭식하는 내담자에게 기억이 나지 않는 폭식은 매우 화가 나는 일이다. 폭토가 주는 장점은 그 단점에 비해 미비하지만 맛있는 음식을 잔뜩 먹었다가 후련하게 비워 내는 순간적인 만족감은 제공해 주기 때문이다. 그런데 기억이 나지 않는 폭식은 그 만족감마저 느끼지 못한 채 폭식이 주는 단점인 불안감만을 고스란히 남긴다. 비제거형 폭식이라면 먹은 음식이 그대로 살로 갔을 것이라는 생각에 불안할 것이고, 제거형 폭식이라 하더라도 자신이 토한 양에 대한 확신이 없으니 불안하다. 변기에 이리저리 튄 토사물의 흔적을 발견하면 '토는 했구나.'라는 안심이 들지만, 혹시 폭식한 음식을 모두 토하지 못하고 잠들었을까 봐 겁이 나고 무섭다.

기억이 나지 않는 폭식은 연속적으로 다음 날의 식사균형을 무너뜨린다는 단점이 있다. '밤에 폭식해서 살이 쪘을 것이니 아침이라도 굶어야 어제 먹은 걸 만회할 수 있다.'는 생각이 먼저 들기도 하지만, 너저분하게 먹은 흔적을 막 치운 그 장소에서 다시 아침식사를 위해 음식을 꺼내 먹는 것도 쉽지 않은 일이다. 어제 폭식하고 남긴 밥통에서 같은 밥을 꺼내는 것도 짜증 나고, 아까 정리해서 넣어 놓은 그 밑반찬을 다시 꺼내고 싶지도 않다. 몇 시간 전에 토하고 뭘 또 먹으려니 괜히 역하다는 생각도 든다. 섭식장애 회복을 위해서는 규칙적으로 식사를 해 주는 것이 좋다는 말은 들었지만, 그것은 밤에 폭식을 하지 않은 사람에게만 해당되는 것이라고 생각한다. 오늘 새벽에 많이 먹었으니 당장 하루는 최소한으로 먹고, 회복식을 시도하더라도 내일이나 모레부터 해야겠다는 생각을 한다. 꼬르륵거리는 배의 신호는 마치 살이 빠지는 소리처럼 들리고, 낮 시간 동안 음식을 통제하는 스스로에게 뿌듯한 생각마저 든다. 그러나 술과 수면제가 섞인 몽롱한 기분은 의존성이 높고, 결국 다시 술과 수면제를 섞어 먹게 되면서 기억이 나지 않는 폭식은 또 반복되고 만다.

기억이 나지 않는 폭식은 혼자 사는 사람에게 제어되지 않는 반복습관이 될 가능성이 높다. 밤에 냉장고를 열었다 닫았다 해도 아무도 말리지 않을뿐더러, 어질러진 음식물들을 보며 잔소리하는 사람도 없기 때문이다. 폭식과 폭토는 취하지 않은 상황에서도 제어하기가 어려운데, 약이나 술에 취한 상태에서의 제어는 더욱 어렵다. 함께 사는 가족이 있는 환자의 경우, 처음에는 가족이 환자가 밤에 먹는 것을 말리려고 시도한다. 그러나 취한 상태의 환자는 말리려는 가족에게 화를 내거나 논리적인 대화가 되지 않는 상황이 반복되기 때문에 점차 가족도 지쳐 그냥 포기해 버리는 경우가 많다.

일부는 수면제나 술을 복용한 자신을 믿지 못해 방문을 잠그거나, 냉장고에 자물쇠를 걸고 열쇠를 자동차에 가져다 놓기도 한다. 그러나 이들은 중요한 사항을 간과한 채 밤의 폭식 행위만을 고치려고 한다. 가장 중요한 것은 우선적으로 약과 술을 함께 먹는 습관을 끊는 것이다. 밤에 음식이 먹고 싶다면 음식을 먹은 후 수면제를 먹고 잠들어야 한다. 그리고 낮 시간의 식사패턴도 회복되어야 한다. '밤에 먹는 것을 어떻게 멈출까.'가 아니라 '술과 약에 취했을 때 억눌려 왔던 식욕이 폭발하는 것을 막기 위해서 낮의 식사패턴을 어떻게 바꿀까.'가 이들이 고민해야 할 사항인 것이다. 낮에 절제하고 굶은 식단은 정신이 온전한 상태에서는 만족감을 주겠지만 결국 이성적으로 통제되지 않은 상태에서는 폭식을 일으킨다. 식사습관을 되돌려야 하고, 폭식을 했다고 해서 그것을 보상하는 마음으로 굶는 행동을 멈춰야 한다.

6. 죽기는 싫은데 자해는 왜 할까

섭식장애는 자신의 신체를 의도적으로 훼손한다는 점에서 자해의 범주에 포함된다. 자해와 자살 시도는 자발적 신체훼손이라는 점에서는 공통점을 가지나 이 둘의 치명성이나 빈도, 사용되는 수단은 명백하게 다르다. 자해는 자신의 삶을 끝내기 위한 시도가 아니라는 점, 그리고 치사율이 높지 않은 다수의 방법을 선택하는 만성적인 행동이라는 점에서 자살과 다르다.

죽을 목적이 없는 자해는 비자살적 자해라는 용어로 사용된다. 비자살적 자해의 대표적인 행동 양상 중 하나가 섭식장애의 증상들인데, 섭식장애 환자는 음식을 굶거나, 배가 터질 듯하게 음식을 가득 욱여넣거나, 먹은 것을 억지로 게워 내는 등 신체에 고통을 가하는 행위를 한다. 음식을 자해 도구로 선택해 사용하기 때문에 비교적 안전하다고도 생각한다. 칼과 같이 날카로운 도구를 사용하지 않기에 더 작은 용기로도 자해 감각을 느낄 수 있으며, 자신의 피를 직접적으로 본다는 불쾌감도 피할 수 있다.

자신을 처벌하기 위한 자해의 수단으로 음식을 선택하는 사람도 있다. 자기 비하감이 높은 사람은 작은 실수를 하게 되더라도 자책하며 스스로에게 벌을 주듯이 당연히 고통을 겪어야 한다는 왜곡된 생각에 사로잡힌다.

'할 줄 아는 것도 없고 한심하다. 먹고 죽자.'
'나 같은 건 죽어 마땅해. 먹을 자격도 없어.'
'난 짐이야. 사라지고 싶다.'

자신을 벌주기 위한 수단으로 자해를 선택하는 사람은 아동기 때 학대적인 양육환경에 노출되었을 가능성이 높다. 부모를 포함한 주 양육자가 반복적인 모욕을 주거나, 실수에 대해 과도하게 비난하거나, 언어적·신체적 학대를 가하였을 때 성장기 아동의 자아상이 긍정적으로 형성되기는 매우 어렵다. 이것은 무가치감, 수치심, 자기혐오와 같은 부정적 감정을 습관적으로 느끼게 만들며, 시간이 지나면서 자신의 행동이 못마땅하거나 자신이 실수했다고 여길 때 극단적인 자기 처벌 및 자기 학대의 형태로 자해를 선택한다.

마음연구소에 방문했던 한 여성 내담자는 자신을 나타내는 상징물을 만드는 작업에서 컬러점토를 이용해 파란 개(Blue dog)를 만들어 냈다. 이 내담자는 자신의 아버지가 어린 시절 자신에게 가했던 폭력적 장면들에 대해 묘사하면서 자신은 아버지의 앞에서 비굴한 개처럼 굴어야 했고 늘 우울했다(Blue)고 설명했다. 그녀가 작은 실수를 해도 아버지는 폭력을 행사하였는데, 기숙사가 있는 고등학교로 진학하며 아버지와 떨어져 지내자 팔을 칼로 긋는 자해가 시작됐다. 자신은 잘못하면 맞는 것이 당연했기 때문에 아버지의 학대가 멈춰 버리자 스스로를 벌하기 시작한 것이다. 공부를 잘 못하거나, 친구관계에서 실수를 하거나, 계획된 것이 틀어지면 칼로 팔을 그었다. 오른손잡이인 그녀의 왼팔은 어깨부터 손목까지 수십 개의 흉터로 가득했다. 흉터가 남는 팔을 보며 후회감이 든 그녀는 칼로 더 이상 팔을 긋지 않겠다고 결심하였는데, 그 순간부터 그녀는 밥을 굶기 시작했다. 칼로 팔을 긋지 않는 것은 가능했지만, 스스로 벌주는 것을 멈추지는 못했던 것이다. 그녀는 피가 나고 흉이 지는 것보다 굶는 것이 훨씬 깨끗한 벌주기 방식이라고 생각했다. 그러나 밥을 굶으니 기력이 떨어지고 활동하는 것이 어려워졌다. 그래서 밥 굶기를 멈추었더니 다시 칼로 팔을 긋는 자해행동이 시작되었다. 그녀는 칼을 이용하는 자해나 거식 중 한 가지는 반드시 자신에게 있어야만 한다는 왜곡된 사고를 가지고 있었다.

우울이나 불안, 분노와 같은 부정적인 정서를 완화시키는 목적으로 자해를 선택하는 사람도 있다. 자신의 정서를 직면하는 것이 어렵다면 비자살적 자해행동을 통해 강렬하고 혐오적인 정서를 다른 곳으로 돌리는 시도를 하는 것이다. 폭식을 해 버리거나 토를 하는 것은 자극적인 신체 경험을 하게 만든다. 이로 인해 장소를 옮기지 않아도 장면이 순식간에 바뀌는 기분전환을 경험한다. 폭토를 통해 순간적으로 정서가 환기된 경험을 하면 감당하기 어려운 감정을 만날 때마다 폭식과 구토를 자동적으로 선택하게 되는 것이다.

중요한 대상으로부터 갑자기 멀어졌다는 감각도 자해를 유발한다. 사회적 고립감을 느끼거나 연인으로부터 버림받을지 모른다는 극도의 두려움을 느낄 때 먹고 토하는 행동을 하는 사람이 있다. 성장 과정에서 부모로부터 학대를 당했거나, 비일관적인 양육을 받았던 사람의 경우 어떤 행동에 부모가 화를 내는지, 혹은 기뻐하는지에 대한 감정적 예측을 하기 어렵다. 이들에게 부모는 언제든 자신에게 화를 낼 수 있는 사람이기에 자신은 언제라도 버려질지 모른다는 유기불안을 느끼게 된다. 일부 섭식장애 환자는 자신의 신체에 고통을 주는 행위는 심리적 고립감을 효과적으로 끊어낼 수 있는 수단이라고 설명한다. 가장 친했던 친구가 다른 사람과 더 친하게 지낸다고 생각될 때, 다들 저녁에는 약속이 있는데 자신만 혼자 집에 있다고 생각될 때, 연인과 연락이 잘 되지 않았을 때, 배우자에게 함께 식사를 하자고 했지만 거절당했을 때 등 내담자들이 이야기하는 고립감을 느끼게 하는 상황은 다양하다. 다수의 내담자가 이러한 때에 폭식과 폭토를 선택하며, 일부 내담자는 씹뱉을 통해 지루하고 외로운 시간을 채운다.

자해를 통해 주변인을 조종하려는 환자도 있다. 자녀의 섭식장애는 부모에게 위협이 되며, 연인이나 배우자의 섭식장애는 자기주장을 굽히고 상대에게 맞춰 주도록 만들 수 있을 만큼 강력한 힘을 가진다. 부모는 자녀가 굶는 행동을 멈출 수만 있다면, 혹은 밥을 한 숟가락이라도 더 먹는다면 자녀가 원하는 것은 무엇이든 들어주려 할 것이다. 자녀의 기분이 나빠져 다시 밥을 먹지 않겠다는 협박은 그 무엇보다 무섭다. 말싸움이 벌어져 스트레스를 받을 때마다 아내가 화장실로 달려가 구토를 하게 되면 남편은 아내에게 하고 싶은 말을 할 수 없게 된다. 또한 구토를 하고 화장실에서 나온 아내에게 더 이상 쏘아붙이는 것도 어렵다. 자살과 자해의 목적은 엄연히 다르지만 다른 사람을 조종하려 한다는 점에서는 공통적 목적을 가진다. 일부 자살자는 누군가에 대한 복수심이나 분노를 표현하기 위한 수단으로 죽음을 선택한다. 청소년기 섭식장애 내담자의 경우 부모에 대한 복수심을 밥을 굶는 행위로 표현하는 경우도 있는데, 상대에게 죄책감을 심어 주기 위한 수단으로서의 자살과 자해는 순간적인 효과는 누릴 수는 있으나, 최종적인 효과는 미비할 뿐이다.

당장 수행하기 버거운 책임이나 의무를 회피하기 위한 자해 수단으로 섭식장애를 선택하기도 한다. 불투명한 미래에 대해 고민하고, 취업에 대한 걱정을 하는 대신에 섭식장애를 선택하여 먹고 토하고 씹뱉을 하고 굶게 되면, 미래 걱정이 아닌 섭식장애 걱정을 하게 될 수 있는 것이다. 공부를 하지 못하고, 취업을 하지 못하고, 연애를 하지 못하고, 결혼을 하지 못하는 합당한 이유를 스스로 만들어 내야 하고, 이를 위해서는 스스로가 아파야만 하는 것이다.

마음연구소를 방문했던 한 여성 내담자는 불편한 상황이 닥쳤을 때 스스로를 아프게 함으로써 상황을 회피하는 것에 너무 오랫동안 익숙해져 있었다. 이 내담자는 어린 시절 부모가 싸울 때마다 자신이 아파야 했던 경험을 회상했다. 실제로 배가 아프지 않더라도 부모의 말싸움이 격해질 때마다 자신이 아프다고 울면 부모는 싸움을 멈추고 그녀의 아픔에 집중해 주었다. 부모의 언성이 높아지면 그녀는 아파야만 했다. 아픈 모습을 증명하기 위해 그녀가 선택했던 것은 전등을 오래 바라보아 눈을 충혈시키기, 얼굴을 문질러 뜨겁게 만들기, 일부러 넘어져서 피나게 하기 등이었다. 나중에는 음식을 잔뜩 먹어 체하거나 음식을 굶어 버리는 것이 가장 손쉽게 아플 수 있는 수단이라는 것을 알고는 섭식장애를 주요 자해 수단으로 선택했다.

나이가 들어감에 따라 그녀가 만나게 되는 불편한 상황들은 몸이 아프다는 이유로 쉽게 피할 수 있게 되었다. 대학교 중간고사를 봐야 하는 상황에서도 일부러 상한 음식을 먹고 119에 실려가 버리면 시험 대체로 리포트 제출이 가능했다. 과제가 많을 때에는 그냥 물까지 마시지 않아 탈수로 쓰러져 버리거나, 일부러 많이 먹은 후 구토함으로써 학과에서 참여해야 하는 중요한 행사도 피해 갔다. 그녀는 너무 오랜 시간 습관화된 음식을 통한 자해에 신체적·심리적으로 소진되어 있었다.

섭식장애를 자해로 사용하는 것은 도구를 활용한 자해보다 치명성이 상대적으로 떨어진다는 점에서 위험군으로 보지 않는 시각도 있다. 그러나 섭식장애가 사망률이 높은 병이라는 사실은 분명히 알고 있어야 한다. 입원 수준의 거식증 환자의 10%는 결국 굶어 죽지만 그 외의 섭식장애 환자의 자살 사망률 역시 무시할 수 없다. 자신의 신체를 훼손하는 행동이 만성화된 사람은 그렇지 않은 사람에 비해 더 치명적인 신체적 훼손을 시도할 확률이 높다. 섭식장애와 동반되는 우울증은 자살사고를 강화하고, 결국 죽음의 목적이 없이 시작된 자해가 죽음에 이르는 자살시도까지 이어지기도 한다. 섭식장애를 자해의 수단으로 선택하는 사람은 감정과 상황에 대한 해결을 위한 수단으로 섭식장애를 선택하지만, 이는 결코 해결책으로서 작용하지 않으며 실질적으로 남게 되는 것은 자신의 손상된 신체와 망가진 마음뿐이다.

PART 3

섭식장애의
도미노 효과

1. 머리술이 반이 됐어요

일반적으로 폭토와 거식은 나타나는 증상이 전혀 다르기 때문에 신체에 미치는 영향 역시 다르다고 생각하는 경향이 있다. 폭토는 상당히 많은 양의 음식이 몸에 들어왔다가 나가기 때문에 '많이 먹는 것'처럼 보이고, 거식은 음식을 몸에 넣지 않는 것처럼 보이기 때문이다. 그러나 살아가기 위해 영양이 100% 필요한 인체에 30% 만큼만을 공급하는 경우와 120%를 공급한 후 90% 만큼을 다시 빼내는 경우, 결국 30%라는 부족한 숫자만이 몸에 남는다는 것은 동일하다. 그렇기 때문에 필요한 영양보다 현저하게 부족한 양의 영양만이 몸에 남아 있다는 측면에서 보았을 때 이 두 가지는 결국 신체가 공복을 느끼는 기아의 상태가 된다.

필수 영양소

다이어트를 해 보았거나 섭식장애를 겪고 있는 사람이라면 탄수화물, 단백질, 지방, 무기질, 비타민, 물로 구성된 필수 영양소에 대해 들어 보았을 것이다. 필수 영양소란 인체의 성장이나 정상적인 생리적 기능을 유지하기 위해서 꼭 필요한 것이지만 체내에서는 합성되지 않기 때문에 반드시 음식물을 통해 섭취해야 하는 영양성분을 의미한다. 이 중 3대 영양소인 탄수화물과 단백질, 지방은 인간의 신체활동 및 신진대사에 절대적으로 필요한 에너지를 만든다.

탄수화물과 단백질은 1g당 4kcal의 에너지를 지방은 1g당 9kcal의 에너지를 생성한다. 이 중 체내 에너지원으로 가장 먼저 사용되는 영양소는 탄수화물이다. 탄수화물은 음식물로 섭취되었을 때 에너지원으로 쉽게 전환되기에 신체가 에너지를 필요로 하는 상황에서 용이하게 제공될 수 있기 때문이다. 지방은 가장 높은 에너지를 발생시키는 영양소로, 내장기관 보호라는 중요한 역할을 한다. 체온의 유지와 비타민의 흡수·운반에 관여하는 영양소도 지방이다. 단백질은 호르몬 및 효소의 구성 성분이다. 항체 형성을 통해 면역 기능을 담당하고, 근육·혈액·내장·모발·손톱 등 신체 조직을 구성하는 역할을 한다. 단백질은 이론상으로는 탄수화물과 동일한 에너지를 생성할 수 있지만, 영양이 충분한 상태에서 신체는 탄수화물보다 단백질을 에너지원으로 먼저 쓰려는 시도를 하지 않는다. 단백질은 호르몬 생성을 비롯한 신체 체계의 구축이라는 중요한 기능을 수행하고 있기 때문이다. 그러나 음식이 제한되어 우선적으로 사용되던 에너지가 바닥났을 경우 신체는 정상 범위에서 벗어난 다른 선택을 시도한다.

에너지 공급의 취사선택

오랜 공복 기간으로 영양결핍이 지속되면 신체는 생명의 위협을 느끼게 되고, 위험을 감지한 뇌는 체내에 저장해 놓은 영양소들을 꺼내 사용하도록 명령을 내린다. 마침내 몸에 축적해 놓은 영양소마저 소비해 버리면 신체의 모든 곳에 에너지가 공급되지 못하는 상황이 된다. 생명을 유지하는 주요 장기에 최우선적으로 영양공급을 집중하고, 상대적으로 중요하지 않은 부분으로 향하는 영양소는 최소화하는 것이다.

대다수의 사람이 스트레스를 받는 긴장 상황에서 손발이 차가워진 경험을 했을 것이다. 위협을 느끼는 상황에서 심장을 포함한 주요한 장기들에는 혈액 공급이 집중되지만, 상대적으로 필요하지 않는 손과 발에 공급되는 혈액은 압도적으로 줄어들기 때문이다. 이러한 상황은 교감신경의 활성화가 줄어들게 되면 사라진다. 단 몇 분의 시간만 지나가도 두근거리던 심장이 안정되고 손발도 다시 따듯해지는 것이다. 그러나 섭식장애 환자의 몸은 이런 위협을 느끼는 상황이 잠시가 아니라 며칠, 몇 달 혹은 몇 년에 걸쳐 지속되고 있다. 이 과정에서 머리카락, 손톱, 발톱 등 신체의 말단부, 생식 기능, 근육과 뼈의 유지 등은 에너지 공급의 우선순위에서 밀리게 된다. 특히 조직 구성 중에서도 말단에 속하며 95%가 단백질로 이루어진 모발은 치명적인 영향을 받게 된다.

저장된 에너지의 고갈

음식제한으로 필수 영양소 공급이 차단된 신체는 몸 구석구석에 저축해 놓은 영양소를 채굴해 필요한 에너지원으로 전환한다. 이때 신체가 영양소를 채굴해서 사용하는 순서는 통상적으로 정해져 있다. 우선 탄수화물과 지방을 사용한다. 일부 섭식장애 환자는 먹지 않는 만큼 움직이지 않으면 신체에 크게 손상이 가지 않을 것이라고 착각하기도 하는데, 움직이지 않고 가만히 있더라도 숨쉬기, 눈 깜빡이기, 맥박 유지하기 등의 기본적인 생명 유지 기능을 위해 신체는 에너지를 지속적으로 소비한다.

체내에 저장되어 있던 에너지가 고갈되어 버리면 뇌는 언제까지고 새로운 영양소의 공급을 기다리지 않는다. 굶주린 뇌는 결국 신체를 구성하는 단백질을 꺼내 에너지원으로 사용하도록 명령한다. 신체가 기아의 위기를 느낄 때 저장된 탄수화물과 지방이 먼저 소비되지만, 최후의 수단으로 체내에 저장된 단백질마저 사용하게 되는 것이다. 이는 단백질이 자신의 주 역할인 신체 조직 구성을 수행하지 못하고, 신체 내 여러 가지 기능이 정상적으로 돌아가지 못한다는 것을 의미한다. 기아의 위기를 느낀 뇌는 이대로 사망하는 것보다 단백질을 에너지 원료로 사용하는 것이 더 낫다는 판단을 하기 때문이다.

모발의 성장 주기

머리카락은 단백질이 부족할 때 직접적으로 손상을 받는 부위이다. 섭식장애 환자는 모발의 다양한 문제를 호소한다. 거식과 폭토는 영양결핍을 초래하여 머리카락을 얇아지고 끊어지게 만들기도 하고, 두피가 휑하게 보일 정도로 탈모를 유발하기도 한다.

섭식장애로 인한 탈모는 모근을 붙잡고 있는 모낭 주변 세포가 약해져 머리카락이 빠진 경우도 있지만, 모발의 성장 주기인 모주기(毛週期)가 손상되었기 때문이기도 하다. 영양소가 부족한 모발은 모주기가 비정상적으로 변하게 된다.

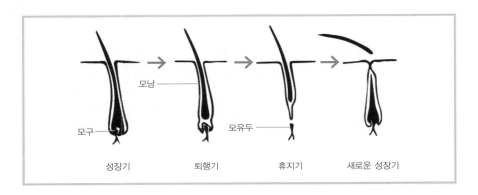

모낭

모구

모유두

성장기　　　퇴행기　　　휴지기　　　새로운 성장기

▶그림 1-1 모주기

모주기는 성장기(anagen), 퇴행기(catagen), 휴지기(telogen)의 3단계로 나뉜다.

첫째, 모발을 성장시키는 성장기이다. 성장기는 머리카락이 자라는 단계로 2~7년 동안 지속되며 머리카락의 길이를 결정한다.

둘째, 성장을 종료하고 모구부가 축소하는 퇴행기이다. 성장기를 마친 머리카락은 30~40일 정도의 퇴행기를 거치게 되는데 모발이 퇴행기에 접어들었다는 것은 활발한 생성과 성장이 끝났다는 것을 의미한다.

셋째, 모유두가 활동을 멈추고 모발을 두피에 머무르게 하는 단계인 휴지기이다. 휴지기는 약 3개월 동안 지속되며 전체 머리카락의 약 10~15%가 이에 해당한다. 이 단계는 오래된 모발이 쉬고 있는 기간으로 자연 탈모가 발생하는 시기이기도 하다.

새로 자라나는 모발은 새로운 성장기를 거치며 성장하게 된다. 모낭에서 새로운 모발이 생착하면서 기존의 모발을 탈락시키는 것이다. 정상적으로 영양분이 공급될 경우 3단계를 거치면서 매일 50~100개 정도의 머리카락이 빠진다.

그러나 영양공급이 부족한 모발의 모주기는 비정상적으로 변화하게 된다. 모발이 자라나는 성장기 단계가 짧아지고 다수의 모발이 휴지기 단계로 변환되어 탈모가 진행되는 것이다. 휴지기에 접어든 모발을 많이 보유한 사람은 정상적인 모주기를 보유한 사람에 비해 탈모가 빠르게 진행될 확률이 높다. 이것을 휴지기 탈모라고 한다.

휴지기 탈모

건강한 사람의 모낭은 약 85%가 성장기 단계에 머물러 있고 약 15%가 휴지기 단계에 머물러 있는 반면, 휴지기 탈모를 겪는 사람의 모발은 성장기 단계에 있어야 할 모발의 최대 70%가 휴지기로 전환되어 80% 이상의 모낭이 동시에 휴지기에 머물러 있다. 휴지기에 접어든 다수의 모발은 머리를 감거나 말리는 자극에도 쉽게 탈락하며 심할 경우 하루 200~300개의 모발이 빠지게 된다. 섭식장애 기간이 길어지면 이 탈모는 몇 달 또는 몇 년 동안 지속될 수 있다. 그리고 오랜 시간 비정상적인 모주기에 노출된 모발이 신체의 영양결 핍으로 인한 다양한 합병증과 만나게 되었을 때 탈모는 더욱 악화될 수 있다.

음식을 섭취하지 않아 발생한 휴지기 탈모는 충분한 영양 공급을 통해 다 시 회복될 수 있으나, 오랜 시간 지속된 섭식장애 환자의 경우 그 손상이 완전 히 회복되지 않기도 한다. 연령, 유전자 구성 및 기타 발달 요인에 따라 시기 에 차이가 있을 수 있지만, 보통 6개월 이상 안정적으로 영양을 재섭취하면 모발 성장 주기는 대부분 정상으로 돌아온다.

2. 온몸에 털이 나요

섭식장애 환자는 지방이라는 단어를 지나치게 부정적으로만 해석하려는 경향이 있다. 지방은 곧 살이 찌는 것이며 예쁘지 않은 몸을 만들어 내는 원인이라 생각하는 것이다. 그러나 생기 있는 모습을 만들어 주는 것도, 동안이라 불리는 얼굴을 만들어 주는 것도, 여성스러운 신체 곡선을 만들어 주는 것도 지방이다. 지방이 부족하면 피부가 나이 들어 보이고, 부딪혔을 때 쉽게 멍이 든다.

지방은 세포막을 형성하고, 에너지를 발생시키며, 주요 장기와 뼈를 보호한다. 또한 체내에서 지용성 비타민의 흡수와 운반을 담당하며, 호르몬 생산에 관여하기도 한다. 특히, 피하지방층은 체온 유지라는 매우 중요한 기능을 담당한다. 섭식장애를 통한 음식제한은 체내 지방의 부족을 야기하고 이는 생명과 직결된 체온 항상성을 불안정하게 만든다.

체온 항상성의 중요성

사람의 정상적인 체온은 일반적으로 36.5~37.5℃이다. 신체는 항상성 원리에 따라 일정한 체온을 유지하려 하는데, 평균적인 범주에서 체온이 벗어나게 될 경우 몸은 생명의 위협을 느끼게 된다.

체온이 37.5℃를 넘어가기만 해도 근육통이나 피로감을 느낀다. 체온이 39℃를 넘어갈 경우 현기증이나 구토 증상을 보일 수 있으며, 아동이나 간질 환자 혹은 몸이 쇠약한 사람의 경우 경련이 일어날 수 있다. 여기서 체온이 더 상승하게 되면 극심한 발한으로 인해 탈수, 실신, 호흡곤란이 발생할 수 있다. 체온이 42℃ 이상 상승할 경우 혼수상태에 빠질 수 있고, 그보다 더 높아질 경우 사망하거나 다시 체온이 내려오더라도 심각한 뇌 손상, 심장 및 호흡기 장애가 발생한다. 체온이 44℃를 넘어갈 경우 대부분 사망한다.

그러나 체온 상승만이 신체에 위협적인 것은 아니다. 체온의 하강 역시 생명에 치명적인 영향을 미친다. 체온이 35℃ 이하로 내려가게 되면 신체는 저체온증을 겪게 된다. 이때 피부는 강렬한 떨림이나 마비 증상을 경험할 수 있고, 피부색도 푸른빛이나 회색빛으로 변한다. 여기서 체온이 더 내려가면 떨리는 증상은 오히려 사라지고 몸을 제대로 움직이기 어려운 상태가 된다. 또한 외부 자극에 대한 반사작용이 저하되며, 심장박동도 느려진다. 체온이 31℃ 이하로 떨어지면 호흡이 매우 얕아지면서 혼수상태에 빠질 수 있다. 체온이 28℃ 아래로 떨어지면 언제든 호흡이 중단될 수 있는 상태가 되며 마치 사망한 것처럼 보일 수 있다. 24℃ 이하의 체온에서는 호흡 정지로 대부분 사망한다.

섭식장애와 저체온증

음식 섭취가 부족한 상황에서 신체 기능들 역시 정상적으로 작동되지 못한다. 체내에 충분한 영양분이 공급되지 않은 신체는 한정된 에너지로 생명을 유지하기 위해 내부 기능과 신진대사 속도를 낮춰 서맥, 저체온증, 저혈압 등의 증상을 보인다. 체온을 유지하는 기능은 생명 유지를 위해 필수적인 부분이지만 신체에 유입되는 에너지가 없고 저장해 놓은 피하지방마저 고갈되어 결국 체온을 유지하는 기능이 상실되어 버린 것이다. 신체의 기본 기능만을 유지한 채, 모든 기능을 저하시키며 생명을 유지하는 이 상황은 휴대폰 저전력 모드를 떠올려 보면 쉽게 이해할 수 있다. 휴대폰 배터리가 15%밖에 남지 않았다는 경고의 메시지를 무시하고 계속 충전 없이 사용할 경우, 잔여 배터리 전력은 5% 이하로 떨어지며, 휴대폰 화면은 어두워지고 동영상 촬영처럼 배터리가 많이 소모되는 활동은 불가능해진다.

심각한 저체온에 머무를 경우 사망까지 이를 수 있기에 뇌는 생명을 유지하기 위해 본래의 체온으로 돌아가려는 시도를 한다. 그러나 섭식장애 환자는 이 상태에서도 신체에 충분한 영양소를 공급하지 않기 때문에 체온 상승을 위해 사용할 수 있는 에너지가 부족하다. 결국 피하지방을 통해 온도를 상승시키지 못한 신체는 체온을 더 이상 빼앗기지 않기 위해 온몸에 두르는 털 담요인 라누고를 생성해 낸다.

라누고

라누고(lanugo)의 어원은 라틴어에서 비롯되었으며 다음과 같이 정의된다.

양모(wool)를 뜻하는 'lana'와 얇거나 표면 코팅, 필름, 층, 도금을 나타내는 접미사 '-ugo'의 합성어로 미세하고 부드러운 머리카락, 특히 사람의 태아 또는 신생아의 신체와 사지를 덮는 머리카락 혹은 솜털

태아의 피부 표면에 솜털 형태로 덮여 있는 라누고의 본 목적은 피부 보호이다. 자궁 속 태아의 피부는 매우 약해 양수와 자궁에 긁혀 상처를 입을 수 있으므로 이로부터 피부를 보호하기 위해 왁스 물질이 온몸을 덮는다. 여기서 라누고는 왁스 물질이 태아의 피부에 더 잘 달라붙도록 도와주는 역할을 한다. 라누고는 태아가 출생하면 몇 주 후 자연스럽게 몸에서 사라지게 된다. 그러므로 건강한 성인에게서는 라누고가 발견되지 않는 것이 정상적이며, 성인의 피부에 라누고가 있다는 것은 신체가 정상적인 기능을 하지 않음 의미한다.

라누고는 '원숭이화'라는 단어로 이야기되고 있다. 원숭이화는 인체가 얼마나 빠르게 위기 상황에서 퇴화될 수 있는지를 단편적으로 보여 준다. 인류의 조상은 과거에 의복을 별도로 착용하지 않았고, 추위로부터 몸을 보호하기 위해 대부분의 포유류가 그러하듯 몸에 털을 지니고 있었다. 그러나 점점 그 필요성이 사라지며 현생 인류의 신체 표면은 털이 많이 난 부분과 그렇지 않은 부분이 확연하게 구분되어 있다. 섭식장애로 인해 지방이 급격히 줄어든 신체는 위기를 느끼고, 과거 추위로부터 몸을 보호하던 기제를 순간적으로 발생시켜 인류가 몇 천 년에 걸쳐 DNA에 저장시킨 위기대응 체계를 활성화시키는 것이다.

라누고는 흰색 혹은 검정색의 짧은 머리카락처럼 보이며 손바닥, 발바닥, 입술, 생식기, 손톱과 같이 모낭이 없는 부위를 제외하고는 신체 어느 곳이든

152   **Part 3** 섭식장애의 도미노 효과

자랄 수 있다. 처음에는 색이 거의 보이지 않는 솜털이 자라 크게 신경 쓰지 않지만, 이 털들이 검게 변하며 온몸을 덮기 시작하면서 섭식장애 환자는 위기감을 느낀다. 머리카락은 빠지고, 남자처럼 얼굴에 수염이 나기도 하고, 피부가 털로 덮여 거뭇거뭇해지는 것이다.

라누고는 약물이나 병원 진료 같은 직접적인 의학적 치료가 필요한 증상은 아니다. 신체에 충분한 영양이 공급되고 정상 체중을 회복하게 되면 머리카락이 회복되어 다시 자라듯, 라누고 역시 몸에서 자연스럽게 사라지게 된다.

3. 건강의 이상 신호, 부종

    인간의 신체기관은 균형을 유지하기 위해 지속적으로 조절되며 모든 기관은 서로 긴밀하게 연결되어 있다. 대표적으로 교감신경과 부교감신경은 서로 작용하며 생명 유지 활동에 도움을 준다. 교감신경은 낮에 분비되고 긴장감을 고조시키며, 부교감신경은 밤에 분비되고 이완작용을 촉진한다. 혈당을 높이는 인슐린과 혈당을 낮추는 글루카곤은 서로 혈당에 대한 길항작용을 하며 신체 항상성을 유지한다. 칼륨과 나트륨은 상호 간에 균형을 이루며 호르몬에 의해 조절된다. 이 중 어느 한쪽이라도 기능이 손상될 경우 균형이 무너지며 신체변화가 생기는 것이다.

    폭식하거나 먹고 토하거나 굶는 등의 섭식장애 증상은 신체 기능에 직접적인 영향을 준다. 복잡한 신체의 기능은 결국 '음식 먹기'라는 에너지 섭취를 기반으로 작동하기 때문이다. 음식공급이 제한되어 영양 불균형 상태에 이르렀을 때, 신체는 항상성을 잃었다는 즉각적인 이상 신호를 보낸다. 그러나 섭식장애 환자는 손 떨림이나 빈혈과 같은 이상 증상을 대수롭지 않게 넘기는 경우가 많다. 심지어 오한이 들거나 몸이 아플 경우 살이 빠지는 신호라 여기며 기뻐하기도 한다. 신체변화를 문제로 감지했다 하더라도 폭식, 폭토, 굶기, 씹 뱉에 중독된 일상 속 패턴은 쉽게 바뀌지 않으며, 그동안 신체 내부에서는 더 욱 심각한 훼손이 진행된다. 섭식장애 기간이 길어지면 신체는 더 자주, 더 강 력하게 기능이 저하되고 있음을 알리고 눈에 띄는 이상 반응들이 관찰되기 시 작하는데 그 대표적인 증상 중 하나가 부종이다.

왜 몸이 부을까

부종(浮腫)은 신체 조직 사이에 체액이 축적되어 피부가 부어오르는 현상 을 의미한다. 섭식장애를 겪지 않더라도 부종은 건강에 이상이 생긴 누구에 게나 발생할 수 있으며 그 원인은 매우 다양하다. 체액은 혈액, 림프액, 눈물, 타액 등의 체내 액체를 일컫는다. 체액은 체내를 이동하며 영양분이나 산소 의 운반, 노폐물 제거, 체온 조절 등의 역할을 한다. 그렇기에 사소한 신체 불 균형도 체액의 변화를 야기하게 된다. 인체는 70%가 수분으로 이루어져 있기 에 건강의 이상은 몸의 부기로 쉽게 드러난다.

일반적으로 부종은 전해질 이상, 심장질환, 영양실조, 저알부민혈증, 호르 몬 불균형, 폐부종, 간 질환, 스트레스로 인한 기능의 손상 등 다양한 원인에 의해 발생된다. 일반적인 부기는 전신이 고르게 붓는 전신부종을 의미하지 만, 복부나 하체 등에 국소적인 부종이 발생할 수도 있다.

섭식장애로 인한 부기는 한 가지 기제로는 설명되기 어렵다. 섭식장애 환 자는 과다 나트륨 섭취, 월경, 오래 서 있기 등의 직접적인 부종의 이유가 없 는 상황에서도 부기를 호소한다. 구토, 폭식 또는 거식과 부종에 관한 많은 연 구가 시도되었으나, 일부 연구만이 섭식장애와 부종의 연결고리를 설명할 뿐, 여전히 많은 부분이 명확하게 밝혀지지 않은 채 가능성만이 제시되고 있는 상황이다. 다만, 섭식장애 증상은 신체의 전반적인 균형을 무너뜨리기 때문에 저하된 신체 기능이 부종을 야기한다는 것은 대부분의 분야에서 받아들여지고 있는 주장이다.

섭식장애를 겪는 동안 발생하는 부종은 영양결핍, 잦은 구토나 약물의 남용으로 인한 탈수, 전해질 불균형으로 인한 신장의 이상이 주된 이유이다. 또한 영양결핍으로 인한 심장 기능 저하가 부종을 유발하기도 한다.

삼투현상

대부분의 부종은 삼투현상으로 인한 것이다. 삼투현상이란 농도가 낮은 곳에서 높은 곳으로 선택적 투과성 막을 통한 액체의 이동 현상을 의미한다. 즉, 액체인 용매는 이동 가능하고 나트륨과 같은 용질은 통과되지 않는 반투막 상태에서 신체가 항상성을 유지하기 위해 용매를 이동해 균형을 맞추는 현상이다. 폭식 및 씹뱉 환자의 과다 나트륨 섭취로 인한 단순부종이 이에 해당하나, 폭토로 인한 전해질 불균형도 결국 체내 나트륨 보유량을 늘려 삼투현상으로 인한 부종을 야기한다.

저알부민혈증과 영양성 부종

배가 나온다는 것은 비만의 표시라고 생각되기 쉽지만, 팔다리가 마른 상태에서도 복부부종이 발생할 수 있다. 음식제한으로 인해 영양결핍 상태가 된 신체는 섭취된 영양소를 에너지원으로 사용하던 체계에서 체내에 저장된 에너지원를 꺼내 사용하는 체계로 전환된다. 저장된 에너지를 꺼내 쓰는 과정에서의 단백질 소실은 혈장 단백질 알부민(albumin) 저하를 일으키는데, 저알부민혈증으로 인한 혈액의 농도 변화는 삼투현상을 통해 부종을 야기하기

Part 3 섭식장애의 도미노 효과

도 한다. 혈관 내의 혈장 단백질인 알부민이 부족해지면서 농도가 낮아진 혈액은 상대적으로 농도가 높은 혈관 밖 세포액으로 더 쉽게 누출되어 특정 신체 부위가 붓게 된다. 이것이 영양성 부종(nutritional edema)이다.

저칼륨혈증

폭토를 하면 음식물뿐만 아니라 위액도 함께 배출된다. 위액은 강한 염산(HCl)을 포함하는데, 강제로 구토를 하게 되었을 때 산성인 위액이 위에서 사라지게 되면서 기존에 유지되던 pH 농도가 불균형해진다.

신체는 건강한 상태에서 중성보다 약알칼리성인 pH 7.4를 유지한다. 폭토는 강제적으로 산을 제거하여 신체를 알칼리성으로 만들어 버리며, 그 결과 신체의 pH가 7.4보다 높아진다. 위액에 포함된 염산(HCl)은 수소(H^+)이온과 염소(Cl^-)이온으로 구성되어 있다. 구토로 수소(H^+)이온과 염소(Cl^-)이온이 억지로 빠져 나가게 되면 체내 산성 물질이 감소하여 상대적으로 알칼리성인 탄산수소(HCO_3^-)이온의 양이 증가하기 때문이다. 이로 인해 혈액의 pH가 높아져 혈액이 알칼리화되는 대사성알칼리증(metabolic alkalosis)이 발생하게 된다. 대사성알칼리증이 발생하게 되면 신장에서는 pH를 원래대로 되돌리기 위해 탄산수소이온을 체외로 배출시키고 수소이온을 보유하려고 한다.

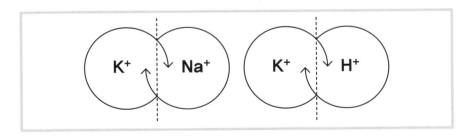

▶그림 3-1 칼륨-나트륨 교환(좌), 칼륨-수소 교환(우)

체내 수소이온의 증가는 칼륨이온의 감소와 연결되는데, 수소이온과 칼륨이온은 신장을 통해 반대로 움직인다. 신장이 pH를 낮추기 위해 수소이온을 체내에 흡수하면 반대로 칼륨은 체외로 배출되는 것이다. 결과적으로 대사성 알칼리증이 된 신체는 배출되는 칼륨에 의해 저칼륨혈증(hypokalemia)이 유발된다.

칼륨(K+)이온의 이동은 나트륨(Na+)이온의 이동에 영향을 미친다. 칼륨과 나트륨은 항상성을 유지하기 위해 일정량이 일정 위치에 유지되어야 하는데, 이 중 하나라도 부족하거나 과잉될 경우 신장은 나트륨-칼륨의 배출 과정에 관여하게 된다. 기본적으로 체내 칼륨이 많아지면 나트륨은 배출이 증가되고 체내 칼륨이 적어지면 나트륨의 배출은 감소된다. 즉, 구토로 인해 체내 칼륨량이 저하되면 체내 보유되는 나트륨량은 증가되고 결국 부종이 유발된다.

칼륨은 몸의 심장 근육을 포함한 근육 수축에 주요하게 관여하는 신체 전해질 중 하나이며, 반드시 체내에 일정량이 유지되어야 한다. 칼륨은 근육의 수축 및 이완 작용, 호르몬 분비를 통한 생리작용, 심장박동의 유지, 단백질 합성, 근육 단백질 내의 질소 저장, 혈압 조절 등 체내에서 다양한 역할을 담당한다. 그렇기 때문에 저칼륨혈증은 추가적인 신체 기능의 저하를 초래하게 된다. 그중 대표적으로 문제가 되는 신체기관이 심장과 신장이다.

저칼륨혈증은 심장질환을 야기한다. 근육의 팽창과 수축에 관여하는 칼륨의 수치가 낮아졌을 때 여러 장기의 평활근 수축이 둔화되기 때문이다. 심장은 근육으로 이루어진 대표적인 장기이기에 저칼륨혈증의 영향을 직접적으로 받게 된다. 저칼륨혈증으로 인해 탄력성이 낮아진 심장근육은 혈액을 심장 밖으로 충분히 내보내지 못하게 된다. 그로 인해 심장 주변에 혈액이 고이게 되고, 때에 따라서는 혈액이 간이나 폐 등의 다른 기관으로 역류하기도 한다. 이로 인해 정맥의 혈압이 상승하여 주변 조직으로 혈액이 흘러 들어가게 된다. 결국 다리나 복부에 체액이 쌓여 직접적인 부종의 이유가 되기도 한다.

레닌-안지오텐신-알도스테론 시스템

신체가 체액을 잃어버리는 방식으로는 구토와 설사, 출혈 그리고 다량의 땀 배출 등이 있다. 이 중 구토는 대표적으로 다량의 체액량을 잃는 방법이며, 체액 감소는 혈액의 혈장량 감소와 직접적으로 연관되어 있다. 혈장은 혈관 내에서 혈액을 구성하는 성분으로, 여러 단백질 이온 및 무기질이 녹아 있는 액체상태의 용매를 일컫는다. 신체에서의 체액 상실은 혈관 안팎의 농도차를 만들어내며, 이 차이는 삼투현상을 발생시킨다. 이로 인해 혈액의 농도가 낮아지며 혈관 내에 존재해야 하는 용매가 세포 사이로 이동하게 된다. 결과적으로 혈관 내 혈장량이 감소되는 것이다. 혈관 내에서 혈장량이 감소되면 뇌는 체내 혈압이 낮다고 판단하여 그 결핍을 보상하기 위해 레닌-안지오텐신-알도스테론 시스템(Renin-Angiotensin-Aldosterone System: RAAS)을 작동시킨다.

RAAS는 부신피질에서 알도스테론을 분비하도록 한다. 알도스테론은 체내 나트륨의 재흡수를 증가시키는 원리로 혈압을 상승시키며 이때 증가한 나트륨은 체내 수분 보유량을 늘리고 그로 인해 부종이 발생한다.

알도스테론 호르몬의 작용으로 인한 부기와 라면을 먹고 잤을 때의 부기는 나트륨에 의한 부종이라는 점에서 비슷해 보일 수 있지만 그 기제는 다르다. 호르몬의 비정상적인 작용은 나트륨을 과다 섭취하지 않아도 체내에서 나트륨을 재흡수하여 몸을 붓게 만들기 때문이다.

구토로 인한 대사성알칼리증은 저칼륨혈증을 유발하여 칼륨의 농도를 저하시킨다. 또한 알도스테론의 분비는 체내 나트륨을 보존하도록 하여 칼륨을 배출한다. 결론적으로 이 두 기제는 체내에서 더 많은 칼륨이온을 손실하도록 만들고 나트륨의 보유량을 증가시켜 부종을 야기한다.

섭식장애 환자는 반복되는 구토와 잦은 부종으로 몸의 이상을 느낄 경우 스스로 저칼륨혈증이라 판단하여 칼륨제를 사서 복용하기도 하는데, 칼륨제는 시중에서 처방 없이 구할 수 있는 영양제인 만큼 남용되기도 쉽다. 대부분의 약물이 그러하듯 칼륨제 역시 과다복용될 경우 위험성이 있다. 구토는 대사성알칼리증의 원인일 수도 있고 저칼륨혈증을 유발할 수도 있으나, 섭식장애로 인한 부종이 모두 칼륨 저하로 인한 것은 아니며, 칼륨의 보충이 모든 것을 해결해 주는 것도 아니다.

또한 칼륨제의 남용은 체내 칼륨의 농도를 비정상적으로 증가시킬 수 있다. 건강한 신체는 칼륨을 과다하게 섭취했을 때 신장을 통해 잉여량이 배설되지만 섭식장애로 인해 신장의 기능이 저하된 상태에서의 과도한 칼륨 복용은 반대로 고칼륨혈증(hyperkalemia)을 발생시키기도 한다. 고칼륨혈증은 심장 부정맥을 유발할 수 있으며, 심각할 경우 심정지로 사망할 수도 있다. 판매되는 칼륨제는 영양제일 뿐 치료제가 아니며 치료를 위해 약물을 섭취해야 한다면 의사와 상의하에 결정해야 한다.

섭식장애가 저칼륨혈증을 유발하고 그 과정에서 부종을 야기했다 하더라도 몸에 필요한 것은 단순 칼륨의 섭취가 아니다. 건강한 칼륨 수치를 회복하기 위해서는 정상적인 식사가 필수적이다. 음식물에 포함된 영양소와 무기질, 비타민 등의 꾸준한 섭취는 신체가 섭식장애 이전의 건강한 칼륨 수치를 되돌리는 데 도움이 된다.

탈수로 인한 부종

일반적으로 부종은 체내 수분이 집중적으로 몰려 발생하는 것이지만 몸에 수분이 부족한 탈수 상황에서도 부종이 유발된다. 평균적으로 성인이 하루에 섭취하는 수분은 2,000ml 정도이다. 이 중 소변으로 800~1,500ml, 대변으로 250ml, 땀이나 기타 손실로 인해 600~900ml가 배출된다. 섭식장애로 인한 구토, 변비약과 이뇨제의 남용은 잦은 설사와 배뇨를 통해 추가적으로 수분을 손실시킨다. 체수분이 부족해진 신체는 탈수를 막기 위해 신장에서 수분의 재흡수를 촉진하여 세포에서 혈관으로 수분을 끌어온다. 혈관 내 수분량이 증가하면 수분이 다시 혈관 밖으로 새어 나오게 되며 그로 인해 부종이 발생하게 된다.

섭식장애로 인해 발생한 부종은 섭식장애의 회복을 통해 사라진다. 섭식장애의 회복은 신체적 측면과 심리적 측면 모두를 포함하는 개념이지만, 부종에 국한하여 본다면 신체적 회복만을 통해서도 부종은 개선될 수 있다. 폭식하거나, 토하거나, 굶거나, 씹고 뱉는 등의 섭식행동을 멈추고 규칙적인 회복식을 시작하면 신체 기능은 차근차근 정상으로 돌아올 것이다. 그리고 그 결과 부종은 자연스럽게 소멸된다.

4. 생리를 안 해요

월경이란 여성의 신체가 임신이 가능해진 상태임을 알려 주는 신호로 여성 생식기관에서 정기적으로 자궁내막이 출혈과 함께 배출되는 현상이다. 월경을 한다는 것은 여성호르몬이 주기적으로 순환되고 있음을 의미한다. 월경은 사춘기에 시작하여 폐경기까지 임신 기간을 제외하고 약 23~35일 간격으로 진행되며 평균적으로 약 3~5일간 지속된다. 섭식장애로 인한 체중이상과 호르몬 불균형은 생리불순 또는 무월경을 발생시킬 수 있다.

무월경의 분류

무월경은 발생 시기와 월경 경험 여부에 따라 1차성 무월경과 2차성 무월경으로 구분된다.

1차성 무월경

2차 성징 이전 만 13세까지 첫 월경이 없거나 2차 성징 이후 만 15세까지 첫 월경이 없는 증상이다. 1차성 무월경은 월경을 겪지 않은 사람에만 해당한다. 1차성 무월경의 원인은 처녀막 폐쇄증, 자궁기형, 생식선 발생장애 등 선천적인 원인이 주를 이루지만 스트레스, 과다 운동, 섭식장애로 인한 영양결핍 등 후천적인 원인도 무월경을 발생시킨다.

음식을 제한하는 어린 섭식장애 환자의 경우 월경을 시작해야 할 나이가 되었음에도 불구하고 초경이 지연되기도 한다.

2차성 무월경

초경 이후 3~6개월 이상 연속적으로 월경이 없거나 기존의 월경 주기가 3배 이상으로 늘어나 불규칙해지는 증상이다. 2차성 무월경의 원인은 내분비장애(갑상선호르몬 이상, 부신 질환 등), 난소 부전으로 인한 조기 폐경, 시상하부장애(체중감소, 과도한 스트레스, 신경성 식욕부진, 심한 운동) 등이 있다.

이미 초경을 경험한 후 섭식장애로 인해 월경이 중단된 환자는 2차성 무월경에 해당한다. 섭식장애로 인해 영양이 결핍되어 월경이 중단될 수 있으며, 체중의 변화가 유의미하지 않더라도 심리적인 요인으로 인해 무월경이 발생하기도 한다.

섭식장애로 인한 무월경은 일반적으로 영양공급이 원활해지거나 정상 체중을 회복하면서 사라진다. 그러나 무월경 기간이 길어질수록 치료가 어려워지며 회복 기간이 오래 걸린다.

월경의 발생 원리

시상하부에서 생성되는 GnRH(생식선자극호르몬방출호르몬, Gonadotro-pin-Releasing Hormone)는 뇌하수체를 자극하고 뇌하수체는 여성의 월경 주기를 조절하는 LH(황체형성호르몬, Luteinizing Hormone)와 FSH(여포자극호르몬, Follicle-Stimulating Hormone)를 분비한다. LH와 FSH가 에스트로겐과 프로게스테론의 생성에 영향을 주어 월경이 발생하는 것이다. 따라서 정기적인 월경 주기를 유지하기 위해서는 시상하부, 뇌하수체, 난소 및 자궁, 호르몬 등의 모든 기능이 제대로 수행되어야 한다.

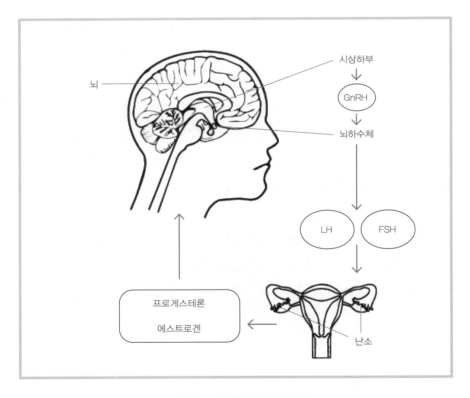

▶그림 4-1 월경의 발생 원리

기능성 시상하부성 무월경

기능성 시상하부성 무월경(Fuctional Hypothalamic Amenorrhea: FHA)은 시상하부에 기질적 이상이 없음에도 불구하고 월경이 불규칙해지거나 중단되는 증상이다. 굶거나 먹고 토하는 증상으로 인해 영양결핍이 지속될 경우 간뇌에 위치한 시상하부의 기능이 손상될 수 있다. 아몬드 정도의 크기인 시상하부는 신체의 크기에 비해 매우 작은 비중을 차지하지만, 신체대사를 위한 다양한 주요 기능을 하며 여러 가지 호르몬에 관여하는 등 신체 전반에 걸쳐 광범위한 역할을 수행한다. 시상하부는 자율신경계를 조절하는 최고 조절 중추로서 뇌하수체의 전엽과 후엽의 호르몬 분비를 조절한다. 이 중 대표적인 호르몬이 GnRH이다. GnRH는 뇌하수체 전엽에 영향을 주어 LH와 FSH를 방출하도록 만드는 호르몬을 통칭한다.

시상하부는 GnRH를 분비하여 뇌하수체 전엽에서 분비되는 LH와 FSH를 조절한다. 신체의 불충분한 영양공급이나 음식물 섭취 제한으로 인해 시상하부의 호르몬 생성이 감소하여 GnRH의 분비가 적어지면 LH와 FSH의 분비가 저하되어 난소를 자극하지 못하게 된다. 그에 따라 월경을 하기에 적절한 수준의 에스트로겐과 프로게스테론이 생성되지 않아 배란이 중단되고 무월경이 발생한다.

섭식장애와 임신

월경을 하지 않는 여성은 임신이 어렵다. 그리고 무월경을 겪고 있는 섭식장애 환자는 이 사실을 잘 알고 있다. 또한 월경을 다시 시작했다 하더라도 섭식장애 증상이 사라지지 않은 상태에서의 임신 과정 및 출산은 불안할 수밖에 없다. 임신을 준비하는 여성의 영양분 부족, 전해질 농도 이상, 위장관 이상 등 섭식장애와 관련된 증상이 불임의 가능성을 높이기 때문이다.

그러나 섭식장애가 있는 여성이 임신을 무조건 포기해야 하는 것은 아니다. 확률이 낮을 뿐이고, 월경만 회복된다면 임신이 불가능한 것도 아니기 때문이다. 영국 킹스 칼리지 런던(King's College London) 연구팀에서는 자녀가 있는 1만여 명의 여성을 대상으로 임신 시도 후 6개월 이내에 착상에 성공한 확률을 조사하였는데, 건강한 여성의 임신성공률은 75%, 섭식장애 경험이 있는 여성의 임신성공률은 60%로 보고되었다.

다만, 임신 기간 중 거식증이나 폭식증을 계속해서 겪는다면 태아에게 공급되는 영양분이 적어지게 되어 태아의 평균 성장 시기를 따라가지 못한 채 미숙아로 태어날 확률은 높아질 수 있다. 섭식장애 치료 이후 임신을 계획하는 것이 가장 바람직하겠지만 증상을 완벽히 극복하지 못한 상태에서 임신과 출산을 해야 하는 상황이라면 정신건강의학과 치료와 심리상담 치료를 병행할 것을 권장한다. 정신건강의학과에서는 임신 중 약물 복용의 부작용을 감안하더라도 임신의 중요도가 더 크다고 판단되는 경우 태아에게 영향을 미치지 않을 수준에서의 약물을 처방해 주기도 한다.

호르몬 검사 결과가 모두 정상이고, 정상 체중을 회복했고, 심리적인 요인에서도 회복이 되었음에도 불구하고 무월경이 지속되는 경우도 있다. 장기간 무월경으로 난소의 호르몬 인식 기능에 문제가 생긴 경우이다. 이때에는 정상 생리 주기를 되찾기 위해 난소 기능이 정상화될 때까지 호르몬 치료를 진행하기도 한다. 단, 여성호르몬제의 장기 복용은 자궁출혈, 유방암 등의 부작용을 동반하기에 호르몬 치료 주기에 관해서는 주치의와의 면밀한 상담이 필요하다.

영양결핍으로 인한 무월경

영양결핍 상태에서 월경은 에너지 공급의 우선순위에서 밀리게 된다. 극심한 다이어트로 인해 단기간에 과도하게 체중이 감소된 여성에게 무월경은 흔히 발생되는데 이때에는 음식공급 부족으로 인한 영양결핍이 월경 중단의 원인이 된다. 신체의 위기 상황에서 임신과 출산이라는 생식 기능은 생명 유지 기능보다 우선적으로 선택되지 않기 때문이다.

섭식장애로 저체중 상태에 있는 모든 사람이 무월경을 겪지는 않는다. 심지어 월경 기간이 지극히 규칙적인 사람도 상당수 있다. 그러나 영양결핍 상황이 지속되는 경우 건강한 여성에 비해 무월경이 발생될 확률은 높아진다.

폭식증으로 인한 무월경

저체중만이 무월경을 발생시키지 않는다. 비만한 신체도 무월경을 발생시킬 수 있다. 폭식증 환자의 경우 과다한 음식섭취가 비만으로 연결되어 무월경 증상을 보이기도 한다. 복부에 체지방이 증가할 경우 안드로겐(Androgen) 수치가 증가되어 월경을 방해하기도 한다. 또한 체지방의 증가는 혈당을 높여 인슐린 저항성을 발생시키기도 하는데, 인슐린 저항성은 다낭성난소증후군에 직접적으로 영향을 주어 생리불순을 야기한다.

심인성 무월경

앞서 설명한 신체적 환경은 무월경의 직접적 원인이 될 수 있으나, 일부 섭식장애 환자는 호르몬이나 영양상의 문제가 해결된 후에도 무월경을 호소한다. 심리적 압박이나 스트레스가 간뇌의 시상하부에 영향을 주어 무월경을 발생시키는 것이다. 이런 심리적 요인이 원인이 되어 발생한 무월경을 심인성 무월경(Psychogenic Amenorrhea)이라고 한다. 전쟁 중에는 다수의 여성이 무월경을 겪는다. 영양이 충분하게 공급되지 못한 것도 원인 중 하나이지만,

그보다 더 큰 영향을 미치는 것은 위기에 노출되어 있다는 극심한 스트레스이다. 임신을 시도하는 여성의 경우 신체적으로는 건강함에도 불구하고 아이를 낳아야 한다는 심리적 압박감 때문에 임신이 되지 않는 경우도 있다. 몇 달간 임신 실패로 스트레스를 받던 여성이 오히려 술을 마셔 긴장이 완화되거나 임신에 대한 노력을 기울이지 않는 시기에 임신에 성공했다는 사례들은 스트레스와 호르몬의 관계를 잘 보여 준다.

교도소에서 생활하는 여성 재소자들의 경우 70%가 무월경을 겪는다고 보고되고 있다. 경범자보다 중범죄자에게 무월경이 더 높은 확률로 발생하며, 재범자에 비해 초범자에게서 무월경이 더 높은 확률로 발생한다. 이는 교도소라는 폐쇄된 공간에 대한 심리적 압박과 스트레스가 음식 섭취나 체중과는 별도로 무월경에 영향을 미칠 수 있음을 뒷받침한다.

회복식을 통해 정상 체중을 회복하였음에도 여전히 무월경 상태에 머무는 경우도 있다. 스트레스, 우울, 강박, 불안과 같은 심리적 요인들이 월경의 재시작을 방해하는 것이다. 이는 치료를 위해 음식을 다시 섭취하는 섭식장애 환자에게는 가장 맞이하고 싶지 않은 상황이다. 살만 찌고 치료가 되지 않는 것이다. 결국, 섭식장애로 인한 무월경은 신체적 치료와 심리적 치료가 동시에 진행 되어야만 회복이 이루어지게 된다.

5. 쉽게 부러지는 뼈

    섭식장애를 겪고 있는 환자는 자신의 행동이 신체에 악영향을 끼친다는 것을 잘 알고 있다. 신체가 악영향을 받고 있다는 것은 다양한 신호로 파악할 수 있다. 푸석하고 얇아진 머리카락이나 갈라진 손톱처럼 눈에 관찰되는 증상도 있지만 무월경과 같이 눈에 보이지 않는 호르몬의 변화도 발생한다. 골다공증 역시 겉으로는 관찰되지 않는 대표적인 섭식장애 관련 질환이다.

    섭식장애로 인한 음식제한은 체내 피하지방량의 부족을 야기한다. 피하지방은 외부 자극으로부터 몸을 보호하는 역할을 하는데, 이러한 지방이 일정량 이하로 줄어들 때 추위를 견디기 어려워지고 작은 외부 충격에도 쉽게 멍이 들거나 뼈가 부러지기도 한다. 넘어졌을 때 뼈에 금이 가더라도 섭식장애로 인한 지방층 부족이 그 원인이라고 인지하지는 못한다. 단지 요즘 자주 덤벙 댔다거나, 선천적으로 뼈가 약한데 이제야 알게 되었다거나, 원래부터 멍이 잘 드는 피부라고 하며 넘길 수도 있다. 추위를 잘 타는 것 역시 나이가 들면서 체질이 바뀌었기 때문이라며 그다지 신경 쓰지 않을 수도 있다. 어차피 멍이 든 자리는 시간이 지나면 자연스럽게 회복되고 추우면 옷을 더 두껍게 입어 해결할 수 있기 때문이다. 그러나 만약 피부에 든 멍이 너무 오래 지속되거나, 다른 사람은 티셔츠 한 장만 입어도 되는 날씨에 두꺼운 니트와 목도리가 필요하다면 몸에 문제가 있다고 인식해 병원을 방문할 수 있다. 결국 병원에 방문하여 객관적인 진단을 받고 나서야 섭식장애가 현재 몸의 상태를 현저하게 망가뜨리고 있음을 뚜렷이 자각하고 더 일찍 병원을 방문하지 않은 것을 후회하게 된다.

섭식장애 환자가 겪는 신체 내부의 손상은 신호가 겉으로 드러나지 않기에 사실상 스스로 알 길이 없다. 결국 일상생활을 하다가 잘못 넘어져 뼈가 부러져야만 병원치료를 받게 되는 것이다. 단순히 X-ray로 뼈가 부러졌다는 것을 진단하고 깁스 치료만 진행하는 병원도 있겠지만, 방사선 사진상 보이는 골밀도에 대한 추가적인 이야기를 하는 병원도 있다. 이때 환자는 나이에 비해 골밀도가 낮다는 진단을 받을 수 있으나 이것이 뼈의 상태를 통해 의사가 섭식장애 여부를 알 수 있다는 뜻은 아니다. 의사는 낮은 골밀도의 원인 중 하나로 영양부족을 언급할 수도 있고, 유전적 요인을 이야기할 수도 있다.

골다공증

섭식장애로 인해 영양결핍 상태가 된 신체는 뼈가 손상되기 쉬운 환경을 제공한다. 필요한 양보다 적어진 피하지방이 몸을 보호하는 기능을 수행하지 못하고 뼈를 외부 자극에 더 노출시켜 골절의 위험을 높이는 것이다. 골다공증(骨多孔症)은 골 성장이 줄어들고 골 흡수가 늘어나면서 뼈의 밀도가 줄어들어 생기는 질환이다. '골(骨)'과 '다공(多孔)'이라는 단어에서 알 수 있듯이, 골다공증을 진단받은 환자는 뼈에 많은 구멍이 생기게 되고, 약하고 부서지기 쉬운 상태가 된다. 음식제한으로 몸에 영양이 부족해지면 뇌는 이를 위기상황으로 인식하고 오로지 생명 유지를 위한 체계만을 가동하는데, 이로 인해 다양한 신체기능이 손상되며 골다공증이 유발될 수 있다.

뼈의 성장과 퇴화

사람의 뼈는 70%의 무기질로 구성되어 있다. 무기질은 칼슘 및 인산염의 결합체인 수산화인회석으로 구성되며, 유기질은 크게 콜라겐 단백질과 지질로 구성되어 있다.

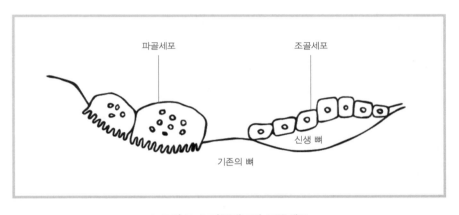

▶그림 5-1 파골세포와 조골세포

뼈는 태어나고 자라면서 끊임없는 성장과 퇴화를 반복한다. 뼈의 성장과 퇴화는 매일 몸 안에서 동시에 이루어지는 과정이지만 육안으로 관찰되지는 않는다. 뼈에서는 뼈를 만드는 조골(造骨)세포와 뼈를 파괴하는 파골(破骨)세포가 동시에 끊임없이 활동하는데, 이 두 개의 세포가 뼈를 만들어 내기도 하고 없애기도 하는 것이다. 성장기 아동은 키가 계속 크고 있으니 뼈가 자라기만 하는 것으로 보일 수도 있다. 그러나 이때도 뼈의 성장과 퇴화는 동시에 일어난다. 다만, 조골세포에서 만들어 내는 뼈의 양이 압도적으로 많고 파골세포에서 파괴하는 뼈의 양이 그에 비해 적어 성장만이 눈에 띄는 것이다.

파골세포와 조골세포는 생김새부터 다르다. 파골세포는 다른 세포에 비해 그 크기가 크고 주름진 세포막은 돌기처럼 형성되어 있어 뼈의 표면에 잘 붙는다. 이 형태는 뼈에 파골세포가 단단히 부착되도록 도와주고 주변을 밀폐시킨다. 파골세포는 뼈에 흡착되어 산성 환경을 만들고 수산화인회석 구조의 칼슘을 용해시켜 뼈를 녹인다.

반면, 조골세포는 파골세포에 비해 크기가 작고 구조가 단순하다. 조골세포는 뼈의 구조물인 수산화인회석 결정이 침착될 때 콜라겐 성분을 분비하여 기존의 뼈 표면에 신생 뼈를 형성한다. 그 위에 칼슘이 침착되어 뼈가 완성되는 것이다. 뼈를 생성하는 조골세포는 혈액 내 칼슘이 부족하면 제 역할을 수행하지 못한다.

사람이 성장을 마쳤을 때 일정하게 키가 유지되는 것은 조골세포와 파골세포의 영향이 비슷하게 작용하기 때문이며, 나이가 들수록 키가 줄어드는 이유는 파골세포의 영향이 더 크게 작용하기 때문이다. 조골세포는 나이가 들수록 활동이 줄어드는 반면 파골세포는 연령에 크게 영향을 받지 않는다. 따라서 나이가 들수록 뼈가 파괴되는 활동이 상대적으로 활성화되며 골다공증에 이환될 확률이 높아지는 것이다.

폐경기 여성의 질환, 골다공증

골다공증은 여성에게서 흔히 발병되는 질환으로 알려져 있다. 남성의 경우 남성호르몬이 근육을 강화하고 근육이 뼈에 힘을 보태 결과적으로 여성에 비해 뼈가 단단하다. 남성호르몬은 연령이 증가함에 따라 분비량이 줄어들긴 하지만 속도가 매우 느려 남성은 나이가 들어도 뼈가 극단적으로 약해지는 일이 드물다. 반면 골다공증은 주로 폐경기를 거친 여성에게서 많이 나타난다.

폐경 후 여성호르몬 수치가 감소하면서 뼈의 손실량이 증가하게 되는 것이다.

여성호르몬인 에스트로겐은 뼈에서 칼슘이 지나치게 깎이는 것을 막기 위한 칼시토닌(Calcitonin)을 분비하도록 한다. 갑상선에서 분비되는 호르몬인 칼시토닌은 파골세포의 활동을 억제함으로써 뼈가 약해지는 과정을 둔화시킨다. 그렇기 때문에, 여성호르몬 분비가 적어진다는 것은 파골세포의 활동을 억제하는 작용이 약해진다는 것을 의미한다. 결국 폐경 이후의 여성은 파골세포의 활성화에 의해 해마다 1~5%의 뼈 손실이 생긴다. 인종, 생활습관, 건강, 유전 등 여러 가지 요인으로 골다공증 발생 가능성은 다를 수 있지만, 골다공증 발병률이 남성에 비해 여성이 현저히 높은 이유는 여성호르몬 작용으로 설명될 수 있다.

무월경과 골다공증

여성호르몬의 분비 이상은 무월경을 겪는 섭식장애 환자가 폐경기 여성과 비슷한 과정으로 골다공증을 겪도록 한다. 폐경 할 나이가 되지 않았음에도 월경이 중단되는 조기폐경 역시 여성호르몬의 분비 감소로 골다공증을 유발할 수 있다. 섭식장애로 상당히 저체중 상태임에도 불구하고 월경을 계속하는 환자도 있다. 이런 환자의 경우 월경을 하고 있으니 골다공증의 위험성은 적다고 생각할 수 있지만, 골다공증은 여성호르몬의 변화만으로 생기는 질환은 아니다. 심리상담 현장에서 무월경을 겪지 않는 골다공증 환자는 어렵지 않게 찾아볼 수 있다.

영양부족과 골다공증

섭식장애 환자가 겪는 뼈의 손상은 여성이 임신을 하며 겪는 뼈의 손상과 상당히 유사한 부분이 있다. 여성의 임신은 신체에 많은 변화를 초래한다. 임신을 하게 되면, 체내 여러 가지 호르몬이 변화하고 뱃속에 태아를 지키기 위한 체계를 구축한다. 임신부는 음식을 섭취하여 태아에게 영양분을 공급하기도 하지만 모체 내에 축적된 영양분을 태아에게 전달하기도 한다. 따라서 임신부 체내의 단백질과 칼슘이 빠져나가 임신성 골다공증이 발생하기도 한다. 태아의 뼈 형성을 위해서는 칼슘 공급이 필수인데 칼슘 공급이 부족하게 되면 모체의 영양 상태와 관계없이 칼슘을 추출하여 공급하기 때문이다.

칼슘은 신체에 흡수되어 99%는 뼈와 치아 구성에 사용되며 1%는 혈액이나 연조직 내에 존재한다. 칼슘은 골격근, 심장근 등의 수축에 필요한 물질로, 심장이 온몸에 혈액을 내보내는 펌프 작용에 영향을 미친다. 또한 세포막을 통과한 칼슘의 자극으로 세포분열이 일어나고, 혈액이 응고하기 위한 초기 단계에서도 칼슘이온이 필요하다. 이렇듯 다양한 역할을 수행하는 칼슘은 혈액 내에 일정한 양이 유지되어야 한다. 건강한 사람은 섭취된 칼슘이 대소변이나 땀을 통해 체외로 배출되고 배출된 칼슘은 음식을 통해 재공급되어 일정량을 유지한다.

이렇게 음식을 통해 칼슘을 섭취하고 소화하여 체내로 흡수하는 것이 이상적이지만 섭식장애 증상은 음식을 제한하고, 이는 영양소 부족과 전해질 불균형을 초래함으로써 혈액 중 칼슘 농도를 부족하게 만든다. 신체는 항상성 원리에 따라 혈액 내 칼슘 농도를 일정하게 유지하기 위해 부갑상선에서 부갑상선호르몬을 분비한다. 부갑상선호르몬은 파골세포를 활성화하여 뼈의 구조물에서 칼슘을 빼내 혈액으로 보내는 역할을 한다. 혈액 중 칼슘 농도가 낮아지게 되면 신체는 칼슘 농도의 균형을 맞추기 위해 뼈에서 칼슘을 용해해 보충하는 것이다.

폭토 환자는 구토를 통해 몸 밖으로 한꺼번에 칼슘을 쏟아낸다. 음식제한으로 인한 부족한 칼슘 섭취와 구토로 인한 극단적인 칼슘 배출은 체내에 보유한 칼슘 수치를 현저히 낮춘다. 이때 뇌는 생존을 위해 뼈에서 칼슘을 추출하여 영양소로 쓰도록 명령을 내려 골다공증을 유발한다(결론 없음. 칼슘부족으로 골다공증).

칼슘의 부족이 골다공증을 유발할 수 있다는 정보는 섭식장애 환자들에게 칼슘제를 먹기만 하면 골다공증이 예방되고 완화될 수 있을 것이라는 생각을 하게 만든다. 그러나 보조제는 보조제일 뿐이다. 보조제에 대한 맹신은 섭식장애 환자가 음식을 먹지 않으면서도 보조제를 통해 건강을 유지할 수 있을 것이라는 착각에 빠져들게 만든다. 골다공증은 칼슘제와 비타민제를 섭취한다고 해서 해결되지 않는다. 사람의 신체 이상 징후는 한 가지 원인으로만 발생하는 것이 아니며, 신체 반응은 자극이나 결핍과 반드시 1:1로 호환되는 것도 아니다.

성장기 섭식장애와 골다공증의 위험성

골다공증은 고령자의 질환으로 흔히 알려져 있지만 최근 젊은 층에서도 쉽게 발견되는 질환이 되었다. 젊은 사람에게서 나타나는 골다공증의 가장 대표적인 원인으로는 극심한 다이어트가 언급되고 있다. 뼈의 성장은 정지 상태에 가까워지더라도 뼈의 칼슘양은 계속하여 축적되는 시기가 있는데, 뼈의 칼슘양이 증가하며 골밀도가 상승하여 골밀도는 최대치가 된다. 개인차가 있지만 보통 20~30대에 골밀도가 최대치에 달하고, 최대치가 높을수록 골다공증이 발생할 가능성은 줄어든다.

뼈가 왕성하게 성장하는 10~20대에 섭식장애를 겪게 되면 칼슘의 섭취가 부족해지고 골밀도가 최대치에 이르지 못하게 된다. 골밀도가 최대치에 이르지 못한 뼈는 이후 골다공증에 걸리게 될 확률이 높아지게 된다. 따라서 섭식장애가 발병하는 연령층이 낮아짐에 따라 골다공증에 이환될 확률이 높아질 수 있다. 성장기의 영양 불균형이나 결핍은 이후 섭식장애를 극복하더라도 뼈에 흉터를 남기게 된다.

섭식장애로 인한 탈모, 무월경, 라누고, 얼굴형 변형 등의 대부분의 신체적 증상들은 섭식장애를 극복하고 정상 체중을 유지하면 되돌릴 수 있는 증상들이다. 그러나 PART 6부터 살펴보는 치아를 포함하여 뼈는 섭식장애를 이겨낸다고 하여 온전히 예전의 상태로 돌아오지 않는다. 치아는 때우거나 씌우거나 새로 갈아 끼우는 치료방식이 존재한다. 그러나 골다공증을 진단받은 환자가 예전의 뼈 상태로 되돌리기 위해 받을 수 있는 뼈 때움이나 뼈 교체 치료는 없다. 그렇기 때문에 섭식장애 환자가 뼈를 위해 할 수 있는 가장 좋은 선택은 지금부터라도 식사를 회복하는 것이다. 회복식은 지금까지 망가진 뼈를 되돌릴 수는 없지만 지금부터 뼈가 영양부족으로 더 망가지는 일을 최소화시킬 수 있다.

6. 폭토와 치아 부식

　사람의 치아는 신체 부위 중 가장 단단하다. 생태계는 육식동물이 초식동물을 잡아먹는 구조로 이루어져 있는데, 이때 육식동물이 사냥을 위해 사용하는 대표적인 도구가 이빨이다. 이빨은 동물의 가죽을 벗기고, 근육을 찢고, 척추를 부러뜨려 단숨에 생명을 앗아갈 수도 있다. 신체의 구성요소 중 대표적으로 단단한 부위는 치아, 뼈 그리고 손발톱인데 이 중 치아는 나머지 둘보다 압도적으로 단단하다. 술자리에서 안주로 오돌뼈를 씹어 먹는 것도, 초조할 때 이로 손톱을 물어뜯는 것도 치아가 상대적으로 단단하기 때문에 가능한 일이다. 넘어지거나 어딘가에 부딪히는 물리적인 충격으로 인해 치아가 부러지는 것이 아닌 이상, 치아가 외부 자극에 의해 크게 손상되는 일은 없다.

치아도 늙는다

　모든 신체 조직이 그러하듯 치아도 노화된다. 치아가 늙는다는 것은 피부의 노화처럼 익숙한 개념이 아니다. 치아의 모양 변화는 얼굴의 주름처럼 눈에 바로 관찰되는 것이 아니기 때문이다. 신체 나이가 실제 나이와 다르듯, 치아 나이도 실제 나이와 다를 수 있다. 치아의 노화 속도는 개인에 따라 다르지만 오랜 기간 자주 사용할수록 치아는 더 쉽게 늙게 된다. 치아가 매우 단단한 신체 부위임에도 불구하고, 오래 많이 씹거나 폭식하고 구토하는 행위는 치아를 나이 들게 만든다.

개인마다 가지고 태어나는 치아의 강도는 다르다. 누군가는 하루에 한 번 칫솔질을 해도 충치가 생기지 않는데, 누군가는 하루 세 번 양치질을 하고 치실을 사용하는 등 치아관리에 애를 써도 충치가 생긴다. 그렇기 때문에 같은 기간 같은 횟수로 폭토를 했더라도 치아에 미치는 영향은 모두 다를 수밖에 없다. 하루 3회 이상 5년간 구토한 환자의 치아가 크게 손상되지 않은 경우도 있고, 폭토를 시작한 지 3개월 만에 앞니가 녹아 톱니처럼 뾰족해지는 경우도 있다. 그렇지만 선천적인 요소를 배제했을 때 누구나 동일한 치아 구조를 가지고 있으며, 충치의 생성 과정, 폭토로 인한 치아 손실 과정 역시 모두에게 동일하다. 개인에 따라 손상되는 속도와 강도만이 다를 뿐이다.

치아의 구조

치아는 하나의 덩어리가 아니라 성분과 역할이 다른 여러 개의 층으로 이루어져 있다. 치아의 구조는 상당히 복잡하지만 섭식장애로 인해 손상되는 치아 부위를 좀 더 쉽게 이해하기 위해 여기에서는 치아를 [그림 6-1]과 같이 분류하여 접근한다.

Part 3 섭식장애의 도미노 효과

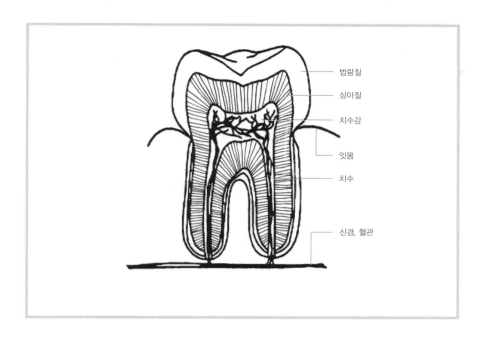

법랑질
상아질
치수강
잇몸
치수
신경. 혈관

▶그림 6-1 **치아의 구조**

법랑질

법랑질은 치아의 가장 바깥 표면에 위치한 것으로 입을 벌렸을 때 눈으로 바로 확인할 수 있는 부분에 해당한다. 법랑질의 물리적 성질을 살펴보면 두께는 평균 2mm 정도이며, 96%의 무기질, 3%의 수분, 1%의 유기질로 이루어져 있다. 법랑질의 대부분을 차지하는 무기질은 칼슘과 인산의 결합물인 수산화인회석(Hydroxyapatite) 결정으로 이루어져 있다. 단단한 수산화인회석 결정이 얽혀 있는 구조로 짜여 있어 치아 겉면의 강도를 유지할 수 있는 것이다. 96%의 무기질로 이루어진 법랑질은 외부 충격에 유연하게 대처하지 못하고 깨지거나 부러질 수 있다.

법랑질의 유기질은 에나멜린(enamelin)을 포함한 단백질로 구성되어 있다. 치아의 겉면을 이루는 법랑질은 흰색이나 유기질 성분에 의해 반투명하다.

이러한 법랑질의 투과성으로 인해 바로 아래층인 상아질의 색이 비추어 보인다. 법랑질은 안쪽의 상아질과 치수를 보호하는 중요한 역할을 한다.

상아질

상아질은 법랑질 바로 아래에 위치한 노란색의 구조물이다. 상아질은 치아의 대부분을 차지하고 있으며 법랑질이 잇몸 바깥 쪽의 치아 형태를 결정짓는다면, 상아질은 법랑질을 제외한 치아의 형태를 결정짓는 주요한 역할을 한다. 상아질은 10%의 수분, 20%의 유기질, 70%의 무기질로 이루어져 있어 상대적으로 법랑질보다 무르다. 상아질의 무기질 역시 법랑질과 마찬가지로 수산화인회석 결정으로 이루어져 있다. 상아질은 빨대를 다발로 모아 놓은 것 같은 구조물로, 안쪽에 신경이 들어 있는 치수강과 통로처럼 연결되어 있어 치아가 받은 냉·온 자극을 신경과 혈관이 분포되어 있는 치수로 전달한다. 상아질의 미세한 통로 구조는 치아가 외부로부터 힘을 받았을 때 저항하는 탄성을 가지도록 한다. 상아질은 내부에서 충격을 흡수하는 쿠션의 역할을 하여 대부분이 무기질로 이루어진 법랑질이 쉽게 깨지지 않도록 한다.

치수

치수는 치수강 안에 자리하는 신경과 혈관을 포함하는 결합조직으로, 치아에 영양분을 공급함과 동시에 통증을 느끼며 전달하는 역할을 하는 것으로 알려져 있다. 찬물을 마시거나 아이스크림을 먹을 때 치아가 시리다고 느끼는 것은 상아질의 미세한 통로를 통해 치수로 차가움이 전달되었기 때문이며, 단단한 음식을 씹었을 때 아프다고 느끼는 것 역시 치수로 통증이 전달되었기 때문이다. 신체는 여러 감각을 받아들이는 신경기관이 있지만 치아는 통증수용기관만이 있어 모든 자극을 통각으로 인식한다. 그렇기 때문에 차갑고 뜨거운 자극을 치아는 모두 '아프다'고 느끼는 것이다.

산성에 의한 치아 부식

충치가 산에 의해 발생한다는 것을 고려해 보았을 때, 충치와 폭토로 인한 치아 부식은 기본적으로 원리가 같다. 입안은 적절한 온도 및 음식물과 같은 영양소의 공급으로 세균이 번식하기에 알맞은 환경이다. 구강 내에는 여러 종류의 균이 상주하고 있으며 충치를 유발하는 세균도 그중 하나이다. 충치는 충치균이 치아 표면에 달라붙어 배출하는 산성 물질에 의해 치아가 파괴되고 손상되어 발생하는 질환이다. 산성 물질은 법랑질을 녹이고 상아질도 녹여 치수까지 영역을 넓힌다.

치아는 산성과 만났을 때 빠르게 녹는 반응을 보이는데, 구토할 때 직접적으로 위산이 치아에 닿아 부식이 진행된다. 반복적인 폭토는 치아의 구성 성분을 녹이고 파괴하여 눈에 보이는 치아 패임, 칫솔질과 같은 미세한 외부 자극에도 느껴지는 치통, 많이 씹지 않아도 쉽게 깨지는 치아 상태를 유발한다.

다발성 부식

치아가 위액에 포함된 염산에 지속적으로 노출이 되면 염산이 수산화인회석의 주성분인 칼슘을 녹여 치아를 부식시킨다. 충치균은 발생 부위에서만 치아를 파괴하지만 위산은 치아에 선택적으로 닿을 수 없다. 그렇기 때문에 폭토를 할 때 여러 개의 치아가 동시에 부식되는 것이다.

다발성 부식은 치아의 부정교합을 유발할 수 있다. 사람의 입안에는 성인 기준 28개의 치아가 피아노 건반처럼 차례로 배열되어 있다. 폭토 환자의 치아 상태를 확인해 보았을 때, 한두 개의 치아에서만 부식을 보이는 것이 아니라 28개 치아 중 16개를 차지하는 어금니들은 씹는 면이 거의 비슷하게 녹아 있고 6개의 위쪽 앞니는 안쪽 법랑질이 녹아 반질반질한 상아질이 드러나 있는 경우가 많다. 치아의 동시다발적 부식은 치아의 높이와 두께를 변화시켜 기존의 교합이 틀어지도록 한다. 법랑질의 두께가 대략 2mm 정도임을 고려했을 때, 어금니의 씹는 면에서 법랑질이 사라진다고 가정하면 치아의 위아래 높이는 총 4mm의 차이가 생기는 것이다. 어금니에 사탕을 물고 있으면 위 아래 앞니 사이의 공간이 뜨는 것과 반대로 어금니의 높이가 낮아지면 닿지 않던 앞니 부분이 비정상적으로 물리게 되면서 앞니의 치아축이 정상 범주에서 벗어나게 된다.

폭토로 인해 후천적으로 발생한 부정교합은 턱관절 장애를 유발할 수 있다. 치아의 교합이 어그러지면서 턱관절이 제 위치에서 이탈하도록 만들 수 있고, 이로 인해 음식을 씹을 때 귀 아래쪽 턱에서 소리가 날 수 있으며, 씹을 때마다 통증을 느낄 수 있다. 턱관절장애가 악화될 경우, 입을 벌리고 닫는 행위 자체가 고통스러워지며 일상생활이 불가능한 통증이 수반될 수 있다.

만성적으로 부식되는 치아

만성적으로 외부 자극에 노출된 치아는 급성으로 손상된 치아보다 통증을 상대적으로 적게 느낀다. 만성적으로 자극을 받은 치아는 상아질과 치수강의 경계 부위에서 통증 전달 통로를 막는 물질을 만들어 치수로 전달되는 직접적인 자극을 차단하기 때문이다. 오랜 시간 손상에 노출된 노인의 치아는 상아질의 절반이 사라졌음에도 불구하고 통증을 전혀 느끼지 못하기도 한다. 이와 마찬가지로, 구토로 인한 치아 손상 역시 만성적인 경우가 많으며 치아의 손상 정도와 무관하게 통증이 없을 확률도 있다. 위산으로 인한 치아 소실은 천천히 진행되기 때문에 상아질의 통증 전달 통로를 막는 물질이 만들어지기에 충분한 시간이 확보된다.

치아가 손상되더라도 아프지 않다는 것은 매력적으로 느껴질 수 있다. 일상생활을 하는 데 지장을 받지 않으며 당장 아픈 부위가 없으니 치과에 가지 않아도 되기 때문이다. 그러나 통증이 없다는 것이 치아의 건강함을 대변해 주는 척도가 될 수는 없다. 오랜 시간 구토에 노출된 치아는 통증 여부에 관계없이 분명히 손상되고 있기 때문이다. 통증이 느껴지지 않는다는 이유로 치과치료를 미룰 경우, 결국 적절한 치료시기를 놓쳐 버린다. 치료시기를 놓친 치아는 기존의 치아를 보존하여 사용할 수 있는 기회를 박탈당하게 되고, 더 오랜 시간 많은 비용을 들여 치료를 해야 하거나, 더 빨리 치료받았을 경우 보존 가능한 치아를 발치하기도 한다.

영구치가 사라진 자리는 후속 치료를 필요로 하게 되고 이 역시 많은 치과 치료비용과 긴 치료 기간을 수반하게 된다. 치과치료를 통해 겪는 손실은 시간과 재정적 영역만을 생각할 수 있으나, 사실상 가장 크게 손실을 입는 것은 저작만족감이다. 현대 치의학 기술의 끊임없는 발전에도 불구하고 치아의 대체물질은 본인의 치아만큼 자연스럽고 편안한 크기와 위치를 재현해 내지 못한다.

사람의 얼굴형은 특정한 한 가지 요소로 결정되는 것이 아니다. 타고난 얼굴 뼈 모양과 그 주변에 붙어 있는 안면근육, 비대칭 정도, 치아 배열 등이 조화를 이루어 하나의 얼굴형을 완성시킨다. 물론 타고 난 뼈도 인위적으로 형태를 바꿀 수는 있다. 아래턱뼈를 넣는 주걱턱 수술을 하면 얼굴형이 완전히 달라 보이는 것이 대표적인 예시가 될 것이다. 신체의 좌우가 완벽하게 대칭되어 있지 않은 것처럼 얼굴형 역시 좌우에 차이가 있다. 또한 얼굴형을 이야기할 때 치아 배열은 일반적으로 중요하다고 생각되지 않는 요소인데, 단순 치아교정만으로도 얼굴형은 크게 달라 보인다.

씹뱉과 안면근육

씹뱉은 긴 시간 동안 음식을 씹는 행위를 반복하는 행위이다. 따라서 씹뱉을 할 경우 안면근육은 짧게는 30분에서 길게는 몇 시간까지 저작을 위해 끊임없이 움직인다. 신체 근육은 자주 사용하면 그 부위가 자극되어 크기와 기능이 발달한다. 오른손잡이 테니스 선수의 오른팔이 두꺼워지고 왼손잡이 볼링 선수의 왼팔이 유독 두꺼워지는 이유는 이 때문이다. 안면근육도 이와 마찬가지이다. 씹뱉을 하면 할수록 안면근육의 크기가 커져 얼굴형이 변화하게 된다.

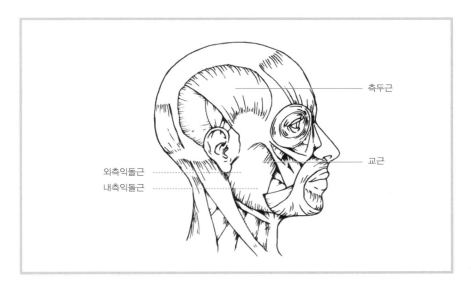

측두근

교근

외측익돌근
내측익돌근

▶그림 7-1 저작에 관여하는 안면근육

    얼굴에 분포되어 있는 수많은 근육 중 저작에 사용되는 안면근육은 교근, 내측익돌근, 측두근, 외측익돌근이다. 이 중 눈에 띄게 얼굴 형태를 변화시키는 근육은 교근이다. 교근은 귀 아래 양쪽 턱 부분에 위치하며 어금니를 꽉 물었을 때 튀어나오는 근육이다. 사람의 얼굴형은 얼굴 뼈 형태에 따라 계란형, 사각형 등으로 보일 수 있지만 교근의 발달 여부에 따라, 같은 얼굴 뼈를 가진 사람이라도 다른 얼굴형으로 보일 수 있다. 얼굴 뼈 자체는 갸름하지만 오랜 시간 씹뱉을 해 왔다면 교근의 크기가 커지면서 타인의 눈에는 사각형 얼굴로 보일 수 있다는 것이다.

안면근육은 단지 얼굴 형태에만 영향을 주는 것이 아니다. 잦은 씹뱉으로 인해 저작에 관련된 근육이 발달하게 되면 턱을 당기는 힘이 강해지면서 음식을 씹을 때 치아가 꽉꽉 부딪히는 느낌을 받을 수 있다. 턱의 근육량이 증가하면서 이전에 비해 치아가 강하게 물리기 때문이다. 씹뱉에 대한 중독이 심해질수록 더 긴 시간 음식을 씹고 뱉게 되고, 이것은 필연적으로 얼굴형을 변화하게 만든다. 결국 강해진 턱 근육은 위아래 치아를 세게 부딪치게 만들어 치아를 더 쉽게 마모시킨다.

불균형한 안면근육 사용으로 인한 안면 비대칭

사람의 얼굴은 선천적으로 완벽한 대칭을 이루지 않는다. 그리고 후천적으로 더욱 심한 비대칭을 만들 수 있다. 한쪽 턱 괴기, 다리 꼬는 습관, 엎드려 자는 습관, 한쪽으로 음식 씹기 등이 대표적인 안면 비대칭을 만드는 악습관이다. 씹뱉 환자는 음식을 오래 씹음으로써 안면근육을 과다하게 사용하는데, 대부분의 사람들과 마찬가지로 한쪽으로 음식을 치중하여 씹는다. 특별히 신경 쓰지 않고 음식을 씹는 동안에는 양쪽 어금니에 정확히 같은 양의 음식을 올려놓고 씹을 수는 없다. 더 편한 쪽의 치아로 씹거나 잘 씹히는 쪽으로 음식물을 보내어 씹게 된다. 평균 하루 세끼를 한 시간 이내에 먹는 사람들조차 한쪽으로 씹는 습관이 안면근육의 불균형적 사용을 초래하고 있는 만큼, 장시간에 걸쳐 음식을 씹는 씹뱉 환자는 절대적으로 많은 시간을 한쪽 안면 근육만을 사용하게 된다.

적당량의 부드러운 음식이 주가 되는 식단이었다면 한쪽으로 음식을 씹었다는 사실을 인지하지도 못하고 식사를 마쳤을 수도 있다. 그러나 마른오징어처럼 질긴 음식을 씹고 나면 한쪽 턱 근육이 유독 뻐근하다는 것을 느끼게 된다. 턱 근육이 파열된 것이다. 지속적인 자극을 받은 근섬유는 미세하게 파열되는데, 이러한 근섬유의 파열과 회복 과정을 통해 뻐근함을 느끼게 된다. 찢어진 근육이 회복될 때 같은 자극이 가해지면 또다시 손상되는 것을 대비하기 위해 근육은 더욱 발달된다. 턱 근육은 이러한 파열과 회복의 과정을 반복하며 비대해지는 것이다. 씹뱉 환자는 한쪽 턱이 뻐근하다고 자주 호소하는데, 이것은 이미 안면 비대칭이 진행되고 있음을 의미한다.

사각턱 보톡스의 원리

보톡스는 보툴리눔 톡신(botulium toxin)이라는 독소를 주입하는 시술을 의미한다. 보톡스는 근육 수축용 주사제의 상표명 중 하나인데, 이 상표 자체가 유명해져서 현재는 보툴리눔 톡신을 이용하는 시술을 통상적으로 지칭하는 용어로 사용되고 있다. 보툴리눔 톡신을 이용하여 안검경련을 치료하던 미국의 안과의사 진 캐루더스(Jean Carruthers)는 치료 중 환자의 주름이 펴지는 것을 발견하였고, 피부과 남편과 함께 주름 개선용 치료제로 발전시켜 이를 대중화하게 된다.

보툴리눔 톡신을 근육층에 주사하면 신경전달물질인 아세틸콜린의 방출이 저해되어 근육층에 마비가 일어나게 된다. 그로 인해 근육이 수축되고 또 이로 인해 근육을 쓰지 않게 되면서 근육은 자연스럽게 줄어들게 된다. 사각턱 보톡스는 약물을 비대해진 교근 근육에 주입하여 교근 사용을 억제하고 수축시켜 발달된 턱을 줄이는 원리이다.

교모증과 얼굴형 변화

씹뱉은 치아의 교모증을 유발하여 얼굴형을 바꿀 수 있다. 교모증(咬耗症)이란 치아와 치아가 부딪혀 씹는 면이 평평해지는 증상이다. 보통은 오랜 기간 치아를 사용한 노인층에서 발견되지만, 잠을 잘 때 이를 가는 젊은 사람에게서도 찾아볼 수 있다. 음식을 씹는 시간이 긴 씹뱉 환자의 경우 치아의 씹는 면이 부딪히는 횟수가 과도하게 많아져 교모증이 발생한다. 치아는 매우 단단한 부위이기 때문에 언제든 닳거나 깨지거나 부러질 수도 있다는 가능성이 쉽게 간과된다. 또한 치아로 무언가를 씹는 행위는 누구나 하는 것이고 상시하는 행동이기에 씹는 행동 자체가 치아에 악영향을 끼칠 것이라는 생각도 쉽게 들지 않는다.

교모증은 오랫동안 사용한 맷돌이 손상되는 현상과 비슷하다. 맷돌 사이에 다른 물질을 넣어 갈면 맷돌이 아니라 음식이 우선적으로 갈린다. 그러나 아무리 단단한 맷돌이라 하더라도 결국 오래 사용하면 맷돌 자체가 서서히 마모되고 그 형태가 변하게 된다. 이것은 맷돌이 부드러운 음식만을 간 경우에도 해당된다.

치아도 마찬가지이다. 씹는 행동이 반복되면 아무리 부드러운 음식만을 골라서 씹는다고 해도 치아끼리 부딪히며 닳을 수밖에 없다. 치아가 닳게 되면 광대뼈를 중심으로 얼굴의 아래쪽 턱 부분에 해당하는 하관이 짧아지면서 얼굴의 형태가 변하게 되는 것이다. 전체 틀니를 사용하는 할머니의 경우, 틀니를 끼운 상태의 얼굴 모양과 틀니를 전부 뺀 상태의 얼굴 모양이 확연히 다르다. 틀니를 전부 빼면 아래턱이 앞으로 이동하며 하관이 매우 짧아지고 입은 모아진 것처럼 변하게 되는데, 이는 같은 얼굴뼈와 같은 안면근육 상황에서도 치아의 높낮이에 따라서 얼굴형이 달라 보일 수 있다는 것을 의미한다. 결국 교모증은 얼굴형을 변화시킨다.

폭토와 앞니 변화

치아 배열과 치아색은 인상에 많은 영향을 미친다. 연예인이 치아교정을 하고 치아미백에 집중하는 이유는 하얗고 고른 치아 배열이 상대방으로부터 호감을 불러일으킬 수 있는 요소라는 것을 잘 알고 있기 때문이다. 1990년대에 덧니가 유행이던 시절이 잠시 있었지만, 과거에도 지금도 웃을 때 가지런하게 보이는 하얀 치아는 미적으로 선호된다. 섭식장애 증상 중 폭토는 치아의 심미적 측면을 크게 두 가지로 손상시키는데 그 요인은 다음과 같다.

첫째, 하얀 치아를 부식시켜 노랗게 만들 수 있다. 위산으로 인해 법랑질이 손실된 치아는 상아질이 노출되면서 점점 노란색을 띄게 된다. 법랑질의 손실은 주로 앞니 안쪽이나 어금니의 씹는 면에서 진행된다. 치아 색의 변화는 매일 거울을 보는 스스로에게는 느껴지지 않을 수 있으나 명절에 가끔 만나는 친척은 이 변화를 알아볼 수도 있다. 폭토로 치아가 노랗게 변한 경우, 담배를 피우지 않음에도 불구하고 흡연자로 오해받기도 한다.

둘째, 가지런하던 치아가 구토를 유발하는 과정에서 버드러진 치아로 변할 수 있다. 폭토를 위해서는 구토 반사가 유도되어야 하는데, 그중 대표적인 방법이 손가락을 목 안으로 깊게 집어넣는 것이다. 이때 손가락을 입안에 넣고 빼는 과정에서 치아와 손이 부딪히게 되고 앞니에 비정상적인 힘이 가해진다. 치아는 외부로부터 압력을 받으면 해당 치아가 붙어 있는 얼굴뼈 조직으로부터 미세하게 움직인다. 치아교정은 이와 같이 치아가 얼굴뼈에서 이동 가능하다는 원리를 이용한 것이다.

치아에 목구멍 방향으로 힘을 가하면 치아는 입 안쪽 방향으로 이동을 한다. 반대로 치아에 입 바깥쪽으로 힘을 가하면 치아는 점점 바깥 방향으로 버드러지게 된다. 구토를 유발하기 위해 손등은 앞니 뒷면을 바깥 방향으로 지속적으로 밀어내게 되고, 결국 자가 유발성 구토를 오래 한 환자의 앞니 치아

축은 밖으로 버드러지게 된다. 돌출된 치아는 이전과 다른 형태로 얼굴을 변형시킨다.

구토 시 치아를 밀어내는 것은 단지 손의 힘만이 아니다. 혀 역시 입안에서 치아를 밀어내는 역할을 한다. 혀는 기다란 근육 다발이다. 섭식장애 환자를 포함한 대부분의 사람이 혀의 촉감이 부드럽다는 이유로 혀가 치아를 움직이는 힘에 대해서 간과하는 경향이 있다. 그러나 카멜레온이나 개구리와 같은 일부 파충류나 양서류는 사냥을 위한 도구로 혀를 사용할 만큼 혀의 힘은 강하다. 혀는 치아를 이동시키기에 충분한 힘을 가지고 있다.

구토를 할 때 자신의 혀가 어떻게 움직이는지에 대해 확인하는 사람은 거의 없을 것이다. 구토를 원활하게 나오게 하기 위해서 본능적으로 혀는 최대한 구강 아래로 위치하게 되며 혀끝은 아래 앞니나 그 아래 잇몸에 위치하게 된다. 그리고 구토가 밀려 나오는 순간에 혀는 아래쪽 앞니 안쪽 전반에 걸쳐 강한 힘을 주게 된다. 이것이 지속적으로 반복될 경우 손등으로 위쪽 앞니를 밀어내는 것과 마찬가지로 아래 앞니를 버드러지게 만든다.

폭토와 침샘비대증

섭식장애 환자는 턱 아래쪽이 비대해져 얼굴형이 변하는 증상을 호소한다. 살찌는 것이 두려워 폭토를 시작했는데 폭토를 하면 할수록 얼굴이 커지는 것이다. 실제로 잦은 구토를 하게 되면 얼굴 아래쪽 침샘이 부어 침샘비대증이 유발된다. 침샘비대증은 침샘이 비정상적으로 자극을 받아 커지는 증상으로서 폭토는 다음의 과정을 통해 침샘을 자극한다.

첫째, 다량의 음식 섭취는 다량의 침을 분비하게 한다. 폭토 환자는 구토 유발을 위해 많은 양의 음식을 섭취한다. 침의 역할은 음식을 부드럽게 삼키는 윤활 작용, 구강 점막 및 치아의 보호 그리고 소화액인 아밀라아제의 분비이다.

갑자기 많은 양의 음식이 입안으로 들어오면, 신체는 음식을 삼키기 위해 비정상적으로 많은 침을 만들게 되는데 이 과정에서 침샘이 과도하게 자극된다.

둘째, 구토를 하는 순간 침샘은 위산으로부터 자극을 받게 된다. 구토를 하면 순간 침샘은 입안을 보호하기 위해 위산에 대한 방어작용을 하게 된다. 위산이 직접적으로 구강 내에 닿는 것을 막기 위해 많은 양의 침을 분비하게 되는 것이다. 이 과정에서도 침샘이 비정상적으로 자극된다.

폭토 과정에서 비정상적으로 자극된 침샘은 다량의 침을 분비하면서 붓기 시작한다. 폭토의 기간과 침샘비대증의 정도가 완전히 비례하지는 않지만, 오랜 폭토를 했던 환자들은 높은 확률로 침샘비대증을 겪는다.

필요 이상의 지속적인 자극으로 인해 균형이 무너진 침샘은 구토를 하지 않는 시간에는 반대로 침을 분비하지 않으려 한다. 이 과정에서 입안의 침이 마르는 구강건조증이 발생하고 구취가 유발된다. 기존에 중성이었던 구강 내부는 위산으로 인해 산성으로 변하고, pH 균형이 무너진 구강 내 환경은 암을 유발하는 박테리아 수를 증가시킨다는 연구결과도 있다. 폭토는 단순하게 얼굴형을 변화시키는 데 그치지 않고 생명을 위협하는 치명적인 요인이 될 수도 있다.

침샘 보톡스의 원리

보톡스는 주사하는 부위의 부피를 직접적으로 줄이는 시술이 아니다. 근육, 땀샘, 침샘 등의 기관을 지배하는 신경말단 부위에 작용하여 시간이 지날수록 자극을 받지 못하는 해당 기관이 점차 위축되어 가는 원리를 이용하고 있다. 침샘 보톡스는 침샘에 작용하는 신경을 차단하여 침이 덜 나오게 하여 침샘 크기를 줄어들게 한다.

8. 치과에 가면 어디까지 말해야 할까

"비용이 부담돼요."

"사실 심각성을 못 느끼겠어요."

"토해서 치아가 망가졌다는 것을 인정하고 싶지 않아요."

"시리지만 참을 만해요."

"치과 직원들이 폭토하는 걸 눈치챌 것 같아요."

"어차피 계속 토하는데 돈 들여서 치료하면 뭐하나 싶어요."

"폭토로 치아가 부식되는지 몰랐어요."

"가족이 알까 봐 무서워요."

– 2020년 섭식장애 커뮤니티 소금인형, 〈치과에 가지 않는 이유〉

앞니가 부러졌을 때, 치아가 흔들릴 때, 웃을 때마다 검은 충치가 눈에 띌 때, 사람들은 바로 치과를 방문한다. 그러나 찬물을 마실 때 치아가 시리거나 종종 잇몸에서 피가 날 때는 바로 치과를 방문하지 않고 찬물을 피하거나 약을 먹으면서 버틴다. 치아의 손상이 눈에 띄어 일상생활에 지장이 생길 때에는 곧바로 치과를 방문하지만 버틸 수 있는 때에는 치과 방문을 최대한 미룬다는 것이다. 사실 치아 검진 기간을 정확히 지켜 6개월에 한 번씩 꾸준히 치과를 방문하는 사람들을 제외하면 치아에 심한 통증이 느껴지기 전까지 바로 치과를 방문하는 사람은 많지 않다. 알아두어야 할 점은, 치통을 강하게 느껴 치과를 방문했을 때는 이미 치아의 상당 부분이 손상되어 버린 경우가 많으며, 가벼운 불편함에 치과를 방문했을 때에 비해 더 긴 치료 기간과 더 많은 치료비용을 지불하게 된다는 것이다.

섭식장애 증상 중 폭토는 치아 손상에 직접적인 영향을 미친다. 구토 행위는 치아의 보이지 않는 부위부터 서서히 망가뜨리기 때문에 폭토를 하고 있더라도 당장 눈에 띄는 치아의 형태 변형을 느끼지 못하는 경우가 더 많다. 또한 기능적인 측면을 보았을 때에도 치아가 조금 부식되었다고 하여 일상생활에 크게 영향받지 않는다. 가장 중요한 것은 폭토를 하더라도 즉각적으로 치통이 느껴지지는 않는다는 것이다. 그렇기에 대부분의 폭토 환자가 위산이 치아를 손상시킨다는 것을 모르거나 알고 있음에도 불구하고 치과를 방문하지 않는다. 그렇지만 구토를 하는 횟수가 늘어날수록 치아는 계속해서 부식되거나 닳아 없어지고 있다.

대부분의 사람이 그러하듯, 섭식장애 환자도 매일 거울을 들여다본다. 식사 후 이 사이에 무언가 끼어 있는지 확인하기 위해 이를 드러내 보기도 하고 셀카를 찍으며 예쁘게 웃는 표정을 지어보는 과정에서 치아는 필연적으로 관찰된다. 그러나 섭식장애 증상으로 인해 조금씩 깎여 나가는 치아가 비정상적인 모양이 되고 있다는 것은 전문가가 아닌 이상 정확히 알아내기 어렵다. 결국 치아의 손상된 정도와 상관없이 미지근한 물에도 시리거나 씹을 때마다 통증이 느껴지기 시작하면 그제서야 치과 방문을 결심하는 것이다.

안타깝게도 치아의 강한 통증은 치과치료의 적시라는 것을 알려 주는 신호가 아니라 그만큼 치료시기가 늦어졌다는 것을 의미하는 신호인 경우가 더 많다. 그렇다고 하여 절망적으로 치료시기를 놓쳤다는 의미도 아니다. 다만 폭토와 같은 섭식장애 증상이 반복되기 시작한 초기에 치과를 방문했더라면 낮은 단계의 치료를 받았을 가능성이 더 높다는 것이다.

"처음 왔는데요."

대부분의 사람은 치과를 방문할 때 주요 증상이 있다. 사랑니 때문에 어금니 부위가 붓고 아파서, 원인 모를 시림 때문에, 흔들리는 것 같아서 등 각자의 방문 이유가 있다. 또는 아프지 않아도 검진을 위한 목적으로 예방적 차원에서 치과에 방문하기도 한다. 당장 치료할 치아가 없더라도 안 좋은 곳이 있지 않을까 하는 불안감이 검진을 통해 해소되는 것이다. 치과 방문의 이유는 각자 다르지만, 치과에서 무언가를 해결하고자 하는 목적이 있다는 점에서는 동일하다.

치과를 내원하여 첫 진료를 받을 경우, 먼저 이름, 주민등록번호, 주소, 전화번호 등과 같은 개인신상 정보를 제공하게 된다. 개인정보보호에 대한 경각심이 높아지면서 주민등록번호를 뒷자리까지 제공하는 것에 대해서 꺼리는 사람들이 늘어나고 있는데, 보험 처리를 위해서라면 모든 숫자의 제공이 반드시 필요하다. 이후 각 치과의 양식에 따라 환자가 현재 가지고 있는 병력이나 복용 중인 약물을 체크하고 방문 이유를 말하거나 설문지를 작성한다.

섭식장애 환자는 잦은 구토로 인해 치아가 얼마나 망가졌는지를 확인하고 싶어 한다. 그리고 치아에 통증이 있다면 이것이 섭식장애로 인한 것인지 단순 충치 때문인지도 알고 싶어 한다. 치아 상태 확인, 혹은 통증 완화라는 치과 방문 목적이 분명한 상황이지만 사실상 섭식장애 환자 중 치과 방문 목적을 모두 말하고 싶어 하는 경우는 드물다. 오늘 처음 보는 사람에게 자신의 섭식장애 증상을 말하는 것은 수치스럽다고 생각할 수 있으며, 섭식장애 증상을 설명하면 이상한 사람으로 취급받을 것 같다는 생각이 먼저 들기 때문이다.

그러나 여기서 또 고민이 된다. 창피함 때문에 제대로 된 원인을 말하지 않으면 정확한 치료 방향에 혼선이 생길 것 같고 혹여나 다른 치료를 받지 못할 것 같아 걱정이 되는 것이다. 폭토로 인해 이비인후과를 방문하는 환자 역시 비슷한 고민을 한다. 칫솔과 같은 도구로 폭토를 반복적으로 유발했을 때 목은 계속해서 피가 나거나 염증 상태에 있게 되고, 결국 목은 치료를 필요로 하게 된다. 목 상태를 관찰한 의사가 던지는 질문에 "칫솔로 토하려고 목을 계속 쑤셔댔다."는 이야기를 꺼내기란 쉽지 않다. 대부분의 환자가 칫솔로 구토를 했다는 이야기를 하지 않은 채 현재 목의 상태만으로 약을 처방을 받게 된다. 마찬가지로 치과에서도 현재의 치아 상태를 기반으로 치아에 필요한 치료를 결정한다. 치과 의료진은 섭식장애에 대해 모르는 경우가 대부분이고, 치료 현장에서 섭식장애를 밝힌다고 해서 치료 방향이 크게 바뀌지도 않는다.

치과에 방문해서 섭식장애 증상을 밝힐 필요가 없는 것은 그 치료방향에 영향을 미치지 않기 때문이기도 하지만, 실제로 섭식장애를 밝히더라도 치과 의료진이 섭식장애 증상에 대한 이해도가 낮기 때문이다. 치의학 교육과정 중 섭식장애를 다루는 별도의 교과과정은 없다. 그렇기에 섭식장애 환자를 많이 다뤘거나 해당 분야에 관심을 가지고 접근하는 치과가 아닌 경우 치아 상태만 보고 섭식장애 여부를 알지는 못한다.

우울증 약도 적어야 하나

치과를 포함한 병원을 처음 방문하여 작성하는 설문지에는 현재 복용 중인 약물을 적도록 하는 공란이 있다. 이때 환자는 지금 섭취하고 있는 정신과 약물에 대한 공개 여부에 대해서도 고민을 하게 된다. 수면 마취를 동반하지 않는 치과치료의 경우 세로토닌 계열 약물이나 수면제는 치료의 방향에 크게 영향을 미치지 않을 수 있지만, 정신건강의학과 전문의는 현재 복용하고 있는 정신건강의학과 약물을 공개하는 방향이 옳다는 의견이다. 정신건강의학과 약물의 복용 여부를 병원 의료진에게 미리 이야기한 경우 의료진이 환자에게 좀 더 주의를 기울이고 도움을 줄 수 있는 부분에 대해 공유할 수 있기 때문이다. 더불어 치과에서 수면 치료가 병행되어야 한다면 복용 중인 수면제나 정신건강의학과 약물을 반드시 명시해야 한다.

마음연구소에 방문했던 한 여성 내담자는 치과에 방문해서 모든 복용 약물을 적었던 것에 대해 후회한다고 이야기했다. 그녀가 방문했던 치과에서 처음 주었던 설문지에 복용 약물에 대한 공란이 있었고, 치료에 관련이 있을 것이라 생각해서 모두 적어서 제출했다고 한다. 그런데 진료실로 들어간 그녀는 순간 기겁했다. 본인이 작성한 설문지가, 자신이 작성했던 A4 용지보다 확대된 크기로 진료를 받을 긴 의자 전면에 띄워져 있던 것이다. 치과에서는 환자의 상태를 확인하기 위해 진료를 받는 치과용 의자 앞쪽에 전자 차트를 띄워 놓기도 한다. 일반적으로 접수대와 진료실이 따로 분리되어 있기 때문에 진료실로 들어온 환자의 통증 부위나 내원 이유를 치과의사나 치과위생사가 다시 물어보는 것보다는 모니터로 바로 전송해 주어 진료 행위자가 이를 미리 보고 판단하여 진단 및 치료를 하는 것이 효율적이기 때문이다. 그러나 이는 치과의 일반적인 효율성에 주목한 방식일 뿐이고 환자의 개인적인 입장에 대한 배려가 없는 것이었다. 그녀의 약 복용 내용이 적혀 있는 설문지가 띄워져 있는 모니터는 진료하는 사람만 보는 것이 아니라 오고 가는 병원직원과 다른 환자도 모두 볼 수 있었던 것이다.

환자가 느끼는 감정에 대해서 치과는 그 어떤 돌봄도 제공하지 않았다. 우울증 치료제의 복용에 대해 적을까 말까 하는 것도 고민이 되었는데 결국 약의 가장 최대 용량인 20g이라고 용량까지 적었던 것은 혹여나 이것이 치과치료에 영향을 미칠까 하는 걱정 때문이었다. 치과위생사는 스케일링을 하며 "뉴프람이 뭐예요?"라고 물어봤고, 그녀는 기어들어가는 목소리로 "우울증 약이요."라고 대답해야 했다. 돌아오는 대답은 "아……." 하는 대답뿐이었다. 스케일링을 받고 불소를 바르는 동안 모니터에 띄워진 설문지를 보며 그녀는 처음에 설문지를 성실하게 적은 것을 후회하고 또 후회했다. 그러고 나서 다시는 치과에 가지 않으리라 다짐했다.

병원에는 다음과 같이 환자가 받을 권리와 이행해야 하는 의무에 대한 항목이 존재한다. 환자가 가지는 권리는 진료받을 권리, 알 권리 및 자기결정권, 비밀을 보호받을 권리, 상담·조정을 신청할 권리가 있다. 그리고 환자가 가지는 의무에는 의료인에 대한 신뢰와 존중의 의무가 있고, 부정한 방법으로 진료를 받지 않을 의무가 있다. 신뢰와 존중의 의무에서는 환자가 자신의 건강 관련 정보를 의료인에게 정확히 알리고 치료계획을 신뢰해야 한다는 항목이 있는 것이다. 그렇기에 병원에 가서 자신의 실질적인 증상을 말하지 않거나 다른 증상을 이야기하거나 복용 중인 약물을 말하지 않고 치료를 받는 것은 명백히 환자의 의무를 저버리는 행위에 속한다. 위 사례의 경우 우울증 약이 스케일링이라는 치료 자체에 영향을 미치지는 않았다. 그러나 정신건강의학과 약물이 영향을 미치는 치료를 받고 문제가 발생했을 경우 환자가 법의 보호를 받지 못하는 상황이 발생할 수도 있기에 환자 본인의 권리와 의무를 이행하는 것이 더 나은 선택이 될 수 있다. 대부분의 치과에서 차트는 통상적으로 공개되어 치료가 진행된다. 자신의 정보가 노출되어지는 것이 불편할 경우 치과 의료진에게 이러한 정보 노출에 대해 미리 당부할 수 있다.

현재 복용 중인 약물에 대한 정보를 충분히 제공하는 것은 중요하지만, 자신의 섭식장애 증상까지 치과에 모두 이야기할 필요는 없다. 섭식장애 환자들은 심리적·신체적 측면 모두에서 치료에 소극적이다. 심리 치료전문가와 마주한 상황에서도 자신의 섭식장애 증상을 말하며 힘들어하는 섭식장애 환자들이 치료를 위해 움직인다는 것, 그 자체가 중요한 사항이 될 것이다. 더불어 어려운 치과의 문턱에 들어서는 섭식장애 환자들을 위해 치과 의료진 역시 증상에 대한 이해도를 넓히고 환자들의 심리적인 측면까지 아우르는 노력이 필요할 것이다.

아픈 부위를 설명하자

앞서 설명했듯, 치아가 손상된 이유를 모두 설명할 필요는 없다. 그렇지만 치과에 방문하였을 때 반드시 정확하게 이야기해야 하는 부분이 있다. 치아에서 느껴지는 통증 부위나 정도에 대한 설명은 더하거나 빼서는 안 된다. 섭식장애를 말하고 싶지 않다는 이유로 치아의 아픈 부분에 대한 설명까지 건너뛰면 치료의 방향성 자체가 잘못 설정될 수 있다.

치과에 가서 입을 벌리면 치과의사가 단번에 아픈 부분을 알아차릴 것 같지만, 사실 많은 치과치료의 방향성은 환자의 설명을 기반으로 결정된다. 전문가가 육안으로 보기에 괜찮아 보여도 환자는 심한 통증을 느끼고 있기도 하며, 이 통증은 환자가 설명해야만 치료로 다루어질 수 있다. 왼쪽 어금니가 아파 치과에 방문했을 때 "이가 좀 불편해요."라고만 설명할 경우 치과에서는 환자에게 치석이 많다고 설명한 후 스케일링만 해 줄 수도 있다. 실제로 치석을 제거하고 나니 왼쪽 어금니에 있던 통증이 사라졌다면 다행이지만, 그렇지 않을 경우에는 치과를 다시 방문해야 하며 치료하기 전까지는 계속 통증을 느낄 수밖에 없다. 치과에 가서 해야 하는 가장 중요한 일은 현재 자신의 치아 상태—어떤 위치에 있는 치아가 아픈지, 통증은 어느 정도인지, 가만히 있어도 아픈지, 씹을 때만 아픈 것인지 등—를 자세하게 설명하는 것이다.

치과의사는 내가 폭토하는 걸 알까

오랜 기간 폭토를 하면 치아가 많이 닳거나 깨지게 되지만 섭식장애 환자는 치아의 다른 문제 때문에 치과를 방문하기도 한다. 단순히 어금니에 까맣게 생긴 충치치료를 위해 치과를 방문할 수도 있고, 양치할 때마다 잇몸에서 피가 나 치과에 갈 수도 있다. 치과에서는 환자의 주요 증상인 충치치료나 잇몸치료를 집중적으로 다루겠지만, 비정상적인 치아 마모가 관찰된다면 환자에게 이를 언급할 것이다.

> 의사: 어디가 불편하신가요?
> 환자: 오른쪽 아래 충치가 까맣게 보이는 게 싫어서요.
> 의사: 네, 확인해 보겠습니다. 오른쪽 아래 어금니에 충치가 진
> 행 중이네요. 치료를 받으시면 됩니다. 그런데 전반적으로
> 치아가 많이 닳았네요?
> 환자: 네……?

이 대화는 충치치료를 위해 치과를 방문한 환자와 치과의사와의 대화 내용이다. 섭식장애 환자는 이의 닳음에 대해 언급했을 때 자신의 섭식장애 증상이 들킨 것은 아닌지 순간적으로 당황할 수 있다. 그러나 치과의사는 치아가 닳은 것이 관찰되었기 때문에 언급한 것일 뿐 섭식장애에 대해 추측하거나 의심하고 있지 않다. 아마도 닳은 이에 대해 다음과 같이 질문할 수도 있다.

> "혹시 단단한 음식을 좋아하신다거나 잘 때 이를 갈지는 않나
> 요?"

어떤 목적으로 치과에 방문했든 치과에서는 주요 증상을 확인하고 치료계획을 세우기 위해 입안의 다른 부위에 문제가 있는지 전반적인 치아 상태를 검진하게 된다. 이때 의료진은 눈에 보이는 치아의 비정상적인 상태에 대해 환자에게 설명해 주어야 할 의무가 있다. 나이에 비해 치아가 더 부식되어 있거나 닳아 있는 증상은 본래 치아의 형태에서 어긋나 있는 상태이므로 환자에게 이에 대한 정보를 제공해 주는 것이다. 이때 자신의 섭식장애 증상을 말하고 싶지 않다면 온전히 내용을 전달할 필요는 없다. 잘 때 이를 갈거나 단단한 음식을 자주 먹는 일반 환자에게서도 전체적으로 치아가 많이 닳거나 깨져 있는 증상을 볼 수 있기 때문이다. 섭식장애로 치아가 닳았든 심한 이갈이로 치아가 닳았든 이유에 상관없이 마모로 인해 치료가 필요한 상태라면 같은 치과 치료를 받게 된다. 환자의 치아 손상 정도에 따른 치료방법은 달라지지만, 손상된 원인에 따라서는 치료방법이 달라지지 않는다.

치료는 받고 싶고 폭토는 말하기 싫고

잦은 구토로 인해 치아가 망가지고 있다는 사실을 알고 있는 환자가 부식에 취약한 앞니 안쪽이 걱정되어 치과를 방문했을 경우 치료를 받고 싶으나 섭식장애 증상은 이야기하고 싶지 않은 경우가 대부분이다. 환자는 치과에 가서 '앞니 안쪽이 닳아서 걱정된다.'고 내원 이유를 설명할 것이고, 치과의사는 환자의 주요 호소 증상과 현재 구강 내 치아 상태를 기준으로 치료방향을 결정할 것이다. 이 과정에서 의료진은 앞니 안쪽을 체크하고 그 정도에 따라 통증 여부를 묻거나 겉보기에 닳은 느낌이 드는지 혀로 느껴지는 감각이 이상한 것인지 구체적으로 걱정되는 이유를 물을 수 있다. 이때 환자가 통증이 없다고 대답하거나 닳아 없어지는 느낌을 말할 경우 치과에서는 닳은 정도를 파악한다. 치과마다 치료의 기준과 설명은 다를 수 있지만, 기본적인 치료방향은 다음과 같다.

　1. 치료가 불필요한 경우: 치과 의료진이 치아에 직접적인 치료가 필요하지 않다고 진단하게 되면 "많이 닳지 않았으니 이대로 사용해도 문제가 없다."고 말해 줄 수 있다. 이러한 경우에 환자는 추후 정기검진(11)만 받으면 된다.

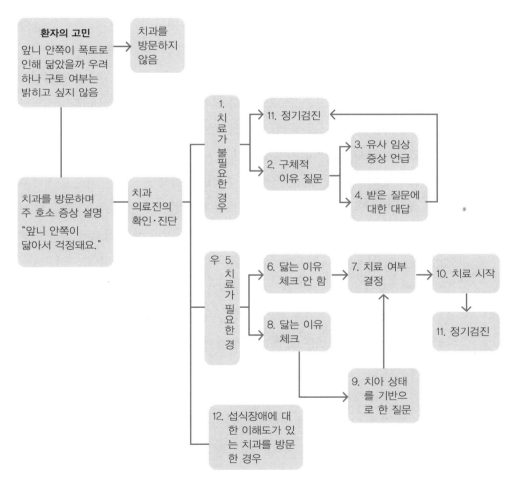

▶그림 8-1 폭토 환자의 치과 방문 치료 순서도

2. 구체적 이유 질문: 치료는 불필요하지만 마모된 치아 상태를 알려 주고 원인을 파악하려는 의료진의 경우 "생각보다 이가 닳았는데 잘 때 이를 가나요." "탄산음료를 많이 마시나요." "역류성 식도염이 있나요." "단단한 음식을 자주 먹나요."와 같이 구체적인 질문을 할 수 있다.

3. 유사 임상 증상 언급: 환자는 "역류성 식도염이 있어요."와 같이 폭토와 유사한 임상 증상을 보이는 질환을 이야기할 수 있다. 인터넷 검색 등을 통해 비슷한 증상들을 찾아 치과치료에 대한 최소한의 공부를 선행한 것이다.

폭토와 그 결과가 가장 유사한 질환은 역류성 식도염이다. 이 둘은 엄연히 다른 질환으로 분류되지만, 폭토로 인한 치아 부식과 역류성 식도염으로 인한 부식의 결과물은 같다. 둘 다 위산이 목 쪽으로부터 흘러나와 치아에 직접적으로 닿아 부식되는 원리이기 때문이다.

폭토가 오랜 기간 지속되었을 경우 부식되어 약해진 치아는 작은 충격에도 쉽게 깨지거나 닳는데 이때의 치아 상태는 단단한 음식을 자주 먹거나 잘 때 이를 가는 사람의 치아 상태와 비슷하다. 그렇기에 음식을 먹고 구토하는 증상을 알리고 싶지 않은 섭식장애 환자는 치과를 방문하여 "이를 갈면서 자요." "이를 꽉 무는 습관이 있어요." 등 임상적으로 유사한 증상을 대답하기도 한다. 오랜 폭토로 인한 치아 손상이 이를 갈아서 생긴 치아 손상의 결과와 유사하므로 치과에서도 다른 이유를 의심하거나 되묻지 않는다. 다만, 손상된 부위의 치료가 끝나고 나아진 치아 상태를 유지하고 관리하기 위해 필요한 추가적인 치료 방향이 달라질 수 있다. 보통 악습관으로 손상된 치아는 습관이 유지되는 한 같은 이유로 치아가 다시 망가지게 되는데 이럴 경우를 대비하려는 것이다.

예를 들어, 잘 때 이를 가는 환자의 경우 손상된 치아치료의 종결과 함께 권투 선수가 끼우는 마우스피스 같은 치아 보호 장치 사용을 권장하기도 한다.

잘 때 치아가 받는 악영향을 미연에 방지하기 위함이다. 폭토로 인해 치아가 망가졌지만 사실을 말하지 않고 임상적으로 증상이 유사한 이갈이 증상을 말했을 경우 치아의 치료에 있어서는 문제가 없을 테지만 치료 이후 치아 보호 장치를 사용하도록 권유받을 수 있다. 잦은 구토만 할 뿐 잘 때 이를 전혀 갈지 않는 환자의 경우 50만 원이나 하는 치아 보호 장치를 만들어 사용할 이유는 없다. 권장 사항은 권장일 뿐이다. 치아 보조 장치 사용을 권유받았음에도 환자가 거부하고 치아가 더 손상된 채로 다음 진료에 나타났다고 하여 환자를 비난할 치과도 없다. 환자가 원치 않을 경우 치과에서는 보조 장치를 강제 구매시킬 수 없으며, 결국 돈을 지불하는 것은 환자이므로 환자가 선택하지 않는다면 그만이다. 구토로 치아가 더 손상되었다고 생각하여 다니던 치과를 옮길 필요도 없고 더 닳은 치아를 보여 주는 것에 수치심을 느낄 필요도 없다. 치과는 환자의 개인적인 삶에 관심이 없다.

자신의 섭식장애 사실을 밝히지는 않지만 섭식장애 증상과 유사한 증상을 이야기하여 치과에 정보를 제공하는 환자도 있다. 다음은 치과에 방문했던 20대 중반의 한 남성의 사례이다. 그는 폭토 증상을 알리지는 않았지만 구토를 함에 대해서는 치과에 설명했다. 그는 전체적으로 치아가 시리긴 하지만 참을 정도이며 검진과 스케일링은 6개월 만에 받으러 왔다고 설명하였다. 검진을 위한 진료가 시작되었고, 군데군데 보이는 치료의 흔적들은 그가 열심히 치과치료를 받아 왔음을 알려 주었다. 치아 전반에 걸쳐 법랑질의 부분적 소실이 있긴 했으나 충치나 기타 질환은 눈에 띄지 않았다. 그는 오랫동안 다니던 치과가 있었는데 이사를 하면서 새 집 근처의 치과를 방문하게 되었다고 설명했다. 그리고 치과 상담을 하면서 "술을 마시면 토하는 버릇이 있는데 보통 매일 술을 마셔요."라고 말했다. 자신의 섭식장애에 대해 직접적으로 밝히지는 않았지만 매일 토를 하고 있다는 정보를 치과에 제공해 준 것이다.

폭토 환자가 흔하게 겪는 증상은 치아 시림이다. 그렇지만 대부분 시린 증상만을 해결하고 싶을 뿐, 자신이 섭식장애라는 것은 밝히고 싶어 하지 않는다. 이 남성의 경우 간접적인 증상 표현을 바탕으로 치아가 시린 이유가 구토로 인한 치아 부식 때문이라는 명확한 진단을 내릴 수 있었다. 위산으로부터의 치아 부식 예방을 위해 스케일링이 실시되었고, 직후에 '불소 도포'를 권장받았다.

6개월에 한 번씩 치과를 방문하여 치아를 점검하고 있다는 점, 치료할 부분이 있을 때 바로 치료를 받고 있다는 점 그리고 구토하는 행위를 치과에 전달한 점은 칭찬할 만한 행동이다. 결국 이 환자의 성실한 치과 방문은 치아의 현상태 유지에 도움을 주었을 뿐만 아니라, 여러 면에서도 그에게 이득이 되었다. 꾸준하게 정기검진을 한 것은 치료를 위해 치과에 방문해야 하는 횟수를 줄여 주었고, 크게 아파서 고생하는 일도 줄여 주었으며, 실질적으로는 치과에 큰돈을 지불해야 할 확률도 줄여 주었다.

잦은 구토를 하는 현 상태를 말하지 않았어도 치과에서는 검진과 스케일링 치료를 해 주었을 것이다. 다만, 환자가 습관적으로 구토 중인 상황을 알려 주어 악습관으로부터 치아를 보호할 수 있는 '불소 도포'라는 정확한 추가 치료를 제시하고 진행할 수 있었다. 이를 통해 다른 증상으로 오해받아 '치아가 많이 닳았는데 이를 가는 버릇이 있는지, 단단한 음식을 자주 먹는지'와 같은 불필요한 추가 질문도 받지 않을 수 있었으며, 이갈이 환자를 위한 마우스피스와 같은 불필요한 권장도 받지 않을 수 있었다.

4. 받은 질문에 대한 대답: 의료진의 질문에 "그렇다." 혹은 "아니다."로 대답할 수 있고, 구체적으로 "오돌뼈를 자주 먹어요."와 같이 적절한 답변을 할 수도 있다. 치아치료가 필요하지 않은 상태이므로 다른 이유를 말해도 결과적으로 똑같이 정기검진(11)을 받으면 된다.

이처럼 현재 사용하는 데 문제가 없는 치아 상태라면 당장 치료를 하지 않아도 된다는 안도감이 생긴다. 더불어 구토를 하고 있다는 내용을 전달할 필요도 없어진다. 대신 향후 폭토를 지속할 경우 치아 안쪽은 계속해서 부식될 것이고 결국 치료를 해야 하는 순간이 올 수 있다. 구토를 멈추지 않는 이상 언젠가 시작될 치과치료를 대비해 검진을 꾸준히 받는 것이 좋다.

5. 치료가 필요한 경우: 안쪽 치아의 부식 정도가 치과 의료진이 보기에 치료가 필요한 경우라면 현재 치아가 닳은 정도와 치료의 방향성에 대해 설명할 것이다.

6. 닳는 이유 체크 안 함: 치과의료진은 간단하게 치료 여부만 묻고 치료에 필요한 비용을 말해 준다.

7. 치료 여부 결정: 치과 의사의 진단을 바탕으로 환자가 치료 여부를 결정하고 치료 진행에 동의한다. 아직 치료를 시작하지 않았으므로 해당 치과에서 치료를 받을지 치과를 옮길지 선택하고 조율할 수 있다. 치료를 결정했다면 치과치료를 시작(10)하고 마무리된 이후 정기적인 검진(11)을 받으면 된다.

8. 닳는 이유 체크: 치과 의료진은 치아 마모가 관찰될 경우 원인을 찾기 위해 몇 가지 추가적인 질문을 할 수 있다.

9. 치아 상태를 기반으로 한 질문: 진단 시 "앞니 안쪽이 닳았네요. 잘 때 이를 가는 습관이 있나요?" 혹은 "앞니 안쪽의 닳은 정도로 보아 치료가 필요하네요. 역류성 식도염이 있거나 술을 마시고 구토를 하나요?" 등의 예시를 들며 닳은 이유를 구체적으로 물어볼 수 있다. 이때는 대답에 따라 치료의 방향

이 달라지지 않으므로 질문에 답을 하거나 유사임상증상을 말할 수 있다. 또는 현재 자신에게 어떤 치료가 필요한지 되물을 수 있다. 환자의 치료 여부가 결정(7)되면 치과치료를 시작(10)하고 마무리된 이후 정기적인 검진(11)을 받으면 된다.

12. 섭식장애에 대한 이해도가 있는 치과를 방문한 경우: 치과 의료진이 섭식장애에 대해 알고 있을 경우 치아 상태를 확인한 후 폭토 여부에 대해 질문할 수 있다. 이 질문은 폭토 증상이 치아 부식을 야기한다는 기본을 전제로 할 수 있지만, 환자에게 섭식장애에 대해 직접적으로 질문할 확률은 높지 않다. 이때 구토 사실을 숨기고 싶다면 말하지 않을 수도 있겠지만, 공개할 경우 치료 이후의 방향성이 좀 더 명확해질 수 있다.

모든 예시를 보았을 때 치과 의료진이 수행하는 치료방법은 기본적으로 정해져 있다. 이를 때우거나 씌우거나 뽑는 등 치료의 방향은 현재 치아 상태를 기반으로 결정될 뿐 원인에 따라 달라지는 것은 아니다. 사실상 대부분의 의료 진단에 있어서도 이는 마찬가지이다. 특별한 경우에는 감염 경로를 추적해야 하지만 병원에서는 증상을 묻지 원인을 묻지 않는다. 감기 증상으로 내과를 방문했을 때 노출이 심한 옷을 입고 다녀서 감기에 걸린 것인지, 돈이 없어서 추운 날 가스를 넉넉히 못 틀었는지는 중요치 않다. 열이 있다면 해열을 할 것이고, 몸살로 통증이 유발된다면 진통제를 줄 것이다.

치과에서도 마찬가지이다. 현재 치아의 증상을 바탕으로 진단을 내릴 뿐이고, 진단에 대한 치료는 치아 상태를 기반으로 행해진다. 다만 의사에 따른 치료방법은 다를 수 있으니 처음 방문한 치과에서 권하는 치료와 두 번째 방문하는 치과에서 권하는 치료방식 자체는 다를 수 있다. 같은 치아 상태로 방문하더라도 어떤 의사는 예방적 차원에서의 치료만 권할 수도 있고, 어떤 의사는 치아를 삭제하고 크라운을 씌우자고 할 수도 있다.

환자의 치과 선택

치과를 결정하는 것은 환자이다. 어떠한 기준으로 치과를 선택하는지는 환자의 가치판단에 따라 달라지기에 절대적으로 더 좋은 치과란 없다. 비용이 우선 가치라면 비용을 적게 권하는 치과를 선택할 수도 있고, 거리가 최우선이라면 가까운 곳을 가는 것이 맞을 것이다. 원장의 경력을 통해 안심감을 느낀다면 원장의 출신 학교나 수련 기관을 보는 것도 방법일 것이다. 치료를 최소화하는 치과가 과잉 진료를 하지 않아 좋다고 생각할 수도 있지만, 미리 예방적 치료를 하는 치과에 더 높은 가치를 두는 사람도 있다. 누군가는 어차피 사랑니가 통증을 유발할 확률이 높으니 잇몸 밖으로 자라나기 전에 제거해 버리는 것을 선호하고, 누군가는 최대한 사랑니를 쓰다가 마지막에 가서 제거하는 것을 선호하는 것과 같다.

치과치료를 반드시 해야 하는 상황이고 다니던 치과가 없는 상태라면 몇 군데의 진단을 받은 이후 치료를 시작하는 것이 좋다. 우리는 물건을 구매하는 과정에서 가격과 성능 등을 비교하며 저울질을 한다. 또한 시술이나 성형을 결정할 때에도 여러 병원을 다니면서 상담을 한다. 여러 병원을 다니면서 치료받을 병원을 선택하는 행위는 병원 쇼핑(Hospital Shopping)이라는 용어로 설명되는데, 건강염려증으로 의심되는 과도한 상황이 아니라면 병원 쇼핑은 환자에게 합리적인 치료를 받을 수 있는 기회를 제공한다. 치과의 경우에는 직접 방문하지 않으면 얻을 수 있는 정보가 매우 적다. 그렇기 때문에 다른 치료에 비해 더 많은 쇼핑이 필요한 곳이 치과이다. 많은 돈을 들여 고통스러운 치료를 해야 하는 곳인 만큼 여러 치과를 방문하여 자신에게 적합한 치과를 선택하는 치과 쇼핑은 섭식장애 환자가 아니더라도 자신의 치아에 적합한 치료를 찾기 위해 수반되어야 할 노력 중 하나가 될 것이다.

정기적 치과 방문의 중요성

구토로 인한 치아 부식이 걱정되는 환자는 정기적으로 치과 방문을 하는 것만으로도 안심감을 느낀다. 치과 방문은 치아에 실질적인 도움을 주기도 하지만, 치과를 방문하는 행위 자체가 섭식장애 환자에게는 불안감을 해소하는 역할을 하기 때문이다. 대부분의 섭식장애 환자는 오랜 기간 폭토나 씹뱉을 하면 치아에 좋지 않은 영향을 미친다는 것을 알고 있음에도 불구하고 치과 방문을 망설인다. 그리고 혹여나 '치아가 너무 상하지는 않았을까?'와 같은 과도한 걱정을 한다. 정기적인 치과 방문은 현재 치아 상태를 확인하여 올바른 치료를 받는 것에도 의미가 있겠지만 불안 수준이 높은 섭식장애 환자에게 '아, 지금 내 이 상태가 그렇게 나쁜 것만은 아니구나.'라는 안도감을 느끼게 한다는 점에서도 의미 있다.

간혹 섭식장애 환자가 치아에 관련된 생활 패턴을 이야기하며 치아 상태를 우려했는데, 오히려 건강염려증이냐고 되묻는 병원도 있다. 이것은 명백히 치과가 섭식장애에 대해 무지했기 때문에 벌어진 상황이다. 이때 섭식장애 환자는 무시당했다는 생각을 할 수도 있고, 의료진이 비아냥거린다고 해석하여 상처를 받기도 한다. 자신의 증상을 설명하고 왜 치과를 방문했는지에 대해 성실히 이야기하는 것은 환자의 의무를 충분히 이행한 것이기 때문에, 만약 그런 상황을 마주했다 하더라도 자신이 결코 이상한 것이 아님을 알아야 한다. 섭식장애를 겪는 것 자체가 스스로를 죄인 취급하고 타인의 작은 반응에도 민감하게 반응하도록 만드는 경우가 많지만, 이것이 치료를 위해 병원에 방문했을 때 자신이 위축되어야 하는 이유가 되지는 않는다.

덧붙여, 치과 검진이나 치료는 가능하면 같은 치과를 이용하는 것이 좋다.

같은 병원을 가야 환자의 기록이 누적되어 이전 상태와 지금의 상태를 비교할 수 있기 때문이다. 또한 같은 치과를 지속적으로 방문하면 비용적인 혜택을 제공하는 곳이 대부분이다. 마지막으로, 같은 치과를 방문하게 되면 쉽게 공개하고 싶지 않은 내용을 포함하여 반복되는 자신의 증상에 대해 매번 설명해야 하는 수고로움이 줄어든다.

9. 치과치료의 단계

100세 시대인 요즘 치아의 중요도는 이전보다 더 높아지고 있다. 수명을 유지하기 위해서는 영양분을 섭취해야 하고, 이는 음식물 섭취를 통해 이루어지며, 음식을 씹기 위해 치아는 필수적이기 때문이다. 치아의 주요 기능은 음식물을 잘게 부수는 것인데, 치아의 형태가 훼손되거나 일부가 소실되었을 경우 본래의 기능을 수행하지 못한다. 그렇기에 손상되거나 상실되어 음식물을 씹는 기본적인 기능이 어려워진 치아는 원래 상태로 복구되어야 할 필요가 있다. 개인에 따라 다르겠지만 섭식장애로 인해 손상된 치아가 일반적으로 필요로 하는 치과치료는 몇 가지로 압축해 볼 수 있다. 주로 녹아서 손상된 공간을 대체물질로 보충하여 치아의 원래 모양을 만들어 주고 씹는 기능을 복구시켜 주는 치과치료의 과정이 이에 해당한다.

앞서 섭식장애가 치아에 미치는 영향을 여러 각도로 살펴보았다. 잦은 구토는 치아를 부식시켜 치아의 주 기능인 씹는 역할을 상실하게 한다. 부식되어 얇아진 치아만큼 턱관절이 낮아져 얼굴형이 변형되며, 위산으로부터 구강 점막을 보호하기 위해 침샘이 비대해진다. 이 중에서 치아 부식은 겉으로 잘 드러나지 않아 자각이 느리고 스스로 문제를 인지하였을 때에는 치료시기가 지난 경우가 많다. 식습관이나 유전적인 요인에 따라 치아 부식의 속도에 차이가 있을 수 있지만, 잦은 주기로 치아를 위산에 노출시키면 치아는 무조건 부식된다. 그리고 이렇게 녹아내린 치아는 재생되지 않고 영구히 사라진다.

폭토로 인해 손상된 치아는 그 정도에 따라 내려지는 진단과 치료방법이 각각 다르다. 여기에서는 치아 부식으로 손상된 정도를 1~4단계로 나누고 (숫자가 낮을수록 치료의 수준이 간단한 단계이다) 각 단계별 필요한 치료와 관리법에 대해 다룰 것이다. 덧붙여, 이 단계 설정은 충치나 치주 질환 등 일반적 치과치료의 사례는 제외하고 폭토로 인한 손상 정도에 따른 치료와 관리만을 기준으로 하였다.

치아의 단단함은 개인마다 그 차이가 있을 수 있으므로 폭토를 해 온 기간과 부식 정도가 반드시 비례하지는 않는다. 물론 평균점이라는 것이 존재하며 폭토의 횟수가 많을수록 치아는 산에 노출되는 횟수가 많으므로 치료단계가 높아질 수 있다. 다년간 잦은 횟수로 폭토를 해 온 환자의 치아는 이미 높은 단계의 치료가 요구되겠지만, 3달간 매일 5회씩 폭토를 하는 사람과 5년간 매일 1회씩 폭토를 하는 사람의 치아 부식 정도가 비슷할 수 있다는 것이다. 또한 부식의 정도는 유전적으로 타고난 내산성에 따라 달라질 수 있다. 치아 자체가 산성으로부터 치아가 스스로 지켜내는 힘, 즉 내산성이 강한 치아를 가진 사람이라면 내산성이 약한 치아를 가지고 있는 사람에 비해 폭토의 횟수가 많아도 덜 부식될 것이다. 그렇기에 이론적 자료는 참고사항이 될 뿐 개인의 단계에 맞는 적절한 치료와 관리는 직접 치아를 진단한 치과 의료진을 통해 확인할 수 있을 것이다.

▶그림 9-1 진행적 관점에서의 치과치료 단계

1단계 유지 · 관리

이 단계는 특별히 치아를 깎거나 씌우는 치료가 필요한 단계는 아니지만, 치아 상태가 1단계라고 하여 관리가 필요 없다는 의미도 아니다. 한 번이라도 위산에 노출된 적이 치아는 단 한 번도 위산에 노출되지 않은 치아보다는 부식되어 있기 때문이다. 1단계는 폭토로 인한 치아 손상이 아직 미세하여 치아에 다른 복원 재료를 사용하여 치료하지 않고 관리만 해도 되는 시기를 말한다.

치아는 재생되는 기관이 아니므로 지금의 상태가 최악의 상태이지만 치아가 앞으로 계속 손실된다는 점을 고려한다면 지금의 상태는 역설적으로 최상의 상태가 된다. 치아는 매일 사용되는 기관이기 때문에 손상되는 것을 막을 수는 없겠지만 치아가 현재의 상태를 유지할 수 있도록 관리해 주는 것은 가능하다. 폭토로 치아가 손상되었다는 것이 눈에 띄게 관찰되더라도 치아의 상태를 지켜보며 치료를 미룰 수 있는 시기 역시 1단계에 포함된다.

이때 '이미 망가진 치아를 지켜보는 것보다 바로 치료하는 것이 낫지 않을까.'라는 의문이 들 수 있다. 치과치료에서 기본적으로 인지하고 있어야 하는 점은, 자신의 치아는 최대한 살려 쓰는 것이 가장 좋고 치아가 약간 손상되었다고 해서 치료를 바로 시작하면 손상된 부위 경계에 있는 건강한 치아가 불필요하게 훼손될 수 있다는 것이다. 치과치료를 시작하게 되면 망가져 사용하지 못하는 부분을 삭제하고 해당 부위를 치과용 재료로 복원하게 된다. 이 때 입안의 치아 복원을 위해 사용되는 재료 자체가 차지하는 공간을 만들어 내기 위해서는 손상된 부분과 경계에 있는 건강한 부분도 필연적으로 제거해야 한다. 치료를 위해 깎아 낸 치아는 다시 원래대로 돌아오지 않기에 치과치료는 신중하게 선택되어야 하며, 치아 손상의 정도가 미세하다면 치료를 미루는 것이 나을 수 있다.

1단계로 진단받게 될 경우 우선시해야 할 일은 정기적으로 치과 검진을 가는 것이다. 성인의 경우 치과 기본 검진주기는 6개월이다. 그러나 치아가 선천적으로 약한 사람의 경우 그 주기를 3개월로 줄일 수도 있다. 정기적인 검진의 주기는 본인이 정해도 된다는 것이다. 기본 검진주기보다 늦게 치과에 가는 것은 좋지 않은 방법이지만 그보다 일찍 방문하는 것은 가능하다. 스스로 느끼기에 본인의 치아가 약하고 반복되는 폭토로 치아가 금방 상할 것 같아 불안하다면 그 불안을 해소하기 위해서라도 3개월의 주기로 치과에 방문할 수 있다.

꾸준히 치과 정기검진을 받으면 1년에 한 번 보험으로 받을 수 있는 스케일링을 빠뜨리지 않고 받을 수 있다. 폭토 환자라면 스케일링 진료를 받는 날 불소 도포도 함께 해 주는 것이 좋다. 불소는 현존하는 치과치료 중에서 치아를 손상시키지 않고 폭토로부터 치아를 보호해 주는 가장 좋은 방법이다. 불소란 법랑질에 흡수되어 위산으로부터 치아를 지키는 내산성을 길러 주는 역할을 한다. 또한 치아의 시린 증상을 완화시켜 주는 역할도 한다. 이러한 불소의 효과를 극대화하기 위해서는 스케일링 직후 치아 표면이 깨끗한 상태에서 도포하는 것이 좋다. 치석은 주로 법랑질에 붙어 있기 때문에 스케일링을 하지 않고 불소를 바르면 치석이 불소 흡수를 방해한다. 불소 도포를 한 이후 지켜야 할 주의사항은 불소 도포 직후 물이나 기타 음식물 섭취를 최대한 오래 하지 않는 것이다. 최장 6시간까지 아무것도 먹지 않도록 권하는 치과도 있다.

치아에 도포된 불소는 오래 머무를수록 법랑질에 효과적으로 흡수된다.

섭식장애 환자에게 "불소를 도포하면 치아가 구토로부터 예방될 수 있다."는 정보는 "최대한 자주 불소도포를 받는 것이 좋다."는 정보로 잘못 받아들여질 수 있다. 그러나 성인 불소도포의 권장 주기는 6개월에 한 번이다. 불소를 남용할 경우 치아에 하얀 줄무늬 같은 얼룩이 생겨나게 되는데, 이를 반점치라 한다. 불소도포는 치아의 안쪽 면에 바르는 것이기에 어차피 보이지도 않는 안쪽 치아에 반점치가 생기는 것은 아무 상관없다고 생각할 수 있으나, 반점치는 불소를 바른 부분에 생기는 것이 아니라 치아 전체에 생기는 것이다. 안쪽에만 발라도 웃을 때 보이는 바깥 이에 얼룩이 생길 수 있다는 것이다. 불소가 많이 든 치약을 습관적으로 먹어 버린 아동들, 그리고 불소 함유량이 상당히 높은 지하수를 음용하던 1980년대의 미국에서 반점치 현상이 자주 발생된 것이 이를 증명한다.

환자가 자신의 의지로 치료를 미뤄 버리면 치과에서는 치료를 진행할 수 없다. 그렇기에 치아가 1단계 상태를 이미 지나쳤음에도 유지·관리만 하는 환자도 있다. 치과치료는 반드시 환자의 동의가 있어야 시작할 수 있기 때문에 아무리 치아가 상했더라도 환자가 동의하지 않으면 치과의사가 마음대로 뽑거나 치료할 수 없다. 환자가 개인적으로 상한 치아 부위를 그대로 사용하는 데 통증이 없고, 기능상 별다른 문제가 없으며, 미관상으로도 신경이 쓰이지 않는다면 치료를 하지 않고 현 상태에서 유지·관리를 할 수 있는 것이다. 폭토로 인해 치아의 상아질이 비칠 정도로 노란 치아상태가 되었지만 환자가 치아색에 신경 쓰지 않는다거나, 치아는 전부 닳았지만 음식을 씹는 데 통증이 없고 찬물을 마셔도 시리지 않는다면 굳이 치료를 시작하지 않을 수 있다.

2단계 레진 · 라미네이트

부분적으로 때우거나 부분적으로 재료를 붙이는 치과치료의 단계이다. 이 단계부터는 치료를 위해 치아 삭제가 동반된다. 치아 삭제란 손상된 부위를 제거하고 치과용 재료를 붙이기 위한 공간과 형태를 만들기 위해 치아를 깎는 것을 의미한다. 부식으로 망가진 치아를 단순히 유지·관리하기에는 미관상으로 눈에 띄게 치아 형태가 변해 원래대로 복구하기 위한 치료를 시작한다. 여기서 눈에 띈다는 것은 환자가 개인적으로 느끼는 의견일 수도 있고, 전문가가 보았을 때 기본적인 치아 형태에서 벗어난 상태를 의미할 수도 있다. 라미네이트나 레진 치료를 해야 하는 치아는 음식을 씹거나 찬물을 마셔도 특별히 아픈 증상이 나타나지는 않는다. 단지 심미적으로 보이는 부분의 손상을 복구하는 것이 목적이기 때문에 눈에 띄는 손상 부위가 2단계라 하더라도 치아가 기능할 때 통증을 느낀다면 3단계로 넘어가야 한다.

레진

레진은 치아 색과 유사한 치과용 재료인데 구토로 소실된 법랑질 부위를 채워 줄 수 있고, 치료 부위가 눈에 띄지 않는 장점이 있다. 또한 레진은 치과에 방문하였을 때 그날 바로 때우는 것이 가능하므로 빠르고 편리하다. 손상된 부위를 제거하고, 기존 치아 형태로 레진을 채운 뒤, 특수한 빛을 쪼여 굳히는 방식이다. 치료를 위한 치과 방문 횟수가 적고 비교적 시술이 빨리 끝나는 장점이 있지만, 레진으로 치료할 수 있는 부위는 한정적이다.

치아의 위아래가 직접 닿는 치아 면은 씹을 때 힘을 받아 잘 떨어질 수 있으므로 치료 부위가 작아도 레진치료가 불가할 수 있다. 위산으로 부식된 위쪽 앞니는 정면에서 보았을 때 끝단이 톱니처럼 삐죽삐죽하게 변하게 되는데 이 부분 역시 레진치료가 불가하다. 톱니처럼 변한 앞니 부위는 냉면을 끊어 먹을 때나 사과를 베어 물 때 위아래가 직접 닿아 레진 치료 후 높은 확률로 떨어져 나가기 때문이다.

라미네이트

레진으로 치료하기에는 넓거나 쉽게 떨어질 것 같은 부위는 치아 삭제를 조금 더 하더라도 라미네이트 치료를 권장한다. 라미네이트 치료는 손톱 위에 붙이는 인공 네일과 비슷한 방식이라 생각하면 쉽다. 라미네이트는 그것을 붙일 치아의 한쪽 면을 전체적으로 얇게 삭제한 후, 실리콘 재료를 사용하여 정밀하게 본을 뜨고 치과기공소에 제작을 의뢰한다. 치과기공소에서는 환자 개인의 치아 형태와 색깔에 맞춰 라미네이트를 제작한다. 만들어진 라미네이트는 다시 치과에 내원한 환자의 삭제된 치아 면에 치과용 접착제로 붙여진다. 깨진 손톱 위에 가짜 손톱을 붙이면 안쪽의 깨진 손톱이 보이지 않는 것처럼 라미네이트 치료를 받으면 구토로 녹아서 톱니 같던 앞니 끝단이 가려지게 된다. 라미네이트는 레진보다 단단하다는 장점이 있다.

라미네이트의 단점은 치아의 본을 뜬 다음 한 번 더 치과에 방문을 해야 하기에 내원 당일에 만들 수 없다는 것 그리고 치료받아야 할 치아 면의 일부를

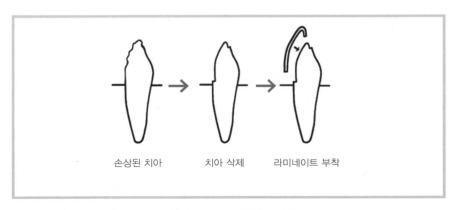

손상된 치아　　치아 삭제　　라미네이트 부착

▶그림 9-2 라미네이트 치료과정

삭제해야 한다는 것이다. 라미네이트가 안전하게 부착되기 위해 재료가 들어갈 공간만큼 치아를 삭제하는 것은 필수적이다. 라미네이트는 형태 복원력과 심미성이 우수하고 3단계 크라운 치료에 비해 치아를 많이 깎지 않아도 된다는 점에서 만족도가 높다. 다만, 네일 팁처럼 붙이는 것이므로 강한 힘을 받게 될 경우 치아에서 떨어져 나갈 가능성이 있다.

3단계 크라운

크라운이란 치아를 대체물질로 완전히 씌워 주는 치과치료의 단계이다. 라미네이트처럼 크라운도 일정한 두께를 가지고 있고 그만큼의 공간이 필요하기 때문에 치료를 위해서는 치아 삭제가 반드시 필요하다. 라미네이트 치료에 비해 크라운 치료의 치아 삭제량은 상대적으로 많다. 라미네이트는 붙이는 공간을 확보하기 위해 치아의 한쪽 면만 깎을 수 있지만, 크라운은 모자처럼 치아를 씌워야 하므로 치아를 전체적으로 돌려 깎아야 한다.

위산에 의해 치아의 사라진 부위가 라미네이트나 레진으로 때울 수 있는

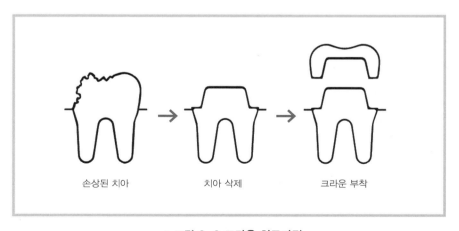

손상된 치아　　　　치아 삭제　　　　크라운 부착

▶그림 9-3 크라운 치료과정

한계치를 넘어섰을 때 크라운 치료가 진행된다. 잇몸에 마취를 한 후 치아를 빙 둘러가며 깎아 내어 크라운이 들어갈 공간을 확보한 다음에 본을 떠서 치과기공소에 크라운 제작을 의뢰한다. 제작된 크라운이 치아에 모자처럼 씌워지면서 원래의 치아 형태가 복구된다. 크라운도 라미네이트처럼 치과기공소에서 따로 제작하기 때문에 당일 치료가 불가하며 두 번 이상 치과를 내원해야 한다. 단순히 크라운 치료만 받는 것이 아니라 신경치료가 동반될 경우 내원 횟수와 기간은 더 증가할 수 있다. 평균적으로 크라운 치료를 마무리하기 위해서는 최소 2주 정도의 기간이 소요된다.

폭토로 인해 치아가 부식되어 크라운 치료를 받아야 할 경우 신경치료가 선행될 수 있다. 선행되는 신경치료는 치아가 녹아 없어진 정도에 따라 치과 의료진의 결정하에 진행된다. 마우스피스와 같은 보조 기구는 환자의 선택으로 구매 여부가 결정되지만, 신경치료가 명백히 필요한 상황에서 이를 무시하고 크라운 치료만 진행하는 치과는 없다. 치아의 구조상 부식의 정도가 심해 신경이 있는 치수강까지 치아가 녹았을 경우 신경치료는 필수적이기 때문이다. 그에 비해 치수강까지 부식이 진행되지 않았거나 통증이 없는 경우에는 신경치료를 받지 않고 크라운 치료만 진행하여 원래의 치아 형태를 복구한다.

치수강까지 치아가 녹아 없어졌을 경우 해당 치아는 높은 확률로 통증을 유발한다. 신체 일부가 아프다고 여겨질 때, 해당 부위는 기존에 가지고 있던 정상적인 기능의 수행능력이 떨어지게 된다. 치아의 기능은 입안에서 음식물을 씹는 것인데, 씹을 때마다 통증이 있다면 음식을 씹기 어려워진다. 그렇기에 이때 치아치료는 크라운 치료를 통해 치아 형태를 복원하는 것보다 통증을 없애는 것이 우선되어야 한다. 형태를 복원하더라도 통증이 없어지지 않으면 치아가 씹는 기능을 정상적으로 할 수 없기 때문이다.

치수의 신경은 치아에 혈액과 영양분을 공급하고, 치아가 단단하게 유지되도록 하며, 통증을 느끼고 전달하는 역할을 한다. 부식으로 인해 치아의 법랑질과 상아질이 소실되면 치수강이 직접적으로 노출되면서 통증을 느끼게 되고 이 고통을 없애기 위해 치수의 신경을 잘라 통증 경로를 차단하는 신경치료를 진행하게 된다. 아픈 치아의 통증을 없애기 위해서 어쩔 수 없이 신경을 차단하게 되면 통증은 사라지지만 해당 치아는 더 이상 혈액과 영양분을 공급받지 못하게 된다. 그 결과 치아가 죽은 통나무처럼 겉껍질만 남아 푸석푸석하고 잘 깨지는 상태로 변하게 된다. 따라서 신경치료를 받은 후 치아가 쪼개질 수 있는 위험성이 높아지기에 이를 예방하고자 치아를 통째로 씌워 주는 크라운 치료가 진행되는 것이다.

신경치료를 받기 위해 치과를 방문해도 크라운 치료가 동반되며, 크라운 치료를 받으러 왔을 때에도 통증을 느낀다면 신경치료가 동반된다. 신경치료를 동반하는 크라운 치료는 결과적으로 미관상 회복과 기능상 회복이 동시에 이루어지게 된다. 미관상 형태 변형만 있을 뿐 통증을 느끼지 않을 경우에는 신경치료 없이 크라운 치료만 단독으로 진행된다.

4단계 임플란트와 브릿지

임플란트와 브릿지는 발치하게 되어 해당 부분의 씹는 기능을 완전히 상실했을 때 비워진 공간을 메워 주는 치과치료의 단계이다. 크라운 치료와 같이 기존의 치아를 살려 쓰는 치료방식이 더 이상 불가능하다고 판단되었을 때 임플란트 치료가 진행되며 연속적인 여러 개의 치아를 동시에 치료할 때 브릿지 치료가 진행될 수 있다.

임플란트
임플란트 치료는 티타늄으로 만든 치아 뿌리를 얼굴 뼈에 식립(植立)하고

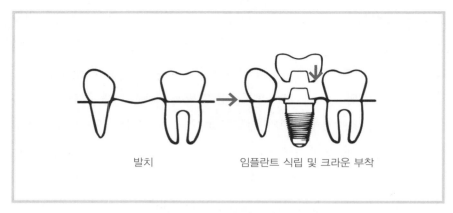

발치　　　　　　　임플란트 식립 및 크라운 부착

▶그림 9-4 임플란트 치료과정

그 위에 인공치아를 부착시키는 방식으로 진행된다. 티타늄은 잇몸 뼈와 융합되어 시간이 지나면서 흔들리지 않게 고정되고 이는 이미 발치되어 없어진 단단한 치아 뿌리를 대신하게 된다. 임플란트는 하나의 치아를 상실하면 하나의 임플란트로 대체하면 되기 때문에 매우 실용적이다. 또한 임플란트는 뿌리부터 음식을 씹는 치아 부분까지 전부 인공물이기 때문에 충치가 생기지 않는다. 충치가 생기지 않는다는 것은 위산에도 녹지 않는다는 것을 의미한다. 임플란트는 산성 물질에 전혀 영향을 받지 않는다.

　다만, 임플란트는 잇몸뼈가 약해지면 빠져 버릴 수 있다. 상실된 치아 뿌리를 대신하는 티타늄이 뼈에 박혀 있는 구조이기 때문에 잇몸 관리를 소홀히 하면 인공 뿌리 주변 뼈에 염증이 생기게 된다. 잇몸뼈는 염증에 취약하기 때문에 염증 상태가 지속될 경우 뼈가 임플란트를 지지해 주지 못하고 임플란트가 통째로 빠지게 되는 것이다. 섭식장애를 겪고 있는 환자는 영양불균형, 치아의 과다 사용, 위산 노출, 구강건조증 등으로 인해 치주질환에 이환될 가능성이 높은 군으로 분류되는데, 치주질환이 악화되면 임플란트는 뼈에서 유지되지 못하고 빠지게 된다.

　임플란트는 치아의 형태를 최대한 비슷하게 만든 대체물질이지만, 본래 치아의 전체 형태를 완벽히 재연하지는 못하기에 치아와 치아 사이 그리고 치아와 잇몸 사이에 음식물이 매우 잘 끼게 된다. 음식물이 입안에 오래 끼어 있게 되면 입 냄새가 유발되고 잇몸이 망가져 주변 치아까지 영향을 받을 수 있으므로 세심한 관리가 필요하다.

임플란트는 산성에도 강하며 치열을 고르게 만들기 때문에 모든 치아를 임플란트로 바꾸는 것이 현명해 보일 수도 있다. 그러나 임플란트는 자연치아의 대체품일 뿐 사라진 잇몸까지 완벽하게 재연하지는 못한다. 또한 임플란트는 뼈에 그저 박혀 있기 때문에 외부 충격을 분산시키지 못해 임플란트 뿌리에 염증이 발생할 확률이 높다. 따라서 임플란트가 받는 힘을 줄여 주기 위해 씹는 면을 본래 자신의 치아보다 작게 제작해 주어야 한다. 씹는 면이 작아진다는 것은 씹는 기능이 그만큼 줄어듦을 의미한다. 추가적으로, 티타늄은 본래 치아 뿌리에 연결되어 있는 신경을 재현하지 못하기 때문에 기존의 치아에서 느끼던 씹는 감각을 느끼기 어렵다. 이는 저작만족감의 저하로 연결된다.

브릿지

브릿지는 치아가 빠졌을 때 주변 치아와 크라운을 연결하여 빈 공간을 메워 주는 치료방식이다. 브릿지라는 이름에서 알 수 있듯이, 하나의 치아를 발치했을 때 남은 양옆에 있는 치아를 깎고 그것을 기둥 삼아 다리처럼 세 개 이상의 치아를 한 덩어리로 만들어 붙여 주는 것이다. 브릿지 치료는 여러 개의 치아를 임플란트보다 상대적으로 저렴한 가격으로 동시에 치료할 수 있다. 이 점은 폭토로 인한 다발성 치아 부식 치료에서 장점으로 작용된다. 브릿지의 최대 단점은 빠진 치아 양옆의 멀쩡한 치아를 깎아야 한다는 점이다. 그러나 폭토 환자는 대부분 다발성 치아 부식을 겪고 있기에 발치해야 할 정도로 치아가 부식되었다면 사실상 주변 치아도 그와 유사하게 부식되었을 확률이

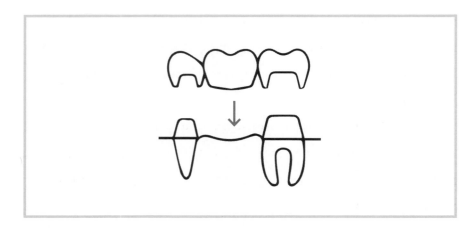

▶그림 9-5 브릿지 치료과정

높다. 치아 발치 후 임플란트를 하고 주변에 부식된 치아에 크라운을 하는 것
보다 한꺼번에 브릿지를 하는 것이 시간과 비용 면에서 효율적이다. 임플란
트의 경우 완성되어 해당 부위로 씹을 수 있게 되기까지 통상적으로 3개월에
서 길게는 1년이 걸리기도 하지만, 브릿지의 경우 완성까지 2주에서 한 달 정
도의 시간이 소요된다. 다만 사람의 치아는 28개로 각각 하는 역할이 조금씩
다른데 브릿지는 여러 개의 치아를 한 덩어리로 만들다 보니 3개의 치아가 해
야 할 일을 2개의 치아로 버텨야 하는 상황이 된다. 따라서 양옆에서 기둥 역
할을 해 주는 치아의 업무량이 과도해지면서 수명이 짧아진다는 단점이
있다.

　4단계 치료는 이전 단계 치료에 비해 치료기간이 길다. 4단계 치료가 기간
이 길고 힘든 치료임에는 틀림없지만 이 시기를 방치하고 넘어가면 치과치료
기간이 더 길어지고 더 고생스럽게 치료해야 하는 경우가 발생한다.

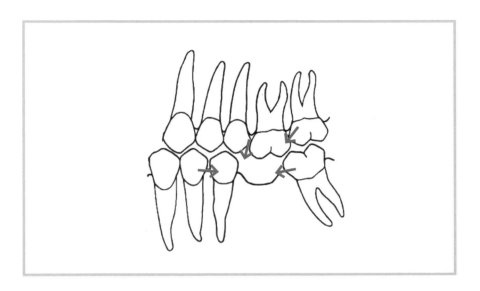

　아프고 상한 이를 뽑고 나서 임플란트를 하기에는 비용적인 부담이 있으니 그냥 발치한 상태로 살다가 나중에 돈을 많이 벌면 임플란트를 하겠다고 말하는 환자도 있다. 그러나 시간이 지나고 나서는 단순 임플란트가 아닌 더 비싸고 복잡한 치료가 요구될 확률이 높다. 치아를 하나 빼고 나면 그곳은 비워진 공간이 된다. 그리고 치아는 비워진 공간이 생기면 주변 치아가 이동해 해당 공간을 메꾸려는 성질을 가지고 있다. 예를 들어, 아래 어금니를 빼고 비어 있는 부분을 방치하면 맞닿았던 윗니는 아래로 내려오고 비워진 공간의 양옆에 있는 치아는 해당 부위로 기울어 자리를 메꾼다. 이런 현상은 개인차가 있으나 통계적으로 발치 후 3개월이 지나면 빈 공간을 메꾸기 위해 주변 치아가 이동하기 시작한다. 이 시기에 이동하는 치아는 정상 자리에서 이탈하여 이동하는 것이므로 치아 축이 기울어진 상태로 삐뚤게 공간을 메꾸게 된다. 결국 하나의 빠진 치아를 방치해 두었다가 주변 치아까지 모두 치료해야 하는 상황이 발생하는 것이다.

순환적 관점에서의 치과치료

앞서 치과치료의 단계가 1단계에서 4단계의 진행형 단계로 살펴보았는데, 최종적으로 치과치료는 순환적으로 이동이 가능하며 4단계의 상태였다 하더라도 치료를 마치고 나면 1단계로 되돌아갈 수 있다. 1단계로 돌아간 치아는 다시 정기적인 검진을 통해 유지·관리가 필요하다.

2, 3, 4 단계를 거친 환자의 경우, 치료를 전혀 하지 않은 1단계 환자와 유지·관리 방식에서 차이를 보인다. 크라운이나 임플란트 같은 대체물질이 치료에 사용되었기 때문이다. 치과치료의 대체물질은 평생 사용할 수 없으며 쓰인 재료에 따라 교체 주기가 있다. 이때 재료의 종류에 따라 보편적인 교체주기가 존재하지만 치아를 많이, 험하게 쓰는 사람의 경우 교체 주기가 상대적으로 짧아질 수 있다. 크라운이나 브릿지의 평균 수명은 7년 정도이며, 10년 정도 사용하면 아프지 않아도 교체할 것을 권장한다. 이러한 교체 주기는 환자 스스로는 알 수 없기에 6개월에 한 번씩 치과에 방문하여 엑스레이를 찍어 보거나 전문가와 상의하여 치과 재료의 교체 주기를 확인해 주는 것이 좋다.

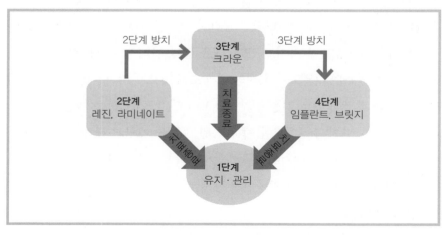

▶그림 9-7 순환적 관점에서의 치과치료 단계

10. 치과치료 후의 폭토

치과치료가 종료된 후에도 폭토를 지속할 경우 아직 교체 주기가 남은 재료가 치아에서 탈락할 확률이 높다. 레진, 라미네이트, 크라운, 브릿지 등의 치료 원리는 손상된 치아 부위를 삭제하고 남은 치아에 대체물질을 접착제로 붙이는 것이다. 결국 손상되었던 부위만이 부식되지 않는 인공 물질로 대체될 뿐 남은 치아는 계속해서 부식되고 있다는 사실을 섭식장애 환자는 쉽게 간과한다.

치료를 했으니 이제 안전하다는 생각에 더 신경 쓰지 않고 폭토를 해 버리는 경우도 자주 볼 수 있다. 치과에서 씌우지 않은 치아가 위산에 부식됨에 대해서는 이해할 수 있지만, 크라운 치료를 해 놓은 치아가 부식된다는 것을 인지하기는 쉽지 않기 때문이다. 그러나 이것은 치아의 입장에서는 상당히 위험한 일이다.

대체물질을 부착하더라도 부착하지 않은 부분의 치아는 여전히 위산에 노출되고 있으며 부식이 진행된다. 이로 인해 대체물질을 지지해 주는 치아가 손상되면서 부러지거나 치과 재료 자체가 빠지는 경우가 발생한다. 또한 대체물질도 만능이 아니다. 방패를 들고 갑옷을 입었어도 사이로 들어오는 화살을 막을 수 없듯, 위산이 대체물질과 치아 사이로 침투하는 것을 완벽히 막아 내지는 못한다. 치과치료 후 음식을 씹게 되면 치아와 대체물질 사이에 존재하는 접착제에 균열이 필연적으로 발생하게 되는데, 구토를 하게 되면 위산이 이 균열로 유입된다. 구토를 하지 않는 사람이라도 침과 음식물이 치과용 접착제를 녹여 대체물질을 치아로부터 탈락시킨다. 대체물질이 탈락된 치아면이 깨끗할 경우에는 새로운 대체물질을 제작하여 부착하면 되지만 폭토 환자의 경우 탈락된 치아면이 부식되어 있을 확률이 높다. 따라서 새로운 대체물질을 만들더라도 지지해 줄 수 있는 치아량이 부족해 부착이 불가하거나 발치해야 하는 경우가 발생한다.

다음은 치과치료 종료 후 폭토를 지속했을 경우 위산이 남은 치아를 부식시켜 최종적으로 탈락시키는 경로이다.

라미네이트 후 라미네이트 반대 치아면 부식

라미네이트는 치아의 한쪽 면만을 대체물질로 보충해 주는 치료방식이기

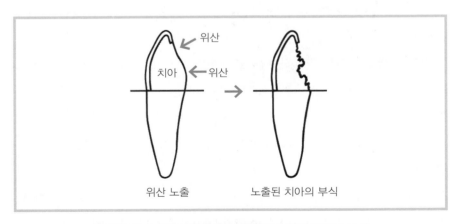

▶그림 10-1 라미네이트 후 라미네이트 반대 치아면 부식

에, 치료를 하더라도 구토를 계속 할 경우 반대쪽 치아는 위산에 노출될 수밖에 없다. 이로 인해 노출된 치아는 부식되고 최종적으로 라미네이트가 탈락된다.

잇몸퇴축과 치아뿌리 부식으로 인한 크라운 탈락

크라운을 처음 제작하여 부착하면 크라운과 잇몸 사이에 치아가 드러나지 않는다. 그러나 잇몸질환이나 좋지 않은 저작습관은 잇몸이 주저앉아 뿌리가 드러나는 잇몸퇴축을 유발한다. 폭토 환자는 자주 잇몸퇴축 증상을 호소하는데, 이는 과도한 저작과 구토로 인해 입안이 치주질환에 이환되기 쉬운 상태로 변했기 때문이다. 치아머리 부분은 크라운에 가려져 위산으로부터 보호될수 있으나, 잇몸퇴축으로 인해 크라운이나 브릿지 하방으로 드러난 치아뿌리는 위산에 노출되어 여전히 부식된다. 그로 인해 크라운과 안쪽 치아 사이에 공간이 생기기 시작한다. 위산은 미세한 틈 사이로 유입이 가능하기에 잇몸과 크라운의 경계 부위가 파여 어두워 보일 수 있다.

치아를 둘러싸고 있는 크라운은 위산에 부식되지 않지만 위산이 유입된 크라운 안쪽의 치아 부분은 부식될 수 있다. 크라운 안쪽에서 지탱해 주는 치아

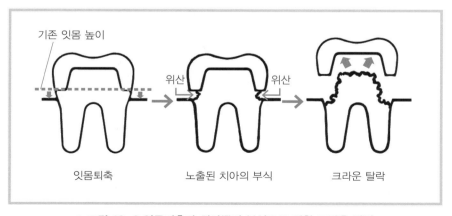

기존 잇몸 높이

위산   위산

잇몸퇴축   노출된 치아의 부식   크라운 탈락

▶ 그림 10-2 잇몸퇴축과 치아뿌리 부식으로 인한 크라운 탈락

가 부식될 경우, 빵이나 밥을 씹는 약한 자극에도 크라운이 탈락될 수 있고 치아 자체가 부러지기도 한다. 이와 같은 방식으로 치아가 부식될 경우 크라운의 교체 주기가 남아 있더라도 조기에 탈락할 가능성이 높다.

치과용 접착체 균열과 위산 유입

크라운은 치아와 치과용 접착제로 접합되어 있다. 치과 재료가 아무리 발전해도 치과용 접착제를 이용해 치과용 대체물질을 남은 치아에 붙인 것은 기존의 자연치아를 온전히 재현하지 못한다. 그 불협화음은 치아와 대체물질 사이에 미세한 틈이 존재하도록 한다.

집을 지을 때 벽돌 사이에 시멘트를 발라 빈 공간을 차단하는 것처럼, 처음에는 접착제가 크라운과 치아 사이의 공간을 완벽히 메워 준다. 그러나 매일 음식을 씹는 크라운은 저작력을 받게 되고 그로 인해 접착제에 미세한 균열이 생긴다. 접착제의 균열 부위를 통해 유입된 침이나 음식물은 접착제를 녹이고 크라운을 탈락시킨다. 단순히 접착제의 문제로 탈락한 크라운은 교체 주

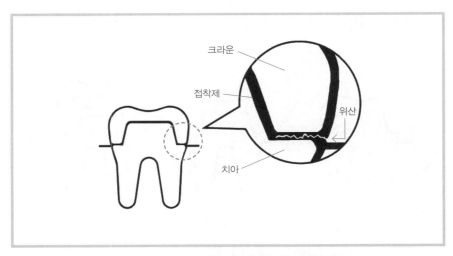

▶ 그림 10-3 치과용 접작체 균열과 위산 유입

Part 3 섭식장애의 도미노 효과

기가 남아 있을 경우 다시 접착제로 붙여 주면 된다. 그러나 폭토 환자의 경우 접착제 균열 부위로 침과 위산이 함께 유입되어 접착제가 녹아 사라진 경우가 많으며, 이미 안쪽 치아에 부식이 진행되어 있는 경우도 많다. 결국 치아면이 손상되어 떨어진 크라운을 재접합하지 못하고 추가적으로 치아를 삭제하고 크라운을 다시 제작해야 한다.

치과치료가 비싸다는 인식이 강해서인지 환자는 한 번 큰 비용을 지불하고 치료를 마치고 나면 다음에 치아가 아파질 때까지 쉽게 치과를 방문하지 않는다. 더불어 시간이 없다는 이유로 검진을 미루는 경우도 많은데, 치아는 아프기 전에 검진을 받는 것이 가장 좋고 손상이 최소화되었을 때 치료를 받아야 비용이 적게 든다.

폭토를 하는 경우 구토를 하지 않는 사람에 비해 치아가 산성에 노출되는 일이 잦기 때문에 정기적인 치아관리는 필수이다. 치과를 방문하면 정확한 진단과 치료를 받게 되고 이를 바탕으로 섭식장애 증상에 대한 치료 의지도 높일 수 있을 것이다. 또는 추천하지는 않지만 구토를 계속 유지하면서 치아를 최소한으로 손상시킬 수 있는 나름의 관리를 할 수도 있다. 구토는 결국 치아를 부식시키지만 치과를 다니며 지속적인 치아관리를 하는 사람과 그렇지 않는 사람의 치아 예후는 완전하게 달라지기 때문이다. 또한 치과치료를 종료하더라도 구토가 지속적으로 치아를 부식시킨다는 사실도 잊지 말아야 할 것이다.

가장 좋은 것은 섭식장애 증상을 없애고 치과치료를 받는 것이다. 그러나 그 순서를 지키기 어렵다고 하여 치과치료를 미루는 것은 좋은 선택이 아니다. 치과치료와 더불어 섭식장애 증상과 심리 치료를 병행한다면 이상 섭식 행동으로 인한 치아 손상은 더 이상 진행되지 않을 것이다.

부록: 폭토에 취약한 치아 유형

1. 법랑질 형성 부전증

선천적으로 타고난 치아에서 법랑질이 제대로 형성되지 않은 증상이다. 치아의 가장 바깥쪽 부위인 법랑질이 없으므로 처음부터 상아질이 노출되어 있다. 법랑질 형성 부전증이 있는 환자가 폭토를 할 경우, 위산에 의한 치아 부식이 빠르게 진행될 확률이 높다.

2. 치경부 마모증

잇몸과 치아 경계 부위의 치아가 파인 증상이다. 잘못된 칫솔질에 의해 증상이 발현될 수 있다. 또한 교합이 비정상적일 경우 몇 개의 치아에 씹는 힘이 과도하게 전달되어 해당 치아의 옆 부분이 손상되는 치경부 마모증이 생기기도 한다. 이미 치아에 치경부 마모증이 있는 상태에서 씹뱉을 하거나 폭토를 할 경우 마모증이 더욱 심해질 수 있다. 치경부 마모증은 주로 치아의 옆면에서 시작되는 경우가 많은데 상아질이 드러나 있기 때문에 위산에 노출될 경우 단기간에 신경이 드러나기도 한다.

3. 치외치

치아의 씹는 면 중앙에 작은 뿔이 있는 치아를 뜻한다. 주로 작은 어금니에서 발현되는 증상이며 작은 뿔은 외부 자극이나 씹는 힘에 의해 쉽게 부러진다. 뿔이 부러지게 되면 치아에 통증이 유발되는 경우가 많다. 치외치가 있는지 모르고 씹뱉을 하는 경우 뿔이 부러질 확률이 높다. 통증이 심한 경우 남은 치아가 깨끗해도 신경치료를 해야 하는 상황이 발생할 수 있다.

4. 치아가 촘촘하게 겹쳐 있는 부정교합

치아 크기에 비해 턱뼈의 공간이 부족하여 치아가 겹쳐져 교합이 틀어지는 상태를 뜻한다. 치아가 포개져 있는 경우 칫솔질만으로 청결을 유지하기 어려우며 충치가 발생할 확률이 높아진다.

촘촘한 치아 배열을 가진 사람이 폭토를 할 경우, 치아 사이에 위산이 남아 있을 확률이 더 높아져 포개진 치아 사이에서 부식이 빠르게 진행된다. 치아가 겹친 부위에서의 손상은 눈에 띄지 않기 때문에 초기에 발견하기 어렵다.

5. 치주질환

치아 주위 조직에 염증이 생기는 질환이다. 치아는 얼굴뼈에 치주인대 조직으로 부착되어 있는데, 치주질환이 진행되면 치아를 잡아 주는 뼈나 치주인대 등 주변 조직이 손상되면서 치아가 흔들리다가 빠지게 된다. 흔히 '풍치'라고 불리는 치주질환은 흡연, 전신 질환, 스트레스, 유전적 요인, 부실한 영양 상태 등 복합적 요인으로 인해 발생한다. 폭토나 거식으로 인한 영양결핍과 호르몬의 변화는 치주질환에 이환될 가능성을 높인다.

6. 골다공증 약물 복용

골다공증으로 인해 체내 골밀도가 낮아지면 잇몸 뼈가 약해지면서 치주질환에 이환될 확률이 높아진다. 임플란트 치료 시 뿌리에 해당하는 부분이 뼈에 박히게 되면 뼈세포들의 작용으로 임플란트와 잇몸 뼈 사이에서 골유착이 일어난다. 그러나 골다공증 치료제를 사용하는 환자의 경우 골유착이 충분히 일어나지 않아 임플란트에 실패할 확률이 높다. 골다공증 치료에 사용되는 비스포스포네이트 제제는 파골세포의 활동을 억제하여 골흡수를 억제하는 동시에 골 생성을 방해한다. 그로 인해 골유착에 실패한 임플란트는 뼈에 고정되지 못하고 탈락하게 된다. 비스포스포네이트를 오랜 기간 복용하면 뼈가 딱딱해지고 원활한 혈액순환이 이루어지지 않아 뼈의 괴사가 발생하기도 한다.

7. 크라운 유지력이 약한 치아

키가 작은 사람, 손가락이 긴 사람이 있는 것처럼, 선천적으로 치아머리 부위가 짧은 사람들이 있다. 평소 입안에 보이는 치아가 작더라도 일상생활에는 문제가 없으나 크라운이나 브릿지 등과 같은 치과치료를 했을 경우에는 짧은 치아 모양 자체로 인해 대체물질의 유지력이 떨어져 치아로부터 쉽게 탈락될 수 있다. 이때 폭토를 지속할 경우 대체물질의 탈락 속도는 더욱 빨라진다.

8. 뿌리가 짧은 치아

선천적으로 치아의 뿌리가 짧거나 교정 치료를 받고 뿌리가 짧아진 경우 치아가 흔들릴 위험성이 높다. 섭식장애 증상으로 치주질환이 심각해진 경우 치아가 흔들리는데, 이때 치아뿌리가 짧다면 쉽게 흔들리며 치료가 불가하여 조기 발치될 수 있다.

PART 4

회복의 시작

1. 체중은 언제 재야 할까

섭식장애 환자는 신체에 관련된 숫자에 강박적으로 집중하는 경향이 있다. 이들은 음식을 섭취하는 부분에서는 음식의 칼로리에, 현재의 자신의 몸 상태를 나타내는 척도에서는 체중에 과도하게 얽매이는 양상을 보인다. 체중계의 숫자는 객관적인 지표를 제공한다는 점에서는 명확한 기준을 제시하는 것처럼 보이지만, 자신의 키나 신체나이, 골격에 상관없이 오직 체중에만 집착하는 것은 문제가 된다.

체중계의 숫자

163cm의 키에 55kg의 몸무게인 사람과 173cm의 키에 55kg의 몸무게인 사람의 체형은 같을까. 몸무게는 동일해도 10cm의 신장 차이가 있기 때문에 체형은 당연히 다를 수밖에 없다. 그런데 다이어트를 시작하면 다이어트의 목표를 특정 체중으로 설정해 놓는 경우가 일반적이다. 체중이 곧 체형이라고

생각하고 목표 체중을 정하는 것이다. 이렇게 같은 몸무게라도 키뿐만 아니라 근육량과 지방량, 뼈의 골격에 따라서 전혀 다른 체형이 될 수 있음에도 불구하고 다이어트를 시작하는 사람의 목표체중은 언제나 비슷하다. 여성에게 48kg이 이상적인 몸무게처럼 받아들여지는 것은 10년 전이나 지금이나 변하지 않은 상황이다.

그렇다면 체중계가 알려 주는 숫자는 무엇을 나타내는 것이며, 체중계의 숫자를 어떻게 이해해야 하는 걸까. 체중은 체내 수분 함량, 대장과 방광의 상태, 생리주기 등 여러 가지 요인에 따라 변화하는 것이며, 이 무게가 절대적인 체내 지방량을 의미하는 것은 아니다. 물을 마시거나, 화장실을 가거나, 땀을 흘리는 것만으로도 쉽게 그 무게는 변화한다. 그렇기에 평균적으로 성인 여성의 경우 아침과 저녁에 측정한 체중은 약 500g~1kg, 성인 남성의 경우 약 1~1.5kg의 차이를 보이기도 한다.

섭식장애를 겪는 사람은 그렇지 않은 사람에 비해 체중에 민감한 반응을 보이기 때문에 섭식장애 치료 도중의 잦은 체중 측정은 치료의 방해 요소로 작용한다. 잦은 체중 측정은 체중계 숫자의 의미 없는 변화에 더 집착하게 만들고, 스스로 더 엄격한 식사제한을 하게 하거나, 잘못된 다이어트 강박을 강화시키는 등 치료에 부정적 영향을 주는 행동을 유발하기 때문이다.

섭식장애 치료 중에는 체중을 측정하지 않는 것이 가장 좋지만, 매일 하루에도 여러 번 체중을 측정하던 습관이 있었던 내담자의 경우 하루아침에 체중 측정을 하지 않도록 하면 극도의 불안감을 느끼기도 하고 치료 자체를 거부하기도 한다. 이런 경우 상담이 있는 날, 혹은 일주일에 한 번 특정 요일을 설정해서 그때만 측정을 하고 측정하는 날과 다음 측정 날의 사이 기간을 점차 늘려 나가는 대처방안을 적용하는 것이 도움이 된다.

저체중에서 치료를 시작한 내담자의 경우 치료를 시작하면서 일부러 정해진 시간에 체중을 측정하기도 한다. 치료적 목적으로 주 1회나 2회 정해진 시간에 체중을 측정할 경우, 내담자는 스스로 체중변화 그래프를 체크할 수 있게 되고, 치료 중 전체적인 그래프의 곡선이 올라갔다가 다시 내려갔다가를 반복하며 목표체중에 가고 있다는 것도 알 수 있게 된다. 자신이 섭식장애로부터 회복이 되고 있다는 것, 도달하게 될 목표체중에 안정적으로 잘 가고 있다는 것 그리고 체중이 급격하게 상승하더라도 그것이 몇 배의 체중으로 계속해서 늘어나는 것이 아니라는 것을 스스로에게 확인시켜 주는 것이다. 섭식장애 치료과정에서 체중 측정은 자기 인지와 치료과정 확인을 위한 목적으로 사용되며, 규칙적으로 설정된 시간에만 측정하는 것이 원칙이다. 자가치료를 하는 경우에는 주 1회 체중을 측정하더라도 확인된 체중에 대한 올바른 감정적 대응을 혼자서는 하기 어렵기 때문에 치료 도중 체중계는 잠시 치워 놓기를 권하고 있다.

체형의 확인

체중 측정을 중단한다는 것이 모든 신체 확인을 중단한다는 것을 의미하지는 않는다. 섭식장애 내담자에게 체중 측정을 하지 않는 규칙을 설명하면, 일부 내담자는 자신이 현재는 체중 측정을 하고 있지 않음을 이야기한다. 그렇지만 그 자체로 좋은 현상이라고 끝내고 넘어가기 전에 잔존하는 섭식 습관이 없는지 체크해 보아야 한다.

체중계에 올라가 매번 숫자를 체크하는 것에서는 이제 벗어났다 하더라도 거울로 눈바디하기, 손으로 팔뚝과 배를 주무르며 체형 확인하기, 과거의 옷들을 입어 보며 늘어난 부피 확인하기 등 놓지 못하는 습관이 남아 있을 수 있기 때문이다. 이러한 습관은 모두 섭식장애 치료에 도움이 되지 않는 방해 요소들이다.

섭식장애 치료가 시작된 초기에는 몸의 부기나 복부팽만 현상이 자주 등장한다. 거울을 보면 부은 자신의 모습이 혐오스럽게 느껴지고, 배가 **빵빵**하게 나온 지금의 체형과 섭식장애를 겪는 동안 말랐던 이전의 체형이 비교되면서 다시 토하거나 절식하고 싶은 충동이 일어난다. 이때 거울 속에 있는 변한 자신의 모습에 흔들려서는 안 된다. 부은 모습을 거울로 확인하는 행동은 어렵게 시작한 섭식장애 치료를 초기에 포기하게 만들거나 치료의 의지를 꺾어 버릴 수 있기 때문이다.

> '지금 내가 이렇게 부어서 **빵빵**한데, 잘하고 있는 것이 맞나?'
> '그냥 살만 찌는 거 아닌가?'
> '그냥 예전이 더 좋았던 거 같은데…….'

거울 속 부은 모습이나 손으로 잡히는 살 등에 불안감을 느끼면서도 많은 환자가 치료를 지속한다. 그러나 부어 버린 자신의 모습에 실망하거나 치료 이전에 거식이나 폭토로 유지하던 마른 몸에 대한 그리움에 젖어 버린다면 머릿속에는 점점 회복과는 거리가 먼 생각들이 가득 차게 된다. 복잡해진 머리와 마음은 다시 치료 이전의 상태로 돌아가게 하거나 또 다른 폭식패턴을 불러일으킬 수도 있다.

> "괜찮아. 치료 중이라 그런 거야."
> "잘하고 있어."
> "부기는 일시적인 거야."

힘든 치료의 길에 접어든 자신에게 필요한 것은 치료 중 변화한 모습에 대한 비난이 아닌 스스로에 대한 응원의 메시지이다. 눈바디 체크나 살 주무르기, 과거의 옷 확인하기와 같은 행동은 파이팅을 해도 부족한 섭식장애 치료

Part 4 회복의 시작

를 어렵게 할 뿐이다.

살이 쪘을 것 같은 불안감이 느껴질 때, 섭식장애 환자는 체중계의 유혹에 갈등한다. 섭식장애에 얽힌 행동은 중독적이기에 그만두었을 때 이들이 느끼는 불안감은 상당히 높을 수밖에 없다. 체중을 확인하고 싶은 욕구는 결국 체중계를 다시 꺼내도록 스스로를 설득하는 목소리를 내고 만다.

> '오늘 딱 한 번만 재고 다음부터 재지 말자.'
> '체중을 재도 섭식장애 치료는 계속할 거니까 그냥 확인만 하자.'
> '치료가 잘 되고 있는지 보는 것뿐이야.'

그러나 그 딱 한 번과 치료에 영향을 미치지 않을 거라는 자기합리화의 나약한 약속은 숫자를 확인하는 순간 쉽게 무너져 버린다. 체중이 늘어난 것을 보는 순간, 섭식장애 치료를 위해 했던 행동과 시간은 그냥 없었던 일이 되어 버리는 것이다. 체중이 증가하면서 느끼는 불안감보다 그냥 섭식장애 상태에서 느끼는 불안감이 더 안전하다고 생각한 마음이 만든 결과이다. 그러나 이 것은 체중에 대한 집착이 만들어 낸 왜곡된 합리화일 뿐이다. 전문가와의 치료과정에서 또는 자가치료의 과정에서 자신이 올바른 치료의 길에 접어들고 있다는 것을 확인하는 수단으로 체중을 잴 수 있지만, 대부분의 섭식장애 환자는 체중계의 숫자를 보았을 때 합리적인 사고를 하지 못한다. 그것을 판단할 능력이 섭식장애 상태에서는 대부분 없기 때문에 임의로 체중을 재는 행동을 금지하는 것이다.

지금은 체중계를 치울 때

섭식장애 치료를 결심하고 시작했다면 자가치료 중 체중은 재지 않는 것이 좋다. 체중이나 체형의 변화가 다시 섭식문제로 이어지지 않는 안정기가 되기 전까지는 몸무게가 가리키는 숫자에 부정적 영향을 받는 경우가 많기 때문이다. 거울에 비친 자신의 모습 혹은 눈바디로 측정한 비교 이미지에도 집중하지 않는 것이 좋다.

치료의 과정에서는 자신이 조절하지 못하는 상황은 피하는 것이 좋다. 폭토 증상을 가지고 있다면 치료 도중 뷔페 식당은 피하는 것이 좋고, 다른 친구와 자신의 몸을 계속해서 비교해 왔던 사람이라면 굳이 친구와 함께 찍은 사진을 들여다보며 몸매를 비교하고 있을 필요는 없다는 것이다. 체중과 살의 확인도 마찬가지이다. 자신이 체중과 체형 확인에 심리적으로 취약하다는 것은 섭식장애를 겪는 도중 분명하게 인식했을 것이며, 이것을 이미 알고 있는 상황에서 스스로를 위험에 노출시킬 필요는 없다.

회복식을 시도하고 섭식장애가 치료되는 과정에서 체중과 체형 변화는 필연적이다. 저체중의 몸무게를 그대로 유지하면서, 정확히 필요한 영양소만 공급하면서, 생리만 시작하면서, 피부에 생기만 돌면서, 건강만 회복하는 치료는 이 세상에 존재하지 않는다. 그러나 이 말이 곧 치료와 동시에 몸매는 못생겨질 것이니 외모를 포기하고 치료에만 전념하라는 것을 의미하지도 않는다. 섭식장애 환자는 회복 도중의 체형 변화가 일시적이라는 것. 그리고 이 변화가 보인다는 것은 치료가 잘 진행되어 가고 있는 증거라는 것을 기억해야 할 것이다.

체중을 평생 재지 말아야 한다는 것도 아니다. 회복식을 시작할 경우, 처음에는 알람을 설정하고 맞춰 식사를 할 정도로 규칙적이고 일정한 양의 식사를 권하지만 회복식이 원활하게 진행되고 식사가 자유로워진다면 더 이상의 알람과 시간 설정은 의미가 없다. 밤에 야식을 먹어도 되고, 친구와 오랜만에 만나 달콤한 디저트로 과식해도 되고, 피곤한 날은 아침을 건너뛰어도 상관없다. 섭식장애의 치료는 자연스러운 일상을 영위하는 것이 궁극적인 목적이기 때문이다. 체중을 재는 것도 마찬가지이다. 섭식장애가 없는 사람도 체중을 재고, 건강을 위해 식단조절을 한다. 이들과 섭식장애 환자가 다른 점이 있다면 섭식장애가 없는 사람에게 체중의 확인은 감정이나 행동을 조절할 만큼의 영향력이 없다는 점이다. 섭식장애를 겪었었지만 그로부터 회복된 사람도 일상의 음식과 삶을 즐기고 체중도 재며 운동도 한다. 다만, 현재 자신이 섭식장애를 겪고 있다면 결국은 자연스럽게 체중을 잴 수 있는 상태가 되기 위해 지금의 치료과정에서 체중의 확인을 잠시 멈춰야 한다는 것이다. 체중을 계속 확인한다는 것은 결국 섭식장애에 계속 머무르고 싶은 마음을 붙잡아 둔다는 뜻이 된다.

2. 다이어트와 섭식장애 치료, 함께 할 수 없나요

　　"제가 섭식문제가 있다는 것은 알아요. 그래서 치료를 결심했고
요. 그래서 이제 절식과 폭식을 반복하지 않고 정말 규칙적으로 음
식을 잘 먹으려고 해요. 그런데 살이 찌고 싶지는 않아요. 그래서
밥 대신 곤약을 먹으려고요. 대신 반찬은 먹을 거예요. 굶지도 않
을 거고요. 그리고 아직 이렇게 규칙적으로 먹는 게 소화가 잘 안
되기도 해서…… 섭식치료하면서 운동도 같이 하려고 하는데……
그건 괜찮죠?"

　'회복은 하고 싶지만 살은 찌고 싶지 않다.'는 것은 섭식장애 환자가 치료
초기에 자주 언급하는 말이다. 앞서 제시한 내담자의 설명은 얼핏 보기에는
특별한 문제가 없어 보인다. 치료에 대한 필요성과 의지도 보이고 구체적인
방법도 정해 놓아 괜찮아 보인다. 그렇지만 규칙적으로 곤약과 같은 저칼로
리 음식으로 식사를 대체하는 것과 운동으로 먹은 칼로리를 소모하려는 시도

는 결코 섭식장애 치료에 도움이 되는 방향성이 아니다. 그저 섭식장애 증상을 규칙적으로 이행하는 행동일 뿐이다.

살은 조금만 찌우고 치료할 순 없나요

많은 내담자가 마음연구소에 방문해 치료의 의지를 이야기하면서도 여전히 섭식장애 치료와 다이어트를 동시에 할 수 있기를 희망한다. 특히 폭식, 폭토, 씹뱉의 증상으로 현재 체중이 과체중 이상일 때에는 체중을 줄이려는 욕구가 확연하다. 일부 내담자는 섭식장애 심리상담 프로그램에 다이어트 식단을 넣을 수도 있는지 질문한다. 그러나 치료의 시작에서 환자가 명확히 알고 있어야 하는 것은 섭식장애 치료와 다이어트는 동시에 진행되지 않는다는 것이다.

섭식장애 치료는 행동교정과 더불어 감정적인 식사, 강박과 완벽주의, 자존감, 나아가 대인관계와 일상생활까지 영향을 미치고 있는 섭식장애의 심리적 요인들을 하나하나 풀어 나가고 잘못 연결된 고리들을 재배치해 주는 전체적인 과정을 다룬다. 그렇기에 섭식장애 치료에 있어서 자신의 욕구를 억제하고 타인과의 비교가 선행되어야 하는 다이어트는 함께할 수 없다. 섭식장애 치료가 진행됨에 따라 내담자는 자기 조절감이 향상되고 음식으로 인해 망가져 있던 생활패턴도 수정될 것이다. 그에 따라 궁극적으로 섭식장애 치료가 종료되고 일상적인 삶의 영위가 가능해지면 식단이나 운동을 통해 체중을 조절하거나 유지를 하는 것이 전혀 문제가 되지 않는다.

체중과 체형의 확인과 마찬가지로 이 모든 것은 회복 이후에 가능하다. 그러나 섭식장애가 있는 상태에서 식단조절이나 운동은 결국 또 다른 섭식장애를 일으키고 회복에 투자했던 여러 가지 것들을 물거품으로 만들 수도 있다. 다이어트가 섭식장애를 유발했다는 것을 잊어서는 안 된다. 다이어트가 강박의 시작이었고, 다른 사람과의 비교를 통해 열등감을 만들었다는 것을 떠올린다면 섭식장애와 다이어트가 공존할 수 없는 이유를 명확히 알 수 있을 것이다.

규칙적인 다이어트 식단 ≠ 회복식

섭식장애 커뮤니티 소금인형에는 치료 중인 회원들의 기록들이 자주 올라온다. 자신이 회복식을 진행하고 있는 식단과 매일의 일상을 게시판에 공유하는 것이다. 다른 회원들의 치료 의지를 북돋아 주고 이런 식으로 진행하면 된다는 생생한 예시를 제공해 주기에 상당히 고무적이다. 그러나 일부 회원은 철저한 다이어트식을 회복식으로 포장해서 올리기도 한다.

간이 최소화된, 양념은 없는, 생식에 가까운, 백색 탄수화물이 배제된, 채소와 담백한 단백질 그리고 다이어트 식품이라 알려진 슈퍼푸드들이 즐비한 식단이 매일 올라온다. 물론 저체중인 환자가 음식섭취가 거의 없다가 규칙적으로 먹기 시작한 것은 긍정적인 일이나, 규칙적인 다이어트 식단을 회복식으로 착각하는 일은 상당히 위험한 일이다. 다이어트 식단을 매일 규칙적으로 먹는 해당 회원의 글에 소금인형의 다른 회원들은 응원을 하거나 자신들도 이렇게 하고 싶다는 댓글을 남긴다. 그러나 다이어트와 섭식장애를 오갔던 사람이라면 올라온 식단을 사진으로 보기만 해도 이렇게 먹으면 살이 찌지 않고 이렇게 평생 먹는다면 저체중을 영원히 유지하게 된다는 것을 알고 있다.

폭식증 환자의 경우 많이 먹는 것이 문제이니 결국 규칙적으로 조금씩만 먹는다면 폭식증은 사라지고 살도 빠질 것이라 기대한다. 섭식장애 치료 현장에서 과체중이나 비만했던 섭식장애 환자가 회복식을 통해 체중이 감소된 것은 자주 만나 볼 수 있는 사례들이다. 그러나 그 체중의 감소가 건강하지 못했던 신체가 회복을 했기 때문이지, 해당 환자가 다이어트 식단으로 회복식을 진행했기 때문은 결코 아니다. 다이어트 식단으로 규칙적으로 자가 회복식을 하였을 때, 초반에는 잠시 음식조절이 되는 것처럼 보여도 결국 인위적으로 만들어 낸 저칼로리 식단은 더 심한 폭식과 폭토를 유발할 가능성이 높다.

섭식장애 치료는 기본적으로 음식에 대한 거부감이나 불만족감에 대한 부분들을 하나하나 해결해 가는 과정이 포함되어 있다. 이 과정 중에 다이어트를 해야 한다는 심리가 작동하면 회복식을 하면서도 회복이 되지 않는 상황을 만날 수 있다. 아무리 충분히 먹더라도 불만족감이 생기거나 살이 찔 것 같다는 불안감이 작용하기 때문이다. 이러한 심리적인 불만족감과 불안감은 결국은 더 심한 폭식과 절식의 반복하게 만들어 섭식장애를 강화하기도 한다. 치료를 시작했는데 섭식장애가 더 심해져 버리는 것이다.

물론 섭식장애를 겪는 모두가 다이어트를 그만두고 섭식장애 치료에 전념하는 것은 아니다. 굳이 피어푸드(fear food)를 먹지 않고도 살 수 있고, 백색 탄수화물을 안 먹으면서 살 수도 있다. 그냥 계속 다이어트도 하고 섭식장애의 경계선을 오가며 지낼 수도 있다. 이 세상의 모든 우울증 환자가 우울증을 치료하며 살지는 않는 것처럼 섭식장애도 마찬가지이다. 불행한 삶을 사는 사람은 여전히 존재하고 자살을 선택하는 사람도 계속해서 늘어나고 있다. 자신이 섭식장애와 다이어트를 지속하겠다고 선택한다면 평생 함께할 수도 있고, 강박 속에서 고통받을 수도 있고, 최악의 경우 생명까지 위협받을 수도 있다. 치료를 시작하면서 다이어트를 그만두라는 말은 섭식장애로부터 벗어나 더 나은 삶을 선택하려고 하는 사람의 경우에만 해당될 것이다.

섭식장애 치료를 시작한 한 내담자가 섭식장애 치료와 함께 다이어트를 동시에 하겠다는 생각을 하는 상황을 가정해 보자. 회복식을 며칠 도전한 후 아침에 체중을 측정하였는데, 체중계의 숫자가 올라간 것을 확인했다면 내담자의 머릿속에는 다음과 같은 생각들이 떠오를 것이다.

'내가 뭘 많이 먹었지?'

'살 너무 쪘다. 뭘 해야 하지?'

손쉬운 방식은 익숙한 절식이나 구토를 선택하는 것이다. 그럼 반대로 치료 도중 체중계의 숫자가 내려갔다면 이 내담자는 다이어트를 그만둘까. 그렇지 않다. 여전히 다이어트가 머릿속에 있다면 빠진 체중을 보면서 더 낮은 체중을 보고 싶다는 생각에 저칼로리 식단과 운동을 더욱 철저히 유지할 것이다. 그리고 기분 좋게 빠진 체중이 무언가 먹을 때마다 다시 늘어날 것에 대해 걱정을 하게 된다.

결국 체중계의 숫자에 상관없이 다이어트를 하고 있다는 것 자체가 문제가 된다. 살을 빼고 싶다는 생각을 하는 사람이 다이어트와 섭식장애 치료를 둘 다 놓고 보았을 때 어떤 것이 더 매력적인지는 확연하다. 섭식장애를 겪는 사람에게 날씬함의 매력은 그 무엇보다 크게 느껴진다. 다이어트와 연결된 사고는 결국 섭식장애 치료에 도움이 되지 않는 음식제한이나 음식제거, 살이 찌면 안 된다는 강박 등과 같은 섭식장애의 행동적·심리적 요소를 강화한다.

저는 몇 킬로나 찌게 되나요

섭식장애에서 체중과 부기의 정도는 그 누구에게도 예측이 불가하다. 저체중에서 치료를 시작할 경우 체중이 증가하고 과체중에서 치료를 시작하면 체중이 낮아질 확률은 높으나 망가진 신체가 회복되는 과정에서 체중변화와 부기는 개인에 따라 다르게 나타난다.

폭식과 절식, 폭토를 반복하던 내담자가 규칙적으로 음식 먹기를 시도하게 되면 몸이 붓거나, 복부가 팽만해지거나, 몸무게가 증가하는 것은 자주 볼 수 있는 증상이다. 체중이 증가하는 내담자는 자신은 과체중에서 회복식을 시작해서 5kg이 늘었으니 이대로 회복식을 쭉 하면 10kg, 20kg이 늘어 비만이 될 것이라는 두려움을 느낀다. 실질적으로 그렇지 않다는 이론적 설명과 다른 내담자의 사례를 통한 연구결과나 그래프는 쉽게 눈과 귀에 들어오지 않고, 살이 찌기 싫다는 생각과 다이어트를 해야만 한다는 심리가 강하게 작동하기 시작한다. 다시 절식을 해서 부기를 없애거나 폭토를 해서 늘어난 몸무게를 줄이고 싶어지는 것이다.

섭식장애를 겪는 환자가 몸무게의 극단적인 오르내림을 경험하는 경우도 있지만 일정한 체중에 머무르며 섭식장애를 유지하는 환자도 있다. 섭식장애 치료를 통해 체중변화를 경험하게 되면, 체중이 오르내리지 않았던 섭식장애 시기가 상대적으로 안전한 시기로 여겨져 버리고, 변화한 몸무게는 곧 '다이어트를 해야 하는 상황'이라는 잘못된 사고회로를 작동시킨다.

회복식을 시작하면서 몸이 붓는 다양한 이유에 대해서는 PART 5의 '부은 건가요, 살인가요'에 자세히 기술되어 있으며, 회복 시 체중의 변화에 대한 데이터를 기반으로 한 그래프는 PART 4의 '회복식과 미니머드'에서 확인 가능하다.

운동은 해도 되나요

다이어트 식단이 회복식에 좋지 않다는 이야기를 들었을 때 내담자가 자주 하는 또 다른 질문은 운동을 해도 되는가에 관한 것이다. 그 대답은 '그렇다.' 이기도 하고 '그렇지 않다.'이기도 하다. 그 기준은 자신이 운동을 하려는 목적에 따라 달라진다. 운동을 하는 이유가 너무 많이 먹은 것 같아서, 살찔까 봐 혹은 먹은 만큼 태워야 할 것 같아서라면 당연히 운동을 하지 말아야 한다. 다이어트를 위한 운동이기 때문이다.

스스로 섭식장애라고 인지한 환자는 대부분 회복을 위해 자신이 무엇을 해야 하는지에 대해 분명하게 알고 있다. 망가진 신체기능을 회복하기 위해 굶고 폭식하고 토하기를 중독적으로 반복하는 일상에서 벗어나야 하며, 음식을 통해 정상 체중으로 돌아가야 한다는 사실을 모르는 것도 아니다. 또한 자신이 하고 있는 운동이 살이 찌는 것에 대한 두려움 때문에 하는 것인지, 건강을 위한 운동인지에 대해서도 스스로 잘 알고 있다.

섭식장애가 다른 중독이나 심리적 장애의 치료와 다른 점은 기타 증상들은 치료가 될 경우 긍정적인 측면이 압도적으로 우세하나, 섭식장애의 치료는 살찜이라는 부정적 측면이 압도적으로 우세하다는 것이다. 때문에 섭식장애 치료의 시작과 동시에 회복에서 오는 불안감과 싸워야 하는 상황이 된다. 체중계에 올라갈 때마다 눈에 띄게 늘어나는 숫자와 눈에 띄게 불어 버린 체형은 불안감을 고조시키고, 이대로 뚱뚱한 몸이 되어 버릴 것 같은 생각에 몰입된다. 건강은 되찾고 싶으나 몸무게는 늘리고 싶지 않은 마음이 강하게 들기 시작하며, 꼭 체중증가를 해야만 신체가 회복되는지에 대한 고민에 빠지게 된다. 이때 다시 섭식장애로 되돌아가는 경우도 있고, 굳은 의지로 회복식을 이어 나가는 경우도 있다. 그리고 운동은 이 시기에 달콤한 유혹으로 작용한다.

운동은 섭식문제와 직접적인 관련이 없어 보이고, 건강을 위해서 국가에서도 권하는 것이며, 회복식으로 섭취한 칼로리를 태워서 마치 회복도 하고 살도 찌지 않을 수 있는 좋은 선택지처럼 보인다. 그러나 운동은 무조건적으로 건강해지는 수단이 아니다.

일본 국립스포츠과학센터의 연구는 운동이 무월경에 직접적 영향이 있음을 밝혔다. 이 연구는 일본의 상위 대학 62개 학교에 재학 중인 417명의 리듬체조, 육상, 체조, 배구 4개 종목에 참여 중인 여성 선수를 대상으로 하였다. 이 중에서 극단적으로 식단조절을 하여 저체중을 유지해야 하는 체조선수와 육상선수의 무월경의 비율은 다른 운동종목 선수에 비해 높았다. 설문에 참여한 전체 선수 중 45%가 10대에 무월경을 경험한 적이 있다고 대답했으며,

이 결과는 일반 여성의 4배가 넘는 수치였다. 이 결과는 기준 이하의 체중이 무월경에 미치는 영향이 일반적으로 생각하는 운동의 긍정적인 영향보다도 크다는 것을 알려 준다.

섭식장애 환자가 다이어트에 목적을 두고 운동을 할 경우, 처음에는 무리가 가지 않는 선에서 잘 조절할 수 있다고 스스로 믿지만 결국에는 점차 조절감을 잃고 무리하게 운동하는 경우가 발생한다. 살을 빼고 싶은 마음이 우선시될 때 늘어난 체중을 줄일 수 있는 수단은 무엇이든 매력적으로 다가온다. 이러한 상황에 노출되었을 때 섭식장애 환자는 스트레스를 받으면서도 꼭 운동을 해야만 하거나, 밥을 먹은 후에는 반드시 운동을 해야 하거나, 피곤함에도, 몸이 아픔에도, 먹은 것이 얼마 없음에도 불구하고 운동을 멈추지 못한다. 섭식장애 유형 중 운동을 통해 먹은 것을 보상하려고 하는 제거형 섭식장애 유형인 것이다.

원래 하루에 30분 산책을 하거나 가볍게 걷는 것 혹은 매일 아침 스트레칭을 하는 습관을 가지고 있던 사람이 섭식치료를 시작했다고 해서 당장 운동을 그만둬야 하는 것은 아니다. 오히려 간단한 스트레칭은 섭식치료 초기에 부종을 완화하는 데에 도움되기도 한다. 그러나 회복을 위해 섭취한 음식을 다시 없애 버리기 위한 수단으로 운동을 하는 경우라면 결국 운동은 회복에 방해가 되는 요소로 작용할 뿐이다.

치료를 시작하는 시점에서 섭식장애 환자에게 음식을 규칙적으로 먹는 것은 무섭고 어려운 일이다. 살이 찔 것 같기 때문이다. 그렇기에 칼로리를 소모하던 운동마저 하지 말라는 것은 공포스럽다. 마음연구소를 방문했던 20대 중반의 한 여성 내담자에게 섭식장애 치료와 운동을 병행하는 것이 좋지 않다는 설명을 했을 때 그녀는 다음과 같이 이야기를 했다.

"선생님 저는 5년 동안 매일 하루에 한 시간 반씩 한강을 뛰었어요. 날씨가 좋지 않으면 러닝머신을 뛰었고요. 뛰지 않으면 몸이 찌뿌둥해서 견딜 수가 없어요. 그리고 이렇게 뛰고 나면 몸에 에너지가 더 돌아서 활기가 채워지고 좋아요."

그녀가 하는 운동이 정말 다이어트와는 상관없이 찌뿌둥함을 없애기 위한, 몸의 에너지와 활기를 위한 운동인지 점검해 볼 필요가 있었다. 운동의 범위는 포괄적이다. 일상적 걷기부터 강도 높은 몸의 움직임까지 많은 것을 포괄하기에 "다이어트는 섭식장애와 병행될 수 없다."는 것처럼 명확하게 제시하기는 어렵다. 정신건강의학과 보호병동에서도 저체중의 거식증 환자가 5분 정도 실내 사이클을 이용하는 것은 허용된다. 중요하게 확인해야 할 사항은 자신이 계속해서 몸을 움직이는 목적이다. 늘 일상 속에서 습관적으로 운동을 해 왔기 때문에 굳이 섭식장애 치료를 시작하면서 운동을 그만둘 필요는 없다고 생각할 수도 있지만, 주기적으로 혹은 장기적으로 해 왔던 운동이 내담자에게 어떠한 의미인지는 꼭 점검해야 한다. 살이 찔 것 같은 걱정이 주된 이유이고 운동을 하지 않는 상황 자체가 불안한 심리를 자극하고 있다면 이 운동은 그만두어야 할 것이다.

이 여성 내담자가 매일 심리상담사와의 메신저 창에 올린 섭식일지를 확인한 결과, 며칠 동안 연속적으로 야근 후 집에 돌아와 폭식을 하고 피곤하고 지친 상태에서도 러닝머신에서 2시간씩 운동을 하였음이 확인되었다. 이 기록들은 그녀가 설명했던 것처럼 운동이 몸의 에너지와 활기를 주기 위함이 아니었다는 것을 증명한다. 그리고 그녀는 스스로의 감정과 보상행동에 대한 기록에서 저녁식사 후 운동을 하지 않으면 불안하고 먹은 만큼 뛰어야만 한다는 생각이 있음을 스스로 마주했다. 오랜 세월 동안 자신이 운동을 습관적으로 해 왔다고 해서 그것이 다이어트를 위한 것이 아닌 자신의 좋은 생활습관이라고 단정 지을 수는 없다는 것이다. 그녀가 운동을 하는 이유가 정말 찌뿌둥함을 없애고 에너지와 몸의 활기만을 위한 것이었다면, 피곤하고 지친 날은 무리한 운동을 하지 않고 몸을 쉬게 해 주었어야 했다.

> "저는 트레이너예요. 회원님들의 몸무게와 체형을 교정해 주고, 식단관리도 해 주죠. 제 몸매를 목표로 잡고 등록하러 오시는 분들도 있어요. 제가 섭식장애가 있다는 것을 아는 회원들은 없을 거예요. 그런데 저는 사실 매일 폭토를 해요. 사무실에서는 회원님들에게 추천해 주는 저염식 다이어트 식단을 소량만 먹고 운동해요. 그리고 퇴근 후에는 치킨이나 매운 족발 같은 자극적인 음식을 양껏 먹고 다 토해 버려요. 다음 날 조금이라도 살이 쪄 있을까 봐 운동량을 늘리고……. 지친 몸 상태가 되어 좀 빠졌다고 생각되면 또 자극적이고 기름진 음식이 먹고 싶어져요. 그렇게 폭토와 고강도 운동이 반복되고 저는 지칠 대로 지쳐 있어요. 몸뿐만 아니라 마음도요. 운동을 그만둘 수도 없고 다이어트 식단을 안 먹을 수도 없어요. 토해 버린 직후에 헬스 보충제들을 다시 먹고 있는 것도 끔찍해요. 이렇게 괴로운데 회원님들 앞에서는 웃으면서 이야기하고 식단에 대해서 조언해 주는 제가 너무 혐오스러워서 힘들어요. 오늘도 다시 센터로 돌아가면 저는 운동을 2시간 하겠죠. 제 체형이 망가지면 저한테 등록하는 사람들도 없을 거고, 제 인스타그램 게시물에 '좋아요'를 누르는 사람도 없을 거예요. 아무도 근육이 물렁해진 트레이너한테 돈을 주고 싶진 않을 거니까요. 결국 제 생계가 위태로워지니 운동을 그만두는 건 불가능해요."

10년 동안 트레이너로 일하고 있는 이 남성 내담자는, 직업상 운동을 그만둘 수 있는 상황이 아니었다. 이러한 직업적 특이성을 가진 경우 섭식장애 치료를 위해 직업을 바꾸거나 당장 운동과 다이어트 식단을 그만둘 수는 없는 일이다. 운동을 멈출 수는 없지만 섭식장애 치료를 위해 폭토 후에 더 무리한 운동을 하는 부분을 교정한다던가, 오랜 기간 저염식 다이어트 식단만을 먹어온 식사 습관을 본인의 상황에 맞게 조금 수정하는 것으로 치료를 시작해야 했다.

발레리나나 체조선수, 요가 강사, 모델이나 아이돌 가수 준비생 등 마음연구소를 방문했던 내담자 중 직업상 운동을 계속 해야 하는 내담자에게는 역시 비슷한 처방이 주어졌다. 몸을 계속 움직여야 하고 날씬함을 유지해야 하는 특수 상황 속에서 최대한 맞춰진 치료가 진행되는 것이다. 이들의 치료목표는 운동이 지속 가능한 최소한의 음식을 먹는 것, 폭토를 위한 식사를 하지 않는 것, 양을 줄이더라도 균형 잡힌 영양식 식단을 몸에 제공하는 것이 되었다.

운동을 아예 하지 않을 수 없는 직업군인 내담자는 울며 겨자 먹기로 섭식장애를 다 버리지 못하고 치료를 진행하게 된다. 이때 스스로를 비하하고 미워하거나, 사람과의 관계에서 어려움을 겪거나, 자신의 삶을 중단하고 싶은 마음을 줄이는 것을 우선순위에 둔 치료가 진행된다. 이렇게 보여지는 직업군의 경우, 안으로는 섭식장애를 겪으면서도 밖으로는 밝고 에너지 넘치는 모습을 보여야 하는 것이 요구되기에 가짜 자아로 마스킹(masking)을 해야 하는 압박감도 동시에 느낀다. 외형적으로는 균형 잡히고 건강한 삶을 영위하는 것처럼 보이지만 내면적으로는 음식과 운동 강박에 힘들어하고 계속 싸워야 하는 심리적인 고통이 수반된다.

연예인의 자살 소식에는 우울증이라는 단어가 자주 등장하지만 섭식장애와 같은 구체적인 사항들은 언급되지 않는다. 보여 주는 직업군에서의 섭식장애 발병률은 압도적으로 높으며, 섭식장애를 겪는 특수 직업군 내담자의 경우 결국 삶을 지속하기 위해 다른 직업을 선택하기도 한다.

이러한 특수성이 동반되지 않는 이상 섭식치료에서 1차적으로 중요한 것은 신체와 정신의 회복이다. 그렇기 때문에 대부분의 상황에서 다이어트는 섭식장애 치료와 동반되기 어렵다. 이 책에서 반복적으로 언급되는 것과 같이, 회복 이후에는 체중의 조절이나 유지를 병행하는 것이 가능하다. 또한 규칙적인 회복식을 선택한다면 체중은 정상 범주에서 결국 유지될 것이다. 그러나 그 정상의 범주에 가기 위해서 다이어트는 선택지가 될 수 없다. 그럼에도 불구하고 다이어트를 하고 싶은 욕망이 지속된다면, 자신의 몸이 섭식장애로 인해 얼마나 망가지고 있는지 재차 확인해 보는 것도 도움될 것이다.

섭식장애는 신체건강뿐만 아니라 한 개인의 자존감, 대인관계까지 영향을 미치고 일상을 무너뜨린다. 다이어트를 하고 싶다는 욕구와 살이 찌면 안 된다는 강박이 아닌, 섭식장애부터 회복하고 싶다는 욕구가 우선시될 때 치료는 효율적으로 시작될 것이다. 이 시작점에 대한 이해를 바탕으로 치료가 진행된다면 다이어트 생각으로 하루 종일 살과 음식만을 생각하던 일상이 자신을 위한 건강하고 다양한 요소들로 채워지고 변해 가는 것을 경험하게 될 것이다.

3. 회복식과 미니머드

　통상적인 심리장애는 약물치료와 심리치료라는 두 가지 방식으로 접근되지만, 섭식장애는 식사치료라는 추가적인 방식이 요구된다. 규칙적이고 일정한 영양을 제공하는 식사치료는 당장의 이상 섭식행동을 교정하는 행동교정 치료 방법이다.

　폭식, 절식, 구토, 씹뱉, 특정 음식 제한, 특정 자리에서의 특정 식사규칙 등 이상 섭식행동이 수정되어야 하는 이유는 분명하다. 먹고 토하거나 굶는 행동은 내과적 합병증을 유발할 수 있고, 극도로 제한된 음식섭취가 지속되면 생명을 위협할 정도의 심각한 영양실조로 이어질 수 있기 때문이다. 무엇보다도 음식에 관련된 삶의 질이 낮아진다. 전 세계적으로 가장 많이 사용되고 있는 섭식장애 식사치료 방식으로는 규칙적인 식단을 지켜 나가는 회복식이 있고, 최근에 주목받고 있는 식사치료 방식으로는 먹고 싶은 음식을 즉각적으로 채워 주는 방식인 미니머드가 있다.

　거식중 환자에게 일정량 이상의 음식 섭취는 건강한 체중회복을 도와주고,

섭취할 수 있는 음식 종류의 확장은 음식에 대한 강박을 완화시켜 준다. 폭식 중 환자에게 규칙적인 식사는 손상된 뇌의 기능을 되돌리고 폭식 및 폭토 증상의 발생 확률을 낮춘다. 섭식장애 환자는 오랜 시간 금식에 가까운 절식과 폭식을 반복했기 때문에 공복감과 포만감을 느끼지 못하기도 한다. 그래서 공복감과 포만감을 머리가 아닌 신체반응을 통해 스스로 조절할 수 있는 단계가 될 때까지 식사를 연습해야 하는 경우도 있다.

식사치료에서 제시하는 규칙은 통계적인 자료만을 제공할 뿐, 개개인은 모두 다른 양상의 섭식장애 증상을 가지고 있기 때문에 전문가와의 상담을 통해 자신에게 맞는 방식을 찾는 것이 중요하다. 전문기관을 방문하지 않은 환자가 자료를 수집해 회복식과 미니머드의 규칙에 따라 자가치료를 진행하기도 한다. 그러나 잘못된 정보를 수집하는 경우도 있고, 살찌는 것에 대한 두려움으로 임의로 저칼로리 식단으로 변형해 진행하는 경우도 있다. 환자마다 음식을 소화시키는 신체기능 및 건강 상태, 생활패턴, 피어푸드(fear food) 여부와 인지왜곡 상태가 모두 다르기 때문에 식사치료를 처음 진행할 때 자신에게 맞는 맞춤 치료식사법을 제안받고 실행하는 것은 매우 효과적이다. 심리상담기관에서의 치료를 망설이는 내담자는 심리상담의 비용과 기간에 부담감을 느낀다. 그러나 단 1회성이 되더라도 섭식장애를 전문으로 다루는 전문가와 가이드를 설정하고 치료를 시작하는 것과 임의의 치료 시작은 방향성이 달라질 수 있다.

섭식장애 커뮤니티 소금인형에 올라온 회원들의 식사치료 방식은 다양하다. 정신건강의학과에서의 병원치료와 심리상담치료를 병행하며 전문가의 조언에 따라 진행하기도 하고, 많은 자료 수집을 바탕으로 실패와 성공을 거듭하면서 회복에 가까워지기도 하고, 커뮤니티 내에서 치료효과가 좋다는 식단을 무작정 따라 하기도 한다.

식사치료를 진행하다 보면 예기치 않은 상황들도 발생한다.

"미니머드인지 폭식인지 모르겠어요."

"저는 흰쌀을 먹지 않아서 곡물빵으로 대신 먹고 있는데 괜찮겠죠?"

"회복식을 시작한 지 3일째인데 얼굴과 몸이 너무 부어서 포기했어요."

환자가 식사치료를 통해 맞닥뜨리는 상황은 다양하다. 미니머드를 빌미로 폭식을 하기도 하고, 회복식의 규칙을 본인 입맛에 맞게 변형하여 적용하다가 다시 섭식장애 증상이 악화되기도 하고, 부종을 견디지 못하고 회복식을 중단하기도 한다. 결과적으로, 식사치료에 대한 정보 부족 및 규칙에 어긋난 식단의 시도는 자신이 치료를 하고 있다는 위안감만을 줄 뿐 사실상 도움이 되지 않는 경우도 있다.

섭식장애 치료에 있어 기본적인 식사치료 방식은 회복식이다. 입원치료를 하는 경우에는 특정 경우를 제외하고는 반드시 회복식이 제공되며, 이는 섭식장애치료 전문가가 가장 권하는 식사방법이다. 그러나 회복식은 지켜야 할 규칙이 너무 많기 때문에 자가치료를 선택하는 섭식장애 환자에게는 하루 3,000kcal 이상 자유롭게 마음껏 먹어도 되는 미니머드가 더 매력적으로 들리기도 한다.

다음은 회복식과 미니머드의 식사 구성요소, 식사규칙, 그리고 이 둘의 방식에 대한 설명과 차이점이다.

회복식의 개념

회복식은 하루 3번의 식사와 3번의 간식을 정해진 칼로리 안에서 먹는 방식이다. 회복식은 안정적인 체중을 회복하고 폭식의 위험과 강박적인 음식에

Part 4 회복의 시작

대한 생각을 조절하여 섭식장애 증상을 없애고 재발률을 낮추는 것을 목적으로 한다.

환자들 사이에서 회복식과 함께 동의어로 사용되는 단어로는 치료식과 정상식이 있다. 치료식은 치료를 위한 식사라는 의미를 포함하며, 정상식은 정상적인 식사 패턴으로의 회귀를 목표로 하는 식사라는 의미를 포함한다. 일부 섭식장애 환자에게는 정상식이 회복식보다는 더 익숙한 단어일 수도 있다. 치료식, 정상식이란 단어가 잘못된 것은 아니지만 정확한 표현은 신체와 정신을 회복하는 의미에서 회복식이다.

우리나라에서 통용되고 있는 회복식은 한국의 섭식장애를 치료하는 기관에서 한식을 기준으로 만들어진 식사치료 방식이다. 한국인을 대상으로 한 여러 섭식장애 연구의 임상 데이터를 기반으로 구성되었으며, 대부분의 섭식장애 병원에서 사용하고 있을 정도로 치료효과가 입증되어 있다.

회복식은 일정한 규칙이 명백히 존재하나, 환자의 섭식증상에 따라 회복식의 구성은 다를 수밖에 없다. 이 책에서는 섭식장애의 치료현장에서 일반적으로 제공되는 회복식의 규칙 및 구성 원리에 대한 정보를 제시한다. 그러나 저체중에서 치료를 시작하는 섭식장애 환자의 회복식은 초기 식단의 구성이 다소 다를 수 있기에 별도로 분류하여 제시하였다. 제시된 회복식은 통상적으로 제공되는 큰 틀이며 심리상담 현장에서는 개인에 따라 다르게 적용될 수 있다.

회복식의 규칙

회복식의 규칙은 하루 2,100~2,800kcal의 음식을 3번의 식사와 3번의 간식으로 나누어 먹는 것이다. 평균 신장보다 지나치게 작거나 크지 않은 이상, 2,100kcal 미만이거나 2,800kcal를 초과하게 되면 손상된 신체기능 회복 기간이 늘어나거나 안정적인 체중을 유지할 수 없기 때문에 반드시 열량을 지키도록 한다. 회복식을 하는 동안은 정해진 식사와 간식 어느 하나도 그냥 건너뛰지 않도록 하며, 공복 시간이 4시간을 넘지 않도록 권장한다. 보상을 하기 위해 구토를 하거나 변비약을 복용하지 않는다면 스스로 좋아하는 음식을 식사와 식사 사이에 간식으로 먹을 수 있다. 여기서 식사란 식탁에 앉아서 먹는 것, 음식을 차리고 정리하는 것, 준비된 음식 먹기를 모두 완료하는 것까지를 포함하는 개념이다. 다음 식사와 간식 시간이 언제인지 대략 무엇을 먹을지 예측 가능한 것이 좋으며, 선택된 음식들은 '식사' 혹은 '간식'으로 명백히 구분될 수 있어야 한다. 그렇기에 식사 후 휴식시간 없이 음식을 이어서 먹는 연식은 회복식을 방해하는 요소가 되며, 하지 말아야 할 규칙 중 하나이다.

회복식의 식사 구성

회복식 한 끼 식사는 고봉 밥 한 공기와 반찬 3~4가지, 그리고 국이나 찌개류 한 가지가 기본으로 된 한식으로 구성되어 있다. 한식으로 구성된 이유는 가장 익숙한 기준에서 정해진 양과 칼로리를 일괄적으로 계산할 수 있기 때문이다. 회복식은 편하고 오래 먹을 수 있는 식단으로 선택되어야 한다. 회복식 과정에서 식판을 추천하는 이유는 눈에 보이는 영양분의 구성요소가 명확하게 보이기 때문이다. 확인 가능한 식사는 안심감을 준다.

식사시간은 규칙적이어야 한다. 최대한 같은 시간에 식사와 간식을 먹는 것이 좋다. 그래서 처음에 회복식을 시작하는 내담자에게는 식사시간을 알람으로 설정하고 이에 따라 식사를 하도록 권장한다. 폭식이 동반된 내담자의 경우 빠르게 먹는 식사에 익숙하다. 그렇기에 한 끼의 식사를 완료하는 시간을 20~30분으로 정해서 그 시간 동안 먹는 연습을 하도록 한다. 정해진 시간 동안 음식을 먹고 끝내는 방법은 짧은 시간 안에 자제력을 잃고 폭식을 하거나 오랜 시간에 걸쳐 폭식하는 내담자에게 도움이 될 수 있다. 식사에는 시작과 끝이 있다는 것을 학습하는 것이다. 밥은 성인용 식기에 눌러 담은 양을, 반찬은 중·고등학교 식판을 기준으로 반찬 칸에서 80% 채워진 양을, 국은 일반적인 찌개나 국으로 성인용 식기의 반 이상의 양을 채우도록 한다.

회복식을 시작하는 데 있어 처음부터 명확한 기준이 제시되면 앞으로 진행되는 회복식을 수월하게 소화시킬 수 있게 된다. 장기간 섭식장애를 겪었던 내담자가 치료를 막 시작했거나 위장장애가 있는 기간을 제외하고는 밥을 죽으로 대체하지 않는다. 흰 쌀밥 대신 잡곡밥이나 콩밥으로 대체할 수는 있지만, 백색 탄수화물에 대한 두려움으로 흰쌀을 못 먹는다면 조금씩 흰쌀의 비중을 늘려서 한 공기를 다 먹을 수 있을 때까지 노력하는 것이 좋다.

회복식의 반찬은 나물, 김치, 쌈과 같은 채소 반찬과 두부, 생선, 고기, 계란 등과 같은 단백질 반찬이 반드시 포함되어야 한다. 회복식은 영양 균형을 고려하여 구성된 식단이기 때문에 탄수화물, 단백질, 채소 반찬을 골고루 먹을 수 있는 것이 중요하다. 반찬 조리법은 조림, 무침, 볶음, 부침, 구이, 튀김 중 최소 2가지의 조리법이 포함되는 것이 좋다. 생 당근이나 오이, 찐 고구마나 감자, 단호박, 생 두부, 기름 없이 구운 다이어트 음식은 회복식 반찬에 포함되지 않는다.

볶음, 부침, 튀김 등 기름(지방)이 들어간 음식을 폭토 용도로 사용해 왔던 내담자의 경우 반찬에 의도적으로 해당 음식을 넣도록 한다. 폭식을 유발하거나 폭식을 위한 목적으로 사용되었던 음식을 간식이나 식사에 포함시킴으로써 특정 음식이 폭식과 연결되는 기제를 끊어 내고 해당 음식은 언제든지 먹을 수 있는 음식이라는 것을 인식시키는 것이다.

심리상담 현장에서는 영양소에 대한 교육도 동시에 이루어진다. 지방은 신체 세포막의 구성 성분이며 체내에서 면역작용을 도와주는, 몸에 반드시 필요한 영양소이다. 그중 필수지방산은 체내에서 스스로 만들지 못하고 음식을 통해서만 섭취될 수 있기 때문에 섭식장애 치료를 결심하고 회복식을 시작했다면 기름 섭취가 필수라는 것을 교육한다. 반찬에 사용되는 기름이 체중증가에 직접적으로 영향을 미치지 않는다는 사실을 인지하게 되면 특정 음식을 두려워하는 증상은 줄어들 것이다.

회복식의 간식 구성

회복식에서 간식은 하루 3번 먹도록 권하고 있다. 오전 간식(100~200kcal), 오후 간식(300~400kcal), 저녁 간식(150~200kcal)으로 구성되며, 간식섭취 시간으로는 약 10분 내외를 권장한다.

간식은 여러 종류를 섞어 먹는 것이 아닌 단일 식품을 추천한다. 요거트에 시리얼, 혹은 바나나와 딸기와 같은 단순한 혼합은 가능하지만, 감자칩과 사과, 초콜릿과 같이 전혀 다른 간식류를 한 번의 간식으로 섞어 먹는 것은 추천하지 않는다.

오전 간식으로는 바나나 1개, 사과 1개 정도의 과일로 배변 활동을 도와주고 비타민을 공급해 주는 간식을 권장한다. 오후 간식은 과자나 빵, 케이크와 같은 당분이 들어간 간식이나 내담자에게 폭식을 유발하는 음식이나 피어푸드를 일부러 선택하도록 한다. 햄버거, 피자와 같은 한식이 아닌 식사가 먹고 싶을 경우 이 음식을 간식으로 설정할 수 있다. 저녁 간식은 유당을 소화하는 효소가 지나치게 부족하지 않다는 전제하에 단백질과 칼슘의 영양섭취를 위해 우유나 두유, 요거트를 섭취하도록 한다. 유제품을 선택할 때에는 무설탕, 저지방이 아닌 일반 유제품을 선택해야 하며, 너무 늦은 시간의 간식은 위장기관에 무리를 줄 수 있으므로 저녁 간식은 잠들기 2시간 전에 먹는 것이 좋다. 3번의 간식을 유제품이나 과일 등 한 가지 종류로 통일하지 않도록 한다.

회복식 외 음식 섭취

회복식의 진행 과정에서 밥과 반찬 외에 다른 음식이 먹고 싶을 때가 있다. 이때는 회복식의 패턴이 무너지지 않는 범위 내에서 식단을 재구성하여 먹도록 권한다.

- **면 요리**: 라면, 우동, 짬뽕 등의 국물이 있는 면 요리는 국을 대신하여 먹는다. 면 요리는 일반 국에 비해 칼로리가 높기 때문에 1인분의 면 요리가 국물 요리를 100% 대체해서는 안 되며 양은 줄여서 적용되어야 한다. 짜장면은 국물이 없기 때문에 국 칸이 아닌 반찬 칸에 80% 채워진 양으로 먹도록 한다.
- **치킨**: 오후 간식으로 먹거나 반찬 중 단백질 혹은 지방 섭취를 위한 반찬으로 먹을 수 있다. 치킨은 칼로리가 높은 편이기에 반찬으로 먹을 시 치킨봉 3조각 정도의 양이 적당하다.
- **비빔밥, 볶음밥**: 회복식 기준으로 밥과 반찬에 해당하는 양을 볶거나 비벼 먹는다.

회복식 중의 외식

다양한 음식으로 회복식을 진행할 수는 있지만, 모든 음식에 대해 회복식의 기준이 존재하는 것은 아니다. 기준이 없다고 하여 '외식할 때는 기준을 잘 모르겠으니 마음껏 먹자.' 아니면 반대로 '가늠할 수 없으니 그냥 새 모이만큼만 먹자.'와 같은 자기합리화를 통해 섭식장애로 되돌아가지 않도록 주의해야 한다.

회복식을 진행하는 도중에는 구성에서 크게 벗어난 식사나 외식은 하지 않는 것이 좋다. 회사나 밖에서 식사를 하게 되는 경우에는 도시락을 싸 가는 것이 가장 이상적이나 그렇지 못할 경우에는 자신이 양과 칼로리를 가늠할 수 있는 한식 식당을 가는 것을 가장 추천한다. 외식을 하게 될 경우, 기본적으로 식당에서 제공하는 1인분을 기준으로 두는 것이 좋다. 예를 들면, 순두부찌개 정식이 1인분의 기준인 것이다. 만약 한식을 선택하지 못했을 경우라도 그 식당에서 파는 1인분을 기준으로 먹는 것이 좋다. 예를 들면, 햄버거 세트 하나가 1인분의 기준인 것이다.

회복식의 칼로리

하루 섭취량 총 2,100~2,800kcal
아침(550~650kcal) – 간식(100~200kcal)
점심(600~700kcal) – 간식(300~400kcal)
저녁(600~650kcal) – 간식(150~200kcal)

회복식은 아침, 점심, 저녁에 해당 식사의 열량을 최소 100kcal 단위까지는 계산해서 섭취하도록 한다. 하루에 한 끼, 두 끼만 먹었던 환자라도 회복식을 시작하게 되면 하루 세 끼를 먹는 훈련을 하도록 한다.

한국형 회복식에서 강조되고 있는 것은 성인 밥그릇을 기준으로 밥 한 공기를 눌러 담고 그 한 그릇을 비우는 것이다. 간혹 유아용 식판이나 작은 밥공기에 담거나 밥을 설렁하게 담은 후 고봉밥을 먹었다고 주장하는 내담자도 있다. 사진상으로 밥이 적어 보이게 담겨 있다거나, 자신의 가족 기준으로는 이 정도가 한 공기라고 말거나, 집에서 쓰는 밥공기가 커서 밥이 적어 보인다고 말하기도 한다. 이 모든 말들은 내담자가 지금 가득 찬 밥 한 공기를 먹는 것이 어렵다는 것을 의미한다. 가득 찬 한 그릇의 밥은 어떤 각도에서 찍어도, 어떤 밥공기에 담겨 있어도 한 공기로 보인다. 섭식장애 환자가 밥 한 공기를 제대로 먹는 것은 음식과 체중에 대한 두려움을 극복하고 신체와 정신을 회복하겠다는 의지를 동시에 내포한다.

섭식장애 기간이 길었거나 위장기관이 손상된 경우 죽과 같은 유동식으로 시작할 수 있다. 일반식 형태로 시작할 때에는 1/4공기부터 시작할 수는 있으나 결국 밥 한 공기를 채워 먹도록 한다. 고탄수화물에 대한 두려움으로 쌀밥 한 공기를 못 먹는 경우, 피어푸드에 대한 강박을 깨기 위해서도 한 공기를 권한다. 고봉밥 한 공기를 다 먹어도 안정적인 체중이 유지된다는 것, 충분한 식사를 통해 폭식이 완화되는 것을 스스로 깨닫게 되면 섭식장애 치료는 가속화된다.

회복식으로 하루에 권장하는 칼로리는 2,100~2,800kcal이다. 이 칼로리를 3번의 식사와 3번의 간식을 나누어 먹는 것이라고 설명하면 내담자는 부담을 느낀다. 다이어트를 하면서 먹던 하루 식단이 1,000kal 이하인 경우는 흔하며, 섭식장애 기간 동안 실제로 섭취하는 음식 칼로리가 500kcal 이하인 경우도 많기 때문이다. 그렇기에 2,000kcal가 넘는 식사규칙은 살이 찔 것이라는 두려움을 느끼게 하고, 회복식의 시작을 어렵게 만든다.

> "1,500~1,800kcal로 하루 섭취 칼로리를 낮추고, 세 끼와 세 번의 간식을 먹으면 안 돼요?"
> "한 끼에 500kcal 정도로 먹는데, 간식을 빼면 안 돼요?"
> "식사 두 번에 간식 한 번 정도를 규칙적으로 먹으면 안 돼요?"

전체 칼로리를 낮추거나 식사나 간식을 몇 개 누락시키며 회복식을 먹으려는 시도는 흔하다. 그러나 겉보기에만 회복식이고 실제로는 다이어트식으로 구성된 식단은 칼로리와 체중에 대한 강박을 극복하지 못하는 현 상황을 고스란히 반영한다.

일부 섭식장애 환자의 뇌는 불규칙한 음식 섭취로 인해 공복감과 포만감을 느끼는 기능이 손상되어 있다. 망가진 뇌의 기능과 신체의 기능을 되살리기 위해서 최소 권장되는 칼로리가 1일 섭취량 2,100~2,800kcal이며 6개월은 꾸준히 지속하기를 권한다. 개인마다 차이가 있지만 회복식을 1개월 정도 지속하게 되면 스스로 신체의 변화를 인지하게 되고, 2개월 이상이 지속되었을 때 심리적·인지적 변화도 동시에 경험하는 것이 일반적이다. 그런데 2개월이 넘어가는 이 시기에 일부 내담자는 기능이 어느 정도 회복되었다고 착각해 규칙적으로 먹던 회복식 식단을 다시 다이어트 식단으로 변형해서 먹으려는 시도를 한다. 변형된 회복식은 회복되고 있는 뇌를 다시 혼란스럽게 만들어 이전의 기아 상태의 신체가 느끼던 위기감을 다시 느끼도록 한다. 뇌는 짧은 시간에도 크게 손상될 수 있는 기관이며 일단 손상되고 나면 기능이 회복되기 위해서는 6개월 정도의 시간이 소요된다. 그렇기 때문에 회복식을 6개월간 지속하도록 권하는 것이다.

"하루에 3,000~4,000kcal로 먹으면 안 돼요?"

더 많은 칼로리를 먹는 것에 대한 질문을 하는 내담자도 있다. 원하는 음식을 모두 허용하는 미니머드와는 달리, 회복식은 하루 총 섭취량이 2,800kcal를 넘지 않도록 한다. 회복식의 1일 섭취량이 2,800kcal를 넘지 않아야 하는 이유는 권장 칼로리 이상으로 섭취하게 되면 신체적으로 체중이 과도하게 증가하여 안정적인 체중을 유지하기 어렵기 때문이다. 또한 기능적으로는 섭식장애 환자의 위장 크기가 지나치게 줄어 있거나 늘어진 경우가 많다. 위 크기를 정상적으로 만들어 주고 소화 기능을 되살려 주는 부분까지 감안해 책정된 적정 칼로리가 2,100~2,800kcal인 것이다. 회복식은 안전하고 규칙적이며 보수적인 식사치료이다.

식품교환법

회복식이 지루하지 않고 지속되기 위해서는 음식을 다양하게 섭취하는 것이 중요하다. 치료 중 식사시간이 즐겁고 기다려지는 시간이 되는 것은 치료에 긍정적 영향을 미친다. 그렇기에 반복되지 않는 식단으로 구성할 것을 추천한다. 이러한 다양성을 위해 추천하는 식단 구성은 식품교환(food exchange) 방법을 참고하는 것이다.

식품교환법은 음식을 곡류, 어육류, 채소, 과일, 지방, 우유 6가지 식품군으로 분류한 후에 각 식품군 내에서 같은 교환 단위끼리 서로 바꾸어 먹을 수 있는 식사 방식을 의미한다. 예를 들어, 어육류군에 해당하는 오징어 1토막(50g)과 새우 3마리(50g)는 1교환 단위로 칼로리 및 영양소 함량이 비슷하기 때문에 서로 바꾸어 먹을 수 있다. 이렇게 각 식품 안에서 비슷한 칼로리와 영양소를 공급해 주는 단위 분량을 1교환으로 설정하고, 섭식장애 환자가 필요로 하는 칼로리와 필요한 영양소에 따라 각 군의 식품을 몇 교환씩 먹을 것인지 결정하면 된다. 각각의 식품마다 가지고 있는 영양소의 종류가 다르기 때문에 탄수화물 50~60%, 단백질에서 15~20%, 식이지방에서 30~40%를 목표로 다양한 식품을 골고루 영양을 맞추는 것에 집중하는 것이 좋다.

저체중에서 시작하는 섭식장애 환자의 회복식

절식이나 폭토, 씹뱉으로 인해 신체에 흡수되는 영양소를 극단적으로 제한한 저체중 섭식장애 내담자는 낮은 칼로리와 양에서부터 회복식을 시작한다. 저체중 환자가 조심해야 할 증상은 리피딩증후군이다. 리피딩증후군(re-feeding syndrome)이란 오랫동안 굶은 몸에 갑작스럽게 음식물이 투입되면서 겪는 신체적인 변화로, 극도의 기아 상태이던 몸이 정상적인 식사를 받아들이지 못하고 붓거나 토하는 등 신체활동이 정상적이지 못한 상태가 되는 증후군이다. 하루에 1,000kcal를 섭취하고도 리피딩증후군을 겪지 않는다면 회복식을 시작할 수 있다. 38kg 정도의 저체중에서 회복식을 시작하는 내담자가 리피딩증후군이 없다는 전제하에 회복식을 시작한다면 다음과 같은 식사지침을 받을 수 있다.

저체중 환자의 회복식은 회복식의 기준이 되는 2,100~2,800kcal보다 낮은 칼로리로 시작한다. 첫날부터 4일까지는 하루 1,200~1,600kcal를 섭취하고, 5~7일까지 체중변화가 없는 경우 하루 400kcal를 추가해 1일 칼로리 섭취를 1,600~2,000kcal까지 높인다. 체중변화가 관찰될 경우 칼로리는 좀 더 천천히 증가시켜도 상관없다. 10~14일까지는 일주일에 평균 체중이 0.5~1kg 정도밖에 증가하지 않았다면 다시 400~500kcal를 추가해 1일 칼로리 섭취량을 2,000~2,500kcal까지 높인다. 칼로리를 늘릴 때에는 체중을 확인하며 단계적으로 늘리고, 이렇게 서서히 칼로리를 증가시켜 15~20일까지는 1일 칼로리 섭취량을 2,500~3,000kcal로, 20~28일까지는 3,000~3,500kcal까지 맞춘다. 안정적인 체중범위에 들어가게 될 경우 2,800kcal를 넘지 않은 식사를 유지하도록 한다.

저체중 섭식장애 환자의 회복식은 체중변화가 칼로리의 변화에 영향을 미친다. 여기에는 저체중에서 식사를 시작하는 신체는 칼로리를 정상적으로 흡수할 수 없다는 것이 전제가 된다. 신체가 회복됨에 따라 칼로리 섭취량도 증가시켜 정상체중까지 도달하도록 하는 것이 회복식의 목표가 된다.

저체중에서 치료를 시작하는 섭식장애 환자가 전문가의 도움 없이 자가치료를 진행하는 경우도 있다. 이때에는 체중변화에 대한 심리적 대처가 어렵기 때문에 체중을 재지 않도록 권한다. 그러나 전문가와 함께 치료를 진행할 경우 정확한 식사치료가 진행되고 있다는 것을 확인하기 위해 매주 치료실에서 체중을 체크한다. 체중증가율이 멈추거나 느려진 경우 섭취한 칼로리가 체내에서 부족함을 의미하며, 이때에는 칼로리 섭취량을 늘려 주어야 한다.

회복식이 음식강박을 강화하지는 않을까

섭식장애 치료를 결심한 내담자는 3번의 식사와 3번의 간식을 칼로리와 시간에 맞춰서 먹는 회복식이 오히려 음식강박을 생기게 하는 것은 아닌지 자주 질문한다. 이 대답은 '그렇다.'일 수도 있고 '그렇지 않다.'일 수도 있지만, 대부분은 그렇지 않다. 회복식은 정상적인 식사를 하기 위한 연습 과정이지 지속해야 하는 목표가 아니기 때문이다. 오히려 음식에 대한 강박을 버리기 위해서 섭식장애 환자가 원하는 시간에 원하는 양의 음식을 먹게 되었을 때 식사에 대한 안정적인 기준을 설정하기가 어려워 치료에 어려움이 생길 수 있다. 폭식증 환자의 경우 한번에 몰아서 폭식하는 경우가 많기 때문에 음식의 양과 시간을 지켜 주는 것이 치료에 있어 매우 중요한 역할을 한다.

회복식을 시작하게 되면 음식을 선택하고 조리하고 먹는 시간까지 신경 써야 하는 것들이 불편함으로 느껴질 것이다. 하지만 한 달 이상 회복식을 진행하면 음식의 종류 및 조리, 식사시간에 대해 익숙해질 것이고, 3개월 이상이 지나면 음식을 규칙적으로 먹는 패턴에 익숙해질 것이다. 회복식이 3개월 이상 지속되었을 때 신체기능이 많은 부분 돌아오게 되면서 배고픔과 배부름의 신호가 명확해지고 특별히 더 움직여 배가 고플 때만 간식을 더 찾게 되는 등 이상 섭식행동이 점차 개선되는 것을 느끼게 된다. 6개월간 회복식이 진행된 이후 섭식장애 증상이 소멸되었다고 판단되면 자유식을 시작할 수 있다.

회복식의 실패에 대처하는 자세

매일 끼니와 간식을 규칙적으로 챙겨 먹는 것을 몇 개월 동안 지속하기란 쉽지 않다. 회식이나 친구들과의 약속, 모임 등의 식사자리는 정해진 회복식에 맞춰 먹기 어렵게 만들고, 자신이 얼마만큼 먹었는지를 측정하지 못하도록 한다. 물론 측정하기 어렵다는 이유로 굶는 것이 선택지가 되어서는 안 된다.

외식이 아니더라도 불안한 심리 상태로 인해 폭식을 해 버리거나, 구토를 해 버리거나, 입에 음식을 물었다가 뱉고 버리는 날도 발생한다. 완벽주의 성향이 높은 섭식장애 환자의 경우 이 하나의 사건을 치료가 실패하였다는 단서로 단정 지어 회복식을 포기해 버리기도 한다.

회복식의 규칙은 중요한 치료과정이지만 회복식 도중의 실패 또한 지극히 정상적인 과정에 포함된다. 회복식을 통해 정상적인 식사패턴을 확립하기 위해서는 여러 번의 성공과 실패를 경험하는 것이 일반적이며, 10번의 시도 중 6~7번만 성공해도 회복의 단계에 진입한 것으로 본다. 매일 토하던 사람이 회복식을 통해 이틀에 한 번 꼴로 토하고, 그 기간이 3일, 4일 늘어난다면 4일 뒤에 다시 토했다 하더라도 이것은 분명 좋아지고 있는 신호이다. 회복식을 도전하던 저체중 환자가 점심까지 잘 먹었지만 살이 찌는 것이 무서워 저녁식사는 울면서 먹지 못했다 하더라도 다음날 아침에 다시 회복식을 시도하면 되는 것이다. 또는 일주일 혹은 한 달 이상의 기간 동안 다시 섭식장애에 빠져들었다 하더라도 회복식을 재개하는 것이 중요하다. 도중에 실패했다 하더라도 그동안 해 온 회복식의 노력과 효과는 한순간에 사라지지 않는다. 몸은 자신을 위한 노력을 기억하고 있으며, 똑같은 섭식장애 증상을 가지고 있더라도 한 번 회복식을 시도했던 사람은 단 한 번도 회복식을 시도해 보지 않았던 사람보다 회복될 확률이 높다.

회복식과 체중변화

개인마다 체중증가율은 차이가 있지만 회복식 초기에는 섭식장애 증상이

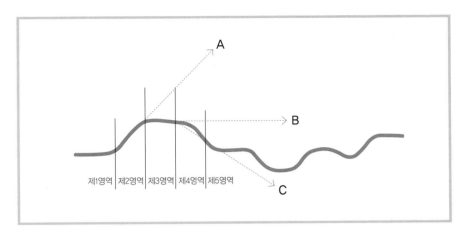

제1영역　제2영역　제3영역　제4영역　제5영역

▶그림 3-1 **섭식장애 회복 과정에서의 몸무게 변화**

나 시작 체중에 관계없이 체중이 증가하는 경향이 있다. 저체중 환자의 경우 일주일만에 체중이 10kg 가까이 늘어났던 사례도 있으며, 폭식을 하던 과체중 환자도 단 하루만에 3kg의 체중이 증가하기도 한다. 섭식장애를 치료하려고 시작한 회복식이 몸무게를 폭발적으로 늘린다고 느껴질 때 대다수의 섭식장애 환자가 회복식을 바로 포기해 버린다.

　그러나 회복식으로 인한 체중증가를 막연하게 두려워할 필요는 없다. 저체중에서 치료를 시작한 섭식장애 환자의 경우 증가하는 속도가 서서히 줄어 차후에는 체중이 고정된다. 증가한 체중이 부기로 인한 것이라면 신체건강을 되찾음에 따라 이 무게는 줄어든다. 과체중 혹은 비만이었던 폭식증 환자의 경우에도 회복식을 시작하면서 일시적으로 부기를 경험할 수 있다.

　폭식과 절식을 반복하면서 위기 상태라고 느꼈던 신체는 유입되는 에너지를 보유하려고 하지만, 규칙적인 에너지 공급을 받은 신체는 정상 순환을 되찾게 된다. 이 과정에서 체중이 증가했다가 감소하는 것이다.

　미국의 섭식장애 치료전문가 Fairburn은 섭식장애 환자의 회복식 사례를 데이터화한 몸무게 변화 그래프를 [그림 3-1]과 같이 제시하였다. 처음 제1영역에서는 대부분 일정한 몸무게를 유지하다가 제2영역에서 체중이 증가한다. 이 시기에 섭식장애 환자는 점선 A처럼 자신의 체중이 끝도 없이 계속 상승할 것이라고 생각한다. 그래서 이 시기를 견디지 못하고 다시 절식을 하거나 회복식의 패턴을 깨 버리기도 한다. 그러나 그 시기가 지나면 올라가던 체중이 멈추고 유지되는 제3영역에 접어들면서 체중변화 곡선은 점선 B와 같이 유지된다. 치료 중기를 지나서 후반기인 제4영역으로 넘어오면서 결국 체중은 감소하게 되고 점선 C처럼 하강 곡선을 보인다. 제5영역에서는 다시 체중이 유지된다.

이 그래프가 의미하는 점은 명확하다. 회복식을 진행하면 무조건 살이 빠지는 것도 아니며, 처음에 증가한 몸무게가 그대로 유지되는 것도 아니며, 몸무게가 계속 폭발적으로 증가하는 것도 아니라는 것이다.

섭식장애 내담자는 체중의 오르내림을 경험하면 높은 불안을 경험하게 된다. 그러나 회복 과정에서의 몸무게 변화 그래프를 정확히 이해하고 있다면 하루 이틀만의 체중변화가 아닌 회복의 큰 틀을 머릿속에 그릴 수 있을 것이다. 이에 따라 회복 과정에서의 불필요한 감정적 소모도 줄어들게 된다.

미니머드의 원리

미니머드(HDRM)는 최소한의 칼로리만 제시하고 음식에 대한 제한 없이 원하는 만큼의 양을 섭취하도록 한다. 회복식보다는 안정성이 보장되지 않고 진보적인 치료방식이지만 손쉽게 치료에 참여할 수 있다는 장점이 있다. 섭식장애 커뮤니티 소금인형에서는 미니머드의 방법을 물어보거나 미니머드를 진행하고 있는 회원들의 글을 자주 찾아볼 수 있다. 미니머드 방식으로 치료 효과를 본 회원도 있지만 상당수의 회원은 미니머드를 통한 치료에 실패한다. 미니머드의 규칙을 정확하게 숙지하지 않았거나, 치료 전문가와의 심리상담을 간과했거나, 아무거나 마음대로 먹어도 된다는 것에만 집중했기 때문이다. 커뮤니티에 올라오는 다양한 미니머드에 대한 경험 글을 읽어 보면 미니머드가 쉽지 않은 치료라는 것을 알 수 있다.

> "미니머드로 일주일만에 10kg이 쪘어요. 솔직히 이 정도까지 체중이 늘어날지 몰랐어요."
> "저는 하루 3,000kcal는 우습게 넘기고 6,000~7,000kcal를 먹는 것 같아요. 하루 종일 먹는데 계속 먹어도 배가 차는 느낌이 안 들어서 계속 먹어요."

미니머드(MinnieMaud)는 미네소타 기아실험(Minnesota Starvation Experiment)과 모즐리 가족기반 치료(Maudsley family based treatment)의 합성 명사로 현재 미국이나 학계에서는 Homeo Dynamic Recovery Method(HDRM)로 더 널리 쓰인다. 우리나라에서는 HDRM보다는 미니머드라는 단어가 커뮤니티와 웹상에 알려져 있는데, 정확한 표현은 HDRM이다.

미네소타 기아실험은 신체가 섭식장애 상태에서 벗어나려면 1일 권장 칼로리를 최소로 놓고 몸이 음식을 더 원할 때 충분히 섭취해야만 건강한 상태의 몸으로 돌아온다는 것을 입증한 실험이다. 모즐리 치료 방법은 런던의 모즐리기관에서 18세 미만 거식증 환자를 대상으로 수십 년간 연구를 통해 효과가 입증된 가족상담 프로그램이다. 이때 치료전문가의 역할은 섭식장애 환자의 연령에 맞게 체계적인 식단을 계획하고, 나아가 가족과의 관계를 건강하게 회복시킬 수 있도록 도와주는 것이다.

미니머드의 식사규칙

미니머드에서 권장하고 있는 식단은 회복식처럼 구체적이지 않으며, 최소한의 칼로리만을 지정하고 있다.

성인 여성
만 25세 이상, 152.4~173cm: 최소 2,500kcal/일
청소년 여성
만 25세 이하, 152.4~173cm: 최소 3,000kcal/일
성인 남성
만 25세 이상, 162.5~183cm: 최소 3,000kcal/일
청소년 남성
만 25세 이하, 162.5~183cm: 최소 3,500kcal/일

미니머드에서도 몇 가지 행동규칙이 있다. 첫째, 음식을 절대로 제한해서 먹지 않는 것이다. 둘째, 체중을 재거나 몸의 치수를 재지 않는 것이다. 셋째, 신축성이 좋은 편한 옷을 입는 것이다. 넷째, 운동을 하지 않는 것이다.

미니머드에서 금지하는 행동은 그동안 강박적으로 진행했던 다이어트, 운동, 음식제한 등과 연관이 있다. 끊임없이 남과 비교하거나 자신의 몸을 살펴보거나 신체를 만짐으로써 수시로 자신의 체형을 확인하는 행동은 섭식장애 치료에 전혀 도움이 되지 않는다. 이것은 회복식을 진행하는 환자에게도 공통적으로 적용된다.

앞서 언급했듯이 미니머드를 시작한 대부분의 섭식장애 환자가 실패를 경험한다. 그 이유는 간단하다. 3,000kcal 이상 음식을 먹는 것은 누구나 쉽게 시도해 볼 수 있지만 미니머드로 인해 증가한 체중과 심리적 문제에 대한 대

처방법을 아는 환자는 많지 않기 때문이다. 불안장애 환자가 심리상담 현장에서 불안을 다루는 방식은 크게 두 가지인데, 불안한 자극의 수위를 점차 높여 나가는 점진적 노출법(graded exposure)과 한꺼번에 불안 상황에 노출시켜 이 불안이 스스로 예상했던 것보다 크지 않다는 것을 경험하도록 하는 홍수법(flooding)이 있다. 회복식은 점진적 노출법에 기반한 식사치료이며, 미니머드는 홍수법에 더 가깝다. 심리치료 현장에서는 점진적 노출법이 통상적으로 더 높이 활용되고 있으며, 홍수법은 심리상담사와의 안전한 상담환경이 기반이 되었을 경우에만 사용하기를 권하고 있다. 미니머드 식사법은 한번에 많은 양의 음식을 먹게 만들어 신체 회복에 빠른 도움을 주는 것처럼 보이지만, 급격하게 불안에 노출된 심리는 섭식장애의 치료를 더 어렵게 만들 수밖에 없다.

미니머드는 회복식에 비해 치료방식이 쉬워 보이기에 자가치료를 하는 일부 환자가 회복식보다 더 우선적으로 미니머드를 선택한다. 그러나 미니머드를 통한 치료의 실패와 좌절감은 이후 치료에 대한 의지 자체를 꺾어 버리기도 하고, 치료라는 것이 살이 엄청나게 찌고 무서운 것이라는 잘못된 경험만을 학습시키기도 한다. 음식 섭취 및 칼로리에 대한 부분은 정신건강의학과 전문의 및 섭식장애 전문 심리상담사를 통해 결정해야 하며, 미니머드를 통해 체중이 안정화되고 신체기능이 개선된 후에도 신체만족감, 운동, 음식제한 등에 대한 심리적인 부분을 반드시 다루어야 한다. 미니머드의 간편성만을 바라보고 치료방식으로 선택할 경우 인지왜곡에 대한 심리적인 부분은 쉽게 간과된다. 이로 인해 마음껏 먹는 것을 합리화하여 폭식이 유발되기도 하고 잔뜩 먹어 버린 자신에게 죄책감이나 수치심과 같은 부정적인 감정을 느끼게 될 수도 있다.

운 좋게 아무런 도움 없이도 마음껏 먹으며 섭식장애를 벗어난 사람도 있다. 커뮤니티에서는 이런 사람들의 후기성 글이 각광받으며, 글을 읽는 회원도 이처럼 되고 싶다는 생각에 혹하여 아무거나 제한 없이 먹기를 선택하기도 한다. 미니머드도 하나의 치료방식으로 인정받고 있기에 효과가 있음을 부정할 수는 없지만, 섭식장애 환자가 전문적인 지식이나 전문가의 도움 없이 손쉽게 시작하기에는 여전히 위험성이 매우 높다.

회복식과 미니머드의 차이점

회복식과 미니머드의 공통점은 반복된 절식과 폭식으로 인해 저하된 신진대사 및 영양 불균형을 식사치료를 통해 교정한다는 것이다. 그러나 회복식과 미니머드는 크게 다음의 네 가지 측면에서 차이점을 보인다.

첫째, 정상식사로의 회복이다. 회복식을 6개월 이상 진행하게 되면 더 이상 규칙에 얽매이지 않는 자유식을 먹을 수 있다. 그래서 회복식이 정상식이라는 단어로 불리기도 하는 것이다. 그렇지만 미니머드는 식사규칙이 없기 때문에 어느 정도의 시간을 회복에 전념해야 하는지, 몸이 회복된 후에 어떤 식사를 어떻게 해야 하는지에 대한 기준이 제시되지 않는다.

둘째, 칼로리의 제한이다. 회복식은 하루에 정해진 칼로리를 정확하게 지켜서 먹을 것을 권장하지만, 미니머드는 하루 3,000kcal 이상 섭취하는 것만을 제시한다. 회복식은 안정적인 몸무게를 유지하는 것에 초점이 맞춰져 있지만, 미니머드는 먹고 싶은 음식을 섭취함으로써 이상식욕을 잠재우는 것에 더 초점이 맞춰져 있다. 그래서 미니머드로 식사치료를 계속 진행했을 때 적정체중이 유지되는가에 대해서는 정확한 답을 제시할 수는 없다.

셋째, 음식의 종류이다. 회복식은 3번의 식사와 간식의 종류 및 양까지 구체적으로 제시되어 있지만, 미니머드는 음식 종류에 대한 제한이 없다. 미니머드에서는 그동안 제한했던 음식 종류에 대한 통제를 풀고 강박적으로 느꼈던 음식 스트레스로부터 해방되는 것이 중요하다.

넷째, 심리상담의 중요성이다. 회복식은 이미 안정적인 체계가 정립되어 있기에 심리상담의 병행이 필수적인 요소는 아니지만, 미니머드 치료는 심리상담이 동반되지 않을 경우 위험성이 높다. 제한 없는 식사를 할 때 발생하는 정신적인 불안함에 대해 전문가의 개입이 필요하기 때문이다. 이러한 이유로 미니머드는 자가치료에서 효율적인 식사치료가 아닌 전문가와 함께 했을 때 치료효과를 볼 수 있는 치료방식이다.

미니머드에 대한 전문가의 의견

미니머드는 영양 재활의 개념에서 보았을 때 폭식증 환자보다는 거식증 환자를 위한 치료에 더 초점이 맞추어져 있다. 의학적 관점에서 거식증 치료에서 가장 중요한 요소는 체중회복이며, 미니머드는 체중이 회복되기에는 좋은 환경을 제공하기 때문이다.

음식제한으로 인한 저체중 환자의 경우, 섭식장애 증상으로 인해 발생한 내과적·외과적 합병증의 회복을 위해서 체중 자체를 회복하는 것이 무엇보다 중요하다. 그래서 저체중으로 식사치료가 필요한 환자의 경우 미니머드가 도움이 될 수 있다. 미니머드가 저체중 섭식장애 환자의 치료뿐만이 아니라 전체 섭식장애 환자군에도 도움이 될 수 있는 사례들이 현재 조금씩 언급되고 있지만 아직까지 이에 관련하여 치료적 근거가 명확히 제시되지는 않았다. 특히 폭식증 환자가 미니머드로 식습관을 교정한다는 것은 환자에게 무리한 접근이라는 목소리가 높다.

4. 미국의 회복식은 빵인데요

회복식은 밥과 국 그리고 반찬으로 이루어진 식단규칙이 있고, 정해진 시간에 규칙적 식사를 권하고 있다. 우리나라에서 권하고 있는 회복식의 규칙은 햄버거가 먹고 싶을 경우, 짬뽕이 먹고 싶을 경우 간식이나 국으로 대체해서 먹도록 한다. 이때 환자는 다음과 같은 생각을 할 수 있다.

'미국 사람은 회복식으로 샌드위치를 먹지 않을까?'
'밥, 국, 찌개, 이거 사실 우리나라 사람들만 먹는 거 아닌가?'

실제로 이 질문에 대한 대답은 '그렇다.'이다. 회복식은 각국의 문화에 맞춰 그 나라 사람이 가장 익숙하고 편안하게 영양을 확인하며 회복할 수 있는 식단으로 구성되어 있기 때문이다. 그렇기 때문에 미국에서 청소년기를 모두 보냈던 재미교포 내담자가 섭식장애 치료를 우리나라에서 받을 경우 미국식 식단을 별도로 준비하여 식사를 하게 된다. 교포 내담자가 치료를 위해 먹어

보지도 못했던 나물과 찌개를 먹는 것은 합리적이지도 않고, 당연히 효율적이
지도 않다.

한식은 절대적 기준이 아니다

규칙적인 식사습관을 만들어 가는 과정에서 매 식사마다 한식 식단으로 먹
을 수 없는 상황이 자주 발생한다. 내담자는 혹여나 한식 식단을 챙겨 먹지 못
한 날은 회복식을 망친 것은 아닌지 불안해하기도 하는데, 한식 구성이 아니
라고 하여 회복식이 망가진 것은 아니다. 바쁘게 출근 준비를 하느라 시간이
없는 날은 아침으로 토스트와 과일, 견과류를 먹을 수 있다. 이러한 것들은 충
분한 영양이 포함되어 있는 식단이기에 이 역시 회복식이 될 수 있다. 섭식장
애를 겪는 미국인에게 회복식은 한식이 꼭 아닌 것과 같다. 한식을 선택하는
이유는 앞서 밝힌 이유와 같이, 한국인에게 한식이 가장 오래 먹을 수 있는 편
안한 식단이며 익숙한 만큼 영양소와 양을 측정하기에 유용하기 때문이다.
회복식의 구성은 사람에 따라, 문화에 따라, 환경에 따라 모두 다를 수 있다.

회복식에서 강조하는 것은 결국 균형 잡힌 영양과 규칙적인 식사를 통한
신체적·심리적 회복이다. 그렇다면 여기에서 규칙적으로 먹는다는 것의 의
미를 다시 한 번 확인해 볼 필요가 있다.

시간과 양의 규칙을 따르자

먼저, 규칙적으로 먹는다는 것은 배고플 때마다 먹거나 하루에 한 끼의 식
사를 정해진 시간에 한다는 것이 아니다. 섭식장애를 겪는 대부분의 내담자
가 그동안 균형에 맞지 않는 음식을 섭취했기 때문에 몸은 혹사된 상태에 놓
여 있다. 그렇기에 몸이 배고프다고 보내는 신호가 틀린 경우가 많고, 이에 따

라 음식을 먹고 안 먹고를 정하는 것은 전혀 규칙적인 식사가 아니다. 따라서 회복식을 시작하는 섭식장애 치료의 초기에는 자신의 신체에서 느끼는 배고픔의 신호가 식사의 기준이 되어서는 안 된다.

규칙적으로 먹는다는 것은 자신의 생활패턴에 맞춰 식사와 공복 시간 사이가 너무 길어지지 않도록 시간을 정하고 그 정해진 시간에 따라 음식을 섭취하는 것이다. 특히 회복식을 기반으로 한 섭식장애 초기 치료의 과정에서는 식사의 시간이 식사의 종류보다 더 중요하다.

자신만의 적량 찾기

규칙적으로 먹는 것의 중요성을 이해했다면 이제는 무엇을 얼마나 먹어야 하는지에 대해 생각해 볼 수 있다. 회복식은 분명한 음식 양과 칼로리의 기준을 제공하고 있지만, 어디까지나 그 기준은 통계치이다. 사람마다 각자에게 맞는 식사량이 있다. 누군가는 라면을 하나만 먹어도 배가 부르고, 누군가는 라면에 밥 한 공기를 말아 먹어도 크게 배부르지 않을 수 있다. 신체적 나이나 기능에 따라, 기초대사량에 따라 적량은 모두 다를 수 있기 때문에 회복식 식단을 오래 먹더라도 계속 너무 배부르다고 느낄 수도 있고, 너무 부족하다고 느낄 수도 있는 것이다. 그렇기 때문에 각자가 자신에게 맞는 적량, 즉 스스로 잘 소화시킬 수 있는 정도의 음식량을 찾아야 한다.

섭식장애 치료의 과정 중에 찾아야 하는 적량이라는 것은 한 끼 식사를 하고 다음 식사를 자연스럽게 먹을 수 있는 양을 의미한다. 예를 들어, 점심에 밥을 한 공기 먹었는데 배가 불러 다음 정해진 시간에 음식을 먹을 수 없다면 다음 점심부터는 밥의 양을 줄여 볼 수 있다. 그러나 양을 늘리고 줄이는 것은 한 번에 결정되는 것이 아니고 반복적으로 몇 회에 걸쳐 이 경험이 지속될 때 결정되어야 한다.

이때 스스로 살이 찌기 싫어서 혹은 살이 찔까 봐 두려운 마음에 거짓말로 소화가 안 된다고 하면서 자신의 적량보다 많다고 이야기하고 있지는 않은지 확인해 보아야 한다. 거짓말을 하거나 스스로 자기합리화를 하는 경우를 제외한다면, 적량의 기준은 회복식의 반복을 통해 찾아갈 수 있다. 반대의 경우로 다음 정해진 시간까지 너무 허기지다면 다음 식사부터는 양을 조금 더 늘려 보고 소화력을 확인해 보면 된다. 치료의 과정 중에 겪는 익스트림 헝거(extreme hunger)의 경우를 제외하고는 이렇게 음식 양을 늘리고 줄여 가면서 자신만의 적량을 찾아가는 것이다.

실수할 수 있다

정해진 시간에 각자에게 맞는 적량을 찾아서 먹는 규칙적인 식사가 습관화되기까지는 시간이 필요하다. 그 기간 동안 포기하지 않고 꾸준히 노력하는 것이 중요한데, 치료 중 만나는 섭식증상의 재발은 이 꾸준함을 무너뜨리게한다. 대표적으로 폭식이 터져 예상보다 과도하게 먹어 버리는 것이 이에 해당한다. 규칙적인 식사습관을 만들어 가는 과정에서 많은 내담자가 실패를 경험한다. 다시 한번 강조하지만, 하루나 한 끼 실패했다고 하여 그동안 회복식을 위해 노력했던 시간이 갑자기 사라지는 것은 아니다.

내담자는 자신의 실수를 지나치게 크게 확대해서 받아들이는 경향이 있다. 작은 사건을 파국적 결말로 연결시키는 인지왜곡인 파국화(catastrophizing)로 연결시키는 것이다. 예를 들어, 규칙적인 식사패턴을 지키다가 한 번 실수하거나 하루 실패했다고 해서 다음과 같이 생각해 버린다.

'지금까지 노력한 것이 모두 소용없어졌어.'
'아, 3일 동안 잘했는데, 다 망했다.'

'난 역시 안 돼.'

이러한 왜곡된 파국화 사고는 내담자를 압도하고 합리적인 판단을 하지 못하게 만든다.

섭식장애를 겪는 내담자의 대부분은 완벽주의적 성향을 가지고 있기 때문에 치료를 시작하면 '규칙적으로 회복식을 먹어야 한다.'는 명제를 늘 완벽히 지키려고 한다. 예를 들어, '정해진 시간에 밥, 국, 4가지 반찬이 차려진 한상을 다 먹어야만 한다.'는 강박을 가지고 그것이 지켜지지 못할 경우 실패했다고 생각해 버리는 것이다. 음식 종류에 대해서도 마찬가지이다. 회복식에서 식단의 구성은 분명 명시되어 있지만 매일같이 국을 끓이지 못하는 경우도 많고, 반찬에 2가지 이상의 조리법이 포함되지 않는 경우도 발생한다. 라면은 국으로 설정하여 다 먹지 말고 일부만 먹으라는 규칙이 있지만 그냥 라면이 먹고 싶어서 한 끼를 라면으로 먹을 수도 있다. 식사치료에 있어서 매끼 잘 차려진 한식이 아닌 빵을 먹는다고 해서, 파스타를 먹는다고 해서 혹은 분식을 먹는다고 해서 그것이 회복식이 아니라며 실패라고 규정지을 필요도 없다. 회복식, 규칙적인 식사패턴은 모두 섭식장애로부터 자유로워질 자신을 위한 치료과정 중의 하나일 뿐, 회복식이 스스로를 괴롭히는 강박을 강화하고 있다면 회복의 길을 잘 걸어가고 있는지에 대한 점검이 필요하다.

회복식의 과정에는 성공 혹은 실패만이 있는 것이 아니다. 성공과 실패의 사이에는 여러 단계가 존재하고, 이 단계는 여러 번의 시도를 통해 조금씩 채워진다. 회복식을 시도해 온 경험은 몸과 머리에 차곡차곡 쌓여 나간다. 섭식장애로 만들어 온 나쁜 습관은 조금씩 밀려 나갈 것이고, 이 공간은 점점 규칙적으로 식사하는 좋은 습관으로 채워질 것이다.

섭식장애 치료의 시작점에서 우선시되는 것은 음식의 종류에 상관없이 규칙적인 식사패턴을 습관화하는 것이다. 그러나 규칙적인 식사를 한다는 것이 잘못 이해되어 숙제처럼 지켜야만 하는 것에서 끝나서는 안 된다.

살다 보면 식사시간이 조금 늦어질 수도 있고 빨라질 수도 있다. 밥을 먹을 때도 있고 빵을 먹을 때도 있다. 그렇다고 해서 오늘의 식사가 실패한 것이 아니다. 섭식장애 치료의 궁극적 목적이 즐거운 식사 자리와 행복한 일상으로의 복귀, 그리고 자연스럽고 편안한 삶의 영위임은 치료의 도중에 계속 생각해야 할 부분이다. 꾸준히 회복식을 진행하다 보면 무엇을, 언제, 얼마만큼 챙겨 먹어야 하는지 매번 고민하는 일도, 규칙을 확인하는 일도 없어진다. 자연스러운 일상의 식사가 시작되는 것이다.

5. 섭식일지와 자기 모니터링

　매번 자신이 먹은 것을 기록하고 그에 따른 상황과 감정을 기록하는 것은 손이 많이 가고 특별히 신경 써야 하는 일이다. 그럼에도 불구하고 섭식장애 심리상담 현장에서는 섭식일지를 쓰도록 권하고 있다. 치료를 진행하는 내담자 중 다수는 기관으로부터 섭식일지를 쓰는 이유를 명확히 설명듣지 못한 채, 초등학생이 쓰는 일기장 숙제처럼 의무적으로 섭식일지를 작성하기도 한다. 섭식일지에 대한 이해 없이 그저 심리상담사가 시켰다는 이유로, 혹은 커뮤니티를 찾아보니 좋다고 해서 섭식일지를 쓰다 보면, 그저 매일 일지를 쓰는 것 자체가 스트레스가 되기도 한다.

　일부 내담자는 섭식일지를 강박처럼 받아들이기도 한다. 섭식일지를 제대로 쓰지 못한 주에는 숙제를 다하지 못했다는 생각에 상담약속을 미루거나 갑자기 빠지기도 하고, 상담기관에 방문하더라도 "다 썼지만 깜빡하고 가져오지 않았다."는 거짓말을 하기도 한다. 치료를 위해 시작한 섭식일지가 오히려 치료를 미루거나 방해하는 요소로 작용되는 것이다. 섭식일지가 섭식장애 치료를 위한 수단이 되기 위해서는 섭식일지를 씀으로써 혜택을 받는 사람이 누구인지, 써야 하는 이유가 무엇인지에 대한 이해가 선행되어야 한다.

섭식일지의 역할

섭식일지의 첫 번째 역할은 자기 모니터링이다. 섭식일지는 의사나 상담사에게 단순히 자신이 일상에서 무엇을 먹었고, 무엇을 느꼈고, 무엇을 했는지에 대한 기록을 보고하거나 검사받기 위한 것이 아니다.

섭식일지의 첫 번째 역할은 내담자가 음식을 통해 경험한 감정과 행동, 생각에 대한 정보를 수집하는 것이다. 섭식장애 환자는 자신이 얼만큼 먹었는지에 대해 알고 있다고 확신하는 경우가 많은데, 실제로 섭식일지를 쓰고 나면 자신이 알던 양과 다르다는 점에 놀라기도 한다.

섭식일지의 두 번째 역할은 섭식장애를 유발하거나 회복을 방해하는 심리적 요인을 확인하는 것이다. 내담자는 섭식일지를 통해 자신의 강박, 트라우마, 자기 비하적 사고, 인지왜곡 등 섭식문제와 연결된 문제들을 찾게 된다. 이것은 섭식장애가 단순히 먹는 것의 조절이나 의지의 발휘로 해결되는 것이 아니라는 것을 스스로에게 확인시켜 준다.

섭식일지의 세 번째 역할은 내담자가 음식과 감정의 선택에 있어서 주체성을 가지도록 하는 것이다. 섭식일지는 특정 사건이나 인물을 대상으로 자신이 어떤 감정을 느끼는지 객관적으로 인식할 수 있게 해 준다. 감정은 생각과 행동을 수정함으로써 변화할 수 있는 부분이다. 섭식일지의 내용을 바탕으로 내담자는 자신의 생각과 행동을 스스로 선택하고 바꾸어 나가며 감정을 조절할 수 있다는 것을 알게 된다. 이로 인해 주변의 상황이나 들려오는 이야기에 휩쓸리지 않고 자기 주도적으로 회복을 선택하고 변화할 수 있게 되는 것이다.

섭식일지의 네 번째 역할은 내담자의 상황과 문제를 전문가와 공유하는 것이다. 의사나 심리상담사의 입장에서 환자의 상황과 상태를 정확하게 아는 것은 섭식장애 치료의 중요한 열쇠가 된다. 섭식장애 치료는 일상의 습관과 아주 긴밀하게 연결되어 있으나, 치료를 시작했다고 해서 의사나 심리상담사가 24시간 환자의 일상을 함께할 수는 없다. 섭식일지의 기록은 상담과 상담 사이에 존재하는 중요한 일상의 패턴을 찾을 수 있도록 해 준다.

처음 섭식일지를 쓰게 되면 섭식장애 증상에 집착하게 될 수도 있고, 심리상담사에게 좋은 내용만 기록해서 보여 주어야 할 것 같은 부담감을 느낄 수도 있다. 숙제를 빠뜨리면 안 된다는 강박, 완벽하게 해야 한다는 강박은 일주일치 섭식일지를 처음부터 완벽히 다 쓰지 못한 상황을 절망적으로 만들어 버리기도 한다. 이러한 스트레스가 섭식장애의 치료를 방해할 정도가 되면, 섭식일기 작성을 잠시 쉬도록 권할 수도 있다. 이때 섭식일지가 숙제처럼 검사를 받거나 누구에게 보여 주기 위한 용도의 목적이 아니기에 강박적으로 기록을 할 필요가 없다는 것을 재확인시킨다. 또한 섭식일지가 치료에 도움을 주는 역할을 하기 때문에 완벽하게 다 쓰지 않아도 분명한 효과가 있다는 것을 숙지시킨다. 이 과정이 지난 후에 섭식일지를 다시 작성하도록 한다.

섭식일지를 써야 하는 이유에 대해 분명하게 숙지했음에도 불구하고, 섭식일지가 부정적 역할만을 할 때도 있다. 섭식장애는 다양한 요인이 복합적으로 얽힌 심리장애이기에 특수한 경우에도 무조건적으로 섭식일지를 강요하지는 않는다.

섭식일지를 쓸 때에는 기억해야 할 것이 있다. 섭식일지는 자신의 섭식장애의 회복을 위한 기록이며, 수단일 뿐 목적은 아니라는 것이다. 완벽한 섭식일지를 쓰는 것보다는 현재의 상황에서 할 수 있는 만큼 솔직하게 자신을 마주하고 작성해 나가는 것이 더 중요하다. 한 끼를 기록하지 않고 넘어갔더라도, 하루를 넘어갔더라도 또는 일주일을 넘어갔더라도 다시 기록하고 멈추지 않으려는 시도는 분명 가치가 있다.

6. 섭식장애 전문 치료기관을 가야 하는 이유

"정신과를 다녀왔는데 오히려 상처만 받고 왔어요."

정신건강의학과에 다녀온 일부 내담자는 병원에 다녀온 것을 후회한다고 말한다. 치료를 위해 병원을 방문했지만 정신과 영역의 전문가라고 생각했던 의사가 섭식장애에 대해 깊게 알지 못했기 때문이다. 심리상담 전문기관에 방문하더라도 이와 비슷한 경험을 쉽게 할 수 있다. 의사나 심리상담사의 학력과 경력은 그 분야의 전문성을 증명할 수는 있지만, 이것이 '섭식장애'를 잘 알고 다룰 수 있음을 의미하는 것은 아니다.

섭식장애 치료의 특수성

초등학교 5학년 여학생 내담자와 함께 마음연구소에 방문했던 한 어머니는 집 근처에 종합병원이 있음에도 불구하고 왕복 6시간 걸리는 서울로 매주 올라왔다. 서울에 있는 섭식장애를 전문으로 치료하는 병원과 심리상담기관을 동시에 방문하기 위해서였다. 섭식장애 치료에 대해 잘 알지 못하는 부모의 경우, '정신건강의학과' 혹은 '심리치료센터'로 명시된 곳이면 섭식장애를 잘 다룰 수 있을 것이라 생각한다. 그러나 이 어머니는 그렇지 않다는 것을 분명히 알고 있었다. 그녀는 지방의 한 정신건강의학과 병동에서 일하는 간호사였다. 본인이 임상심리학으로 박사학위까지 취득하여 섭식장애에 대해 잘 알고 있던 만큼 일반병동에서의 치료적 접근이 최선이 아니라는 것을 잘 알고 있었던 것이다.

처음에는 가까운 병원에서 치료를 진행했다가 서울로 올라왔을 것이라 생각되었다. 거주 지역이 상당히 멀다는 것, 그리고 내담자의 어머니가 정신건강의학과 병동에서 일하고 있다는 것이 그 생각의 근거이다. 그런데 그녀는 처음부터 딸을 자신이 일하는 종합병원에 데리고 가지 않았다. 그녀는 자신이 소속된 종합병원에는 섭식장애를 전문으로 다루는 의사나 심리상담사가 없다는 것과 입원치료를 받을 경우에 다른 환자들과 식단관리가 공통으로 진행된다는 사실도 잘 알고 있었기 때문이다. 그녀는 식단관리가 병행되지 않는 입원치료는 강제적인 식사를 진행하는 것 외에는 호전되는 부분이 없다고 생각했다. 전문적인 섭식장애 치료기관에 대한 중요성을 잘 알고 있던 어머니는 자녀의 섭식장애 치료를 위해 왕복 6시간이라는 긴 시간을 도로에서 보내는 선택을 했다.

보건복지부의 여러 지원 사업 중 하나로 지역보건소나 가정지원센터 등에서 주민을 대상으로 하는 무료 심리상담 프로그램이 상당수 운영되고 있다. 초등학교부터 고등학교까지의 Wee센터 그리고 대학 내부의 상담기관 역시 무료로 운영되고 있다. 섭식장애 환자의 경우 이러한 복지 서비스를 이용하면서 운이 좋게 섭식장애에 대해 깊이 있게 공부하고 접근한 심리상담사를 만날 수도 있다. 그러나 보건기관에 종사하는 심리상담사는 지역 주민을 대상으로 상담을 진행하는 만큼 전반적인 심리상담 업무를 주로 해야 한다. 섭식장애 치료의 시작을 망설이는 환자의 경우 무료 심리상담기관에 방문하는 것은 아무것도 안 하고 병을 키우는 것보다는 나은 선택지이다. 사설 전문 심리상담기관도 마찬가지이다. 심리상담사가 섭식문제를 의지나 욕심과 같은 다른 방향성으로 접근해 버릴 경우, 결국 상처를 받는 것은 섭식장애 환자이다.

정신건강의학과 전문의도 심리상담사도 섭식장애 증상을 이해하거나 공감해 주지 못할 수 있다. 의사도 심리상담사도 섭식장애에 대해 분명 교과목으로 공부했지만 자신의 전문 분야가 아닐 경우 진단이나 치료에 서툴 수밖에 없기 때문이다. DSM 기준에 적합하지 않은 경우 그리 심각한 문제가 아니라고 환자에게 말할 수도 있고, 폭식증 환자에게는 음식 참기, 거식증 환자에게는 음식 먹기와 같은 일방적인 처방을 내릴 수도 있다. 환자는 자신의 고통을 대수롭지 않게 말하는 의사나 섭식증상에 대한 이해 없이 폭토를 한 번 참아보자는 심리상담사의 말에 화가 나 버린다. 무시를 당했다고 생각하기도 하고, 자신을 귀찮아한다고 생각하기도 한다. 그러나 의사와 심리상담사가 이렇게 말한 것은 환자에게 상처를 주기 위함은 아니다. 그들도 환자가 좀 더 나은 삶을 영위하기 바라는 마음에서 말을 꺼냈을 것이다.

섭식장애를 자주 다뤄 보지 않은 심리상담기관의 경우 환자가 자신의 섭식장애를 지키기 위해 만들어 낸 거짓말을 지지하고 응원해 주며 섭식장애 치료의 방향성을 잘못 잡을 수도 있다. 또는 섭식장애가 인지적 왜곡이라는 것을 알고 있음에도 불구하고, 초보 심리상담사는 무조건적인 수용과 경청에 무게를 두기도 한다. 이러한 접근이 일반적인 심리상담에서는 허용될 수 있으나, 섭식장애 치료에서의 인지왜곡과 비합리적 신념은 분명하게 수정되어야 하는 부분이다. 또한 식사치료와 섭식일지를 다루지 못한다면 섭식장애 치료는 온전하게 이루어질 수 없다. 결국 심리상담기관 입장에서 섭식장애 치료는 까다롭고, 손도 많이 가고, 추가적인 노력이 수반되는 증상이기에 일반적으로 주요하게 다루고 싶어 하지 않는다.

섭식장애에 대한 경험이 부족한 정신건강의학과 및 심리상담 전문기관은 섭식장애 환자가 가진 음식에 대한 공포심이나 불안감에 대한 이해 없이 이상 섭식증상만을 없애려고 한다. 또는 이상 섭식행동에 대해 쉽게 내뱉는 말로 환자에게 상처를 준다. 이들은 섭식장애 치료의 교과서에 적혀 있는 다음과 같은 질문들을 이어나간다.

"거울을 보면 본인이 살이 쪘다고 생각돼요?"
"많이 먹으면 죄책감이 들어요?"

결국은 섭식장애 환자는 자신을 신기하게 보는 눈빛을 느끼게 된다. 이 눈빛은 환자를 위축시키고 자신이 결국 '비정상'이라는 생각을 하도록 만든다.

'책에서만 보던 섭식장애가 이런 거구나.'
'진짜로 말랐는데도 안 먹으려 하는구나.'

가이드에 적힌 회복식을 처방해 주고 무조건 지켜야 한다는 말이나 그냥 잘 먹으면 다 낫는다는 말을 들은 섭식장애 환자는 좌절과 분노를 느낀다. 이 감정은 '치료기관을 괜히 갔다.'는 생각으로 이어진다. 전문가를 찾아가 봤지만 별것 없었다는 생각은 어렵게 다잡은 치료의 마음을 다시 내려놓게 만든다.

치료를 결심했다고 하여 전국 곳곳에 있는 모든 섭식장애 환자가 서울과 경기에 있는 섭식장애 전문기관을 방문하여 치료를 받는 것은 현실적으로 어려울 수밖에 없다. 그렇기에 치료를 결심했다면 자신의 가치 우선순위를 결정하는 것이 선행되어야 할 것이다. 그 기준이 누군가에게는 의료진 및 심리상담사의 섭식장애 치료 경력이 될 수도, 누군가에게는 치료 및 상담 비용이 될 수도, 누군가에게는 집에서의 거리가 될 수도 있다. 섭식장애 전문기관을 방문하더라도 거리가 멀거나 비용이 부담된다면 치료가 중단될 확률이 높아지기 때문이다. 우선순위는 자신의 섭식장애 정도, 치료에 대한 의지, 여러 기타 사항을 기반으로 결정된다.

한 여성 내담자는 약물치료를 위해 정신건강의학과를 방문했다. 그녀는 160cm에 40kg이라는 신체조건을 지니고 있었다. 그녀가 의사에게 음식을 거의 못 먹는 증상에 대해 설명했을 때 의사는 다음과 같은 질문을 했다.

"이미 말랐는데 왜 살을 빼려고 해요?"

식욕을 증진시키면 된다는 의사의 판단 아래 식욕자극제가 처방되었다. 그러나 그녀는 식욕이 없지 않았다. DSM-5에서는 음식을 거부하며 극단적인 저체중으로 말라가는 'Anorexia Nervosa'를 신경성식욕부진증이라 번역하고 있으나 이는 명백히 잘못된 표현이다. 음식을 거부하는 대부분의 거식증 환자는 식욕이 없는 것이 아니기 때문이다. 대부분 식욕이 있지만 살이 찔 두려움 때문에 음식을 먹는 것을 공포스러워한다. 결국 식욕촉진제를 복용할 의지가 없는 그녀의 입 속에는 처방된 약이 단 한 알도 들어가지 않았다.

반대로 폭식증 환자가 자신의 증상을 이야기했을 때 식욕억제제만을 처방해 주는 의사도 있다. 그리고 많이 먹는 것이 비합리적이라는 것을 환자에게 알려 준다. 섭식장애 환자는 어설픈 인지행동치료를 시도하면서 자신의 생각이 틀렸다는 것을 알려 주는 심리교육을 받을 때 좌절한다. 섭식장애는 인지왜곡이 동반된 질환이기에 신념의 수정이 필요한 것은 사실이지만, 지금의 섭식행동과 사고가 바뀌어야 한다는 기본적인 것은 대부분의 환자가 이미 알고 있기 때문이다. 40kg이 저체중이라는 것도 알고 있고, 토하지 않으려면 폭식을 멈춰야 한다는 것도 알고 있고, 많이 먹었을 때 토하지 않고 참으면 된다는 것도 이미 알고 있다. 그럼에도 불구하고 마음처럼 쉽게 바뀌는 것이 어려운 것이고 이미 그 부분에 대해서는 환자 혼자 충분히 좌절해 왔다. 섭식장애 증상을 멈추면 해결된다는 말은 사실상 치료에 도움이 되지 않을뿐더러 치료에 대한 거부감만을 일으키기도 한다.

섭식장애를 위한 심리 다이어트 서비스란 없다

마음연구소에 방문한 내담자의 상당수는 다이어트 서비스 업체를 이용했던 경험이 있는데, 내담자는 이 경험이 폭식과 절식을 악화시켰다고 설명한다. 최근의 다이어트 서비스 업체들은 감정과 심리를 함께 다루는 다이어트를 추구한다고 포장하지만 결국은 식단을 조절하고 살이 빠지지 않은 회원을 실패자로 분류한다.

다이어트 서비스 업체에서 상담사라고 불리는 코디는 폭식을 심리적 문제라고 언급하면서 전문가처럼 설명하지만, 이들은 실제로 섭식장애 환자를 다루어 본 적도 거의 없고 섭식장애에 관련된 전문적인 심리지식도 없으며, 결국은 회원의 마음이 다치고 있음을 알더라도 이를 위해 살 빼기를 멈추고 환불을 해 줄 일도 결코 없을 것이다. 회원이 살이 빠져야 이들도 성공한 행보를 걷는다. 다이어트와 섭식장애의 심리 다룸이 모두 가능한 꿈같은 상황은 존재하지 않는다. 그렇기에 섭식장애와 다이어트를 동시에 진행할 수 있을 것이라는 기대감으로 심리 다이어트로 포장된 곳을 방문할 때 섭식장애는 더 악화될 가능성이 높다.

7. 왜곡된 신념 수정하기

"8명의 신체이미지가 있다. 자신의 실제 신체는 몇 번에 해당하는가. 또한 자신이 미래에 되고 싶은 신체는 몇 번에 해당하는가."

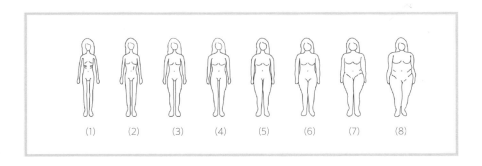

이것은 섭식장애 환자의 신체상 왜곡 정도를 간단하게 체크해 보는 자료이다. 제시된 (1)~(8)번의 체형 중 현재 자신의 모습과 가깝다고 생각되는 신체이미지를 체크한다. 다음으로 자신이 되고 싶은 체형의 이미지 번호를 체크한다. 자신이 생각하는 현재의 체형과 자신이 미래에 되고 싶은 체형이 몇 단게 차이인지를 확인한다. 그런 다음 속옷만 입거나 몸이 달라붙는 옷을 입은 후 실제 자신의 신체를 촬영한다. 촬영한 사진을 현재 자신이 생각한 체형과 자신이 되고 싶은 체형과 비교해 본다. 자신의 모습을 촬영한 사진과 표시한 두 가지 체형을 비교해 보면, 대부분의 섭식장애 환자는 실제 자신의 모습이라고 골랐던 번호의 체형보다 말랐거나 자신이 되고 싶은 체형보다 더 마른 체형을 가지고 있음을 확인하게 된다. 섭식장애 환자의 대부분은 현재 자신의 체형은 실제보다 통통한 신체이미지에 체크하고 자신이 되고 싶은 체형은 지금보다 더 마른 신체이미지에 체크한다. 이러한 신체왜곡이미지 테스트는 섭식장애 환자에게 자신의 왜곡된 신체이미지의 정도를 자각하게 해 주어 섭식장애 치료가 효율적으로 진행되도록 돕는다.

섭식장애는 기본적으로 인지장애이다. 자신의 신체상, 음식을 먹는 행위, 타인과의 먹는 양의 비교 등 여러 가지 면에서 왜곡된 신념이 섭식장애 환자의 사고구조에 자리 잡고 있다. 치료를 시작한 환자 대부분은 스스로도 자신이 왜곡된 신념을 가지고 있다는 사실을 잘 알고 있고, 이것을 바꾸고자 하는 소망도 있다. 그러나 변화해야겠다는 의지만으로 신념을 바꾸기는 어렵다.

신념은 나무에 비유했을 때 생각이라는 토양에 자리 잡은 뿌리와도 같다. 그렇기에 신념을 바꾼다는 것은 밖에 나와 있는 잎사귀를 따고 새로운 잎사귀를 붙이는 것이 아니라, 나무 전체를 들어내고 흙을 털어 낸 후 뿌리를 뽑는 작업이 된다. 그래서 "머리로는 알겠는데 실천은 되지 않는다."고 말하는 것이다. 섭식장애 치료는 음식을 먹는 패턴을 바꾸는 것만이 치료의 전부가 아니다. 섭식장애 치료는 식사 행동뿐만 아니라 생각의 뿌리를 비롯한 심리적 요인도 함께 다루어야 하기 때문이다. 다음은 마음연구소에서 제공하는 섭식장애 환자의 왜곡된 신념수정을 위한 7단계 상담모델(Florida Maumlab Seven Steps: FMSS)이다. 이 상담모델은 섭식장애 환자가 자신의 섭식문제를 인식하고 왜곡된 신념을 수정하는 것을 목적으로 한다.

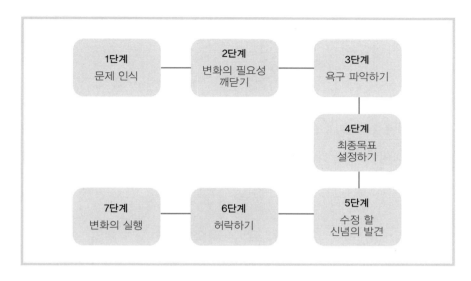

▶그림 7-1 FMSS 상담모델

1단계: 문제 인식

변화를 위해 필요한 첫 시작은 현재 자신의 상황이 문제가 된다는 것을 알아차리는 것이다. 자신의 현재 상태가 이상적인 상태와 차이가 있다고 지각하게 되면, 그 차이를 줄이기 위한 방법을 모색하기 시작한다. 10년간 폭토를 해 왔던 환자라도 폭토가 불편함의 임계치를 넘어가지 않으면 문제라고 생각하지 않는다. 그러나 환자 스스로가 문제라고 인식하는 순간 섭식장애라는 단어가 크게 다가오기 시작한다.

2단계: 변화의 필요성 깨닫기

문제를 인식했다고 하여 이것이 모두 변화로 연결되지는 않는다. 이미 타성에 젖은 생각이나 태도가 변화로 이어지는 것은 쉽지 않기 때문이다. 섭식장애가 자신의 인생을 좀먹는다고 속으로는 불평하면서도 변화해야겠다는 생각은 들지 않을 수 있다.

변화의 필요성은 누군가 알려 준다고 해서 알 수 있는 것도 아니고, 머리로 이해한다고 해서 깨달아지는 것도 아니다. '몸이 너무 상하는 거 같은데.' '토 좀 그만하면 좋을 텐데.'라고 머리로 아무리 생각해도, 주변에서 "너, 너무 살 빠졌어. 좀 먹어야 해."라고 말해 주어도 스스로 변화에 대한 깨달음이 없다면 실행에 옮겨지지 않는다.

3단계: 욕구 파악하기

많은 여성이 다이어트를 시작하고, 현재도 하고 있으며, 마르고 싶은 욕구를 계속 가지고 있다. 그 이유가 무엇일까. 다이어트 세미나의 참여자들은 이 질문에 대해 건강, 예쁜 옷 입기, 가족에게 당당해지기, 스스로 만족하기 등 다양한 답변을 해 주었다. 이와 같은 이유들이 종합적으로 가리키는 것은 '더 나은 내가 되기 위함'이다. 그 전반에는 스스로를 사랑하면서 동시에 타인으로부터 인정받고 싶은 욕구가 모두 포함되어 있다.

사람은 사회적 존재이기 때문에 타인으로부터 분리되어 살아가는 것은 불가능하다. 어린 시절에는 부모와 관계를 맺으며 자아를 형성했고, 어린이집부터 시작된 사회에서는 가족 이외의 사람들과 관계를 맺으며 자아가 형성되어 간다. 그 과정에서 '먹고 싶다.' '배변하고 싶다.'와 같은 생물학적인 욕구 이외의 사회적 욕구가 발생하기 시작한다. 유치원에 입학할 나이만 되어도 아동은 사회적 관계에서 새로운 욕구가 발생함을 알게 된다. 외모가 특이하다는 이유로, 아직 기저귀를 떼지 못했다는 이유로, 또는 어머니나 아버지 중 한 명이 없다는 이유로 놀림을 받는 사회적 감정은 이들에게 불편함으로 다가온다.

친구와 잘 지내고 싶고, 인기가 많고 싶고, 다른 친구보다 맛있는 것을 더 먹고 싶은 사회적인 감정이 욕구의 주가 된다. 무인도에 있지 않는 한 사회 속에서 자신의 만족을 위해 하는 모든 일—다이어트나 예쁜 옷 입기, 봉사활동을 포함한 선행—은 자신을 포함한 타인의 시선이 모두 반영된 욕구라는 것이다. 욕구가 사회적인 유기관계를 기반으로 했다는 전제를 바탕으로 하였을 때, 욕구는 다음과 같은 특징을 가진다.

욕구의 특징

첫째, 욕구라는 것은 충족 불가의 특징을 가진다. 사막을 걸어가는 나그네를 예를 들어 보자. 사막을 걷는 나그네는 저 멀리 보이는 오아시스를 보고 힘겨운 발걸음을 옮긴다. 그러나 가까이 가니 오아시스는 저만치 물러나 버린다. 신기루였던 것이다. 인간이 가지는 욕구도 대부분 그러하다.

처음에는 목표체중을 달성하기만 하면 소원이 없을 것 같다. 55kg만 되면 충분하다는 마음은 55kg이 되자 50kg을 보고 싶어 하고, 50kg에 도달했을 때는 몸무게 앞자리 4를 보고 싶어 한다. 목표체중에 도달하는 순간 그만큼 더 뒤로 물러나는 충족불가의 욕구에 욕심이 더해진다. '더…… 조금만 더…….' 이런 욕심은 섭식장애를 촉발하고, 섭식장애를 겪는 저체중의 상황에서도 계속 더 적은 체중을 원하게 만든다.

둘째, 욕구에는 타인과 자신의 시선이 혼재되어 있다. 여자답기를 바라고 날씬하기를 바라는 사회적 욕구는 섭식장애를 유발하는 직접적인 요인으로 언급되고 있다.

다시 나그네의 이야기로 되돌아가 보자. 처음 나그네가 사막에서 원했던 물은 생존을 위해 필요했던 나그네 자신만을 위한 욕구였다. 그러나 나그네가 사막에서 길 잃은 아이를 발견하면 어떻게 될까. 자신도 물이 부족한 상황에서 나그네는 그 아이를 버리고 가지 못한다. 타인의 시선이 나그네의 행동에 관여하기 시작한 것이다. 아이로부터 받은 애원과 원망의 눈빛, 만약 이 사실이 마을에 알려졌을 때 사람들에게 받을 비난 등이 행동에 제약을 만든다.

사막여행을 마치고 마을로 돌아온다면 더 이상 나그네는 자신만을 위해 행동하지 않는다. 배변을 하고 싶어도 지정된 화장실을 이용할 것이며, 배가 아무리 고파도 비용을 지불한 후 식사를 할 것이다. 나그네가 그렇게 행동하기를 기대하는 사회의 욕구가 나그네에게 반영된 것이다.

이제는 혼밥이 우리 사회에서 점차 익숙한 문화가 되어 가고 있다. 그러나 다른 사람과의 식사가 어려운 사람을 논외로 한다면 혼밥보다는 누군가와 함께 먹는 식사가 더 자연스럽다는 생각이 여전히 우세하다. 음식점에 가서 밥을 혼자 먹는 사람이 불편해하는 것은 타인의 시선이다. 그러나 주변에 앉아 있는 사람들은 자신의 식사를 하고 함께 동행한 사람들과 이야기하기 바쁘다. 주변 사람은 혼밥하는 사람에게 전혀 관심도 없는데, 혼밥을 하는 사람이 다른 사람의 시선에 담긴 감정까지 억측해 가면서까지 불편해하는 이유는 무엇일까. 그 불편함의 이유는 식당에서 혼밥하는 사람에게 특정 정서와 생각을 담아 바라봤던 자신의 시선 때문이다. 혼밥하는 자신에 대한 타인의 시선은 결국 자신의 시선이 투영되어 되돌아온 결과이다.

이런 시선은 못생기거나 뚱뚱한 외형에 대해서도 직관적으로 적용된다. 자신이 타인에게 느끼는 시선은 그들도 자신에게 역시 그렇게 느낄 것이라는 추측으로 스스로를 불편하게 만든다. 다리가 두꺼운 어떤 여자가 레깅스를 입고 있는 모습을 혐오스럽게 여겼던 사람은 자신이 스스로 살쪘다고 생각할 때 레깅스를 입지 못할 것이다.

날씬하기를 바라는 욕구에는 자신이 더 당당해지고 싶고 예쁜 옷을 입기를 바라는 개인적 욕구 그리고 여자라면 날씬한 몸매를 가져야 한다는 사회적 욕구가 혼재되어 있다. 이 둘 중 선행되는 욕구는 별도로 존재하거나 구분되지 않고 얽혀 하나의 덩어리를 형성한다.

셋째, 욕구는 목적 지향적이다. 나그네가 사막에서 오아시스라는 목적을 향해 일직선으로 발걸음을 옮기듯, 우리의 욕구는 우리가 나아갈 방향성을 제시해 준다. 그래서 욕구가 정확히 탐색되지 않을 경우 자신의 진짜 욕구에 위배되는 결과를 만나기도 한다.

한 여대생이 거식 증상으로 마음연구소를 방문했다. 그녀는 다이어트로 시작된 거식증 때문에 사람을 만나는 것이 어려웠고 이로 인해 사회적 관계가 훼손되고 있었다. 그녀에게 다이어트와 섭식장애의 관계 그리고 자신의 욕구를 탐색하기 위해 인생그래프를 그려 보도록 하였다. 처음에 밥을 덜 먹게 된 것은 많은 여성이 그러한 것처럼 살을 빼서 예뻐지고 싶은 이유에서였다. 여기서 간과된 사실은 살을 빼려고 했던 '본질적인' 목적이었다. 그녀는 살이 찌니 가지고 있던 옷들이 맞지 않고 자신이 어딜 가도 주눅 든 모습을 보임을 알게 되었다. 문제를 인식하는 1단계에 접어든 것이다. 그리고 이러한 자신의 모습을 개선해야겠다는 결심을 하게 되었다. 변화의 필요성을 깨닫는 2단계에 접어든 것이다. 그러나 1, 2단계를 거친 그녀가 건강한 식습관의 변화가 아닌 섭식장애 발병으로 진행된 이유는 3단계에서의 욕구 파악이 실패로 돌아갔기 때문이다.

그녀는 진짜 욕구를 파악하지 못했다. 사실 그녀의 마음속에는 남자친구를 만들어 예쁘게 연애도 하고 싶고, 모임에서 주목을 받고 싶은 욕구가 있었는데, 이 욕구를 간과한 채 그저 '남들보다 마르고 싶다.'는 욕구만을 생각한 것이다. 그녀의 마음속에 있던 '사랑받고 싶다.'는 진짜 욕구는 배제되었다.

진짜 욕구를 파악하지 못한 그녀는 남들보다 마르기 위한 무리한 다이어트를 시작했다. 극도로 제한된 음식 섭취와 강박적인 운동을 동시에 진행하였고, 주변 사람보다 마른 몸매를 가지는 데 거의 성공한 듯 보였다. 그러나 세상에는 그녀보다 마른 사람이 늘 존재했다. 타인보다 말라야 한다는 강박은 다른 사람보다 살이 쪄서는 절대로 안 된다는 왜곡된 신념으로 이어졌다. 그녀는 음식을 거부했고, 생존을 위한 소수의 칼로리에도 과도한 공포심을 느꼈다. 그로 인해 그녀는 누구와도 음식을 먹을 수 없었고, 사람들로부터 고립됐고, 행복하지 않은 채 마른 몸 하나만을 붙잡고 있었다. 결국 그녀는 누구에게도 사랑을 받거나 주목을 받지 못했다. 그녀의 본질적인 욕구인 '사랑받고 싶다.'를 수면 위로 꺼내어 다시 나아갈 방향을 설정하는 시간이 필요했다.

욕구의 우선순위 파악

욕구에 대한 특징을 파악했다면 자신이 가진 욕구의 우선순위를 파악해 보아야 한다. 이러한 욕구의 탐색은 4단계 최종목표 설정의 방향을 바꿀 수 있기에 매우 중요하다. 폭토를 반복하는 환자의 예를 들어 보자. 처음 다이어트를 하다가 폭토를 시작하게 되었을 때에도 1단계와 2단계를 거쳤을 것이다. 날씬한 친구들과 찍은 사진을 보고 자신이 너무 살이 쪘음을 깨닫고 살찐 것이 불쾌감으로 다가오는 1단계를 거쳤다. 그리고 살찌는 생활습관이 문제라고 머리로 판단을 한 후, 이것이 건강과 외모 면에서 위협을 준다고 생각하여 변화의 필요성을 깨닫는 2단계를 거쳤다. 그리고 다이어트를 시작했다. 살이 빠지면서 생활의 불편함은 해소됐다. 그러나 다시 새로운 불편함이 생긴다. 맛있는 음식을 먹지 못하고 힘들게 운동하는 것에 지친 것이다.

이때 폭토라는 어리석지만 쉬워 보이는 선택을 한다. 음식을 먹지 못하고 운동해야 하는 불편함은 폭토를 통해 해결했지만, 이는 새로운 불편함을 야기시켰다. 폭토로 인해 치아와 얼굴형, 소화기관 등의 신체가 망가지고 살이 잘 찌는 체질로 변한 것이다. 과도하게 음식을 먹고 변기에 토하는 모습은 스스로 수치심을 느끼게 만들었다. 또한 어느 누구와도 마음 편한 식사를 할 수 없는 자신을 발견했다. 새로운 1단계가 시작된 것이다. 이러한 불편함이 그녀의 임계치를 넘어갔다면 변화해야겠다는 결심을 세우며 새로운 2단계가 시작된다. 이때, 망가진 신체를 회복하는 것이 핵심이라면 '건강해지고 싶다.'는 욕구가 진짜 욕구가 될 수 있다. 스스로를 비하하고 미워하는 것에서 벗어나고 싶은 것이 핵심이라면 '자존감을 올리고 싶다.'가 진짜 욕구가 될 것이다. 가족이나 연인과 좋은 관계를 유지하고 싶은 것이 핵심이라면 '사랑받고 싶다.'진짜 욕구가 될 수 있다. 욕구들은 자주 혼재되어 나타나기 때문에 한 번에 하나의 욕구만이 발견되지는 않는다. 중요한 것은 그것이 진짜 욕구인지, 욕구를 충족시키기 위한 수단을 위한 욕구인지를 파악하는 것이다.

현재의 행동이 자신의 욕구를 충족하는 방향이 아니라 반대의 방향으로 향하고 있는 경우도 있다. 예를 들어, 누군가는 스트레스를 푸는 행위로 구토를 선택할 수 있다. 그러나 사실상 구토를 하는 행위 자체가 자신에게 스트레스를 준다. 음식을 맛있게 먹지 못하고, 즐기지 못하고, 괴물같이 토해 대는 자신을 인정하고 좋아하기는 어렵다. 그렇기에 구토를 유발했던 스트레스가 어디서부터 비롯되었는지를 확인하지 않는다면 불필요한 구토는 지속될 수밖에 없다.

스트레스의 원인이 직장에서 상사가 매번 올리는 기획안을 퇴짜 놓고 혼을 내는 것이었다면 '사회적으로 인정받고 싶다.'는 욕구가 진짜 욕구가 될 수 있고, 남자친구와 관계에서의 부정적 감정이 스트레스가 되어 폭식이 유도된 것이라면 '여자로서 사랑받고 싶다.'가 진짜 욕구가 될 수 있다. 그러나 구토하는 자신은 스스로 인정하기도 사랑하기도 힘들다. 구토 행위는 자신이 가지고 있던 중요한 욕구를 오히려 불충분하게 만드는 행동이 되었다.

4단계: 최종목표 설정하기

지금까지 문제점을 알고, 변화의 필요성을 깨닫고, 욕구를 탐색했다. 이제 목표를 설정할 단계이다. 여기서의 목표는 진짜 욕구를 바탕으로 변화를 통해 얻고자 하는 최종목표를 의미한다. 도착지가 있어야 이정표를 세울 수 있듯 어떤 목표를 향해 변화할 것인지에 대한 구체적인 설정이 시작되어야만 방향성이 결정된다. 최종목표는 구체적인 미래상을 포함하고 있어야 한다. 이 단계에서는 자신이 할 수 있는 것과 할 수 없는 것을 구분하여, 스스로 해결 가능한 것과 남의 도움을 필요로 하는 것을 구분한다.

최종목표의 방향성 설정

앞서 욕구 탐색을 통해 폭토를 그만두고 싶은 이유가 자신을 더 사랑하고 싶다는 욕구 때문이라는 것을 알게 되었다면 구체적인 행동을 통해 최종목표를 설정할 수 있다. 예를 들어, 자신을 방치하고 학대하는 의미로 폭토를 해 온 섭식장애 환자의 경우 자신을 사랑하는 훈련을 한 단계 한 단계 밟아 나갈 수도 있고, 음식을 규칙적으로 먹으면서 폭토를 차차 줄여 나가기를 선택할 수도 있다.

같은 상황에 있더라도 환자마다 최종목표는 각각 다를 수 있는데, 폭토 행위를 줄이는 것이 최종목표가 될 수 있고, 자신을 사랑하는 것이 최종목표가 될 수도 있고, 대인관계를 개선하는 것이 최종목표가 될 수도 있다. 부정적 감정을 회피하고 싶은 마음에 폭토가 습관화된 것이라면 최종목표는 피하고 싶은 감정을 마주하고 해결하는 것이 될 수도 있다.

개인의 역량 판단

이때 자신이 할 수 있는 것과 할 수 없는 것을 구분해야 한다. 자신이 할 수 있는 것을 아는 것은 굉장히 중요하기 때문이다. 무엇을 할 수 있는지에 따라 어디까지 변화할 수 있는지도 달라진다. 누군가의 도움을 받아야 하는 상황인지에 대한 것도 꼭 확인해 볼 필요가 있다. 그 도움은 섭식장애 환자에게 정신적 지지가 될 수도 있고, 물리적이거나 경제적인 도움이 될 수도 있다.

혼자서 마음을 잡고 식사를 조절할 수 있는지, 함께 사는 가족에게 섭식장애를 알리고 도움을 요청해야 할 것인지, 아니면 전문기관의 도움을 받을지 등의 구분은 목표의 방향을 명확히 해 준다. 스스로 식사를 준비할 수 있는 성인이라면 음식 준비가 가능하겠지만, 장보기와 음식 마련에 부모의 도움을 받아야 하는 미성년자라면 분명 가족의 도움도 필요하다. 심리상담기관이나 정신건강의학과를 방문할 경우에는 비용이 발생하기에 재정적인 부분에서도 부모의 도움이 필요할 수도 있다.

최종목표의 구체화

최종목표는 구체적이고, 객관적이고, 실제 달성 가능하고, 측정 가능할수록 좋다. 거식 증세로 저체중을 극복하겠다는 결심을 했을 때 자신이 할 수 있는 행동 범위의 설정이 필요하다. 무엇을 어떻게 먹을지 결정해야 하는 것이다. 처음에는 정해진 식사 양의 1/4부터 시작하여 식사량을 점차 늘려 한 공기를 채울 수 있다. 또는 처음에는 일주일 단위로 점심만 회복식을 하고 그다음은 점심과 저녁만, 최종적으로 세 끼 모두 회복식을 할 수 있다.

자신의 능력을 과신해서도 저평가해서도 좋은 결과를 낼 수 없다. 처음부터 '식사 3번, 간식 3번의 칼로리에 딱 맞는 회복식'을 시도했을 때, 목표에 도달하지 못하고 무너지게 되면 치료를 포기할 수도 있기 때문이다. 이런 실패의 반복은 변화하고자 하는 의지에도 타격을 줄 수 있다. 그렇다고 하여 '점심 간식은 방울토마토 3개'(물론 이것이 누군가에게는 큰 도전일 수 있다)와 같이 특별히 변화를 가져올 수 없는 낮은 목표를 설정하는 것도 만족스럽지 못한 결과로 이어질 수 있다. 처음 식사량을 밥공기의 1/4로 시작해서 한 달 후에는 밥 210g의 먹겠다는 목표는 구체적이고 측정이 가능하다.

5단계: 수정할 신념의 발견

욕구를 파악하고 최종목표를 세웠다면 이제 버리거나 포기해야 할 대상을 설정해야 한다. 이 단계에서는 무엇(스스로에 대한 부정적 평가, 강박, 과거의 사건들, 타인의 시선에 대한 집착, 습관화된 행동, 안락함, 부여잡고 있는 마른 몸 등)을 버리고 수정해야 최종적으로 섭식장애에서 벗어날 수 있을지 생각해 본다. 결국 버려야 하는 것은 이들로부터 만들어진 합리적이지 않은 신념들이다. 자신의 신념을 확인하기 위해서는 머릿속에서 스스로에게 건네는 자기대화에 귀를 기울여 보아야 한다.

극단적 표현

극단적 표현은 왜곡된 신념일 확률이 높다. 어떤 상황을 마주했을 때, 혹은 대화 도중 자동적으로 떠오르는 생각을 관찰함으로써 이를 발견할 수 있다. 주로 '반드시 ~해야 한다.' '절대로 ~해서는 안 된다.'와 같은 표현이 포함된다. '남자라면~' '여자라면~'과 같이 성역할 고정관념을 부여하는 표현 역시 왜곡된 신념일 확률이 높다.

한 내담자가 폭식으로 인해 살이 찌는 것을 불편하게 느껴 변화의 필요성을 깨닫고, 욕구를 탐색했다고 가정해 보자. 스트레스를 받을 때마다 야식을 잔뜩 먹었는데 스트레스의 원인이 대부분 남자친구와의 관계에서 좋지 않은 감정을 회피하기 위한 목적이었다면, 그녀의 기본 사고체계는 다음과 같은 도식으로 나타낼 수 있다.

그녀가 스트레스의 원인을 통해 '남자친구로부터 사랑받고 싶다.'는 진짜 욕구를 찾았다고 가정하였을 때, 이 둘의 사이에는 다음과 같은 신념들이 발견될 수 있다.

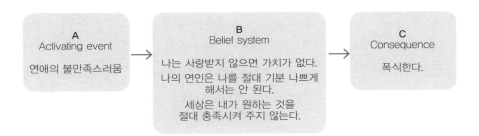

극단적 신념이 포함된 문장은 크게 자아, 타인, 세상이 주어가 된 세 가지 방식으로 분류된다.

첫째, 자아가 주어가 된 신념이다. 이는 스스로의 생각과 행동 범위를 제약한다. '나는 절대 살이 찌면 안 돼.' '나는 반드시 부모님의 기대감을 충족시켜야 해.' '나는 내가 맡은 일은 무조건 다 내가 스스로 책임지고 해야 해.'와 같은 극단적 표현이 포함된 사고는 스스로에 대한 관대함을 잃게 만들고 사고를 경직시킨다. '나는 사랑받지 않으면 가치가 없다.'가 자신이 주어가 된 극단적 신념으로 버려야 할 대상이 된다.

둘째, 타인이 주어가 된 신념이다. 이는 피해의식을 강화한다. '부모는 당연히 자식을 위해 모든 희생을 해야지.'라는 신념이 있다면 그 신념은 넉넉한 환경의 친구와 지원받지 못하는 자신을 비교하며 열등의식을 만들어 낸다. 사례에서의 '나의 연인은 나를 절대 기분 나쁘게 하면 안 된다.'는 타인이 주어가 된 극단적 신념으로 버려야 할 대상이다.

셋째, 세상이 주어가 된 신념이다. 이는 문제의 원인을 자신이라고 생각하기를 회피한다. '이 세상은 외모가 좋으면 무조건 성공해.' '한국은 마른 여자만 인정하는 나라야.'라고 생각하는 경우, 자신이 바꿀 수 있는 부분은 없다. 사례에서의 '세상은 내가 원하는 것을 절대 충족시켜 주지 않는다.'는 세상이 주어가 된 극단적 신념으로 버려야 할 대상이다.

인지왜곡

비합리적 신념은 인지왜곡의 분류에서도 찾아볼 수 있다. 극단적 표현이 동반된 신념뿐만 아니라 현실을 왜곡해서 받아들이는 인지왜곡도 섭식장애를 강화시키기 때문이다. 섭식장애 환자가 대표적으로 사용하는 인지왜곡은 다음과 같다.

흑백논리: 생활사건의 의미를 이분법적 범주 중 하나로 해석하는 오류이다. 회복식은 성공과 실패만이 존재한다고 생각한다. 세상에서 사람은 날씬한 사람과 뚱뚱한 사람, 예쁜 사람과 못생긴 사람, 성공한 사람과 실패한 사람으로 분류된다. 내 사람이라고 생각해서 마음을 주었다가도 마음에 거슬리는 사건이 있으면 적이 된다. 적당한 중간 지대가 있다는 생각을 하지 못한다. 이분법적 사고는 사람을 정상과 비정상으로 나누고 자신을 비정상의 범주에 넣으며 스스로를 깎아내리는 생각을 강화한다.

과잉일반화: 한두 번의 사건에 근거하여 일반적인 결론을 내리고 무관한 상황에도 그 결론을 적용시키는 오류이다. 회복식에 몇 번 실패한 사람이 '나는 결국 회복식은 맞지 않다.'고 생각하는 경우가 이에 해당한다. 이것은 대인관

계에 있어서도 마찬가지인데, 누군가를 신뢰했다가 상처받은 과거가 있는 경우, '나에게 잘해 주는 것은 결국 나를 이용해 먹으려는 거다.' '내게 진짜로 마음 주는 사람은 없을 것이다.'와 같은 일반화의 오류에 빠져든다. 쌀밥이 포함된 식사를 한 후 몸이 부었을 때에도 '탄수화물을 먹으면 역시 돼지가 된다.'는 오류를 범할 수 있다.

독심술: 충분한 근거 없이 다른 사람의 마음을 추측하고 단정하는 오류이다. 마치 자신은 다른 사람의 마음을 들여다볼 수 있는 독심술사처럼 아주 작고 모호한 단어로부터 다른 사람의 마음을 함부로 단정한다. "오늘 패션은 올 블랙이네?"라고 누군가 말했을 때 '내가 뚱뚱하니까 어두운 옷을 입었다고 지적하는 거야.'라고 생각하거나, "너는 남자친구 있어?"라는 질문을 들었을 때 '내가 못생겨서 당연히 남자친구가 없을 거라고 생각한 거야.'라고 억측하는 경우가 이에 해당한다. 결국 지나친 억측은 타인과의 불필요한 갈등을 유발하고 스스로를 불행하게 만든다.

확대/축소하기: 어떤 사건의 의미나 중요성을 실제보다 지나치게 확대하거나 축소하는 오류이다. 예를 들어, "오늘 옷 너무 예쁘다. 다리가 엄청 길어 보여. 화장 바꿨어? 뭔가 어려보이네? 그런데 얼굴 좀 부은 것 같아. 어디 아파?"라는 이야기를 들었을 때, 앞서 언급된 자신에 대한 칭찬은 사라지고 '얼굴이 부었다.'는 문장만이 크게 들린다. 그리고 살이 쪄 보이는 건 아닌지 생각하면서 우울해한다.

발표를 끝마친 후에 "처음이라 미숙했지만 충분히 잘 해냈다."는 평가를 들은 경우 '미숙했다.'라는 것에만 초점이 맞춰져서 자신의 발표는 실패하였다며 불안해하는 사람이 이에 해당한다. 섭식장애 환자는 외모에 대한 평가를 지나치게 확대하여 받아들이는 경향이 있다. 사건의 주된 내용은 무시하고 특정한 일부의 정보에만 주의를 기울여 전체의 의미를 해석할 경우 말을 건 상대방의 의도와 상관없이 불쾌해질 수 있다.

명명하기: 사람의 특성이나 행위를 이야기할 때 과장되거나 부정적인 명칭을 사용하여 기술하는 오류이다. 자신을 '실패자'로 명명한 사람의 경우 실패하는 인생을 살 확률은 더 높다. '나는 밤이 되면 토하는 사람이다.' '나는 음식을 소화시키지 못하는 사람이다.' 등으로 스스로 명명할 경우, 밤이 되어서 토를 하지 않는 상황이 되었을 때 기뻐하기보다는 '이상하다. 나는 원래 토하는 사람이잖아.'라는 생각과 함께 불안감이 상승한다. 어차피 토할 사람이니까 먹고 토하더라도 자연스럽다. 점쟁이가 32세에 결혼할 것이라고 이야기했을 때, 실제로 32세에 결혼할 확률은 높다. 점쟁이가 용해서가 아니라 사람은 기대하는 대로 행동하는 경향이 있기 때문이다.

6단계: 허락하기

비합리적인 신념을 바꾸거나 버리기 위해서는 허락이 필요하다. 섭식장애를 강화하고 있는 신념을 그동안 버리지 않아도 괜찮다고 허락해 왔다면, 그 허락 역시 철회해야 한다. 어떤 행동도 그냥 일어나지는 않는다. 생각하고 행동하는 모든 것은 우리의 허락하에 실행된다.

섭식장애 환자라고 하여 어린 시절부터 굶거나 구토를 하지는 않았을 것이다. 태어날 때부터 자존감이 낮지도 않았을 것이다. 구토를 해도 된다고 허락했기 때문에 그 행동을 지속하는 것이고, 낮은 자존감을 가져도 된다고 스스로에게 허락을 내렸기 때문에 낮은 자존감을 경험하게 된다. 스스로의 허락을 통해 음식을 낭비했고 건강이 상했으며, 우울하고 불안해졌다. 결국 굶어도 된다고 허락한 몸과 마음은 망가졌다.

자신에게 허락된 행동과 감정은 허락이 한 번 내려진 순간부터 자생력을 가지며 성장하게 된다. 2인분 이상 먹는 것이 한 번 허락되면 2인분을 선택하는 것은 쉬워지고, 먹고 토하는 것을 허락하면 폭토가 쉬워지고, 폭토하고 나서 30분 뒤에 다시 폭토를 하는 것을 허락하면 연속적인 폭토도 쉬워진다.

비약적이지만 약물남용의 사례에서도 비슷한 사고를 확인할 수 있다. 마리화나가 문제되는 이유는 마리화나가 가지는 중독성과 해로움뿐만 아니라, 마리화나의 사용 자체가 마약에 손을 대도 괜찮다는 심리적 경계선을 넘어가게 하기 때문이다. 마리화나에서 느껴지는 환각 경험과 쾌감을 느낀 사람은 비교적 수월하게 다른 불법 약물에 손을 댈 확률이 높아진다. 더 센 약물을 사용하게 된다 하더라도 마리화나를 사용해 본 사람에게는 큰 문제가 되지 않는다. 큰 사건은 마리화나를 자신에게 허락하는 그 순간에 이미 벌어진 것이다. 먹은 음식을 토하는 것도 마찬가지이다. 처음 구토를 할 때는 수치심과 죄책감이 들지만 이후의 폭토는 큰 의미를 지니지 않게 된다. 처음 토를 하던 날, 처음 씹고 뱉던 날, 처음 살을 빼기 위해 하루를 굶은 그날, 자신에게 내린 '허락'에 의해 이 심리적 경계가 무너진 것이다.

생각하고 행동하는 모든 것이 스스로의 허락에서 비롯되기 때문에, 변화를 위해서도 허락이 필요하다. 현재 자신에게 불필요하고 피해를 주는 신념을 버리도록 허락하지 않으면 변화는 일어나지 않는다. 지금의 모습에서 변화해야 한다고 머리로는 생각하면서도 허락이 없으면 계속해서 섭식행동을 반복할 수 있기 때문이다.

더 이상 자신이 음식을 먹고 토하는 것을 허락하지 말아야 한다. 마른 몸을 유지하기 위해 굶는 것도 더 이상 허락하면 안 된다. 다음과 같은 구차한 괄호 안의 생각을 허락해서도 안 된다. '(봐서 또 폭토할 수는 있겠지만) 회복식을 하고 토하지 말아야지.' 혹은 '(체중이 올라가면 또 굶겠지만) 밥을 먹어서 체중을 늘리고 생리를 해야지.'와 같이 괄호 안에 제시한 내용과 함께하는 결심은 행동력을 약하게 만든다.

7단계: 변화의 실행

햄스터는 양 볼 안에 음식을 저장하는 동물로 알려져 있다. 한 TV 프로그램에서 햄스터가 볼에 저장하는 음식량과 지나가야 할 통로 크기를 어떻게 인식하고 행동하는가에 관한 실험을 한 적이 있다. 이 행동실험에서 햄스터는 터널을 지나 어느 공간에 도착했다. 이 공간에는 해바라기 씨를 비롯하여 평소에 햄스터가 좋아하는 간식들이 쌓여 있었다. 간식이 산처럼 쌓여 있으니 신이 난 햄스터는 양 볼이 터지도록 간식을 볼에 넣었다. 그리고 다시 돌아가려고 그 통로에 몸을 밀어 넣으니, 양 볼에 들어간 간식들 때문에 부피가 커져서 그 통로를 다시 통과할 수가 없었다. 햄스터는 여러 번 몸을 밀어 넣어 볼 안에 든 간식들을 모두 가지고 집으로 돌아가고 싶어 했지만 실패는 계속됐다. 이 때 햄스터가 두 발로 미어캣처럼 서서 골똘히 고민에 빠졌다. 1초, 2초, 3초가 지나고, 햄스터는 다시 간식이 있던 곳으로 돌아가 볼 안에 넣어 놨던 간식들을 빼내기 시작했다. 반 정도 뺐다고 생각되었을 때 다시 통로로 가서 얼굴을 넣어 봤다. 아직도 통과하기에는 볼이 빵빵하다. 이번에는 고민 없이 다시 간식 칸으로 돌아가 꽤나 많은 양을 쏟아 낸다. 그제서야 햄스터는 통로를 통과할 수 있었다. 내일 정도까지 먹을 꼭 필요한 간식만을 볼에 가지고 말이다.

햄스터는 3초간의 정적 속에서 깨달았던 것이다. 지금 이 간식들을 버리지 못하면 그냥 여기에 갇혀 있게 된다는 것을. 간식을 조금 더 가지고 가고 싶은 욕구와 통로를 빠져나가고 싶은 욕구가 충돌했고, 가져간 간식을 조금 버려 봤지만 여전히 더 버려야 했던 것이다. 통 안에 갇혀 있을 수는 없다는 판단을 내린 햄스터는 결국 처음 가져가려던 양보다 적은 간식을 가지고 그 공간을 떠날 수 있었다. 얼마만큼을 버려야 할지 스스로 판단을 하고 최적화된 양을 버리며 조율을 한 것이다. 섭식장애 환자가 실행해야 할 신념 수정 작업도 이

햄스터의 결정과 크게 다르지 않다.

자신에게 해가 되고 불필요한 것을 버린다는 것. 듣기에는 그럴싸해 보이고 무언가를 얻는 작업보다 쉬워 보이지만, 포기와 행동의 범위 설정은 생각보다 많은 고민을 필요로 한다. 타인의 시선으로부터 자유로워지겠다는 결심은 좋으나 그렇다고 마음대로 행동해 버리면 주변에 남아 있을 사람은 아무도 없을 것이다. 스스로를 보기 싫은 존재라고 생각해서 옷으로 늘 가리고 다니던 패션을 버리는 것은 좋으나, 그렇다고 지나치게 노출을 하는 것도 문제가 될 것이다. 체형에 집착해서는 안 된다는 생각으로 치료를 시작했지만 그렇다고 해서 스스로에게 관대할 수 있는 체중보다 과하게 더 나가 버리면 오히려 이것 때문에 우울해질 수도 있다. 회복식을 통해 배고픔과 배부름을 재학습하고 음식을 자유롭게 먹을 수 있다면 그것은 좋은 일이다. 그렇지만 날씬함에 대한 가치를 완전히 버리는 것이 불가능한 경우가 더 많다. 그리고 날씬함에 대한 가치를 모두 버리지 못했다고 해서 섭식장애에 평생 갇혀 있어야 하는 것도 아니다. 완급 조절을 통해 음식에 대한 강박을 줄이고 이전보다 더 나은 삶을 살아갈 수 있도록 도전하는 것은 매우 가치 있는 일이다.

섭식장애를 유발하고 강화하는 신념을 버리려는 노력은 실패하더라도 반복적으로 시도하는 것이 중요하다. 그리고 지금 스스로에게 피해를 주는 신념을 적극적으로 버리는 중이라는 것도 잊지 말아야 할 것이다. 손을 씻는 것은 세수, 얼굴을 씻는 것은 세안 그리고 뇌를 씻는 것은 세뇌라고 말할 수 있다. 섭식장애 환자에게 필요한 것은 긍정적 방향의 세뇌이다. 그동안 스스로를 불행하게 만드는 신념이 뇌에 학습되었다면, 그것을 지우고 새로운 신념을 학습해야 할 것이다. 최대한으로 자신이 덜 불행해질 수 있도록 애쓰고, 자신이 그 노력을 지속하고 있다는 것을 인지하는 것은 중요한 가치를 지닌다. 음식으로부터 완전하게 자유로워지고 완치를 이룩하는 것, 이 역시 완벽주의가 만든 허상일 수 있다. 섭식장애 치료의 목표는 또다시 완벽한 무언가를 만들어 내는 것이 아니다. 잘못된 신념들을 하나씩 버려 나감으로써 삶의 질을 더 적응적으로 향상시키는 것이 치료의 궁극적 지향점이다.

8. 주변 사람들은 어떤 도움을 줄 수 있을까

"이렇게 잘 먹는데 어쩜 그렇게 살이 안 찔 수 있어? 너무 부럽다."

"나도 너처럼 편하게 먹고 싶다."

"살 안 찌는 체질이라서 좋겠다!"

누가 들어도 달콤하고 기분 좋은 찬사들. 정말 이 이야기를 듣는 사람도 행복을 느끼고 있을까. 섭식장애는 심리적 장애이고 여러 가지 신체적인 문제점까지 동반하지만, 계속해서 이것을 붙잡고 있는 데에는 이유가 있다. 섭식장애가 주는 혜택이 그만큼 매력적이기 때문이다. 주변인으로부터의 평가는 단순한 마름에 대한 갈망을 넘어선 날씬한 몸의 유지에 대한 강렬한 중독을 야기하기도 한다. 인정받고 사랑받고 싶은, 인간의 가장 기본적이면서도 최상위에 있는 욕구가 마른 몸의 유지를 통해 충족되는 것이다.

밥을 많이 먹어도 배 안 나오는 여자

섭식장애를 겪고 있는 내담자는 이 장의 시작에 등장하는 것과 같은 주변 사람으로부터 부러움의 표현을 자주 듣는다. 이런 주변 사람의 반응은 살이 찌면 안 된다는 강박을 강화하고, 강박은 결국 섭식장애를 더욱 가속화한다. 섭식장애 치료의 필요성을 인지했지만, 주변 사람의 기대감은 섭식장애 치료의 시작을 망설이게 만든다. 타인의 기대감을 저버리는 행동을 선택하기란 쉽지 않기 때문이다.

> '친구들은 내가 원래 살이 안 찌는 체질이라고 알고 있을 텐데……. 치료를 시작해서 토를 끊게 되면 살이 찔 테고 나한테 실망할 거야.'

많은 섭식장애 환자가 주변 사람의 관심이 자신의 체중에 따라 변화할 것이라는 두려움을 가진다. 그리고 자신은 원래 잘 먹어도 살이 안 찌는 체질이라는 것을 증명하기 위해 사람들 앞에서는 무리하게 먹고, 결국 먹은 것을 제거하기 위해 굶거나 토하는 등 섭식문제는 계속 지속된다. 과거 유행가 〈희망사항〉에서도 잘 드러난 "밥을 많이 먹어도 배 안 나오는 여자"에 대한 환상에 자신을 맞추고 있는 것이다.

그런데 정말 많이 먹고도 살이 안 찌는 체질이라는 것이 존재할까. 먹는 것에 비해 살이 덜 찌는 체질은 있을 수 있어도 호르몬의 문제 등 특정 질환이 아니라면 매번 배가 부르게 먹는데도 매우 마른 몸매로, 살이 하나도 안 찌는 체질이란 존재하지 않는다. 신체가 건강하다면 많이 먹은 만큼 살찌는 것은 당연하다. 불가능하고 존재하지 않는 환상에 자신의 몸을 맞추기 위해 노력할 당위성은 없다. 배부르게 잘 먹는데도 살이 전혀 찌지 않는 사람이 있다면 먹은 것을 다 토해 버리거나 남들과 함께 있지 않을 때 극심한 절식을 하는 등의 일반적이지 않은 행동으로 마른 몸을 유지할 확률이 높다. 자신이 섭식장애 증상을 주변에 공개하지 않는 것처럼, 다른 사람도 자신의 증상을 공개하지 않는다. 서로가 만든 허상을 위해 무리하게 먹고 제거하는 행동은 그 누구에게도 득이 되지 않는다.

돼지라고 놀림받았던 트라우마

"고등학교 때 뚱뚱하다고 놀림을 많이 받았어요. 그래서 고3 겨울 방학부터 독하게 다이어트를 시작했죠. 대학교 올라오는 겨울 사이 극심한 다이어트를 해서 세 달 정도 만에 32kg을 뺐어요. 세 달 동안 매일 3~4시간씩 운동을 하고 소금이 없는 저칼로리 음식만 소량 먹었어요. 그전에 먹던 한 끼의 반 정도 되는 양을 하루에 세 번으로 나눠 먹었던 것 같아요. 그렇게 세 달이 지나고 대학생이 되었는데, 그 이후에는 다시 살찔까 봐 무서웠어요. 좋아하는 음식을 계속 안 먹는 것도 힘들었고, 매번 도시락을 싸서 다닐 수도 없었고, 간이 들어간 음식을 매번 피할 수는 없었으니까요. 그렇게 불안한 몇 주를 보냈는데 아무리 음식에 신경 써도 학교생활을 하다 보니 3kg 정도가 금세 찌더라고요. 그게 너무 스트레스를 받았는지 그날 먹은 점심밥을 모두 게워 냈어요. 그때 문득 드는 생각이 '이렇게 먹고 다 토해 내면 살이 안 찌겠구나.'였어요. 정말 무서운 생각이었죠."

폭토 증상으로 힘들어하던 30대 여성 내담자가 초기 상담에서 이야기했던 내용이다. 대학교 때 시작된 폭토는 직장생활과 결혼생활에도 이어졌다. 이제 폭토는 그녀의 삶을 괴롭히는 무서운 괴물이 되어 버렸다. 폭토로 인해 그녀의 치아는 부식되었고, 몇 년째 지속된 무월경은 결혼생활을 불안하게 만들었다.

신체적 망가짐보다도 더 괴로웠던 것은 스스로를 끔찍하게 싫어하고 미워하게 되었다는 점이다. '더 이상 이러지 말아야지.'라고 다짐하고 폭토를 치료하려 시도했지만 매번 실패했다. 며칠 동안 꾹 참았다가도 스트레스를 받게 되면 다시 폭토로 이어지고 그로 인해 그녀의 자괴감과 자기 비하는 더욱 심해졌다. 이 부정적 감정은 다시 폭토를 유발했다. 그녀는 마지막이라는 생각으로 그동안 시도했던 자가치료나 약물치료가 아닌 상담치료를 마음연구소에서 해 보기로 결심했다.

그녀는 치료에 실패했던 경험들을 첫 상담 시간에 풀어 냈다. 현재의 신체적·심리적 상황을 파악하고 과거 치료가 실패했던 원인을 찾아내기 위한 체크리스트들을 점검하였다. 그녀는 체크리스트와 심리상담사의 피드백을 기반으로 섭식장애의 원인을 하나씩 찾아갔다. 그 과정에서 머리로는 알고 있었지만 인정하고 싶지 않았던 살에 대한 왜곡된 강박, 말하고 싶지 않은 어린 시절의 상처 등을 마주하게 되었다. 그녀는 반복된 폭토가 고등학교 시절 돼지라고 놀림을 받았던 트라우마와 그때로 돌아가고 싶지 않은 두려움에서 시작되었다는 것을 확인했다.

살이 쪘다고 당신을 미워하지 않아요

"지금 제 지인들 모두, 그러니까 중학교 때부터 친했던 친구들과 현재 직장 동료들은 제가 복스럽게 잘 먹어도 살이 안 찐다며 부러워해요. 학부 때부터 친했던 제 친구들은 결혼 후에도 유지되는 제 몸매를 볼 때마다 비결을 물어봐요. 그리고 신랑조차도 자기관리를 잘하는, 같이 야식을 먹어도 살이 찌지 않는 완벽한 아내의 모습을 좋아하고요. 그런데 그 뒤에 숨겨진 끔찍한 제 모습은 아무도 몰라요. 사실 저는 타고난 마른체질이 아니에요. 원래는 먹으면 바로 찌는데 매번 먹은 것을 다 토해 내서 마른 몸을 유지하는 것뿐이죠. 이 사실을 알면 사람들이 저를 어떻게 생각할까요?"

이 여성 내담자는 중학교 때부터 시작하여 20대 후반인 현재까지 섭식장애를 겪고 있었다. 그녀는 오랜 시간 반복된 폭토로 인해 자존감이 바닥나 있었고, 스스로를 못났다고 생각하며 미워하는 것에 익숙해져 있었다. 다른 사람이 부러워하고 칭찬해 주는 '잘 먹어도 날씬한 몸매'가 없어지면 스스로의 존재 가치가 없어질 것이라는 극단적인 생각도 하고 있었다. 비만했던 과거와 지금 주변으로부터 사랑받는 것은 아무런 관계가 없음에도 불구하고 '살이 찌면 사람들은 모두 나를 싫어할 것이다.'는 명제가 그녀의 머릿속에 자리 잡고 있었다. 그녀가 생각하는 명제가 사실일 가능성은 낮다. 남편이 지금의 날씬한 아내의 모습을 좋아할 수는 있지만 함께 야식을 먹고 살이 찐다고 해서 그녀를 싫어하게 될 가능성은 낮다. 살이 찌고 안 찌는 단편적인 모습이 부부의 사랑과 신뢰를 정의 내릴 수 없기 때문이다. 몸무게 변화가 거의 없던 친구가 어느 날 살이 쪘다고 해서 "어, 너 살쪘네? 나는 더 이상 너랑 친구 안 할래. 정말 실망이야."라고 말하며 절교할 일도 없을 것이다. 깊이 있는 인간관계 역시 외모와 같은 단편적인 조건으로 이루어지지 않기 때문이다. 혹시나 그런 사람이 주변에 있다면 자신의 인생에서 과감히 지워 버려도 괜찮다.

이 글을 읽는 독자 중 자신의 주변 친구, 배우자가 섭식문제로 힘들어하고 있다는 것을 알았다면, 뚱뚱하거나 날씬한 체형에 상관없이 그 사람이 자신에게 중요한 존재라고 알려 주는 것은 중요하다. 그 사람의 몸매나 체중 외에도 매력적인 점들이 많다는 것을 말해 주는 것만으로도 당신은 그 사람의 강력한 정서적 지지자가 될 수 있다.

비밀리에 지속되는 섭식장애

"저는 매일 저녁 퇴근하고 돌아와서 폭토를 해요. 폭토를 하기 전과 후에는 늘 체중을 재는데, 무게가 1kg이 내려가야만 만족하고 끝내요. 기운이 없고 손이 저릿저릿할 정도가 되어야 그 정도 무게가 줄어들어요. 저의 이런 모습을 남자친구가 알게 된다면 죽고 싶을 것 같아요. 저를 미쳤다고 생각하겠죠."

섭식장애 환자는 자신의 증상을 숨기기 위해 무던히 애쓴다. 그리고 혹시나 주변 사람이 섭식증상을 알게 될까 봐 매 순간 불안해한다. 그녀는 매번 저녁식사 후 토해야 했기에 남자친구와 데이트를 마치면 빠르게 집에 돌아와야 했다. 급하게 데이트를 끝내고 돌아오기 위해서는 남자친구에게 늘 몸이 안 좋고 피곤하다는 거짓말을 해야 했다. 사귄 지 얼마 되지 않은 사이였고 남자친구는 단순히 그녀가 몸이 약하다고 알고 있었기 때문에 그녀의 건강을 걱정해 주었다. 그런 남자친구에게 거짓말을 하고 있다는 죄책감과 들키면 안 된다는 불안감은 또다시 폭토를 야기했다.

"저는 아빠에게 섭식장애를 들킬까 봐 너무 불안해요. 선생님도 아시잖아요. 솔직히 이런 행동들이 정상이 아니라는 것을요. 저는 먹을 때마다 음식 개수를 세고 칼로리를 계산하고, 심지어 요즘은 젓가락으로 밥알의 수도 세려고 해요. 밥알을 세면서 먹는 저를 보고 깨작거린다고 아빠가 엄청 화를 내셨어요. 그래서 세지 못하고 숟가락으로 퍼서 먹었는데 그날 밤 불안해서 한숨도 못 잤죠. 제 예상보다 음식을 많이 먹었을까 봐요. 다음 날 아침에도 식탁에서 똑같이 행동하면 아빠가 혼낼 것이 뻔한데도 저는 아빠가 원하는

것처럼 밥을 크게 떠서 먹을 수가 없었어요. 그래서 다음 날 아침
은 몰래 방에 들어와서 밥알을 세면서 먹었어요."

이 여성 내담자는 자신의 섭식문제를 가족에게 들키지 않기 위해 매 순간 애쓰고 불안해했다. 섭식장애 증상을 모르는 부모는 식사 중 밥알을 세며 먹는 내담자를 혼냈고, 이 꾸중은 내담자를 위축시켜 숨어 버리고 싶도록 만들었다. 다이어트를 하는 중이라고 핑계를 댈까 생각도 했지만 그녀는 자신이 섭식장애인 걸 너무 잘 알기 때문에 그렇게 이야기하지는 못했다. 식사시간에 아버지에게 혼나는 것은 싫었지만 음식이 불편하니 잘 먹는 척 연기를 할 수도 없었고, 무엇보다도 이런 것들을 신경 쓰다가 조금이라도 더 먹게 되는 것이 제일 무서웠다. 어떻게 해서든 밥알의 개수를 세어야만 안심이 되고, 그런 자신이 이상하다는 걸 알면서도 멈출 수 없었던 것이다. 그런 그녀의 선택은 차라리 따로 방에 들어와서 몰래 먹는 것이었다. 그렇지만 이런 불안감과 섭식문제를 숨기기 위한 노력은 또 다른 비정상적인 섭식행동을 만들어 내고 결국 악순환처럼 또 다른 심리적인 문제와 비적응적인 행동을 야기시켰다.

어렵게 섭식장애를 말해 주었다면

섭식장애를 겪는 대부분의 내담자는 증상을 들키지 않으려 애를 쓴다. 가까운 가족이나 친구에게도 숨기려 애를 쓰고, 들킬 경우 자신을 이상한 사람이라고 여길까 봐 극도로 불안해한다. 그렇기 때문에 자신의 가족, 친구 혹은 지인이 섭식문제가 있다는 것을 알게 되었다면, 그동안 혼자 힘들었을 마음을 먼저 봐 주어야 한다.

"어려운 이야기였을 텐데 나에게 이야기해 줘서 고마워. 혼자서

많이 힘들었겠다."

　"더 이상 숨기지 않아도 괜찮아. 누구나 삶 속에 아픈 부분은 있
어. 힘들면 언제든 이야기해. 내가 도울 수 있는 건 말해 줘."

　주변 사람의 응원과 지지의 말 한마디는 섭식장애의 고백이 옳은 선택이었
음을 느끼게 해 준다. 혼자만의 싸움이었던 섭식장애 문제를 나눌 사람이 생
긴 것이다.

　"아니 왜? 어떻게 밥이 무서울 수가 있어?"
　"어떻게 매번 먹고 토할 수가 있어?"

　가치판단이 들어간 비난은 섭식장애 환자가 어렵게 연 마음의 문을 닫게
만든다. 걱정을 빙자한 충고 역시 마찬가지이다.

　"그것도 못 고쳐서 그러다 어쩌려고 그래. 그러다 큰일 나. 당장
그만해."

　수용이 없는 걱정은 비난일 뿐이다. 섭식장애를 겪는 내담자에게 가족이나
친구로서 언제든지 솔직하고 자유롭게 이야기 할 수 있는 든든한 지지자가 있
다는 것은 치료에 있어서 크나큰 자원이다. 섭식장애는 반드시 숨기고 감춰
야만 한다는 강박이나 혹시나 들켜서 자신을 이상하다고 생각하지는 않을까
하는 불안감이 해소되는 것만으로도 회복에 한 발짝 더 다가갈 수 있기 때문
이다.
　섭식장애를 겪는 사람은 단 한 명의 지지자가 있음으로 인해 치료를 성공
할 수도 있고 그 한 명이 없음으로 인해 증상이 더욱 악화되어 사회에서 완전

히 동떨어져 버릴 수도 있다. 그리고 그 한 명의 지지자는 지금 이 책을 읽고 있는 독자가 될 수도 있다.

밥 한술이 뭐 그렇게 어려울까

"한 달 정도면 나아질 줄 알았는데 끝이 없네요. 그냥 밥 한 숟가락 더 먹으면 되는 건데 뭐가 그렇게 어려운지 답답해요. 같이 겨우겨우 저녁을 먹고 잘 참다가도 토를 못하게 하면 울고불고 난리예요. 처음엔 그냥 '반항하나?' 혹은 '스트레스를 많이 받아서 그런가?'라고 생각했어요. 그래도 상담을 시작한 이후로 많이 나아진 거 같긴 한데 당장 밥을 정상적으로 먹지를 않으니 지켜보는 것도 지치네요."

중학생 딸의 섭식문제로 마음연구소를 방문했던 어머니가 부모상담 시간에 했던 말이다. 어머니의 입장에서는 딸이 밥을 먹고 토하는 것이 이해하기 어려울 수 있다. 매일 옆에서 지켜보는 부모이기에 자녀가 밥을 제대로 먹지 않는 것도 속상하고, 하루 빨리 회복되어 잘 지내면 좋겠다는 마음이 커지는 것도 당연하다.

'밥 한 숟가락 더 먹는 것이 뭐가 그리 어려운 일인지.'
'좋아하는 음식으로 기껏 준비했는데 한 입이라도 좀 먹어 보면 안 될까.'

상당수의 부모가 자녀의 섭식장애의 치료에 도움을 주고 있지만, 일부 부모는 오히려 치료에 부정적 요인으로 작용되기도 한다. 부모가 자녀의 지지

자나 도와주는 역할이 아닌, 혼을 내거나 몰아붙이는 역할을 자처하는 경우이다. 섭식문제와 얽혀 있는 문제들은 대인관계 스트레스, 애정결핍, 과거의 트라우마, 스트레스, 우울, 불안, 심리적 긴장, 자존감, 다이어트 강박과 완벽주의 등 매우 다양하다. 그렇기에 한 숟가락을 더 먹는 것이 자녀에게 어떤 의미인지, 어느 정도의 공포심과 불안감을 불러일으키는지, 어디서부터 무엇이 시작되었는지를 함께 고민해 보는 것이 당장 한 숟가락을 더 먹으라고 강요하는 것보다 더 효과적인 접근이다.

자녀의 섭식장애를 알게 되었을 때

부모 중 한 명이 자녀의 섭식장애 의심 행동을 발견했다면 다른 가족 구성원과 자녀의 행동에 대해 의논할 필요가 있다. 한 부모의 개인적인 의견이 아님이 확인되면 자녀가 수치심을 느끼지 않는 선에서 섭식장애에 대한 대화가 시작되어야 할 것이다. 직접적으로 섭식장애 증상에 대해 묻기보다는 자녀의 고민이나 심리적 어려움에 대한 이야기로 시작하는 것이 좋다. 부모가 자신의 마음을 알아주고 들어주려고 한다는 것을 느낀다면 자녀는 꺼내기 어려웠던 이야기도 할 수도 있다는 희망을 가지게 될 것이다.

어느 정도 철이 든 자녀와 마음속 이야기를 진지하게 나눈다는 것은 우리 사회에서 조금 낯간지러운 일이 될 수 있다. 그러나 시작을 해야 다음이 이어지기에 시도를 해야 한다. 서로의 생각과 감정에 대해 편안하게 이야기할 수 있는 수준이라고 판단될 때 자녀는 비로소 입을 열 것이다.

섭식장애 증상에 대한 이야기를 꺼냈을 때 부모가 어느 정도 정보를 가지고 있다는 것은 분명한 힘이 된다. 부모의 입장에서는 "너, 혹시 토했니?"라는 질문을 아무렇지도 않게 할 수 있지만, 폭토를 하는 자녀의 입장에서는 목을 조르는 듯한 압박감으로 다가갈 수 있기 때문이다.

'엄마가 눈치챘나. 아빠한테 말하면 어쩌지.'

'혼나려나.'

'날 이상하게 보면 어쩌지.'

부모는 자녀에게 섭식장애에 대해 자신들이 가지고 있는 정보들을 이야기하되, 구토하거나 굶는 행위에 대한 판단은 배제해야 할 것이다. 부모 스스로가 치료에 도움을 주겠다는 결심을 했다면 납득이 어렵더라도 섭식장애에 대해 수용적인 태도를 보일 필요도 있다. 충분히 그럴 수 있고, 이상한 것이 아니며, 함께 노력하면 극복할 수 있다는 부모의 태도는 자녀의 나머지 삶을 바꿀 수 있을 정도의 힘이 된다.

함께 정하는 규칙들

자녀의 모든 행동을 점검하는 것은 좋지 않지만 가족과 약속한 식사규칙을 어기지는 않는지, 섭식증상을 몰래 숨기고 있는 것은 아닌지 확인할 필요는 있다. 또한 자녀가 부엌과 화장실을 음식물이나 구토로 어질러 놓았을 때에는 스스로 치우는 규칙을 만드는 것도 좋다. 그러나 치료를 위해 정한 규칙이 지켜지지 않을 수도 있다. 가족이 함께 규칙적으로 식사하기로 약속했더라도 자녀는 혼자 먹기를 고집할 수 있다. 섭식장애 환자는 다른 사람과 함께 식사하는 것이 어려운 경우가 많은데, 그 대상이 가족일 수도 있기 때문이다. 이때 정해진 규칙이 지켜지지 않았다는 이유로 화를 내거나 야단을 치는 것은 좋지 않다. 상황에 따라서는 혼자 먹기를 허용할 수도 있다. 그렇지만 가능하면 함께 식사하는 것을 유지하여 자녀가 최종적으로 밖에서도 다른 사람과 식사할 수 있는 기초적인 훈련을 해야 할 것이다.

일반적으로 회복식 중에는 외식을 권장하지 않으나, 음식을 먹지 않던 자녀가 특정 메뉴를 먹고 싶다고 할 때는 먹고 싶은 음식을 먹으러 나가는 것도 나쁘지 않은 선택이다. 집에서 회복식을 제공하는 경우, 음식의 양이나 종류를 자녀와 함께 결정하고 지켜 나가는 노력도 필요하다. 자녀가 가족과 함께 식사를 준비하고 만드는 것은 음식의 소중함을 알게 되는 계기가 될 수도 있고, 이것이 토하는 횟수를 줄이는 데 도움이 되기도 한다.

기다려 주세요

섭식장애 치료가 시작되고 자녀에게 조금이라도 진전이 있으면 부모는 치료가 금방 종료될 것이라는 기대감을 갖게 된다. 그리고 기대감에 부응하지 않는 자녀의 모습에 속상해한다.

> '이제 먹기 시작했으니 금방 좋아지겠지.'
> '상담 몇 번 가면 토는 바로 멈추겠지.'
> '인터넷을 보니 3개월 정도면 낫는다고 하던데.'

섭식장애 치료과정에 대한 종합적인 이해 없이 부모가 자신만의 시간표를 만드는 것은 치료에 도움이 되지 않는다. 자녀의 증상에 대한 안타까움이 조바심으로 연결되는 것은 당연할 수 있으나 부모가 느끼는 불안한 감정은 자녀에게 고스란히 전달되기 때문에 이러한 조바심은 치료에 방해 요소가 될 수 있다.

지켜보는 입장에서는 자녀의 변화가 매우 작게 느껴져 실망할 수 있으나, 자녀의 입장에서 그 변화는 아주 어렵게 만들어 낸 결과이다. 그렇기에 부모가 기대했던 만큼 치료가 진행되지 않았다는 실망감을 내비칠 경우 자녀는 치료의 지를 상실해 버릴 수도 있다. 섭식장애 환자의 가족 혹은 주변인이 줄 수 있는 가장 큰 도움은 작은 변화에 대한 축하와 회복을 위한 꾸준한 기다림일 것이다.

안전한 환경 제공해 주기

대다수의 환자가 가족이 자신의 증상 때문에 힘들어하는 모습에 불편한 마음을 느낀다. 이 불편한 마음은 불안감으로 연결되고, 이것이 다시 섭식장애를 악화시키는 원인이 되기도 한다. 불안감을 완화시키는 가장 좋은 방법은 가족이 자녀의 감정에 대해 일관적인 태도를 유지하고 가족이 자녀의 치료를 돕는 절대적 지지자임을 느끼도록 하는 것이다. 가정이 자녀에게 안전한 환경이라는 것이 확인되는 것은 무엇보다 중요하다. 모든 심리장애의 치료는 안전한 환경에서 더 효율적으로 진행되기 때문이다.

한 명의 부모가 혼자 노력하는 것보다 양쪽 부모가 협력할 때 치료효과는 몇 배가 될 수 있다. 특정 가족원을 중심으로 가족의 생활양식이 변화했다는 점에서 다른 가족 구성원이 불만을 가질 수도 있지만, 이 시간은 영원한 것이 아니며 함께 극복하였을 때 가족은 더욱 단단해질 수 있다는 것을 기억해야 한다.

체중이나 체형에 대해 논평을 하지 않는 것도 중요하다. 치료과정에서 살이 오르는 것이 보기 좋을 수 있으나 "잘 먹으니 얼굴도 좋아지고 이렇게 좋지 않냐."는 말은 자녀에게 섭식장애 치료를 포기하고 싶게 만드는 한 마디가 될 수도 있기 때문이다. 그리고 상황이 허락하여 전문적인 도움과 치료를 받을 수 있다면 치료의 예후는 더욱 좋아질 것이다.

부모의 도움으로 회복된 자녀

부모로부터 이해받고 수용받은 경험은 자녀에게 심리적인 안정감을 제공한다. 이를 통해 섭식장애 치료는 가속화될 것이고, 회복 이후 재발률도 낮아질 것이다.

"부모님이 없었다면 지금의 삶은 없었을 거예요. 섭식장애라는 것을 처음 알았을 때에는 이것이 다 부모님 탓인 것만 같아 부모님을 원망했고 화를 냈어요. 치료를 처음 시작했을 때 우리 가족의 식사시간은 전쟁터였고, 그럴 때마다 나 때문에 우리 가정이 이렇게 망가졌다는 죄책감이 들었어요. 그래서 2번의 자살시도도 했었죠. 하지만 부모님은 저를 포기하지 않으셨고 섭식장애를 함께 싸워 주셨어요. 저는 치료를 몇 번이고 포기하려 했지만 부모님이 치료를 계속할 수 있도록 잡아 주셨어요. 내 몸에 대한 부정적 생각을 바꿔 주기 위해 좋은 말도 많이 해 주셨고 섭식장애와 관련된 공부도 하셨어요. 거의 2년 동안 우리 가족은 관심은 저의 섭식장애 치료였어요. 이겨 내는 과정은 쉽지 않았지만 결국 저는 섭식장애에서 벗어나게 되었어요. 부모님께 말로 표현할 수 없는 감사와 사랑을 표현하고 싶어요."

독일의 심리학자인 슈테파니 슈탈(Stephanie Stahl)은 사람의 무의식 속 자아를 다음의 세 가지로 구분했다. 기뻐하는 아이인 '햇빛 아이', 상처 입은 아이인 '그림자 아이' 그리고 이를 치유해 성숙한 자존감을 가지게 된 '어른'이다. '그림자 아이'가 상처와 아픔을 치유하고 자존감을 회복하게 되면 타인과 행복한 관계를 만들어 '어른'이 될 수 있다. 부모는 '그림자 아이'가 '어른'이 될 수 있도록 강력한 조력자 역할을 해야 한다는 것이 그의 설명이다.

생물학적 부모뿐만 아니라 가까운 친구, 연인, 배우자도 충분히 조력자의 역할을 할 수 있다. 섭식장애를 겪고 있는 자녀가 실제로 얻고 싶었던 것은 마른 몸이나 주변 사람의 칭찬이 아닌 사랑하는 사람의 따뜻한 관심과 사랑일 때가 더 많으며, 주변인은 그것을 채워 주는 역할을 할 수 있다.

9. 자가치료, 상담치료, 병원치료

섭식장애 치료에서 어떤 한 가지 특정 방법을 절대적으로 좋은 치료라고 규정하기는 어렵다. 개인마다 상황이 다르기 때문에 섭식장애에 대한 여러 치료 방법을 면밀히 살펴보고 자신에게 가장 효율적인 방법을 선택해야 한다.

정신질환을 판단하는 진단기준을 살펴보면 증상의 유지 기간은 최소 몇 개월 이상, 이상행동은 1개월에 최소 몇 회 이상과 같이 최소한의 기준을 제시하고 있다. 그래서 문서로만 접했을 때에는 최소한의 기준을 만족하는 환자가 병원이나 심리상담기관을 방문하는 것으로 받아들여질 수 있다. 예를 들어, 신경성 폭식증은 3개월 동안 주 1회 이상 폭식과 부적절한 보상행동이 나타나는 것을 그 기준으로 하고 있다. 그러나 폭식과 구토를 반복하는 환자가 주 1회 3개월간 증상이 있었다고 해서 바로 치료기관을 방문하는 경우는 극소수이다. 몇 년간, 주 몇 회씩 반복되는 고질적인 상황이 되어서야 치료의 필요성을 느끼고 치료기관을 방문하는 경우가 대부분이다.

자가치료

가장 접근성 높은 방법은 자가치료이다. 책을 보거나 인터넷을 통한 전문 서적이나 논문, 각종 기사들 그리고 커뮤니티나 웹 검색을 통해 얻은 정보들을 스스로 적용해 보면서 섭식장애 치료를 진행해 나간다. 인터넷에는 정보들이 넘쳐나고, 우리나라뿐 아니라 외국의 전문 서적이나 자료도 마음만 먹으면 쉽게 접할 수 있다. 치료기관에 방문하여 사람들을 대면하지 않아도 되고, 세세하게 자신의 증상이나 어려움을 설명하지 않아도 된다.

자가치료는 비용적인 면에서 아주 경제적이다. 전문 서적을 구입하는 비용 혹은 인터넷을 사용하는 비용 이외에 추가 비용이 크게 들지 않는다는 것은 분명 매력적이다. 그렇지만 자가치료의 한계점은 명확하다. 치료의 방향이 지극히 개인적인 판단으로 진행되기 때문에 자가치료는 수많은 정보와 네트워크 속에서 진단과 상태 체크, 적용과 결과 등 모든 것을 스스로 결정해야 한다. 섭식장애에 대한 잘못된 정보들 때문에 제대로 된 치료방향으로 가지 못하고 시간을 허비하기도 하고, 섭식장애를 악화시키는 경우도 있다. 또한 인터넷에 떠돌아다니는 근거 없는 정보들이 치료의 시작을 막막하게 만들고, 이는 더 빨리 진행될 수 있는 치료의 기회를 놓치게 만든다.

심리상담 치료

섭식장애는 여러 가지 감정적·정서적·인지적인 심리문제와 연결되어 있다. 이렇게 연결되어 있는 심리적인 문제들을 찾아내고 풀어 내는 것이 바로 심리상담 치료의 역할이다. 대부분의 섭식장애 내담자는 완벽주의, 낮은 자존감, 대인관계 문제, 자기비하, 애정결핍, 고립감, 강박 등의 다양한 심리적 문제를 가지고 있다. 심리상담의 치료목적은 섭식장애를 유발하는 원인을 찾아내고 문제적 원인과 섭식장애의 연결고리를 끊어 내는 것이다.

심리상담 치료의 장점은 자신에게 적합한 치료의 방향성과 방식에 대해 전문가의 도움을 받을 수 있다는 것이다. 다양한 심리적인 원인에 따라 적절한 상담치료가 진행될 때 회복의 속도가 빨라지며 재발의 위험성은 낮아진다. 자신의 인지적 왜곡은 객관적으로 관찰되어 논박될 것이고, 다시금 섭식장애로 빠져들고 싶은 비합리적 신념은 훈련된 심리상담사에 의해 수정이 요구될 것이다. 심리상담 현장에서는 다양한 섭식장애에 대한 임상사례나 데이터를 포함한 생생한 회복의 모습을 제시한다. 또한 심리상담사의 정서적인 격려와 지지는 환자가 치료를 포기하고 싶어질 때 다시금 회복으로 돌아오게 하는 힘이 있다.

심리상담사에 따라 상담의 접근방식은 다를 수 있지만, 많은 심리상담 현장에서 공감, 수용, 경청을 바탕으로 한 인간중심 상담을 기초로 하고 있으며, 섭식장애에서 관찰되는 왜곡된 인지의 수정을 위한 인지행동치료(Cognitive Behavioral Therapy: CBT)가 대표적으로 사용된다. 최근에는 자신의 온전한 수용을 강조하는 변증법적 행동치료(Dialectical Behavioral Therapy: DBT)와 마음챙김(Mindfulness)을 중심으로 섭식장애를 다루려는 움직임도 있다.

집단 심리상담에 참여할 경우 같은 증상을 겪고 있는 내담자들은 힘든 치료의 과정을 함께 이겨 나갈 수 있도록 서로에게 지지자가 되어 주며 치료의 의지를 고취시키는 역할을 하게 된다. 집단원은 서로에게 도움되는 정보를 적극적으로 공유하고, 가까운 지인에게도 하지 못했던 이야기를 꺼내고, 치료의 과정에서 무너졌을 때에도 서로에게 손을 내밀어 주기도 한다. 섭식장애 집단에 참여한 내담자들이 서로에게 전우애를 느낀다는 표현이 많이 나오는 이유도 이런 이유에서이다. 다른 내담자들의 다양한 증상을 간접적으로 경험하면서 그에 따른 대처행동과 치료를 위한 시도를 서로 배우는 기회가 되는 것도 집단 심리상담의 장점이다.

개인 심리상담은 주 1회 60분간 진행되고, 집단 심리상담은 주 1회 90분 진행되는 것이 일반적이다. 그러나 개인 심리상담의 경우 필요에 따라 주 2회로 진행되기도 한다. 개인 심리상담은 한 개인에게 60분의 시간을 온전히 집중할 수 있고 자신의 심리적 요인들이 맞춤형으로 다루어진다는 장점이 있다. 집단 심리상담은 동질 집단원에 소속됨으로써 얻는 혜택과 개인 심리상담에 비해 상대적으로 저렴한 비용적 장점이 있다.

심리상담 치료의 가장 큰 단점은 자가치료에 비해서 경제적으로 부담된다는 것이다. 또한 섭식장애 전문 심리상담기관을 찾는 것도 쉽지 않고, 찾았다고 하더라도 거리가 가깝지 않은 경우가 많다.

정신건강의학과 치료

과거에는 신경정신과라는 용어가 사용되었으나 신경과와 정신과가 분리되면서 각각의 독립된 전문과가 되었고, '정신과'라는 분야가 주는 낙인효과의 개선을 위해 2011년에 정신건강의학과로 명칭이 바뀌었다. 정신건강의학과 치료의 가장 큰 장점은 약물치료를 받을 수 있다는 것이다. 스트레스 검사로 알려져 있는 자율신경계 검사(Autonomic function tests) 및 피검사도 병원에서만 할 수 있다. 트라우마 치료에 효과적으로 알려진 안구운동 민감소실 및 재처리 요법(Eye Movement Desensitization and Reprocessing: EMDR) 및 우울증 감소에 효과적으로 알려진 광선치료(Light therapy)도 병원에서만 접할 수 있다.

심리장애는 정신증과 신경증으로 크게 나눌 수 있는데, 조현병과 같은 정신증은 약물치료가 가장 주요한 치료가 되며 심리상담 치료는 보조적인 역할을 한다. 섭식장애를 포함한 신경증의 치료에는 약물치료와 심리상담 치료모두가 주요한 치료이나 건강이 악화되고 한 개인의 기능이 저하된 수준이 심각하다면 약물치료가 반드시 필요하다. 정신건강의학과 전문의들은 약물치료에 수반되는 어려움이 크지 않다면 회복의 가능성을 높이기 위해 약물치료를 병행하는 것을 추천한다. 약물치료가 섭식장애 증상을 모두 회복시킬 수는 없겠지만, 약물은 특별히 섭식장애에 자주 동반되는 기분장애에서의 기분 조절에 실질적인 도움을 줄 수 있다. 섭식장애를 강화시키는 우울, 충동, 감정 기복 등은 약물을 통해 완화될 수 있기 때문이다. 또한 직접적으로 식욕을 저하시키거나 상승시키는 약물도 환자에 따라 처방될 수 있다.

약물은 부작용을 동반할 수 있다는 단점이 있다. 부작용은 사람에 따라 모두 다르다. 섭식장애 환자에게 흔히 처방되는 세로토닌 계열의 약물의 일반적인 부작용으로는 입마름, 두통, 소화불량, 성욕저하 등이 있다. 복용 후 몇 주 동안 입안에서 '비누를 물고 있는 것 같은' 쓴맛을 경험하기도 하고 이로 인해 식욕이 저하되기도 한다. 식욕저하 부작용은 식욕을 조절하지 못하는 섭식장애 환자에게 도움이 되기도 한다.

불안감을 줄이기 위해 약 복용을 시작했지만 오히려 복용 이후 일시적으로 불안감이 상승된 사례도 있다. 약물의 효과가 나타나는 시간도 사람에 따라 다양하다. 약을 복용한 지 일주일 만에 몇 년이 지속되던 구토가 거짓말처럼 없어졌다는 사례도 있지만, 이는 특수한 경우이다. 일반적으로 세로토닌 계열의 약물은 세로토닌을 직접 넣어 주는 것이 아니라, 체내에서 자연스럽게 분비되는 세로토닌이 사라지는 길을 막는 기전으로 작동한다. 이를 통해 세로토닌이 차곡차곡 쌓이는 데에는 2주에서 1개월 정도의 시간이 걸린다. 따라서 일반적으로 효과는 최소 2주 이후에 나타난다. 부작용은 약을 먹자마자 나타나는 경우가 많기에 치료 초기에는 좋아지는 느낌은 나지 않으면서 불편감만 느끼기도 한다. 따라서 약물치료를 선택하는 경우에는 치료 초기에 느끼는 사소한 불편함을 주치의와 자세하게 상의를 하는 것이 치료에 도움이 된다.

외래로 진료를 받을 경우 의사와의 면담 시간이 충분하지 않아 심리사회적인 부분에 대한 상의 시간이 부족할 수 있다. 이러한 경우 환자의 입장에서는 주치의에게 충분한 서비스를 받지 못했다고 느끼고 다른 기관을 찾기도 한다. 아직 국내에는 섭식장애 환자 상담경력이 충분한 정신과전문의 또한 많지 않기 때문에 치료가 수월하지 않기도 하다. 짧은 시간에 효율적인 면담을 위해서는 1~2주일 동안 약이나 행동적 지침을 통해 도움되었던 부분, 도움 받고 싶은 부분, 이전보다 불편해진 점 등을 간단하게 미리 적어 가면 중요한 이야기들을 놓치지 않고 상의할 수 있다.

그러나 병원치료에 대한 정보, 특히 입원치료에 대한 정보는 많이 공개되어 있지 않다. 섭식장애 환자는 입원치료의 필요성을 느끼면서도 입원을 하게 될 경우 어떤 치료를 받게 되는지 잘 알지 못한다. 커뮤니티에 질문을 해 보기도 하고 검색 엔진에서 반복 검색을 해 보지만 정보는 턱없이 부족하다. 이러한 상황은 병원치료를 막막하게 만든다.

정신건강의학과 치료를 망설이게 하는 또 다른 요소는 진료기록이 진학, 취업, 결혼 등에 영향을 미칠 수 있다는 두려움이다. 어떤 병원을 방문하더라도 그 병원에 자신의 기록은 남는다. 그러나 모든 진료기록은 본인만 조회가 가능하며, 「의료법」 제21조 제2항에 의거하여 본인의 동의가 없다면 제3자에게 열람 또는 사본발급이 불가능하다. 즉, 본인의 동의 없이 가족, 회사, 국가기관조차도 개인의 정신건강의학과 진료기록을 조회할 수 없다.

정신건강의학과의 치료비에 대한 막연한 부담감도 치료를 망설이게 하는 요소이다. 섭식장애 치료에서 주요하게 처방되고 있는 약물에는 건강보험공단의 보험이 적용된다. 신경전달물질 세로토닌의 재흡수를 억제하는 SSRI(Selective Serotonin Reuptake Inhibitor) 계열을 포함한 약물이 이에 해당한다. 한 달에 두 번 정신건강의학과 전문의와 면담 후 처방전의 발행 그리고 약의 구매까지의 총 비용은 일반적으로 10만 원 이내이다. 처음 병원을 방문한 초진의 경우 필요한 검사 등에 따라 비용이 더 발생할 수 있지만, 이 또한 경제적인 부담감이 있다면 건강보험이 적용되지 않는 검사를 제외한 검사만 선택하여 진료를 받는 방법으로 치료의 부담을 최소화할 수 있다.

'정신건강의학과 치료를 받는다.'는 것은 크게 다음의 네 가지로 구분될 수 있다.

외래치료: 의사와 면담을 진행한 후 약물을 처방받는 치료방식이다. 치료 초기에는 일반적으로 최소 1주에 한 번 병원에 방문하고, 약물이 안정되어 감에 따라 2주에 한 번, 4주에 한 번으로 늘려 나갈 수 있다.

낮 병원: 낮 시간 동안 정신사회 재활 프로그램에 참여하는 출퇴근 형식의 입원치료이다. 외래진료를 받는 환자가 이용하기도 하고, 일반적으로는 입원병동에서 퇴원한 환자가 치료의 연장을 위해 이용한다.

개방병동 입원치료: 출입이 가능하고 개인 물품 반입이 가능한 정신건강의학과 입원병동이다. 면담과 전화 사용이 자유로우며, 의사의 판단하에 외출이나 외박이 허락된다.

보호병동 입원치료: 스스로의 건강을 해하는 용도로 사용될 수 있는 개인 물품 반입이 불가한 정신건강의학과 입원병동이다. 병원에 비치된 전화를 사용하는 시간, 면담 대상, 면담 시간이 제한적이다.

외래치료의 과정

외래진료의 과정은 병원마다 조금씩 차이가 있을 수 있다. 병원치료가 처음인 환자에게는 필요에 따라 병원에 소속된 임상심리사가 사전 검사로 풀배터리 검사(종합심리검사)를 진행하는 곳도 있다. 다른 병원에서 이미 진단을 받았거나 치료 중이었던 경우에는 병원을 옮길 때마다 검사를 하지는 않는다. 풀배터리 검사는 웩슬러지능검사, BGT, 정서 및 성격검사 MMPI, 로르샤

하, SCT, HTP 등으로 이루어져 있으며, 비용은 30~40만 원 내외이다. 배터리의 종류는 병원에 따라 추가 및 누락이 가능하다. 한 개인을 짧은 시간에 가장 자세히 이해할 수 있는 검사이나, 검사 비용에 부담이 있는 경우에는 3만 원 내외로 MMPI, SCT 식이·우울·불안 척도 정도의 간단한 심리검사만 진행할 수도 있다. 병원에 따라 피검사를 진행하기도 하는데 피검사는 갑상선을 비롯한 호르몬 수치, 약물투여 여부, 특정 약물에 대한 부작용 예방 등을 위한 목적으로 진행된다. 이후에는 면담 약속을 잡은 후 기타 병원과 동일하게 예약 시간에 맞추어 의사와 만나면 된다. 초진 환자의 경우 20분 이상 면담이 진행되기도 하지만, 일반적으로 면담 시간은 10분 내외이다. 이후 특별한 변화나 질문이 오가지 않을 때에는 5분을 넘기지 않기도 한다. 처음에는 일주일치 약물 처방을 하고 상태를 지켜본다. 약물 처방 기간은 차차 2주에서 4주로 늘어난다.

약물치료는 사실상 우리나라의 치료제도에서 가장 싸고 효과가 빠른 치료 방식이다. 그러나 대부분의 병원에서 약물치료만을 권하기보다 약물치료와 심리상담 치료의 병행을 추천한다. 약물치료는 환자에게 당장 일상을 살아갈 에너지를 주고 증상을 완화시킬 수는 있지만, 삶의 가치를 찾고 목표를 바꾸게 하는 것은 심리상담 치료를 통해 가능하기 때문이다. 단순한 섭식장애의 증상을 없애는 것에만 초점을 맞추는 것이 아니라 더 나은 삶을 위한 방향성과 목표가 설정되어야 약물치료 단독 효과 이상의 도움을 줄 수 있다. 정신건강의학과 전문의와 심리상담사의 치료 접근 방식은 다를 수 있으나, 두 영역 모두 환자의 회복이라는 공통적인 목적을 가진다. 따라서 상호 보완적으로 함께 치료가 진행될 경우 증상 완화와 원인 제거가 동시에 진행되어 회복이 가능해지고 재발도 예방될 수 있다.

정신건강의학과 전문의와의 면담에서 다루는 내용은 이전 면담과 현재 면담 사이에 일어난 심리적 변화, 특별한 사건, 약물의 부작용 여부, 주요 증상

및 신체변화 등이며, 의사는 그에 맞는 약을 처방한다. 정신건강의학과 전문의가 별도의 비용을 받고 심리상담기관에서와 같이 50분 이상의 시간을 소요하여 상담을 진행하는 경우도 있으나 대부분의 의원에서는 간단한 면담과 약물처방이 진행된다.

심리상담과 비교하였을 때 환자가 느끼는 분위기에서도 차이가 있다. 심리상담에서는 초기 상담을 제외하고는 심리상담사가 그 자리에서 일일이 말하는 내용을 받아 적지 않지만 정신건강의학과에서는 바로 기록을 한다. 지금은 진료기록부가 대부분 디지털화되었기에 환자가 이야기하는 내용은 실시간으로 타이핑된다. 이런 경우 환자의 입장에서는 취조당하는 기분이 든다고 말하기도 한다. 그러나 정신건강의학과가 아닌 내과나 이비인후과를 가더라도 진료 시 내용은 바로 기록된다. 면담 시 언급되었던 사건과 감정은 약의 처방과 차후의 치료를 결정하는 단서가 되며, 병원은 진료 기록에 대한 의무가 있기에 의사가 실시간으로 기록을 하는 것은 필수적인 일이다.

정신건강의학과에서 처방된 약은 약국에 들르지 않고 병원에서 직접 조제가 가능하다. 처음 정신건강의학과에 방문한 환자는 병원에서 약을 조제하는 것이 불법이라고 오해하는 경우가 있는데 그렇지 않다. 정신건강의학과에서는 병원에서 약을 미리 구비했다가 환자에게 조제하는 것이 가능하다.

낮 병원 치료

낮 병원은 병원에 6시간 이상 머물면서 재활치료, 심리상담 치료, 증상 케어 등을 받고 다시 집으로 귀가하는 치료방식이다. 아침에 낮 병원을 가는 것은 등원이라는 단어로 표현되며, 집으로 귀가하기 전까지의 시간은 입원으로 간주된다. 대부분의 낮 병원은 조현병 환자가 주를 이루고 있기 때문에 섭식장애 환자에게 우선적으로 선택되지는 않는다. 그러나 입원치료 후 퇴원한 섭식장애 환자의 경우 다른 선택지가 없는 것이 현실이다.

개방병동 입원치료

개방병동 치료는 본인의 의지로 개방병동에 입원하는 경우와, 보호병동에서 치료를 받다가 그 증상이 호전되어 개방병동으로 옮기는 경우로 나뉜다. 개방병동은 개인 물품을 가지고 들어가는 것이 넓은 범위로 허락된다. 휴대전화, 노트북, 필기도구 등을 가져가서 개인 업무를 병동에서 보는 것도 가능하다. 병동 안에서는 환자복을 입고 있지만 외출이나 외박이 의사의 허락하에 가능하기에 나갈 때 입을 옷가지를 옷장에 넣어 놓을 수도 있다. 보호병동에서는 사고에 대비해 화장실 문이 잠기지 않게 되어 있지만, 개방병동의 화장실은 문을 잠그고 사용할 수 있다. 환자복을 입고 병원 1층으로 나가 벤치에서 햇볕을 쪼일 수도 있고, 지갑이 반입되기에 매점에서 원하는 음식을 사먹는 것도 자유롭다.

병문안 시간은 다른 입원병동의 개방 시간과 거의 같고, 친구를 비롯하여 원하는 사람이면 누구나 병문안을 올 수 있다. 1인실을 사용할 경우에는 병문안을 온 사람이 병실 안에 들어와서 환자와 함께 시간을 보내다 가는 것도 가능한데, 방문한 지인이 어떤 음식을 가져와도 개방병동에서는 체크되지 않는다.

입원을 하게 되면 병원에 따라 시간이 조금씩 다를 수 있지만 오전 7시에서 8시에 아침식사를 하고, 11시 반에서 12시 반 사이에 점심식사를 하며, 4시 반에서 5시 반 사이에 저녁식사를 한다. 오전 9시에 하루의 프로그램에 대한 공지를 위한 모임을 가진다. 다 함께 산책을 하는 시간도 있지만 참여하고 싶지 않다면 참여하지 않아도 상관없다. 미술치료나 음악치료, 글쓰기치료, 이완요법, 집단상담 등 여러 가지 프로그램이 고정되어 있고, 프로그램의 참여는 자신의 의지로 선택 가능하다. 일주일에 한 번씩 입원 환자들끼리 순서를 정해 프로그램을 한 시간 정도 진행하도록 하는 병원도 있다. 중국어로 인사말 배우기, 올바른 칫솔 사용법 등 자신이 알고 있는 내용이라면 무엇이든 공유가 가능하다. 필수로 참여해야 하는 것은 담당 주치의와의 면담인데, 만약 그 외 프로그램들에 참여하고 싶지 않다면 하루 종일 아무것도 참여하지 않고 병실에 있어도 상관없다. 그렇지만 대다수의 환자가 프로그램에 최대한 참여하여 적극적으로 치료하려는 의지를 보인다. 토요일과 일요일, 공휴일에는 프로그램이 없는 것이 일반적이며, 증상이 가벼운 환자는 주말에 집에 가서 가족과 시간을 보내기도 한다. 그러나 환영해 줄 가족이 없거나 주치의가 외박을 허락하지 않는 경우에는 병원에서 시간을 보내야 한다. 외박과 외출은 필요할 경우 신청이 가능하지만 주치의가 외출·외박을 할 상태가 아니라고 판단할 경우에는 신청이 거절될 수 있다. 개방병동에는 입원과 외래 치료의 중간 단계의 증상을 가진 사람도 있고, 개방병동과 폐쇄병동의 중간 단계 증상을 가진 사람도 있기에 그 증상의 폭은 다양하다.

개방병동에는 단 한 번의 외출과 외박을 하지 않고 개설되는 프로그램에 꾸준히 참여하면서 치료에만 집중하는 환자도 있고, 하루걸러 하루 외박을 신청하는 환자도 있다. 당연히 전자의 경우 후자에 비해 상대적으로 예후가 좋다. 적당히 입원치료를 받겠다는 생각으로 개방병동에 입원했을 때 투자한 비용과 시간에 비해 증상이 그다지 호전되지 않을 수도 있다는 것이다. 개방병동 입원치료에서는 회복에 대한 환자의 의지는 아주 큰 역할을 한다.

보호병동 입원치료

보호병동은 한 번 입원하면 퇴원하는 날까지 병원 밖을 나가는 것이 자유롭지 못하다. 죽음에 대한 생각이 있는 환자의 안전을 보호하기 위해 기다란 끈이나 조금이라도 뾰족한 물건은 가지고 들어갈 수 없다. 화장실에서 위험한 상황이 발생할 가능성이 있기에 화장실 문에는 손잡이 대신 구멍이 뚫려 있어 환자가 일방적으로 잠글 수 없고, 화장실 문의 높이는 일반적인 성인 화장실의 높이보다 낮다. 이는 환자에게 불안감이나 수치심을 주기 위한 것이 아니라 보호병동에서 환자의 안전을 최우선시하기 때문이다.

환자의 안전을 위해 대부분의 보호병동에서는 방문하는 외부 프로그램 강사에게도 빨간색과 같이 자극적인 색상의 옷이나 소품, 뾰족한 귀걸이, 하이힐은 착용하지 않기를 권하고 있다. 병문안은 정해진 장소에서만 가능하며, 직계가족만 면회 가능한 병동이 대부분이다. 개인전화는 반입되지 않고 외부로 전화를 거는 것은 병원에 비치된 전화를 통해 정해진 시간에만 가능하다. 이런 규칙들의 목표는 오직 환자의 안전이다. 보호병동에는 정신증, 조증 등의 환자가 많이 있기 때문에 현실 판단력이 흐려진 상태에서 외부에 연락을 하였을 때 이후에 감당치 못할 일이 더 많아 치료적으로 제한하는 것이다.

섭식장애가 극단적인 저체중을 유발하여 신체적 기능이 저하된 환자의 경우, 생존을 위해 보호병동 입원치료가 필요할 수 있다. 섭식장애 환자의 입원율을 보았을 때 폭식증 환자군보다 거식증 환자군의 비율이 높은 이유가 이 때문이다. 섭식장애의 입원치료는 보호병동을 선택하는 것이 일반적이나, 환자가 개방병동을 선택할 수도 있다. 일부는 보호병동 환경에 대한 막연한 불안감 때문에 개방병동을 선택하기도 한다. 섭식장애 전문병동을 별도로 운영하는 병원도 소수 존재하지만, 대부분의 정신건강의학과 병동은 종합적인 정신질환을 가진 환자들이 입원병동을 공유한다. 서울 소재 대학병원의 정신건강의학과 보호병동에 입원했던 한 여성 환자는 정신병동에 입원했던 경험을 다음과 같이 회상했다.

처음 입원을 했을 때에 173cm의 키에 34kg의 몸무게였다. 길을
가다가 넘어졌는데 혼자 일어나지 못했고, 땅에 손을 짚을 수 있는

힘조차 없었다. 이대로라면 정말 죽을 것 같았고 당장 입원을 해야겠다는 생각이 들었다. 당시 스스로의 의지로 먹을 수 있던 음식은 하루에 단백질 바 1개로, 단 200kcal에 불과했다. 쓰러진 직후 응급실에 실려 갔고 병원에서 입원치료가 필요하다는 이야기를 들었지만 실제로 바로 입원할 수 있는 병실 자리가 없었다. 서울 내에 있는 정신과 병동에 빈 병실이 있는지 연락을 계속 돌리면서 입원을 할 자리를 찾아야 했다. 입원 자리를 찾는 동안에도 치료가 시급한 상태라는 것을 머리로는 알았지만 음식을 먹는 것은 무서웠다. 결국 굶는 상태가 일주일 더 지속됐다. 일주일 후 서울의 한 대학병원에서 입원이 가능하다는 연락을 받았고, 바로 입원 수속을 밟았다. 입원치료를 결심한다고 해서 바로 입원할 수 없다는 것은 처음 안 사실이었다.

입원 기간 동안 다른 섭식장애 환자 두 명이 입원했다가 퇴원하는 것을 보았지만 그들과 말을 섞을 일은 없었다. 처음 입원했을 때에는 보호병동의 3인실에 입원했는데 병실을 공유하는 다른 두 명의 환자는 조현병과 초기 치매환자였다. 함께 지내는 것이 조금 불편해 이후에 2인실로 이동했다. 4인실도 있었지만 병원 방침상 3주 이상은 4인실에 있을 수 없었기에 4인실로 이동 후 3주가 넘어가면 방을 다시 옮겨야 했다. 결국 총 3개월을 입원했는데, 대학병원이었기에 비용이 많이 들 때는 한 달에 700만 원, 적게 들 때는 한 달에 500만 원 정도가 들었다. 일반 정신건강의학과 병원에서 다인실 입원을 할 경우에는 한 달 총비용이 150만 원이 안 되는 경우도 많다.

처음 입원하자마자 링거수액을 통해 최소한의 영양분을 공급받았다. 병원에서는 스스로 식사를 하는 선택지와 콧줄을 통해 영양분을 공급받는 경관 식사법의 선택지를 주었다. 밥을 먹는 것이 무엇보다도 무서웠기에 코에 줄을 꽂는 경관 식사법을 선택했다. 그러나 너무 아파서 한 시간도 버티지 못하고 식사를 선택해야겠다는 생각이 들었다. 당장 아프다는 이야기를 하고 싶었지만 몸에 힘이 없었고, 목소리도 나오지 않아 겨우 몸을 파닥거리며 종이를 달라고 했다. 그리고 '아파, 빼.'라고 적은 후 콧줄을 제거했다.

경관식사법은 기아 상태인 입원환자의 생명유지를 위해 영양 지원을 하는 효율적인 방법이다. 코를 통하여 위장기관에 음식물을 넣어 주기 때문에 영양분 공급뿐만 아니라 소화·흡수의 과정이 정상적인 생리적 기능으로 회복되는 것에도 도움이 된다.

첫 식사를 할 때에는 두려움에 계속 눈물이 났다. 너무 오랫동안 밥을 먹지 않아 소화기관이 제대로 작동하지 못할 것이라는 진단하에 첫 식사로는 간이 세지 않은 반찬과 유동식이 제공됐다. 음식을 삼키는 것도 너무 끔찍했는데, 맛도 없는 식사를 해야 한다는 사실에 더 좌절했다. 며칠 후에는 일반식사로 변경되었다. 일반식사는 성인 기준 1인분의 1/4양에서부터 시작되었다. 만약 1/4의 양을 지키지 않았을 경우에는 다시 경관식사법으로 돌아가 코에 줄을 끼워야 했다.

그러나 사실 환자가 얼마나 먹는지 지켜보고 있는 사람은 없었다. 식사를 정해진 만큼 다 먹으라고 이야기를 했고 식사시간이 끝나면 다 먹었는지 식판을 통해 체크는 하였지만, 간호사가 실시간으로 식사하는 것을 옆에서 보는 것도 아니었고, 얼마든지 몰래 숨기거나 뱉거나 버리는 것이 가능했다. 의외로 병실 내에 음식을 숨길 곳은 많았다. 몰래 음식을 처리하고 정해진 양만큼 다 먹었다고 쉽게 거짓말을 할 수가 있었다. 이렇게 속이기가 쉬운데 식사를 하는 동안 아무도 보지 않는다는 것이 계속 이상하다는 생각이 들었다.

병원 규칙상으로는 섭식장애 환자가 입원할 경우 의사나 간호사가 환자의 식사시간에 옆에서 지켜보고 있어야 하고, 다 먹고 나서도 토하지 않게 하기 위해 2시간씩 안정실에 머무르도록 한다. 그러나 바쁜 병동 사정상 식이장애 환자와 의료진이 1:1로 밀착하지 못해 환자가 혼자 식사하게 된 것이다. 이것이 당연한 입원치료의 모습은 아니다. 병원 사정으로 인해 섭식장애 환자가 입원을 해서도 밥을 다 먹었는지 안 먹었는지를 온전히 스스로 책임지고 감당해야 하는 상황이 발생한 것이다.

> 병원에서는 규칙이 있었다. 자해하지 않는 것, 매일 체중을 측정하지 않을 것, 주어진 식사를 할 것 등이 규칙에 포함됐다. 행동요법이라 하여 규칙을 지키지 않으면 벌점 스티커를 받았고, 잘 수행할 경우 칭찬 스티커를 받았다. 벌점 스티커가 쌓였을 경우 전화가 제한되거나 안정실에 머물러야 했다.
> 격한 감정의 표현은 입원 기간 동안 하지 말아야 할 규칙으로 설정되었다. 병원 복도에서 큰 소리로 울게 되는 날은 안정실에 가둬졌다. 복도에서 어머니와 전화를 하면서 '여기에 있기 싫다.'고 감정이 격앙되어 실신할 정도로 울던 날도 안정실에 가야 했다. 안정실에 가기 싫다고 발버둥을 치면 안정제 주사를 놓았고, 일주일 동안 전화가 금지됐다.

안정실의 목적은 환자가 격한 감정의 상태로 스스로 안전하지 못한 상황을 만들게 되는 것을 예방하기 위함이다. 환자의 감정을 가라앉힐 수 있도록 다른 환자와의 교류 없이 혼자 2시간 정도 있게 하는 것이 일반적인데, 이렇게 적극적으로 벌을 주는 치료방식은 최근 병원에서는 선호하지 않는 방식이다.

　　매일 체중을 재지 않는 것도 규칙 중 하나였다. 입원 중에는 체중을 일주일에 한 번만 재도록 설정되어 있었는데, 의사나 간호사가 체중계 앞에서 지키고 있지는 않았다. 벌점을 피하기 위해 의료진이 CCTV를 언제 확인하지 않는지를 체크했다. 새벽 5시 30분에 간호사들이 업무를 교대하느라 아무도 체크를 하지 않는다는 패턴을 찾아냈다. 그때 잽싸게 가서 체중을 재면 됐기에, 입원 내내 매일 체중을 쟀다. 퇴원하고 생각해 보니 체중을 잴 때마다 우울한 기분이 들었다. 체중을 재지 않았더라면 같은 치료 프로그램이더라도 덜 불안한 상태로 참여했었을 것이라는 후회가 들었다.

　　다른 섭식장애 입원 환자와 이야기를 하지 않아 그들이 어떻게 치료 받았는지는 모르겠지만 처음 입원을 했을 때 의사는 섭식장애에 대해 아무것도 모르는 느낌이 들었다. 그냥 가둬 놓고 먹이기만 하는 기분이 들었다. 입원 기간 동안 병원 안에서 마치 교수─주치의─간호사─요양보호사─환자로 구성된 수직 구도를 느낄 수 있었다. 때로는 그들이 수직 구도의 가장 아래에 있는 환자복을 입은 사람을 벌레처럼 대한다는 생각이 들기도 했다. 나는 아픈 사람인데 수용하고 받아줘야 하는 것 아닌가라는 생각이 들었고, 여러 가지 병원 내에서의 규칙들이 명령처럼 느껴지기도 했다.

대부분의 보호병동 입원환자는 객관적인 판단력이 흐려진 경우가 많고, 조현병 환자 등 판단력이 손상된 환자가 많기 때문에 병동에서 정확한 규율과 규칙은 필수적이다. 그런 규칙과 규율로 유지되는 병동이 환자 입장에서는 권위적이고 수직적이라고 느낄 수 있으나, 보호병동의 최우선적인 목표는 입원환자의 생명 유지와 보호이고 식이장애 환자의 입원은 거식 상황에서 기아 상태로 생명의 위협이 있을 때 생명 유지, 체중증가가 최소의 목표이기 때문에 규칙 없는 수용은 환자의 회복에 도움이 되지 않을뿐더러 오히려 환자에게 해가 될 수 있다.

> 식사시간을 제외하고 병원에서의 시간들은 지루했다. 교수가 일주일에 한 번 면담을 하고 평일에는 주치의가 하루에 한 번 오는 것이 일반적인 패턴이었다. 면담은 10분 정도 짧게 진행되었지만 어떨 때는 30분이 넘도록 이야기를 나눌 때도 있었다. 그러나 의사가 방문하는 시간이 정해져 있지 않았기 때문에 하루 종일 의사를 기다리기도 했다. 입원해 있는 동안 할 것이 없어서 의사가 오는 시간을 내내 기다렸는데, 어떤 날은 아무 말도 없이 의사가 오지 않기도 했다.
>
> 미술치료, 음악치료, 꽃꽂이 같은 프로그램이 있었다. 프로그램이 많은 병원도 있다고 하는데 이곳은 상대적으로 프로그램이 없는 편이었다. 음악치료 시간에는 〈곰 세 마리〉 악보를 나누어 주고 다 같이 부르도록 하거나, 도레미파솔라시도를 함께 부르거나, 다 함께 벨을 두들기도록 했다. 꽃꽂이 강사는 꽃들도 모두 숨을 쉰다는 똑같은 이야기를 매주 동일하게 했다.

이렇게 단순한 프로그램들이 치료 프로그램으로 진행되는 이유는 보호병동에는 섭식장애 환자뿐만 아니라 삶을 포기하고 싶을 정도로 무기력한 환자들이 많기 때문이다. 그렇기 때문에 입원 환자를 위한 프로그램은 일반적인 삶의 기능을 조금씩 회복하게 하는 정도의 무리 없는 수준으로 구성되어 있다.

미술치료 시간에는 한 가지 주제를 가지고 다 같이 그림을 그리고, 그림을 앞에 붙여 놓고 돌아가며 그린 그림에 대해 이야기하도록 했다. 그 시간에는 자신의 이야기를 할 수도 있고 다른 사람들의 이야기도 들어 볼 수도 있었다. 미술치료 시간은 병원 프로그램 중에서 제일 기다려지는 시간이 되었다. 미술치료 프로그램이 없거나 진행자가 오지 않는 날은 간호사가 클레이를 나눠 주고 클레이 아트를 하라고 했다. 주말에는 아무 프로그램도 운영되지 않았고, 아침에 차 모임이라는 프로그램만 있어서 다른 환자와 같이 차 마시고 형식적인 인사와 이야기를 나누고 30분 후에 각자의 병실로 돌아갔다.

치료가 진행되면서 시간이 지나 하루 종일 머릿속에 가득 차 있던 섭식에 대한 생각들이 조금씩 사라지면서 다양한 프로그램이나 다른 환자들 혹은 병원에서 일어나는 일들에 관심이 가기 시작했다. 음식과 살에 관해서만 집중하던 시선이 다른 부분으로 옮겨지는 것이 느껴졌다. 회복 이후의 삶이 점점 기대됐다.

그러는 사이 식단은 1/4에서 일주일 후 1/3, 그리고 다시 1/2로 점점 그 양이 늘어 갔다. 병원에는 실내 사이클이 있었는데, 저체중으로 입원했기에 운동 제한이 있었고 퇴원할 때까지는 하루에 5분 이상의 사이클을 탈 수 없었다. 결국 1인분을 먹었고 중간에 두 번의 간식을 먹게 되었다. 음식을 꾸준히 먹으니 결국에는 기아 상태에 있던 몸이 음식을 받아들이기 시작했고, 나중에는 1인분이 충분하지가 않은 익스트림 헝거 증상이 오면서 음식을 더 달라고 간호사에게 울면서 매달렸다.

병원 규칙상 더 이상의 음식은 주지 않았기에 입원한 다른 환자들의 간식과 음식을 몰래 받아서 먹었다. 다른 환자 역시 음식을 다른 환자에게 주다가 걸리면 벌점을 받는 상황이었지만 간절하게 이야기하니 음식을 줬다. 음식을 몰래 더 받아먹다가 들키는 날에는 다양한 벌칙들이 주어졌다.

병원에서 각 환자에게 맞는 적량만을 먹도록 하고 정해진 규칙적인 시간에만 식사를 하게 하는 등 섭식에 대한 규칙을 강조하는 회복식을 강제하는 이유는 회복식이 가장 효율적으로 빠르게 신체를 회복시킬 수 있는 식사치료 방법이기 때문이다.

음식이라는 것은 무서운 것이라 생각해 입도 대지 못했었는데 반대로 음식을 모으는 이상행동이 시작됐다. 그 음식들을 다 먹을 생각도 없었지만 저장하고 싶은 욕구가 생겨난 것이다. 매트리스 밑에 간식을 주로 숨겨 놨는데 결국은 간호사에게 들키게 되었다. 그리고 음식을 몰래 숨겨 놓고 먹다 보니 많은 음식이 상했고, 결국은 식중독에 걸리게 되었다. 입원해서 찌운 살의 반 정도가 식중독으로 다시 빠져 버렸다. 고생해서 회복에 가까워지고 있다고 생각했던 몸무게와 신체적 회복이 모두 사라진 것 같아 후회가 되었다. 규칙에 맞지 않는 자의적인 행동들을 한 것이 회복에 방해가 되었다는 것을 경험한 후 병원 규칙의 중요성을 깨닫게 되었고 치료에 조금 더 전념하게 되었다.

그렇게 6개월의 시간이 지났다. 폐쇄병동, 개방병동, 낮 병원을 걸친 치료가 지속되었고, 최종적으로 60kg의 몸무게가 되었다. 치료과정은 끔찍하고 힘들었지만 병원에서 가장 도움을 많이 받은 것은 규칙적인 생활패턴을 만든 것이었다. 매일 같은 시간에 일어나서 아침을 먹고, 점심을 먹고, 저녁을 먹기 시작했다. 잠을 자는 시간도 일정해졌고, 퇴원 후 일 년이 넘도록 그 생활패턴이 유지되었다. 정신적으로 가장 힘든 상태에서 입원을 선택했고 그 시간은 고통스러웠지만 입원치료는 결국 회복에 도움이 되었다. 가장 무섭고 두려웠던 음식 먹기가 가능해졌고 최종적으로는 스스로 삶을 포기하지 않을 수 있었다.

입원치료는 환자의 입장에서 분명히 불편하지만 차악의 선택이기도 하다. 입원하지 않았을 때 생명의 위험이 있는 순간에 생명을 지키기 위한 선택이기 때문이다. 환자의 입장에서는 강제적이고 불편한 것들이 많지만, 입원치료의 목적은 환자를 불편하게 만드는 것이 아니라 환자의 생명을 지키고 안전하게 회복시키는 것이다. 극심한 섭식장애 환자가 입원치료 없이 굶는 상태가 한 달 지속된 경우와 입원치료를 받아 한 달이 지난 상황의 차이는 크다. 결국 입원치료는 환자가 회복될 동안 환자의 생명을 지킬 시간을 벌어 준다. 약물치료의 효과가 나타나기까지 최소 2주 이상의 시간이 필요한데, 그 기간 동안 매일 죽고 싶다는 생각을 하면서 위험에 노출된 상태로 집에 있거나, 거식인 상태로 음식의 섭취가 거의 없이 기아 상태가 되어 생명에 위험을 초래하는 상태로 그 시간을 보낼 수는 없기 때문이다.

정신건강의학과 주치의 입장에서는 환자가 입원치료로 진행하게 되면 다른 병원에 보내는 것이기 때문에 이득을 보는 것이 없고, 입원치료 후에는 대부분 그 대학병원을 다니게 되기 때문에 환자를 잃는 것이 된다. 그럼에도 불구하고 입원치료를 설득하고 권하는 것은 환자의 생명을 지키는 것이 최우선이고, 입원치료는 섭식장애 환자가 생명을 잃지 않고 회복할 수 있는 환경을 제공해 주기 때문이다.

부록 1: 한국과 미국의 회복식 예시

한국 회복식 가이드 라인 (제공: 플로리다마음연구소)

하루 3번의 식사와 3번의 간식을 기본으로 하고 식사시간은 20~30분, 간식시간은 10~15분을 기준으로 한다. 간식이 식사의 연속이 되지 않게 하기 위해 간식은 식사 이후 1시간 반에서 2시간 이후에 먹는다.

회복식의 1일 기준량은 다음과 같다.

아침(550~650kcal)―간식(100~200kcal)―점심(600~700kcal)―간식(300~400kcal)―저녁(600~650kcal)―간식(150~200kcal)―최소 2시간 후 취침

구체적인 하루 식사의 예시는 다음과 같다.

- 아침: 밥 1공기(250kcal), 시금치 된장국(50kcal), 계란 장조림(100kcal), 배추김치(30kcal), 두부 조림(75kcal) 호박전(100kcal)
- 간식 1: 딸기·바나나 생과일 주스(200kcal)
- 점심: 불고기 비빔밥(600kcal), 콩나물국(50kcal)
- 간식 2: 편의점 빵 1개(250kcal), 우유(132kcal)
- 저녁: 밥 1공기(250kcal), 소고기뭇국(106kcal), 고등어 구이(145kcal), 깍두기(40kcal), 콩나물 무침(55kcal), 마늘 장아찌(40kcal)
- 간식 3: 요거트, 시리얼(180kcal)

미국의 회복식 가이드라인 (제공: 미국 식품교환법 회복식 가이드)

하루에 3번의 식사와 3번의 간식 섭취를 기본으로 하고, 총 3,000kcal를 섭취하는 것을 기준으로 한다. 탄수화물 12, 과일 4, 우유 4, 채소 5, 육류 9, 지방 7의 비율로 음식을 섭취하도록 권한다. 구체적인 하루 식사의 예시는 다음과 같다.

- 아침: 탄수화물 2, 지방 1, 육류 2, 우유 1, 과일 2

  1스푼의 버터(지방 1)를 바른 토스트 식빵 2장(탄수화물 2), 50g의 스크램블 에그 2개(육류 2)와 우유 1컵(우유 1), 오렌지 주스 1컵과 과일 샐러드 반 접시(과일 2)

- 간식 1: 탄수화물 2, 우유 1

  머핀 1개(탄수화물 2)와 우유 1컵(우유 1)

- 점심: 탄수화물 2, 채소 2, 육류 3, 지방 2, 우유 1

  2티스푼의 버터(지방 2)와 3장의 치즈(육류 3)가 들어간 그릴드 치즈 샌드위치(탄수화물 2), 토마토 수프(채소 2, 우유 1)

- 간식 2: 과일 2, 우유 2

  바나나 반 개(과일 2)와 요거트(우유 2)

- 저녁: 탄수화물 4. 육류 3, 지방 3, 채소 2, 과일 1

  파스타(탄수화물 2), 2티스푼의 버터(지방 2)를 바른 갈릭바게트(탄수화물 2), 간 소고기 또는 칠면조 고기 구이(육류 3, 지방 1), 삶은 브로콜리 반 접시와 토마토 소스(채소 2), 오렌지 1개(과일 1)

- 간식 3: 육류 1, 탄수화물 2, 채소 1, 지방 1

  땅콩 잼이나 아몬드 버터(육류 1)를 바른 식빵 2장(탄수화물 2), 생 당근(채소 1), 하머스-병아리콩을 으깨서 만든 소스(지방 1)

부록 2: 섭식일지 양식

섭식일지

날짜: 20___년 ___월 ___일 (___)요일

시간	장소	먹은 음식	폭식 여부	보상 행동	자기 조절감 (0-10)	식사 전후의 생각/감정/행동

PART 5

회복을 방해
하는 요인

섭식장애는 다른 정신적 질환에 비해 치료가 시작되는 시기가 느린 편이다. 자각되는 증상을 통해 스스로 섭식장애라는 것을 인지하고 치료를 시작하는 환자들도 분명 있지만, 일반적으로는 자신이 섭식장애라는 것을 받아들이는 것도 쉽지 않다. 인정했다 하더라도 음식을 다시 먹어 몸을 회복하겠다고 결심하기까지 망설이는 시간이 길다. 섭식장애를 유발하는 생각들은 다양하지만 대부분의 환자는 공통적으로 '살이 찌고 싶지 않다.'는 바람을 가지고 있고, 이 살에 대한 두려움은 치료의 시작을 더 어렵게 만든다.

어렵게 치료를 결심했다 하더라도 체중증가에 대한 두려움은 치료를 그만두고 다시 예전의 섭식장애 상태로 돌아가고 싶게 만드는 강력한 원동력이 된다. 체중의 변화보다 회복의 의지가 더 중요한 요소가 되기까지는 시간이 걸리는 것이다. 섭식장애 환자들과의 초기 상담목표가 '치료를 위한 식사를 시작할 마음의 준비 만들기'가 되기도 한다. 그리고 이 기간이 짧게는 몇 주에서 긴 경우는 몇 달의 시간이 걸리기도 한다. 정신건강의학과나 심리상담기관을 방문하더라도 강제 입원치료가 아닌 이상, 음식을 규칙적으로 일정량 먹는 수준에 도달하기까지는 어느 정도 시간이 걸릴 수 있다는 것이다.

치료를 시작하는 다른 신체질병이나 정신적 장애에 비해, 섭식장애 환자들의 회복에 대한 의지는 낮은 편이다. 섭식장애가 주는 중독적 쾌감은 압도적인 장점으로 느껴지고, 이대로 살아도 특별히 문제없을 것 같기도 하고, 최소한 섭식장애에 머물러 있으면 날씬함을 유지할 수 있다는 점이 강력한 매력으로 작용하기 때문이다. 이런 섭식장애의 장점들 때문에 치료초기의 환자들은 "나는 아직 치료의 준비가 되어 있지 않다."고 말한다. 그러나 실제로 섭식장애 치료를 시작하는 환자 중 100%로 회복할 준비가 되어 있는 사람은 아무도 없다.

악어가 가득한 늪 건너기

섭식장애 환자는 늪지대의 작은 바위 위에 고립된 어린아이와도 같다. 살아 나가려면 악어가 가득한 늪에 발을 내딛고 탈출을 해야 하는데, 아무도 악어가 가득한 늪에 기꺼이 발을 넣고 싶어하지 않는다. 어떤 것들이 도사리고 있을지 모르는 늪을 걸어서 지나가야 한다는 불안감, 그 불안의 요소들을 가득 안고 걸어가야 하는 아이가 바로 섭식장애 환자이다. 아직 온전히 성인이 되고 싶지 않은 불안한 아이에게 늪에서 만나야 하는 것들은 낯설고 무섭다. 분명 어렸을 때에는 밥 먹는 것이 무서운 일이 아니었는데 어느 순간부터 음식을 먹는 것은 공포가 되었고 음식은 자신에게 위협적인 것이 되어 버렸다. 그러나 늪에 뛰어든 사람은 최소한 살기 위해 발걸음을 옮기려는 시도를 해야 한다.

한 발자국, 한 발자국. 회복이라는 저 멀리 보이는 빛을 향해 걸어가던 도중 악어처럼 보이는 움직임을 포착하거나, 발에 악어의 촉감과 비슷한 것이 스쳐 지나가면 그냥 그 자리에 멈춰 버린다. 다시 안전하다고 생각되는 바위 위로 올라가 버리고 싶은 생각도 든다. 이들을 멈추게 하는 악어는 약간이라도 살이 찐 것 같다고 느끼는 생각 그리고 살이 찔 것 같은 막연한 불안감이다. 사실 악어를 눈으로 확인하지는 못했지만 스스로 떠올리는 생각과 불안함이 위협적으로 느껴져 더 이상 걸음을 나아가지 못하게 만들어 버리는 것이다. 고립된 바위 위에서 출발할 때에는 분명 이제는 변해야 한다는 생각으로 치료를 시작했지만 걸어서 늪을 빠져나오는 과정에서 회복을 그만두고 싶게 만드는 악어 같은 요인들은 상당히 많다.

1. 익스트림 헝거를 만나다

　살찌는 것에 대한 두려움으로 음식제한을 하던 섭식장애 환자가 가장 싫어하는 신체적 상태는 '배고픔'이다. 배고픔이 음식을 참지 못하게 만들어 폭식을 일으키고, 계속 음식을 먹고 싶게 만들어 살을 찌우는 주요 원인이라 생각하기 때문이다. 섭식장애를 겪는 환자가 가장 외면하려는 신체적 감각 역시 배고픔이다.

참을 수 없는 기이한 배고픔

　치료를 위한 식사를 시작할 때 느껴지는 초기의 배고픔은 치료에 대한 의지로 꾹꾹 눌러 지나칠 수 있지만 점차 의지로는 무시하기 어려운 격렬한 배고픔을 느끼게 된다. 이 격렬한 배고픔은 섭식장애가 있기 이전에 느꼈었던 정상적인 배고픔과는 다른 감각이다. 섭식장애 이전에는 뇌가 식사 때에 맞춰 규칙적으로 음식을 공급하라는 신호를 통해 느낀 배고픔이었다면, 회복 도중 느끼는 배고픔은 '참을 수 없는 극도의 기이한 배고픔'이라는 단어로 설명된다. 이 상태를 설명하는 단어가 바로 익스트림 헝거(Extreme Hunger)이다. 익스트림 헝거는 회복을 그만두고 싶게 만드는 불안 요소들 중 하나인데, 익스트림 헝거에서 느껴지는 배고픔은 상식적으로는 쉽게 이해가 되지 않는 수준이다. 이러한 이해되기 어려운 신체반응은 섭식장애 환자의 불안감을 키운다. 익스트림 헝거를 겪을 때 섭식장애 환자의 머릿속을 지배하는 심리도식은 다음과 같다.

> 엄청난 배고픔 → 조절력을 잃고 많이 먹음 → '이 정도면 너무 많이 먹었는데?' → 그래도 이상하리만치 극심한 배고픔을 느낌 → 결국 또 먹음 → '어마어마하게 돼지가 될 것 같다.'

익스트림 헝거가 주는 극도의 불안은 그 수치를 가늠할 수 없을 정도이다. 다이어트할 때에는 밥을 반 공기씩만 먹었고, 섭식장애를 겪을 때에는 흰 쌀밥은 완전히 거부했던 사람이 회복식을 시작하자 이제는 밥 한 공기로는 배부르다는 감각이 들지 않는 것이다. 심지어 밥을 두 공기를 먹어도 배부르다는 생각이 들지 않고 더 먹어야 한다는 갈망감에 압도당한다. 지금 안 먹으면 죽을 것 같은 불안감이 섭식장애 환자의 생각과 감정을 지배해 버린다.

회복하는 입장에서 익스트림 헝거를 만나면 너무 화가 나고, 이로 인해 파생된 감정 역시 회복을 방해한다. 규칙적으로 밥을 먹기 위해 식사를 준비하고 있는 사이에 배가 너무 고파서 컵라면을 하나 다 먹어 버릴 수도 있다. 아침과 점심 사이의 간식으로 토스트를 하나 구워 먹으려고 토스터의 버튼을 누르고 기다리고 있었는데, 그 시간을 참지 못하고 저녁 간식인 크림빵을 먹어 버릴 수도 있다. 분명 자신이 계획했던 것보다 더 먹었기에 폭식이 아닌지 스스로 의심하기 시작한다. 이 의심은 혹시나 다시 뚱뚱해지고 돼지가 되는 것은 아닐까 하는 두려움으로 이어지고, 1시간 반 뒤로 예정된 점심식사를 먹어도 되는지 불안해지기 시작한다. 그런데 더 화가 나는 것은 점심시간까지도 기다리기 어려울 정도로 배가 고프다는 것이다.

회복 도중 겪는 익스트림 헝거의 지속 시간과 강도는 사람마다 다르다. 이 극도의 배고픔은 갑자기 시작되기도 하고, 서서히 지속적으로 진행되기도 한다. 치료를 시작하고 음식을 규칙적으로 먹기 시작한 날부터 시작되는 경우도 있고, 치료가 진행되는 도중에 발생하기도 한다. 또 누군가는 체중이 어느 정도 회복된 후에 익스트림 헝거를 겪기도 한다. 익스트림 헝거의 강도는 사막에서 목이 말라 죽어 가는 사람의 갈증 정도로 마치 당장이라도 죽을 듯한 배고픔으로 다가오기도 하고, 꽤나 배고픈 상태가 지속되는 정도로 느껴지기도 한다. 누군가에게는 갑자기 배가 고팠다가 괜찮아지는 상태가 반복되기도 하고, 누군가에게는 회복이 끝나는 시점까지 증상이 지속된다. 그리고 소수는 익스트림 헝거를 겪지 않고 회복되기도 한다.

한 가지 확실하게 알아야 할 것은, 익스트림 헝거가 섭식장애 치료과정에서 자연스럽고 정상적인 증상이라는 것이다. 특히나 극심한 저체중 환자가 회복 과정에서 익스트림 헝거를 만나는 것은 지극히 자연스러운 일이다. 특히 식사치료 방식으로 미니머드 방식을 선택했다면 이 증상은 더욱 극단적으로 나타날 수 있다. 폭토나 씹뱉이 아닌 거식 환자라면, 그동안 회피했던 라면, 치킨, 짜장면, 스팸에 밥, 떡볶이, 순대, 피자 등의 음식들이 한꺼번에 미친 듯이 먹고 싶어질 수 있다. '지금 나는 회복의 과정에 있기에 먹고 싶은 음식을 잘 먹어 주는 것도 중요해.'라고 생각하면서 머릿속에 떠오르는 음식들을 입 속으로 넣고 삼키고 소화시킨다. 그러나 먹고 싶던 음식을 모두 먹었다는 만족감보다는 곧 살이 찔 것 같은 불안감이 더 커진다. 패닉에 빠지는 것이다. 이때 완벽주의 성향이 강한 섭식장애 환자는 규칙적인 식사의 종류와 양을 지키지 못했다는 점에서 자신이 잘못됐다고 생각하거나, 잘못된 방식으로 먹고 있어서 익스트림 헝거를 느끼고 있다는 결론을 내리기도 한다. 그러나 이것은 결코 잘못하고 있는 것이 아니다. 섭식장애 치료의 과정에서 재발을 유도하는 문제가 되는 것은 살찔 것 같은 불안감에 음식을 다시 제한하고 권장량보다 덜 먹는 것이지, 배고픔에 대처해서 많이 먹는 것 그 자체가 아니기 때문이다. 회복식에는 정해진 시간에 적당량을 먹는 규칙이 있고, 이를 지키기 위해서 배고픔의 모든 신호에 하나하나 따르는 것이 도움되지 않기도 한다. 그러나 익스트림 헝거의 경우는 단순한 배고픔이 아닌 회복의 과정 중에 만나는 회복 신호이므로, 그 신호를 무시하는 것도, 과하게 반응하는 것도 좋지 않다. 회복 중에 만나는 익스트림 헝거는 늪에서 만난 아기 악어에 불과하다. 분명 무서운 존재지만 위협을 가할 정도는 아니며, 늪에서 빠져나오기 위해 충분히 걸어 나갈 수 있다.

굶은 뇌의 이화작용

익스트림 헝거는 '최적의 몸 상태를 위해, 체중을 증가시키기 위해서 많이 먹어야 한다.'는 간단한 명제하에 발생하는 것이 아니다. 그보다 더 근본적으로 체내의 에너지 부족으로 발생한 신체의 물리적 손상을 복구하기 위한 움직임이다. 운동이나 음식제한을 통해 에너지원 섭취가 제한되면 신체 내 에너지는 결핍되고, 몸은 말 그대로 기아 상태가 된다. 이때 뇌가 바뀐 신체의 상황에 반응하지 않고 이대로 살 빠지는 것을 선택한다면 생존에 문제가 생길 것이다. 당연히 반응해야 한다. 뇌가 음식을 조절하여 생명을 유지시키는 것은 뇌가 가지고 있는 가장 중요한 역할이기 때문이다.

생명 유지를 위해서 뇌는 효율적으로 에너지가 사용될 우선순위를 선택해야 한다. 밥이 몸에 들어오지 않으면 몸은 기아 상태가 되고 뇌는 에너지를 절약하기 위해 생물학적 기능을 가능한 한 최소화한다. 그뿐만이 아니다. 에너지원이 필요한 뇌는 지방 조직, 뼈, 근육 등 몸의 기관들로부터 생존을 위한 동력을 만들어 낸다. 흡수한 음식을 이용해 에너지를 만드는 이화작용(Catabolism)이 아닌, 자신의 신체조직을 이용해 에너지를 만드는 기형적 이화작용을 하는 것이다.

일반적으로 섭식장애 환자의 체내 영양성분의 균형은 심각하게 무너져 있다. 그런데 일부 섭식장애 환자는 의외로 체내 미네랄이나 비타민이 결핍되지 않은 것으로 측정되기도 한다. 이것은 환자가 알아서 미네랄 보충제와 비타민을 챙겨 먹어서가 아니다. 이 환자의 신체는 이미 기형적 이화작용을 통해 신체조직에서 미네랄과 비타민을 꺼내어 영양소로 쓰고 있는 것이다. 영양분이 부족하다고 판단한 뇌는 놀랄 만큼 잔인해지는데, 신체의 기능을 모두 멈추더라도 뇌 자신만은 살기 위한 방법을 선택한다. 뇌 스스로의 생존을 위해 신체 기관에서 필요한 영양소들을 캐내어 필요한 에너지를 보충하는 선택을 함으로써 신체는 결국 음식을 먹는 대신 스스로를 먹는 식인종이 되는 것이다.

'배고프지 않지만 배고프다.'

익스트림 헝거를 만난 환자는 식사의 시작과 끝에서 혼란을 겪는다.

배고프다. → 밥 한 공기 뚝딱 해야지. → 다 먹었다. → 배부르다. 끝!

섭식장애 환자는 이와 같은 전개를 바라지만, 실제로는 식사의 종결을 알리는 배부름이 느껴지지 않는다. 분명 밥을 한 공기 가득 먹고, 찌개도 먹고, 밑반찬들도 남김없이 다 먹었다. 그럼에도 불구하고 허기가 지는 묘한 상태에 빠져드는 것이다. 신체 영양상으로는 충분한데 머리로는 더 먹으라고 하는 상황이다. 그래서 이때의 상태는 '배고프지 않지만 배고프다.'는 기이한 말로 설명된다. 이런 모순된 표현을 쓰는 이유는 몸에서 느껴지는 감각을 논리적으로 표현하기 어렵기 때문이다.

어렸을 때는 누구도 섭식장애가 없었다. 자연스럽게 음식을 먹었고, 신체 에너지 균형도 문제없이 유지되었을 것이다. 소화 체계에서 이야기하는 '적당히 배부르다.' '포만감이 느껴진다.' '목 끝까지 밥이 차서 더 못 먹을 것 같다.'와 같은 만족감과 관련된 신호가 신체의 다른 모든 영역에서 나오는 신호와 일치했었다.

소화 체계에서 물리적으로 충만함을 느낀 세포들은 '만족했다.'는 신호를 보내고 그 신호는 곧 배부른 상태를 의미한다. 태평하고 안락한 상태를 고복격양(鼓腹擊壤)이라고 한다. 배가 불러 배를 두드리고 땅을 치며 노래한다는 뜻의 사자성어이다. 오래된 우리나라의 표현에서도 배가 부른 것이 곧 평화로움과 만족감을 준다고 말하고 있다. 이렇게 배부름은 오랜 시간 사람을 만족시키는 감각이 되었고, 이 감각은 섭식장애 환자도 섭식장애를 겪기 전에 경험했던 만족감이다.

위장 및 호르몬 분비의 손상

섭식장애 환자는 호르몬 분비 기능이 손상되어 있는 경우가 많다. 오랜 섭식장애를 겪고 회복에 접어드는 환자는 "소화가 안 돼요." "속이 더부룩해요." 등과 같은 증상을 호소하는데, 이것은 먹기 싫어서 만들어 낸 거짓의 상황일수도 있지만, 실제로 배고픔과 배부름을 조절하는 호르몬인 렙틴과 그렐린의 분비체계가 손상되었다는 증거가 되기도 한다. 만족감을 느끼는 신호가 균형과 조절 능력을 잃은 것이다. 이 때문에 에너지 공급을 멈추는 시간에도, 다시 에너지 공급을 하는 순간에도 배고픔과 배부름의 신호는 널뛰기를 한다. 그렇기에 누군가에게는 너무나 당연한 배부름과 배고픔이라는 감각을 섭식장애 환자는 식사치료를 통해 별도로 훈련해야 하는 것이다.

섭식장애 환자는 위장에게 악마 같은 역할을 지속해 왔다. 생존할 만큼만 음식을 주거나, 먹은 것을 토함으로써 음식을 줬다 뺏어 버리거나, 입에서 씹기만 하고 뱉는 과정에서 뇌와 위장에게 희망고문만 하고 결국 소금과 당만 넘겨 주었다. 결론적으로 계속 아주 적은 음식물만이 위장에 들어왔기에, 소화기관에서는 최소한의 음식에서 최대한의 영양소를 추출하는 패턴을 만들어 냈다. 이 패턴은 음식의 영양분을 흡수하는 소장에서 음식이 지나갈 때 최대한 오래 잡아 놓고 있도록 해야 했고, 음식물이 소장에서부터 빠져나가는 속도도 매우 느리게 만들어야 했다.

망가진 발전소 고치기

굶기나 구토를 통해 음식물이 극도로 제한된 신체는 에너지를 만드는 발전소가 망가져 있는 상태로, 에너지원인 부품과 원료 모두 도둑맞아 없는 상황이다. 그렇기에 회복을 결심했다면 망가진 발전소를 고치는 것을 우선시해야한다. 단순하게 원자재를 가져오는 것 이외에도 고장 난 발전소를 돌리기 위해서는 새로운 부품도 필요하고, 수리공 역시 수십 명을 불러와야 한다. 음식을 먹더라도 에너지 발전소가 제 기능을 못한다면 먹은 음식이 효과적으로 에너지로 변환될 수 없다. 1인분의 식사를 먹고도 그 이상을 원하는 익스트림 헝거가 바로 이 추가 재료와 인력들이다. 손상된 몸에 필요한 에너지의 수요는 급격하게 상승한다. 적당히 조금씩 먹으면서 회복하고 싶은 마음이 너무나도 크겠지만 부족한 부품과 수리공으로는 발전소를 부분적으로밖에 수리하지 못한다. 결국 발전소는 계속 삐걱거릴 수밖에 없다.

일정량의 음식을 다시 꾸준히 먹기 시작하는 회복의 초기 단계에서는 상당한 감각의 불협화음을 경험하게 된다. 장의 신경체계가 보내는 '육체적인 배부름' 신호와 중추신경계가 보내는 '극도의 만족감의 결여' 신호가 동시다발적으로 작동하기 때문이다. 즉, 같은 시간에 한쪽에서는 배가 고프다고, 또 다른 한쪽에서는 배가 부르다고 아우성을 치는 것이다. 소화 체계가 뇌에게 보내는 신호는 다음과 같다.

"이제 다시 복구되고 있으니까 음식을 최대한 빨리 소화시키고
장의 속도도 빠르게 돌려 볼게!"

그러나 머리부터 발끝까지 신체 구석구석에 있는 세포들은 뇌에게 다음과 같이 소리를 지르며 신호를 보낸다.

"여전히 음식이 부족해! 이쪽에 에너지를 좀 더 보내 줘!"

장의 신경계는 신체적 에너지 흡수가 최고조라는 정보를 받지만, 중추신경계는 동화작용(Anabolism)을 통해 세포들을 더 많이 만들어 내야 한다고 이야기한다. 장은 가득 차고, 몸은 배고픈 것이다. 음식이 계속 들어오니 충만감을 느끼면서, 동시에 굶주림을 경험한다. 에너지 균형이 맞는 사람은 배고픔과 배부름 그리고 만족감이 동기화를 잘 이루지만, 단 몇 주 만에도 섭식장애는 신체의 균형을 무너뜨려 배고픔-배부름-만족감의 동기화를 엉망으로 고장낸다.

배고프면서 배부른 감각은 불편하다. 주인을 좋아하면서도 동시에 만지면 싫어하는 고양이는 귀엽기라도 하지만, 자신의 뇌와 장이 다른 신호를 보내는 감각은 그저 스트레스로만 다가온다. 라면에 밥까지 말아 먹었는데 먹자마자 음식이 배 속에서 연기처럼 사라진 기분이 들고, 이쯤 먹었으니 배불렀으면 하는 시점에 배부르지가 않으니 짜증이 난다. 이 짜증은 혼란스러움과 함께

느껴지기에 불안은 더 고조된다.

"먹고 나서 10분 뒤면 갑자기 배고파져요. 어떤 경우에는 분명 1분 전까지는 배고프지 않았는데 갑자기 배고파서 아무것도 못하겠고 음식을 당장 먹어야겠다는 생각만 들어요."

"분명 음식이 배 속에 차 있는 것도 알고, 더 먹고 싶지도 않은데 먹어 버렸어요."

"요즘 느끼는 배고픔은 엄청 이상해요. 섭식장애 이전에 제가 어떻게 먹었는지 전혀 기억이 안 나요."

"배가 부르다고 이야기하는 사람들의 말을 이해를 못하겠어요. 앞으로도 배부른 느낌을 못 느낄까 봐 무서워요."

"완전한 만족감이라는 것을 제가 느낄 수 있을까요? 어쩌다가 80% 정도는 느낄 수 있겠지만 배부른 것과 별개로 항상 한 입 더 먹고 싶다는 마음이 있어요. 하루 종일 초조하게 고민하는 게 더 먹을까 말까예요."

늪 속의 바위 위로 돌아가지 말자

이 짜증 나는 반응을 없애는 것은 간단하다. 계속해서 치료에 집중하는 것이다. 불안 수준이 높은 섭식장애 환자는 불안을 참지 못하고 악어들이 느껴지는 늪을 벗어나 다시 안전한 바위 위로 돌아가고 싶어한다. 그러나 그것은 후퇴이고, 악화일 뿐 정답은 아니다. 분명 불안한 감정은 몸이 떨릴 정도로 위협적이지만 앞으로 걸어가면 다시 빛이 있는 세상이 나온다는 것을 알아야 한다. 빛으로부터 반대로 걸어 들어가 어두운 늪지대의 작은 바위 위에 혼자 앉아 있던 시간을 떠올려 보자. 그 어두운 길은 스스로가 걸어왔던 길이다. 바위 위에 혼자 가둬져 있던 이유는 누군가 납치했기 때문인 것도, 이곳에서 움직이면 안 된다고 누군가 위협을 가했기 때문도 아니다. 결국 자신을 고립시킨 것은 자기 자신일 뿐이다. 스스로 걸어왔던 길인 만큼, 나가는 길은 그 누구보다 자기 자신이 가장 잘 알고 있다.

이곳을 빠져나가기 위해서는, 악어에게 물릴지 모르는 불안을 견디면서 굶거나 음식을 제한하지 않으면서 앞으로 계속 걸어 나가야 한다. 소화 체계의 속도가 너무 빨라서 배고픔을 호소할 때 양배추와 닭가슴살 볶음, 채소 샐러드, 곤약 그리고 고구마를 먹을 것이 아니라 충분히 칼로리가 있는 음식을 먹어 주어야 한다. 저체중에서 회복을 시도하는 과정에서 만난 익스트림 헝거는 일반적으로 건강을 위해서는 권장되지 않는 인스턴트 식품이나 패스트푸드를 식사나 간식에 넣어 칼로리를 높여 줌으로써 해결되기도 한다. 소화 체계는 언젠가 정상으로 되돌아올 것이고, 폭발적인 한 끼 식사를 하는 것보다 식사와 간식을 여러 번 나누어 자주 먹는 훈련이 필요하다.

자신의 두려움에 압도당해 회복을 포기하지 않을 수 있는 식사 위주로 잠시 변경하는 것도 도움이 된다. 섭식일지를 성실하게 쓰면서 자신이 어떤 상황이나 환경에서 익스트림 헝거를 느끼고 있는지, 그로부터 파생된 감정이 무엇인지 실시간 모니터링하는 것도 중요한 치료의 방법 중 하나이다.

섭식의 회복은 수면 회복과 비슷하다. 음식제한이 수면 제한과 비슷하게 작동하기 때문이다. 밥을 안 먹어 만들어진 결핍은 누적되고, 굶은 몸은 한 끼만 먹는다고 바로 정상이 되지 않는다. 3일 밤을 지새운 몸은 그다음 날에 하루 권장량인 8시간을 자고 일어나도 분명 피곤함을 호소할 것이다. 뇌가 권장량 이상의 수면을 지속적으로 요구하기 때문이다. 자도 자도 피곤하기도 하지만, 어느 순간 갑자기 몰려오는 졸음에 꾸벅 졸아 버릴 수도 있다. 익스트림 헝거는 잠을 재우지 않아 혹사당한 몸이 수면을 갈망하듯, 밥을 먹이지 않아 혹사당했던 몸이 생존하려는 처절한 노력이다.

2. 피부가 뒤집어졌어요

섭식장애로 인해 손상된 신체를 회복하는 과정에서 나타나는 증상들은 불쾌하고 고통스러운 감정을 수반한다. 살찌는 것도 화가 나는데, 얼굴에 하나씩 트러블이 생기기 시작하면 점점 못생겨지는 것 같아 기분이 더 나빠진다. 치료를 위한 식사를 진행하면서 하나둘씩 생겨난 피부 트러블은 점점 그 수가 늘어나 얼굴 전체가 엉망이 되어 버린 것 같은 기분도 들게 한다. 신체에 나타나는 변화는 옷으로 가릴 수라도 있지만, 얼굴은 가릴 수도 없고 계속 눈에 보이기에 거울을 볼 때마다 짜증이 난다.

거울 사용법

섭식장애 환자는 섭식장애를 겪지 않는 사람들에 비해 하루 동안 거울을 보는 시간이 상대적으로 많다. 집 안에 보유하고 있는 거울 수 자체가 많은 경우도 있지만, 거울을 들여다보며 자신의 외모와 체형을 체크하는 시간이 압도적으로 많다. 거울은 빛의 반사를 통해 사람의 모습을 보여 주는 도구이지만, 섭식장애 환자는 단순히 자신의 모습을 확인하는 용도보다는 결점을 찾아내기 위한 수단으로 거울을 사용한다. 거울을 보면서 전체적으로 살이 얼마나 쪘는지, 팔뚝은 얼마나 두꺼워졌는지, 허벅지 사이의 틈은 이제 얼마나 없어졌는지 등을 살핀다. 자신이 설정한 이상적 몸매에서 벗어나는 자신의 체형에 실망하고 비난하기 위한 수단으로서 거울을 활용하는 사람도 있다.

심리치료 현장에서는 거울의 사용 목적에 대한 재인식을 위한 심리교육을 진행하기도 한다. 섭식장애 환자의 과도한 거울 사용은 왜곡된 신체상을 강화하고, 실제 자신의 모습보다 더 부정적인 모습으로 자신을 받아들이도록 만들고, 스스로에 대한 실망감을 키우고, 자존감을 저하시키는 등 회복을 방해하는 요소로 사용된다. 이때에는 거울의 사용을 제한한다. 피부 트러블이 발생했을 때에도 마찬가지이다. 거울은 현재 얼굴 상태를 정확하게 알 수 있는 장점도 있지만, 회복 과정에서 피부 트러블이 생긴다면 거울은 최대한 보지 않기를 권한다. 얼굴에 난 피부 트러블을 들여다봄으로써 스스로에 대한 비하 사고를 강화하는 것은 명백히 치료에 방해가 되기 때문이다.

신체의 회복과 함께 사라지는 여드름

섭식장애 환자가 규칙적인 식사를 시작하면서 여드름이 나는 것을 확인하게 되면 또 한 번 치료위기를 겪게 된다. 그러나 회복을 준비하고 있거나 회복 중에 있는 사람이라면, 여드름은 회복 과정에서 정상적으로 나타나는 하나의 증상이라는 것을 알아야 한다.

초경이 막 시작되는 어린 소녀에게서 집중적으로 발견되는 DS(De-hydroe-piandrosterone Sulfate)가 섭식장애 환자에게도 발견된다는 것은 중요한 사실이다. 2차 성징이 진행되면서 나기 시작한 여드름은 시간이 지나면서 자연히 사라진다. 사춘기에는 남성의 주요 호르몬인 안드로겐과 여성의 주요 호르몬인 에스트로겐 분비량이 혼란을 겪게 되면서 발생한 여드름은 성적인 성숙이 진행되면서 자연스럽게 해결된다. 체내 안드로겐이 갑자기 많아진 여성은 여드름이 나기 쉬운 상태가 되지만, 신체가 균형 상태에 접어들게 되면 과다 분비되던 안드로겐이 자연스럽게 줄어들기 때문이다. 섭식장애 회복 중에 있는 환자가 종종 맞이하는 심각한 피부 트러블은 신체가 자연스럽게 성 호르몬 균형을 다시 확립함에 따라 결국 사라지게 된다.

건강한 여성과 비교해 보았을 때, 거식과 폭토 여성환자 모두 3α, 5α-THP, DHEA, DHEA-S 및 코르티솔의 혈장 수치는 상대적으로 높지만 베타 소포 호르몬(17β-estradiol)의 농도는 상대적으로 낮다. 즉, 에너지 섭취 제한의 압박 속에서 스트레스 호르몬인 코르티솔, 안드로겐이 높아지고 에스트로겐은 낮아진다는 것을 의미한다. 이 호르몬의 변화 자체도 여드름이 생길 수 있는 환경을 만든다. 극심한 음식제한으로 신체가 손상된 사람이 밥을 먹기 시작하면서 여드름 났다면, 해결책은 지속적으로 안정화된 식사 패턴을 유지하여 신체를 안정화시키는 것이고, 신체가 안정화되면 회복 도중 발생한 여드름은 높은 확률로 사라진다.

섭식장애 환자의 불안 수준은 상당히 높은 편이다. 그로 인해 갑자기 가학적인 충동이 머릿속에 침투해 들어왔을 때 그 대화에 반응하는 예민도 역시 매우 높다. 불안 수준이 높은 사람은 자신을 위협하는 대상에 대해 아주 날카로운 반응을 보이는데, 섭식장애 환자는 그 위협의 대상을 음식으로 설정한 경우가 많다. 가학적인 자기대화는 음식이 위협이라는 기본 전제하에 시작된다.

다리를 건넌 사람들에게 갑자기 아래로 훅 뛰어내리고 싶다는 충동을 느낀 적이 있는지 물어보면 대부분의 사람이 그런 생각을 아주 잠깐 했다고 대답할 것이다. 칼이나 가위를 집어 들었을 때 갑자기 살을 확 잘라 버리고 싶다는 생각, 가스 불이나 돌아가는 믹서기에 갑자기 손가락을 넣고 싶다는 생각, 들고 있던 도자기 컵을 바닥에 던져 버리고 싶은 생각 등은 대부분의 사람에게 살면서 한 번씩 아주 짧은 시간 머릿속에 스쳐 지나가는 생각과 충동들이다. 하루에도 수백 개의 다양한 생각과 충동이 우리의 머릿속을 침투해 온다. 그리고 대부분의 경우 그 생각은 몇 초만 지나도 머릿속에서 자연히 사라진다.

자해적 충동

한 실증적 연구는 높은 곳에서 뛰어내리고 싶은 자해적 충동이 실제로는 살고 싶은 충동을 강화하는 것이라고 밝혔다. 이런 자기 위협적 충동이 자신이 실제로 다치거나 사망하는 상황으로부터 스스로 보호하기 위한 행동을 하게 만든다는 것이다. 실제로 자해사고는 위험한 주변 상황과 자신의 행동에 더 주의를 기울이게 한다는 장점이 있다. 얼핏 듣기에는 이상해 보이지만 일상의 예를 들면 이해가 쉽다. 사람은 본능적으로 발밑에 개미가 지나가면 밟지 않으려고 피하는 경향이 있다. 그런데 자주 지나가는 길목에서 줄지어 가는 개미떼를 보지 못하고 운동화로 밟을 뻔한 경험이 있다면, 그 길목을 갈 때마다 개미를 밟지 않기 위해 이전보다는 더 많은 주의를 기울일 것이다. 개미에게 위협을 줄이기 위해 주의행동을 하는 것은 자기에게의 위협을 줄이기 위한 주의행동을 하는 것과 상당히 유사하다.

불안 수준이 높지 않는 사람의 경우 가위로 살을 자르고 싶다는 충동이 들었다면 그러지 않기 위해 가위를 손에 꽉 쥐거나 눈에 보이지 않는 곳으로 치우려 할 것이다. 그리고 불안 수준이 높지 않은 사람은 가위로 피부를 자르는 것에 실질적 두려움을 느끼지 않는다. 실제로 손을 자르는 상황이 일어날 것이라는 가능성을 크게 열어 두지도 않을뿐더러, 그런 생각이 떠올랐을 때 '으, 뭐야, 소름!' 또는 '웃긴다.'와 같은 반응을 보인다. 이렇듯 자해하려는 생각은 스쳐 지나가는 아주 사소한 모래알 같은 생각의 단편이다. 떠오르는 수많은 충동 중 실제로 행동화되는 충동은 많지 않다. 대부분의 사람은 충동을 흘려보내거나 충동적 행동을 피하기 위해 본능적으로 더 안전한 방식으로 움직이려는 시도를 하기 때문이다.

그러나 때로는 아주 낮은 확률로 침투하는 위험한 충동은 사라지지 않고 현실화되기도 한다. 이는 그 사람이 자신의 충동이 행동화될 수도 있다는 믿음을 스스로 부여했기 때문이고, 이 믿음을 통해 행동이 발현된 것이다. 이와 마찬가지로 눈앞에 보이는 과자를 먹고 토해 버릴 것 같은 충동은 충분히 흘려 보낼 수 있지만, 참지 않고 폭식할 것이라는 행동에 믿음을 부여한 사람은 폭식을 행동화할 가능성이 높다.

불안 수준이 높은 사람은 생각에서 느껴지는 감정의 충동이 실제 자해로 연결될 수 있다. 뇌의 변연계의 일부인 편도체는 정서를 관장하고 있는데, 엄습하는 충동이 편도체에 등록되고 있는 동안 의식적 사고를 관장하는 능력이 저하된다. 이때의 문제는 섭식장애 환자가 위협의 대상을 잘못 설정한다는 것이다. 높은 곳이나 가위, 칼, 믹서기, 도자기 컵은 실제로 자신에게 해가 될 수 있는 위협 대상들이다. 그러나 섭식장애 환자는 이러한 실제 위협 대상이 아닌 '음식먹기'가 그 범주에 들어가 있다. 그리고 이런 불안은 스스로에게 건네는 자기대화로 연결된다.

섭식장애의 환청

"너 같은 돼지는 더 처먹으면 안 돼."
"살을 도려낼 거 아니면 먹은 걸 토하기라도 해."
"그렇게 처먹을 거면 그냥 나가서 죽어 버려."

섭식장애 환자는 이와 같은 환청을 듣는다. 이는 조현병 환자가 듣는 병리적 환청과는 분명히 다르다. 조현병 환자의 환청은 대부분 자신의 의지로 조절 불가능하지만, 섭식장애 환자의 마음속에 들리는 환청은 대부분 자신의 의지로 조절 가능하다. 부정적인 자기대화들로 가득한 환청은 섭식장애를 강화시키는 적극적이고 가혹하고 독창적이고 잔인한 목소리를 낸다. 이 목소리의 주체는 자신이 아닌 섭식장애이고, 섭식장애는 자기 자신과 분리되어 있는 분명하게 독립된 실체임에도 불구하고 많은 환자가 자신과 섭식장애를 분리시키지 못한다. 그리고 섭식장애가 말하는 이야기가 맞는 이야기라며 확신해 버린다. 그렇기에 심리상담 현장에서는 내담자가 섭식장애의 목소리를 이겨 낼 수 있는 자신의 목소리를 별도로 분리해 내어 이 둘이 대화를 시도하도록 하기도 한다. 들려오는 부정적 자기대화와 싸워 이겨 낼 힘을 기르고, 결국 긍정적 자기대화가 승리한다는 것을 스스로 경험하도록 하는 것이다.

섭식장애 회복을 어렵게 하는 요인은 여러 가지가 있지만, 섭식장애에 계속 머무르게 하는 강력한 이유 중 하나는 자신이 섭식장애로부터 벗어날 수 없다는 절망적인 자기예언이다. 자기예언에서 들려오는 부정적 자기대화의 예는 다음과 같다.

> "이 상황은 극복되지 못할 거야."
> "섭식장애는 나를 잘 알아."
> "섭식장애는 무섭고 공포스러워. 그리고 나는 거기에 압도당해 있어."
> "결국 나는 섭식장애에게 져 버릴 거고, 상황은 반복되겠지."

내담자의 머릿속에 자리 잡은 섭식장애는 무섭고 힘이 세고 공포스러운 존재이며, 자신은 섭식장애에게 늘 압도당해 패배할 것이라는 생각이 주를 이룬다. 그러나 이것은 진실이 아니다. 지금은 섭식장애가 자신과 함께하고 있지만, 과거에는 자신에게 없었던 것이고, 미래에도 자신에게 없을 수 있는 유동적인 존재이다. 이 가능성을 접어 둔 채 자신의 섭식장애가 만성적이고 평생에 걸쳐 가지고 가야만 하는 장애라고 생각할 경우에는 치료를 위한 식사를 하면서도 섭식장애 증세가 완화되거나 사라지기 어렵다. 오히려 섭식장애가 더 통합되고 강력한 힘을 가지게 될 수도 있다. 환자가 가장 싫어하는 '살은 찌고 있는데 섭식장애는 치료되지 않는' 상황이 될 수도 있다는 것이다.

"너, 바지가 너무 끼는 거 아니야? 김떡순을 혼자 다 먹었어? 넌 게을러. 넌 멍청해. 넌 역겨워. 처먹는 네가 구역질 나. 그만 먹어. 돼지야!"

섭식장애는 머릿속을 끊임없이 시끄럽게 한다. 이 소리는 이성적으로 생각하는 것을 어렵게 만든다. 에너지 섭취가 부족해서 집중력이 낮아졌기 때문이라고 단순하게 생각할 수도 있지만, 이미 정신이 약해진 사람에게 들리는 잔인한 자기대화는 스스로를 더욱 나약하고 아무것도 하지 못하는 무기력한 사람으로 만들어 버린다. 우울 감정은 계속 자라나고, 뭘 해도 자신이 가치가 없다는 생각으로 연결된다.

음식은 위협이 아니다

밥을 먹으려고 할 때마다 섭식장애는 먹으면 안 된다는 어긋난 위협 신호를 보낼 것이다. 여기서 잊지 말아야 할 것은 섭식장애가 건네는 자기대화에는 분명한 오류가 있다는 것이다. 섭식장애가 건네는 자기대화는 위협이 아닌 요소를 위협으로 만들어 음식에 대한 공포심을 조장한다. 마치 음식을 먹는 것을 다리에서 뛰어내리거나 가위로 살을 잘라 버리는 것과 같은 위협으로 인식하도록 만드는 것이다. 환자는 섭식장애가 만들어 낸 위협적인 대화로 인해 꼭두각시처럼 굶거나 먹고 토하거나 씹뱉 행동을 계속하고 있다는 것도 알아야 한다.

아무 생각 없이 밥을 먹고 있는 고양이 옆에 오이를 놓으면, 오이를 발견한 고양이가 갑자기 깜짝 놀라면서 용수철처럼 튀어 올라간다. 유튜브에는 이런 영상들이 종종 올라오는데, 고양이의 뇌가 길쭉한 물체를 보고 바로 뱀이라고 인식하고, 순간적으로 매우 강력한 위협 대응 체계를 작동한 것이다. 촬영한 사람은 일부러 고양이가 가장 경계를 풀고 있는 밥 먹는 시간에 오이를 놓아 더욱 강렬하게 위협 자극을 발동시켰다. 이 영상을 촬영하고 웃는 사람은 분명 잔인했고, 영상 속 고양이가 상당히 높은 스트레스를 받은 것은 안타깝지만, 이 영상이 우리에게 알려 주는 내용은 명확하다. 영상을 찍고 올린 사람은 이 위협 반응을 '귀엽고 재미있다.'고 생각한다. 위협이 현실이 아니라는 사실을 인지하기 때문이다. 그리고 고양이도 순간적으로는 오이를 뱀이라 착각해서 놀랐지만 그 이후에는 오이를 두려워하지 않는다. 오이가 뱀이 아니라는 것을 확인했기 때문이다.

　섭식장애 환자의 내면의 목소리도 이를 확인하고 따라야 한다. 오이가 뱀이 아니듯, 밥 한 공기는 우리를 해치는 위협 신호가 아니다. 결론적으로, 음식은 자신을 위협하는 대상이 아니기 때문에 음식 때문에 고통스러운 시간을 보낼 필요도 없는 것이다. 음식이 여전히 자신에게 위협을 준다는 생각을 가지고 있다면 이 사실만은 확실히 알고 있어야 한다. 음식은 우리에게 예전부터 좋은 것이었고, 지금도 좋은 것이며, 앞으로도 계속 좋은 것이다.

4. 심리적 방아쇠, 트리거

트리거(trigger)는 총의 방아쇠를 뜻하는 단어로, 섭식장애 환자 사이에서는 폭식이나 거식 등 섭식장애 증상을 유발하는 모든 요소와 상황을 가리킨다. 트리거는 섭식장애 환자 스스로 설정한 대상으로, 개인에 따라 그 종류는 유형이 될 수도 무형이 될 수도 있다.

섭식장애 트리거가 촉발되는 상황

- 마른 사람을 보면 질투와 부러움이 생기고, 나도 저렇게 마르려면 굶어야 한다는 생각이 들 때
- 나보다 적게 먹는 사람을 볼 때
- 가족 구성원이 다이어트하는 모습을 볼 때
- 과거는 비슷했는데 현재 나보다 나은 삶을 사는 사람을 만날 때

- 다이어트를 하는 친구의 하소연을 들을 때
- 얼굴 및 신체에 대한 지적을 받을 때
- 같이 많이 먹었는데 나만 살찌는 기분이 들 때
- 부모와 이성친구가 여성의 날씬한 몸매를 칭찬할 때
- 부모나 타인이 나의 신체에 대해 지적하거나 홍보는 것을 들었을 때
- 누군가 뚱뚱한 여성에 대한 혐오를 드러낼 때
- 대학 입시를 위해 수능을 준비한 것처럼 사랑받기 위해 마른 몸을 유지해야 한다는 생각이 들 때
- SNS에서 마른 몸매를 가지고 있음에도 꾸준히 식단조절하는 사람을 볼 때
- 예전에 말랐던 내 사진을 볼 때
- 누군가 먹는 모습을 보면 스스로를 검열하고 채찍질하게 될 때
- 외모로 차별받았을 때
- 마르기라도 해야 사람들에게 관심을 받을 수 있을 것 같다는 생각이 들 때
- 부모로부터 자신을 부정당할 때
- 헬스장에서 탄탄하고 마른 사람이 열심히 운동하는 것을 볼 때
- 날씬한 친구들이 나에게 연애고민을 상담할 때
- 뚱뚱하거나 통통한 사람을 보면서 내가 더 말랐다는 우월감에 마른 상태를 유지해야겠다는 생각이 들 때

출처: 2020년 섭식장애 커뮤니티 소금인형

소금인형 회원들이 작성한 섭식장애 트리거가 촉발되는 상황을 보면 다이어트나 마른 몸매와 관련된 내용들이 많다. 그래서 일부는 다이어트가 곧 트리거라는 오해를 하기도 한다. 그러나 섭식장애 환자가 다이어트 정보를 접

할 때마다, 주변에 다이어트를 하는 사람을 볼 때마다 그것이 트리거가 되어 섭식장애 증상이 유발되는 것은 아니다. 자신에게 트리거로 작용되는 대상이나 상황에 대한 특수성이 존재하기 때문에 특정 몸매나 다이어트 방법, 특정한 타인과의 대화나 특정 상황이 자신에게 트리거로 작동될 수 있다.

48kg의 몸무게 유지에 유독 강박적 증상을 보였던 한 여성 내담자가 있었다. 고등학생 때 그녀는 167cm의 키에 68kg의 몸무게였고, 자신의 살에 대해서는 특별한 생각을 가지고 있지 않았다. 그러던 중 자신이 좋아하던 남학생이 "떡대가 장난 아닌 걸 보니 우리 형제였네."라는 장난 섞인 말을 했다. 여자로서 잘 보이고 싶었던 남학생에게 이 말을 들은 그녀는 수치심을 느꼈고, 그날부터 독한 다이어트를 시작했다. 하루에 닭가슴살 한 개만 먹을 정도로 극단적으로 음식제한을 한 결과, 3개월 후에 48kg이라는 몸무게를 만들었다.

48kg이 되자 주변 친구들은 그녀에게 대단하다고 칭찬을 해 주었고, 다른 남학생들도 호감을 표시했다. 자신이 좋아하던 남학생도 더 이상 형제라는 단어를 쓰지 않고 친근하게 대하는 듯했다. 그녀는 살을 빼고 날씬해지니 사람들이 자신을 여자로 대해 준다는 생각을 하게 됐다. 그녀의 부모는 그녀가 조금만 살이 쪄도 잔소리를 했었고, 68kg이 되었을 때는 "뚱뚱한 여자는 사람도 아니니 살을 빼라."는 막말도 했었다고 한다. 이 두 가지 요인이 복합적으로 작용되어 그녀의 머릿속에는 '여자답기 위해서는 반드시 날씬해야만 한다.'는 왜곡된 사고가 자리 잡았다.

그녀는 필사적으로 48kg의 몸무게를 유지하려 애썼다. 그러나 음식을 계속 참는 것은 상당한 스트레스였다. 심지어 음식을 잘 먹고도 날씬한 몸을 유지하는 친구들은 주변에 많았다. 이런 친구들이 음식을 잘 먹는 것을 볼 때마다 그녀의 폭식이 시작되었다. 친구들 앞에서는 음식을 거의 먹지 않았지만 집에 돌아와서는 먹고 토하기를 반복했다. 잘 먹고도 날씬한 여자들의 모습은 그녀에게 분노를 일으켰고, 그 대상은 주변 친구들부터 시작하여 SNS에서 보는 사람들과 연예인으로까지 확장되었다.

그녀에게 하루 3번의 폭토는 이제 일상이 되어 버렸다. 계속된 폭토는 그녀의 체중을 58kg로 만들었고, 48kg에서 10kg나 찐 자신은 더 이상 여자도 아니라는 극단적인 생각까지 들었다. 폭토를 그만하고 싶다는 생각도 들었지만 날씬한 여자들이 먹는 모습을 볼 때마다 폭토하는 것을 멈출 수가 없었다. 결국 학교를 자퇴하고 인간관계를 모두 끊은 채 칩거 생활을 했다. 애써 만든 몸매를 다른 여자들은 노력 없이 쉽게 가진다는 열등의식이 그녀의 트리거가 된 것이다.

트리거 찾기

섭식장애 환자는 자신이 설정한 트리거를 맞닥뜨렸을 때 부정적인 감정을 즉각적으로 느낀다. 그리고 강력한 트리거는 회복 단계의 섭식장애 환자가 회복을 포기하게 하거나 회복된 환자의 재발을 유도할 수 있을 정도로 치료의 강력한 방해물이 된다. 트리거로 인한 섭식장애 증상을 예방하기 위해서는 일상의 삶을 왜곡시키는 트리거가 언제부터 시작되었는지, 자신이 그 대상을 트리거로 설정한 이유가 무엇인지를 확인해야 한다. 섭식장애 치료 중 치료의 결심을 흔드는 상황과 감정을 찾아내야 한다는 것이다. 섭식장애 증상을 유발하는 트리거는 무수히 많기에, 이를 스스로가 알지 못한다면 트리거가 발생하는 상황을 만날 때마다 지속적으로 무너질 수밖에 없다.

심리상담 현장에서는 섭식장애 증상을 촉발하는 트리거를 발견하기 위해 인생 그래프를 그려 보고 섭식장애가 발병하거나 완화되었던 시기와 사건을 확인해 보는 작업을 한다. 생애 처음 시작한 다이어트부터 최근까지 진행된 다이어트 기록 및 섭식장애의 발병과 호전, 악화의 과정을 함께 적어 보면 섭식장애가 어떤 사건이나 상황에 더 강렬하게 영향을 받는지를 탐색할 수 있게 된다. 이때 특정 시기에 섭식장애 증상이 촉발된 이유와 섭식장애를 통해 얻은 것과 잃은 것을 함께 적어 내려가다 보면 특정 대상이 트리거로 설정된 이유도 찾을 수 있다. 심리상담에서는 트리거가 발생하는 특정 패턴을 찾기 위해 식사일지를 기록하는 것을 적극 권장한다. 꾸준한 식사일지를 작성하다 보면 반복되는 트리거의 패턴을 찾을 가능성이 높다. 식사일지를 통한 자기 모니터링 기록지는 특정 트리거 상황을 점검하고 이를 피하거나 예방할 수 있도록 도움을 주는 자신만의 매뉴얼이 된다. 결국 섭식장애 환자가 자신이 설정한 트리거의 요인을 정확하게 파악해 효과적으로 다루게 되면 트리거의 힘을 충분히 약화시킬 수 있고 대처가 가능해진다. 트리거는 섭식장애 환자가 스스로 만든 허상의 방아쇠일 뿐이다.

5. 먹는 소리를 못 듣겠어요

달그락달그락 젓가락질하는 소리, 음식을 우적우적 씹는 소리, 쩝쩝대는 소리, 꿀꺽 넘기는 소리, 큰 호흡 소리, 키보드 입력 소리, 펜 클릭 소리……. 다양한 감각자극 중 특별히 '소리'에 예민한 사람이 있다. 이들은 남들보다 소리를 잘 듣기도 하지만 특정 소리에 대해 남들보다 더 강한 심리적 반응을 보인다. 지속적으로 특정 소리가 반복될 때 분노, 혐오, 짜증, 불안 등의 고통을 호소하기도 한다. 이 고통은 청력 체계가 물리적으로 손상되었기 때문에 느껴지는 것이 아니다. 이들은 청각자극이 강렬한 혐오자극으로 인식되는 청각과민증(misophobia)을 가지고 있을 가능성이 높다. 청각과민증을 겪고 있는 경우 반복적으로 들리는 소리를 위협 신호로 인식하며, 소리가 자극으로 다가올 때 위협대응 체계를 활성화한다.

아마 많은 사람이 학창 시절에 배웠던 파블로프의 개 실험을 기억할 것이다. 밥을 줄 때마다 종을 치면 나중에는 밥을 주지 않고 종만 쳐도 개가 침을 흘린다는 고전적 조건화 실험이다. 아무 연결고리가 없던 중립자극(종소리)이

강한 자극(밥), 자동자극(침 흘리기)과 함께 짝을 이뤘다. 두 개의 서로 관련 없는 자극을 연결시켜 하나의 회로를 만드는 새로운 인지 사고회로가 생긴 것이다. 이 과정은 섭식장애 환자가 특정 자극을 섭식증상을 유발하는 트리거로 설정하는 것과 비슷하다.

▶ 그림 5-1 청각과민증과 음식 거부

일부 섭식장애 환자는 이와 유사하게 음식과 관련된 소리를 스스로 위협 자극으로 설정하고 음식혐오를 강화시킨다. 그로 인해 서로 관련 없는 요인들이 서로를 강화하는 원인이 되기도 하고 결과가 되기도 하면서 혼재되는 것이다. 선천적으로 청각과민증을 가진 사람이 먹고 씹는 소리를 위협 반응으로 설정하듯, 섭식장애 환자도 음식과 관련된 소리를 위협으로 설정한다. 음식에 대한 혐오 감정은 음식 관련 소리 자체가 혐오 대상이라는 위협 설정을 하도록 만드는 것이다. 음식 관련 소리가 위협 요소로 설정될 경우, 이는 섭식장애 증상을 촉발하는 트리거로 작동될 수 있다.

섭식장애에서 청각과민증은 굶주린 뇌와 관계가 있다. 굶주린 뇌는 스트레스 수치가 높으며, 청각과민증은 스트레스를 받을 때 더 악화된다는 연구결과가 있다. 음식을 섭취하지 못한 몸은 영양실조 상태가 되고, 그로 인해 에너지가 부족해진 뇌는 작은 위협도 큰 위협으로 인식하기 때문이다. 이때 살이 찔 것 같은 불안감에 섭식장애 환자가 음식을 더 굶거나 절제하게 되면 음식은 위협적이라는 사고가 정당화되면서 음식에 관련된 소리조차 위협적으로 느껴진다. 음식 소리를 듣는 것도 무서워지니 음식 먹기는 더 무서워진다. 악순환의 뫼비우스의 띠에 갇혀 버리는 것이다.

청각과민증을 피할 수 있는 방법은 간단하다. 음식을 먹는 상황에 놓이지 않으면 된다. 특정공포증을 가진 사람들은 많지만 모두가 심리치료를 통해 이를 극복하지 않는 것과 같다. 뱀이 무섭다면 뱀이 없는 곳에 살면 되고, 비행기 타는 것이 무섭다면 비행기를 타지 않으면 된다. 이와 마찬가지로 음식 관련 소리가 위협으로 느껴진다면 식사 자리를 피함으로써 다른 사람이 먹고 씹는 소리를 피하면 된다. 다른 사람과 밥을 먹지 않으면 된다는 생각은 음식을 최대한 먹지 않으려고 하는 섭식장애 환자에게 유리하게 작용한다. 식사 자리에 가지 않을 핑계가 생기는 것이다. 탄수화물은 살이 찌니 쌀밥을 아예 안 먹어 버리면 되고 지방은 무서우니 고기를 아예 안 먹겠다고 생각하는 환자의 논리와 유사하다. 섭식장애와 청각과민증은 서로 최적의 궁합을 보인다. 음식을 제한했을 때 청각과민증에서 오는 불편함이 줄어들고, 음식 먹는 환경에 놓이지 않으면 음식을 최대한 덜 먹을 수 있다. 이 알고리즘은 상당히 비합리적이지만 마음속으로 괜찮다는 생각이 드는 순간 섭식장애의 회복은 복잡하고 어려워진다.

파블로프의 개 실험에서, 개가 종소리에 침을 분비할 하등의 이유는 없었으나 실험을 통해 개는 자신의 의지와 상관없이 종소리만 들으면 침을 분비했다. 그러나 그 개가 종소리가 아닌 다른 자극과 반복적으로 연합된다면, 종소리를 들었을 때 더 이상 침을 분비하지 않을 것이다. 실험을 마친 개가 가정집에 입양된다면, 이제 종소리는 주인이 집에 들어온다는 반가운 신호가 될 수 있다. 개는 종소리가 들리면 꼬리를 흔들며 뛰어나가는 새로운 사고회로를 만들어 내게 된다. 섭식장애를 겪기 전에 청각과민증이 없었던 사람이라면, 회복 초기에 호소하는 식사 소리의 불편함은 회복과 함께 사라진다. 그리고 식사 소리는 즐거운 감정과 연결된 새로운 사고회로를 만들 수 있다.

회복 과정을 묵묵히 이겨 나가다 보면 혐오 감정을 일으키는 음식 관련 소리에 대한 감각들은 점차 사라질 것이고, 그 공간은 함께 식사하는 사람들과 재미있는 수다나 유쾌한 웃음소리로 가득 차게 될 것이다. 젓가락 소리나 음식 씹는 소리에 집중하거나 방해받지 않게 될 것이며, 식사는 더 이상 고통의 자리가 아니라 즐겁고 기대되는 자리가 될 것이다.

6. 부은 건가요, 살인가요

　회복식을 시도하는 섭식장애 환자를 좌절하게 만드는 또 다른 원인으로는 부종이 있다. 지방량 증가로 살이 찌는 것과 별개로 체내에 수분이 집중적으로 보유되면서 체중이 증가하는 현상을 겪게 되는 것이다. 식사를 회복함으로써 발생한 부종은 잠깐 나타났다가 사라지기도 하지만 며칠 또는 몇 달에 걸쳐 지속되기 때문에 회복 중인 환자는 극도의 불안감을 느끼게 된다. 지금의 부종이 사라지지 않고 영원히 지속될지도 모른다는 생각이 드는 것이다.

　섭식장애를 겪는 기간 중 발생하는 부종과 섭식장애 회복 기간 중 발생하는 부종은 다르게 받아들여야 한다. 결과적으로 몸이 붓는다는 점에서 이 둘은 유사한 증상으로 생각될 수 있으나, 전해질 불균형을 비롯한 일부 체계만이 공통적일 뿐 이 둘의 원인은 근본적으로 다르기 때문이다.

　섭식장애를 겪는 상태에서 신체가 붓는 이유는 건강 상태가 악화되고 있기 때문이다. 대표적인 원인으로는 구토로 인한 탈수가 진행됨에 따른 레닌-안지오텐신-알도스테론 시스템(RAAS)의 활성화와 과다 나트륨 섭취가 있다.

신체기능이 저하되고 있다는 신호로 부종이 나타나는 것이다. 그러나 섭식장애 회복 기간 중에 나타나는 부종은 이와 다르게 저하된 신체기능이 정상으로 회복되어 가고 있다는 긍정적인 회복의 신호이다.

붓는 반응은 회복 중 만나게 되는 익스트림 헝거와 마찬가지로 사람에 따라 전혀 다른 양상으로 나타난다. 누군가는 식사의 시작과 함께 부기가 시작되고, 누군가는 부었다가 빠졌다가를 반복하고, 누군가는 온몸이 아플 만큼 붓지만, 누군가는 본인만 확인할 수 있을 정도로 붓기도 한다. 그리고 극소수의 섭식장애 환자가 부기를 거치지 않고 체중을 회복하기도 한다.

회복의 시작 신호

신체가 회복되는 과정에서 섭식장애로 인해 저하되거나 손상된 장기들은 부기를 유발한다. 특히 간, 신장, 대장이 회복되는 과정에서의 부종은 흔하게 발생한다. 저체중에서 회복식을 시작한 환자의 경우, 전신이 고르게 붓지 않고 복부 부위가 집중적으로 붓는 복부팽만 현상을 겪기도 한다. 복부팽만의 원인은 다양하지만 배 속에 든 것이 물이든 가스든 무엇이든 간에 상관없이 배가 나온다는 것 자체가 섭식장애 환자에게는 공포스러운 상황이다. 바지 단추가 잠기지 않거나 옷이 작아졌다는 느낌은 보통의 여성에게도 불쾌한 상황인데 부기로 인해 허리 사이즈가 갑작스럽게 몇 인치씩 증가된 상황은 섭식장애 환자를 상당히 불안하게 만든다.

섭식장애로 인해 충분히 먹지 않거나 먹은 음식을 전부 토했을 때 신체는 영양실조 상태가 된다. 영양결핍은 공급이 부족한 상태를 의미하기도 하지만, 그로 인해 신체기능이 저하되어 신체 장기들이 정상 기능을 수행할 수 없는 상태까지 포함하는 개념이기도 하다. 영양결핍 기간이 짧았던 몸의 경우 식사 패턴을 되돌림으로써 쉽게 영양을 다시 흡수할 수 있지만, 영양결핍 상태가 오래된 신체는 소화 및 흡수와 같은 처리 능력이 심각하게 저하되어 있다. 이때는 음식물을 섭취하더라도 몸이 제 기능을 다 하지 못하는 상황이기 때문에 부기가 생기기도 하고, 복부팽만 증상을 겪기도 한다.

건강한 몸으로 되돌리기 위해 회복식을 시작하였는데 몸의 이상신호와도 같은 부기가 찾아오면 건강한 방향으로 치료가 잘 되고 있는지 의심이 들 수 있다. 또한 섭식장애를 겪는 과정에서 부기를 경험했던 환자의 경우 부종으로 인해 회복식에 대한 믿음이 흔들리기도 한다. 그러나 치료 중 발생하는 부기는 정상적인 신체기능을 되돌리기 위해 겪어야 하는 회복의 과정이다. 구토와 절식으로 인한 부기는 계속해서 학대당하고 있는 몸의 구조 신호이지만, 회복식 중의 부기는 이제 곧 몸이 정상으로 돌아올 것이라는 긍정적인 회복 신호이다.

인슐린

영양이 결핍된 몸은 신체 전반의 기능을 저하시키며 호르몬 생산에도 영향을 미친다. 그중 혈당 조절 호르몬인 인슐린(Insulin) 생산의 저하는 자율신경 장애를 일으키기도 하고, 심각할 경우 사망에 이르게 하기도 한다. 인슐린은 탄수화물 소화의 최종 형태인 포도당을 글리코겐으로 합성시켜 근육과 지방에 저장시키는 역할을 한다. 신체는 탄수화물을 첫 번째 에너지원으로 사용하려 하는데, 인슐린의 저하는 체내 저장된 포도당의 부족을 야기한다. 그로 인해 신체 활동을 위해서 일순위인 포도당이 아닌 저장된 지방과 단백질을 대신 사용하게 되는 것이다.

회복식을 시작하게 되면 신체는 충분한 탄수화물을 공급받게 되고 더 이상 비축된 지방과 단백질에 의존할 필요가 없어지게 된다. 에너지원으로 가장 쉽게 전환되는 당이 충분한 상황에서는 다음 순위인 지방이나 단백질을 활용하지 않는 것이다. 오랜 기간 섭식장애로 인해 영양이 결핍된 상태에서 다시 식사를 시작하면 신체는 필요한 영양분을 흡수하고 필요 없는 물질은 걸러서 배출하는 신진대사를 급격히 진행한다. 이때 포도당이 갑자기 재도입되면서 인슐린 분비가 상승하게 되는 것이다. 인슐린의 급증은 체내 전해질과 포도당, 물 등을 세포 내로 유도하게 되고 결과적으로는 세포가 팽창하여 부종이 발생된다.

인슐린의 증가는 신체 전반적인 전해질 부족을 야기한다. 인슐린의 분비가 증가하면 신장이 나트륨과 체액의 보유량을 증가시키는데, 이때의 수분 축적이 부종을 발생시킨다. 일반적으로는 하지에 집중적으로 부기가 나타나며, 사람에 따라 다른 곳까지 부기가 확장되기도 한다. 부종이 발생한 신체 부위는 손가락으로 압력을 주었을 때 푹신하게 들어가고 그 형태가 원래대로 회복되는 데 약간의 시간이 걸리게 된다. 메모리 폼 소재의 제품을 눌렀을 때 바로 복원되지 않는 것과 유사한 현상이라 생각하면 된다.

비알코올성 지방간

회복 과정 중 복부가 유독 부어오르는 이유는 장기간 음식제한으로 인한 영양결핍 상태가 지속되었기 때문이다. 회복식을 통한 갑작스러운 칼로리 섭취는 비알코올성 지방간을 유발할 수 있다. 비알콜성 지방간은 알코올 섭취나 간염 없이 나타나는 지방간을 의미하며, 섭식장애가 없는 사람에게도 흔히 발병할 수 있는 질환이다. 간에 축적된 지방은 염증을 유발할 수 있는데, 비알코올성 지방간이 방치되어 악화되면 간의 염증이 간부전으로 발전하기도 한다. 비알코올성 지방간의 증상 중 하나가 복부 부종이며, 낮은 확률로 복수 차오름을 야기하기도 한다. 이러한 이유로 팔과 다리에 비해 유독 배만 붓는 것이다.

과민성대장증후군

회복 과정 중 배가 붓는 복부팽만 현상은 장기능 저하의 측면에서도 설명될 수 있다. 대표적인 증상이 과민성대장증후군이다. 과민성대장증후군의 발생 원인은 호르몬의 불균형, 신체 과민, 과도한 스트레스, 장내세균총의 이상 변화, 심리적 요인, 장운동 및 감각기능의 이상 등 다양하게 추정되고 있으나 뚜렷한 이유가 밝혀지지는 않았다. 그렇지만 섭식장애 환자의 회복 과정에서 과민성대장증후군은 쉽게 발견되는 증상 중 하나이다.

섭식장애를 겪는 기간 중 장은 영양분을 충분하게 흡수하지 못해 물리적·화학적 기능이 저하되어 있다. 이 상태에서 식사가 시작되면 소화된 음식물이 다량으로 장에 유입되며, 장기능이 저하된 상황에서 음식물을 소화·흡수해야 하기 때문에 장이 업무량의 증가로 과로해지는 것이다. 과로해진 신체기관은 염증이 유발되기 쉬운 환경이 된다.

또한 과민성대장증후군의 주요 원인 중 하나인 스트레스는 섭식장애 회복 과정에서 극대화될 수 있다. 체중이 증가할 것이라는 불안감은 민감도가 높은 환자에게 신체기능이 변화될 만큼의 스트레스가 될 수 있다. 장기능이 심각하게 저하되지 않았더라도 단지 회복 과정 중 발생하는 극심한 스트레스가 과민성대장증후군을 유발할 수 있다는 것이다. 이는 심리적 요인이 신체적 증상을 유발하는 심인성장애라는 용어로 설명될 수 있다. 과민성대장증후군은 배에 가스가 가득 차서 불편하게 느껴지는 복부팽만감을 경험하게 한다.

부종은 결국 사라진다

섭식장애 환자는 회복식을 시작함과 동시에 살이 너무 많이 쪘다고 주장하지만, 실제로 회복식 초기의 경우 영양의 흡수로 인해 살이 찐 경우보다 부기로 인해 체중이 증가한 경우가 더 많다. 결론적으로 저체중에서 회복식을 시작하면 부기는 필연적으로 나타날 수밖에 없다. 회복식을 통해 건강만 회복하고 살은 찌고 싶지 않은 것이 많은 섭식장애 환자의 바람이겠지만, 사실상 저체중에서 치료를 시작하면 체중은 반드시 증가한다. 부기가 섭식장애 치료의 과정이라는 것을 명확히 인식한다면 부기에 대한 공포심은 그것을 잘 모르는 막연한 상황보다는 완화될 수 있을 것이다.

회복식을 진행하면서 체형을 확인하는 행동은 부기에 대한 불안감을 강화할 수 있다. 그렇기에 부기로 인해 눈에 띄는 배나 허리 부분을 만지작거리거나 거울을 계속 들여다보는 것은 치료에 도움되지 않는다.

섭식장애의 치료과정에서 발생하는 부종은 회복에 대한 믿음을 불안하게 만든다. 섭식장애 환자에게 몸이 회복되면 부종이 사라진다는 것을 알려 주더라도 마음의 불안은 쉽게 사라지지 않는다. 기억하고 있어야 할 것은, 섭식장애 치료과정에서의 부기는 자신의 몸에 맞는 체중을 회복하고 일정 기간 이상 충분한 영양분이 신체에 공급되면서 자연스럽게 사라지게 될 일시적인 증상이라는 것이다. 몸이 정해진 시간에 음식이 들어오는 것을 인지하게 되면 비상식량을 저장할 필요가 없기 때문에 들어오는 음식 중에 필요한 영양소만 남기고 나머지는 잘 배출하는 순환 상태로 변하게 된다. 몸의 순환체계가 정상적으로 회복되면 부기는 자연스럽게 사라지고 복부팽만중도 없어진다. 이 과정은 시간을 필요로 하기 때문에 복부팽만감이나 부기 증상에 미리 겁을 먹고 치료를 포기하지 않는 것과 초기 섭식문제로 돌아가지 않도록 인내하는 것이 중요하다. 자연히 부기로 증가했던 체중은 제자리로 돌아오고, 채워지지 않던 음식에 대한 불만족감도 점차 줄어들고, 적당히 먹고 멈추는 음식에 대한 자기조절감도 어느새 향상되어 있을 것이다.

7. 먹으니 배가 아파요

선천적으로 알레르기 반응이나 특정 음식에 대한 과민성을 가지고 있지 않다면, 대부분의 섭식장애 환자는 음식에 과민하지 않다. 스스로가 음식에 과민하다는 생각은 다른 사람과 잡힌 식사나 회식 자리에서 음식을 피할 수 있는 편리한 핑계가 될 뿐이다. 회식으로 감자탕을 먹으러 갈 경우, 돼지고기 알레르기나 글루텐 알레르기를 이야기하면 돼지 등뼈로 우려낸 전골도 피할 수 있고, 그 안에 들어가는 우동과 떡 사리도 피할 수 있다. 아무것도 먹지 않으면 눈치가 보이니 쌈 채소나 고추를 소량만 먹으며 분위기를 맞출 수도 있다. 이런 모습은 실제로 알레르기나 복통이 없는 섭식장애 환자가 거짓으로 식사를 피하기 위해 선택하는 흔한 방식이다. 아이가 아침에 유치원에 가기 싫을 때 거짓으로 복통을 호소하며 우는 상황과 비슷하다. 그런데 이때 모든 아이가 꾀병인 것은 아니다. 우는 아이들 중 일부는 실제로 복통을 느낀다. 이는 유치원에 가는 것이 지나치게 스트레스로 다가와 이것이 심인성 장애로 이어진 것이다.

심인성 장애

심인성 장애는 환경에 대해 제대로 적응하지 못해 생기는 정신증상의 일환으로, 심리적 문제가 신체적 문제로 발전한 상태를 의미한다. 정밀검사를 해 보아도 그 원인을 밝힐 수 없어 '스트레스성'이라는 단어가 붙어 이야기되는 경우가 일반적이다. 많은 사람이 스트레스 상황에서 복통을 호소하는데, 식욕부진, 구토, 복통, 소화불량, 설사, 변비 등이 심인성 위장장애의 주 호소 증상이다. 이러한 증상들은 섭식장애 환자가 이야기하는 복통 증상과 상당 부분 일치한다. 즉, 치료를 시작했을 때 배가 아픈 것이 회복에 대한 심리적 부담감, 스트레스, 불안으로 인한 결과일 수 있다는 것이다. 회복을 하기 싫은 마음과 회복을 하고 싶은 마음이 치열하게 싸울 때, 소화가 되지 않고 배가 아픈 증상은 '지금은 배가 아프니 치료를 좀 나중으로 미루고 우선 먹는 양을 줄여야 하는 것 아닌가?'와 같이 다시 섭식장애로 돌아가도록 만드는 악마의 속삭임을 만들어 낸다. 그러나 심리적 요인이 섭식장애 치료 도중 만나는 복통을 모두 설명하지는 못한다.

유당불내증

유제품은 섭식장애 환자에게 실제로 복통을 유발할 수 있다. 한국인을 포함한 동양인의 75%가 유당분해 효소인 락타아제(Lactase)가 부족한 유당불내증을 가지고 있다. 그런데 기존에도 부족했던 락타아제는 섭식장애 환자의 음식제한을 통해 결핍의 상태가 된다. 손상된 신체는 거의 남지 않은 에너지를 꼭 필요한 곳에 먼저 써야 하는 상황에 놓이게 되는데, 유당을 분해하는 것은 우선순위에서 밀리기 때문이다.

유당을 소화하기에 충분한 락타아제를 만들어 내지 못하는 상황임에도, 섭식장애 환자는 회복의 과정에서 우유를 자주 선택한다. 한국인은 '우유는 완전식품이다.'는 교육을 어릴 적부터 받아 왔고, 초등학교에서는 아직도 우유 급식을 시행하고 있다. 우유가 영양을 위해 먹어야 하는 필수품으로 인식된 것이다. 미국의 섭식장애 치료식에서도 우유는 빠지지 않고 등장하며, 우리나라에서 사용되는 섭식장애 회복식 가이드라인에서도 우유는 간식으로 권해지고 있다. 그런데 한국인의 대부분이 유당불내증이 있다는 것 그리고 굶주린 상태의 몸은 유당분해 효소를 만들어 내기 어렵다는 것에 대해서는 간과되고 있다. 만약 우유를 식단에 자주 포함했는데 배가 계속 아팠다면 우유를 식단에서 빼 보는 것도 하나의 방법이다. 당연한 이야기이지만 몸이 다시 회복되면서 섭식장애로 인해 감소되었던 락타아제는 다시 생성된다.

소화효소 감소

유당분해 효소뿐만 아니라 소화효소 역시 섭식장애 환자에게는 낮은 수치로 발견된다.

'어떤 음식을 먹으면 소화가 안 되고, 가스가 차고, 속이 메스껍고, 배가 아프고, 위산이 올라오는 것 같고.'

먹은 것이 없으니 신체는 충분한 양의 소화효소를 생성하지 못한다. 이때 환자는 상당한 딜레마에 빠진다. 소화 체계가 다시 속도를 회복할 수 있기 위해서는 충분한 에너지를 공급해야 하는데 소화가 되지 않으니 음식이 잘 들어가지 않는다.

'소화기관이 힘들어하니까 음식을 덜 넣어 주면 애네도 쉬면서

회복할 수 있겠지?'

　이와 같은, 섭식장애로 다시 돌아가라는 악마의 속삭임이 들리기 시작한
다. 확실히 짚고 넘어가야 할 부분은, 염증이 있을 경우를 제외하고 위장 체계
는 사용을 하지 않는다고 해서 치유되는 것이 아니다. 위장 체계는 음식을 먹
고, 찌꺼기를 배출하고, 에너지를 얻고, 면역 체계를 만드는 것을 기반으로 강
화되는 것이지, 음식을 줄이거나 굶는 것은 위장 체계를 다시 망가뜨릴 뿐
이다.

　많은 섭식장애 환자가 죽을 고비까지는 가지 않았다고 해서 자신의 몸이
아직 그렇게 망가지지는 않았다고 착각하는 경향이 있는데, 응급실에 실려 가
고 입원치료를 권유받지 않은 환자의 몸 역시 이미 상당한 손상을 입었다는
것을 알아야 한다. 그렇기에 극도의 저체중이 아니더라도 망가진 몸은 회복
식을 시작했을 때 다양한 소화효소의 부족으로 인해 복통을 느낀다.

통각의 재생

　섭식장애로 인해 신체감각의 예민성이 저하되었던 몸은 회복 과정에서 복
통을 느낄 수 있다. 뇌는 섭식장애 환자가 음식을 제한할 때 위기를 느껴 생존
에 중요하지 않은 기능을 약화시킨다. 통각과 통증 감각은 생존을 위한 우선
순위에서 밀리게 되고, 감각의 기능 수준은 낮아지게 된다. 그러나 다시 밥을
제대로 먹기 시작하면서 둔화되었던 통각이 예민성을 되찾는다. 음식이 공급
됨으로써 신체감각이 정상적으로 돌아오고 감각이 살아나니, 이것을 '치료를
시작했더니 몸이 아프다.'는 불편함으로 인식하게 되는 것이다.

배가 아프다고 식사를 멈춰선 안 된다

위장이 아프다는 이유로 에너지가 고갈된 신체에 음식공급을 중단해 버리는 것은 위험한 선택이다. 수많은 연구 자료가 섭식장애로 발생한 위장장애는 적극적인 음식공급을 통해 회복됨을 증명하였다. 그렇다고 해서 지나치게 배가 아픔에도 불구하고 고통의 강도를 모두 무시하고 계속 더 많은 양을 먹으라는 것은 아니다. 섭식장애의 치료는 가축을 사육하듯 음식을 무조건 주입시키는 것이 아니기 때문이다. 먹은 음식이 소화가 안 되고 그로 인해 더 불안해진다면 씹어서 삼키는 음식을 잠시 줄이고 칼로리가 높은 음료나 부드러운 식사로 대체할 수도 있다. 소화를 방해하는 종류의 음식을 잠시 피하는 것도 방법이다. 치료를 포기하고 싶은 수준까지 몰아붙이며 음식량이나 칼로리를 계속 증가시키지는 않아도 된다는 뜻이다.

불편한 신체감각이 무시되어서도 안 된다. 그러나 이것은 섭식장애 치료를 적당히 해도 되는 핑계거리로 삼으라는 이야기는 아니다. 굶기와 초절식 그리고 구토는 절대 선택지가 아니기 때문이다. 불안감을 완화하기 위해 섭식장애를 다시 선택하기보다는 일시적으로 조금 덜 불안할 수 있는 식단을 선택하는 것이 더 효과적인 방법이다. 신체적·심리적 고통이 완화되면 다시 먹는 것에 집중한다. 회복의 과정에서 만나는 방해 요소들이 자신을 피곤하고 고통스럽게 하겠지만, 그렇다고 하여 힘들게 치료하고 있다는 스스로에 대한 동정 모드에 빠져서도 안 된다. '굳이 이렇게까지 해야 하나?'라는 생각은 회복을 쉽게 포기하게 만드는 핑계가 된다.

회복의 과정은 결코 쉽거나 편하지 않다. 장기적인 관점에서는 삶의 질이 높아지는 것이 분명하지만 단기적으로는 많은 불편함을 감수해야 한다. 무릎을 다쳐 오랜 시간 깁스를 했던 환자는 깁스를 풀고 나면 재활훈련과 물리치료를 받아야 한다. 무릎을 다시 쓰기 위해 노력해야 하는 것은 무릎을 안 쓰고 가만히 있는 것보다 훨씬 불편하고 아프다. 그러나 무릎을 정상적으로 사용하기 위해서는 힘들고 고통스러운 재활의 시간을 거쳐야 한다. 섭식장애 회복도 이와 마찬가지이다. 섭식장애 치료의 과정은 재활이지 무증상요법이 아니다.

8. 피어푸드 🍚

"피어푸드가 점점 늘어나고 있는데, 어떻게 깨야 하나요?"
"드디어 피어푸드에 도전했어요."

섭식장애 커뮤니티 소금인형에는 피어푸드에 관한 글이 자주 보인다. 피어푸드(Fear food)는 커뮤니티에 익숙한 사람에게는 자주 쓰이는 단어일 수 있지만, 커뮤니티에 익숙하지 않은 신규 회원 및 일반인은 이 단어를 낯설어하기도 한다. 웹상에서 피어푸드를 검색해 보아도 핑거푸드라는 연관검색어만 나올 뿐 피어푸드에 대한 정확한 설명을 찾기는 힘들다. 우리나라의 검색엔진에서는 피어푸드가 잘 설명되어 있지 않지만, 구글링을 해 보면 피어푸드는 도전음식(Challenge food)라는 단어와 혼용되어 사용되고 있고, 특정 음식을 먹게 되면 체중이 늘어나고 건강을 해칠 수 있다는 두려운 마음에 회피하게 되는 음식을 지칭하는 단어라 명시되어 있다.

음식은 감정을 조절한다

음식이 사람의 감정을 조절하는 것은 섭식장애를 겪는 환자만 경험하는 것은 아니다. 섭식장애가 없는 사람이라도 기분이 우울할 때 단 음식을 먹으면 기분이 좋아지고 화가 날 때 매운 음식을 먹으면 화가 풀리는 경험을 해 보았을 것이다. 당장 먹는 음식에 따라 감정이 조절되는 것은 지극히 자연스러운 일이다. 빠르게 많이 먹는 과정에서 다량의 세로토닌이 분비되기도 하고, 자극적인 음식을 먹음으로써 도파민이 분비되기도 하고, 매운 음식이 통각을 자극해 엔도르핀이 분비되기도 한다. 즉, 음식을 통해 스트레스를 해소하거나 기분전환을 하는 방법은 다양하면서도 일반적인 방법이라는 것이다.

음식이 감정을 조절하는 통상적인 방향은 부정적 감정의 감소이기에 섭식장애 환자가 호소하는 '음식이 두렵고 먹지 못하는' 감정은 일반 사람에게 쉽게 이해받기 어렵다. 이 특수한 부정적 감정이 음식에 부과된 것이 바로 피어푸드이다. 섭식장애 환자는 피어푸드에 대해 불안하고 위협적인 메시지를 스스로 부과한다. 그리고 해당 음식을 먹으면 체중이 급격히 늘거나 특정 신체부위에 살이 찐다는 왜곡된 사고회로를 만듦으로써 피어푸드에 대한 두려움을 더욱 강화시킨다.

특정 음식에 대한 불안감

'케이크 한 조각을 먹으면 내일 돼지가 될 거야.'
'감자는 혈당지수가 높다고 했어. 입도 대면 안 돼.'
'흰 밥을 삼키는 건 상상할 수가 없어.'

고탄수화물과 고지방이 함유된 음식을 피어푸드로 여기는 섭식장애 환자의 경우, 피자, 라면, 파스타, 쌀밥, 빵, 튀김 등의 음식을 절대로 먹지 않거나 먹어도 스스로 안심할 수 있는 설정 값에 해당되는 양만 먹을 수 있다. 음식을 고를 때에도 성분 하나하나를 체크하고 그 안에 피어푸드의 성분이 조금이라도 들어가 있으면 먹지 않는다. 폭토 환자의 경우 피어푸드와 허용된 음식을 나누어 자신만의 식단을 설정하는 경우가 있는데, 평소 섭취하는 음식은 다이어트 식단으로 먹고 폭토를 하겠다고 설정한 상황에서는 마음 놓고 피어푸드를 먹는 것이다. 살찔까 봐 두려워서 먹지 못했던 음식은 먹고 토해 버릴 수 있는 상황에서 우선적으로 선택된다.

일부 섭식장애 환자는 피어푸드가 포함되어 있는 것을 모르는 상태로 음식을 먹었다가 먹은 음식에서 피어푸드 성분을 발견하면 바로 제거행위를 하기도 한다. 한 여성 내담자는 식당에서 점심식사로 김치볶음밥을 먹고 계산하러 나가는 도중에 주방에서 김치볶음밥에 버터를 넣어 요리하는 장면을 보았다. 그녀는 그 장면을 보자마자 화장실로 달려가서 지금까지 맛있게 먹은 김치볶음밥을 모두 게워낼 수밖에 없었다. 그녀에게 버터는 자신의 몸에 결코 흡수되어서는 안 되는 것이기 때문이다.

라벨에 표기된 성분

식품에 부착된 영양 성분 라벨도 피어푸드를 가려내는 역할을 한다. 섭식장애 환자는 자신이 설정한 성분이나 재료뿐만 아니라 미디어를 통해 알게 된 살찌기 쉬운 특정 성분을 쉽게 피어푸드의 목록에 올린다. 섭식장애 환자에게 있어 먹을 수 있는 음식의 목록을 다시 늘려 나가는 것은 오랜 시간이 소요되는 반면 먹지 못하는 음식을 늘려 나가는 작업은 아주 빠르게 진행된다.

그런데 식품의 라벨에 적힌 성분과 비율에 대한 정보를 얼마나 신뢰할 수 있을까. 식품 라벨에는 소비자가 섭취하는 음식의 재료와 성분이 투명하고 명확하게 적시되어야 하는 것이 맞지만, 현재 우리나라의 「식품위생법」에는 음식에 포함된 모든 정보를 세세히 표기하도록 하지는 않는다. 식품 제조업체가 라벨에 표기할 의무가 없는 성분도 있고, 식물성 기름, 천연 조미료 등 표현이 모호해서 제대로 이해할 수 없는 내용도 있다. 식물성 기름의 경우 팜유인지 해바라기유인지 알 수 없으며, 정보가 있어도 그 의미를 파악하기는 쉽지 않다.

대체음식

섭식장애 환자는 피어푸드를 설정하고 나면 그 음식이 먹고 싶을 때 비슷한 느낌으로 먹을 수 있는 대체음식을 정해 놓기도 한다. 대체음식은 적당히 먹고 싶은 음식과 유사하면서도 살이 덜 찌는 다이어트 음식으로 선정되는 경우가 많은데, 오히려 이런 음식이 부정적 감정을 만들어 내기도 한다. 예를 들어, 떡볶이가 먹고 싶지만 떡에 포함된 탄수화물이 피어푸드인 경우 곤약으로 떡을 대신하여 먹을 수 있다. 또한 버터와 밀가루가 피어푸드인 사람은 초콜릿맛 단백질 파우더를 무지방 우유에 섞어 프라이팬에 구워 먹기도 한다. 사실상 대체음식은 말 그대로 대체음식일 뿐, 실제로 먹으려고 했던 음식보다 맛있을 리 없고 현저하게 맛이 없는 경우가 더 많다. 맛없는 것으로 배를 채웠다는 감각은 오히려 짜증을 유발하고, 이런 대체음식을 먹고 있어야 하는 자신이 한심하다고 느끼기도 한다. 결국은 스스로 정상적이지 않은 식사를 하고 있다는 죄책감을 느끼는 등 부정적인 감정이 유발되는 것이다.

인간관계의 단절

섭식장애 환자는 피어푸드로 인해 겪는 불편함을 단지 특정 음식을 먹고 싶지만 먹지 못하는 상황으로만 인식하기도 한다. 그렇지만 피어푸드 때문에 놓치고 있는 것은 음식이 아닌 인간관계이다. 섭식장애 환자가 다른 사람과 식사 약속을 잡고 즐겁게 외식을 하는 것은 사실상 쉽지 않은 일이다. 다른 사람과 함께하는 식사 자리에는 신경 써야 할 것이 너무나도 많고, 피어푸드가 포함된 음식이 메뉴에 있을 경우 다 함께 식사를 하더라도 소극적인 식사태도를 보일 수밖에 없기 때문이다. 음식을 잘게 나눠서 조금씩 먹거나, 깨작거리거나, 샐러드와 같이 안심되는 채소만 먹거나, 음식을 먹을 수 없는 상황을 거짓말로 만들어 내야 하는 식사 자리는 결국 힘겹게 버텨야 하는 자리가 된다. 더욱이 이러한 외식 상황에서 자신의 이상 섭식행동이 노출될 수 있다는 두려움은 섭식장애 환자를 괴롭힌다. 즐거워야 할 사람과의 식사 자리가 가시방석이 되는 것이다.

섭식장애 환자가 이러한 불편함을 피할 수 있는 방법은 간단하다. 함께 먹기로 결정된 메뉴가 자신의 피어푸드인 경우 그날 모임을 나가지 않으면 된다. '속이 좋지 않다.' '밥을 이미 먹었다.' 또는 '바쁘다.' 등의 핑곗거리를 찾는 것은 어렵지 않다. 이런 식으로 인간관계를 지속할 수 있는 모임이나 장소에 반복적으로 빠지게 되고, 인간관계는 점차 좁아진다. 결국은 스스로를 외딴 섬에 고립되게 하는 것이 피어푸드가 섭식장애 환자에게 미치는 악영향인 것이다.

피어푸드는 정말 살찌게 만들까

인간관계를 포기하면서까지 섭식장애 환자가 지키고 있는 피어푸드는 실제로 과다하게 반복적으로 섭취하지 않는 한 체중의 증가에 큰 영향을 미치지 않는다. 피어푸드를 먹자마자 체중이 바로 증가할 정도로 우리의 신체는 그렇게 간단하게 기능하지 않기 때문이다. 먹은 음식만큼 살이 찌는 논리라면 사람들은 먹은 음식의 양만큼 살이 쪄야 하고 먹지 않으면 즉시 살이 빠져야 한다. 그러나 실제로는 그렇지 않다.

섭식장애 환자는 다양한 면에서 높은 강박을 가지고 있기 때문에 피어푸드 또한 완벽하게 극복해야 한다고 생각한다. 그렇지만 무조건적인 사고에 매이게 되면 그 자체가 피어푸드에 대한 강박 사고를 강화할 수도 있다. 그래서 피어푸드를 완전히 없애는 것보다는 피어푸드에 유연해지는 것을 목표로 치료에 도전해 보는 것이 좋다. 혼자 있는 방이나 늘 폭식하는 시간 등이 아닌 안전한 환경에서 피어푸드를 도전해 보고 이것이 폭식으로 이어지지 않음을 경험해 보는 것은 중요하다. 피어푸드를 강박적으로 거부하기만 해 왔던 환자 역시 의도적으로 안심된 환경에서 시도해 보는 것이 좋다. 그리고 음식을 먹기 전, 도중 그리고 먹은 후의 감정을 섭식일지에 기록해 본다. 먹고 나니 조금 불안했는지, 가만히 앉아 있는 것도 힘들었는지, 죽을 것 같은 공포를 느꼈는지, 혹은 먹고 나니 별거 아니라는 생각을 했는지 등 먹은 후의 감정은 다양할 수 있다. 피어푸드를 한 번, 두 번, 세 번 도전해 본 후 섭식일지에 기록된 변화하는 감정들을 비교해 보는 것도 치료에 도움이 될 것이다. 피어푸드의 도전이 폭식으로 이어질 수도 있고, 예상보다 더 큰 불안을 느끼게 할 수도 있다. 그러나 그런 상황을 만났다고 하여 좌절하지 말고 어려운 시도를 해 본 스스로의 노력을 인정해 주고 칭찬해 주는 것이 중요하다. 완벽하게 극복해야겠다는 비장한 마음보다는 '어? 피어푸드를 먹었는데 오늘은 조금 괜찮네?'와 같은 경험을 서서히 쌓는 것이 중요하다. 이러한 경험들이 쌓이게 되면 차차 피어푸드에 대처하는 유연한 자세를 가지게 될 것이다.

9. 클린하게 먹는 게 좋은 거 아닌가요

약 15년 전 우리나라에는 웰빙 열풍이 불었고, 이는 먹거리에도 영향을 미쳤다. 그 이후로 건강한 음식, 트랜스 지방, 슈퍼푸드, 혈당지수(GI), 불포화지방산, 복합 탄수화물 등 음식을 좋은 음식과 나쁜 음식으로 평가하고 규정짓는 여러 가지 기준과 단어들이 알려지기 시작했다. 건강한 음식에 대한 인식이 넓어짐으로써 식습관이 건강해진다는 것은 좋은 일처럼 들릴 수는 있으나, 과도하게 클린한 음식만을 찾는 생활방식은 섭식장애와도 상당한 접점을 보이고 있다. 섭식장애로 인해 자신이 좋은 음식이라고 허용한 소수의 음식만을 먹기도 하고, 건강한 음식에 대한 집착이 섭식장애를 유발하기도 한다.

건강한 음식에 대한 과도한 집착은 건강음식 집착증(Orthorexia)이라는 용어로 불리고 있다. '건강식품 탐욕증' 또는 '건강유해식품 기피증'이라는 단어로 불리기도 하며 사회적 증상으로 이슈가 되고 있지만, DSM-5에서 섭식장애나 기타 장애에 포함시킨 증상은 아니다. 건강음식 집착증은 클린하고 건강한 음식을 섭취하는 데 과도한 시간과 비용을 들이는 증상을 일컫는다. 지방이 포함된 고기, 백색 탄수화물인 흰 쌀밥이나 흰 면과 같은 일상적인 음식을 지나치게 강박적으로 피하기 때문에 영양 불균형이 오는 경우도 많다.

클린한 음식은 통상적으로 다이어트 식단에 가깝다. 그렇기에 섭식장애 환자가 다이어트 식단을 선택하면서도 '나는 건강을 위해 이걸 먹는 거야.'라고 자기합리화할 수 있다. 심리상담 현장에서 음식을 거부하는 섭식장애 내담자는 다음과 같은 말을 자주 한다.

> "저는 어렸을 때부터 몸에 좋은 나물, 채소 이런 걸 좋아했어요."
> "저는 건강에 워낙 신경을 많이 써서 복합 탄수화물만 먹어요."

모두 건강을 핑계로 섭식장애 증상을 옹호하는 말이다. 이것은 결국 살이 찌는 음식을 먹지 않아도 되는 이유일 뿐이다.

일부 거식증 환자는 매우 클린한 음식을 소량만 먹으며 섭식장애를 유지하기도 하고, 폭토 환자의 경우 클린한 음식은 섭취용으로 설정하여 먹고, 스스로 나쁜 음식으로 설정한 음식은 폭토용으로 사용하기도 한다. 나쁘다고 여기는 음식은 살이 찔 것 같은 불안감에 몸에 흡수시키지는 못하지만 입에서는 먹고 싶어 하는 종류의 음식들이 대부분이다. 다이어트 중에 제한하는 라면, 파스타, 빵, 피자, 고기, 햄버거 등 백색 탄수화물이나 고칼로리 음식이 이에 해당한다. 또한 스스로 설정한 나쁜 음식을 먹은 후 조금이라도 건강에 이상 신호가 오는 경험을 하게 되면 섭식장애 환자는 이 경험을 확대 해석한다. 스스로 클린한 음식만 먹는 것을 정당화할 수 있는 근거를 만드는 것이다. 튀김을 먹은 다음날 몸살이 온 것은 튀김을 먹기 3일 전에 감기가 걸린 사람이 주변에서 재채기를 했기 때문일 수도 있고, 피로가 누적되었기 때문일 수도 있고, 전날 무거운 짐을 날랐기 때문일 수도 있다. 그러나 섭식장애 환자는 튀김이라는 나쁜 음식을 먹었기 때문에 아프게 된 것이라고 생각해 버린다.

섭식장애 환자는 음식에 대한 정보를 자신이 원하는 방향으로 취사선택하는 능력이 뛰어난데, 회복식의 중요성과 규칙적인 식사로 되찾을 수 있는 몸의 균형에 관한 정보는 쉽게 흘려보내고, 채식이 몸에 좋다는 정보, 글루텐을 먹지 않는 것이 좋다는 정보, 기름이 몸에 좋지 않다는 정보, 혈당지수 GI가 높은 감자를 먹으면 안 된다는 정보 등은 중요하게 받아들인다. 그리고 매우 신속하게 안전한 음식과 위험한 음식을 분류한다. 위험한 범주에 들어간 음식에는 불안과 두려움의 대상이라는 이름표가 붙여진다. 먹을 수 있는 음식은 점점 사라지고, 결국 너무나 제한된 음식섭취 때문에 몸은 제 기능을 수행하지 못하는 수준에 이른다.

건강을 이유로 먹을 수 있는 음식이 제한적이라면, 그 분류가 그저 섭식장애에 머물고 싶어서 만든 자신만의 기준은 아닌지 생각해 보아야 한다. 건강을 회복하는 것은 특정 음식을 제한함으로써 이루어지는 것이 아니라, 다양한 영양소가 포함된 음식을 골고루 잘 먹고 정신적으로 안정됨을 통해 이루어지는 것이다. 굶거나 구토하는 행동은 이에 가장 반대되는 행동이다.

10. 치료를 포기하게 만드는 마음

섭식장애의 치료를 포기하게 만드는 요인들은 다양하다. 갑작스러운 배고픔, 뒤집어지는 피부, 침투하는 자기대화, 트리거, 음식 소리, 부종, 복통, 피어 푸드, 건강에 대한 집착 등의 요인 이외에도 회복을 방해하는 증상들은 많다. 그러나 회복을 멈추게 하고 다시 섭식장애로 되돌아가게 만드는 것은 결국 환자 스스로의 마음이다. 치료를 방해하는 요인이 섭식장애로 돌아가고 싶은 마음과 만났을 때 강력한 힘을 발휘하기 때문이다.

애초에 섭식장애는 음식에서 비롯되는 문제가 아니다. 비교강박, 낮은 자존감, 인지왜곡, 흑백논리, 완벽주의 등 심리적인 문제들로 인해 발생한 것이 섭식장애이다. 그렇기에 섭식장애 환자가 심리상담기관을 방문했을 때 섭식장애 발병 시점과 원인을 파악하는 과정은 필수적이다. 이런 요인들을 발견하는 것은 치료의 방향 설정과 실제로 치료를 수행하는 과제의 분배에 있어서도 중요한 역할을 한다. 그러나 그동안 감춰진 심리적 요인은 치료가 진행되면서 수면 위로 떠올라 회복 과정에서 방해 요소로 다시금 작동되기도 한다.

심리적 요인은 개인마다 다르나, 섭식장애 환자의 회복 과정에서 자주 등장하는 심리적 요인들은 다음과 같이 요약해 볼 수 있다.

- 세상의 미적 기준, 주변 사람의 시선, 타인과의 비교
- 다이어트 강박, 살이 찌면 그 모습으로 영원히 살아야 할 것만 같은 불안감
- 섭식장애가 낫기 어려울 것이라는 자신감 부족, 나약한 의지, 무기력함
- 잘못된 식습관과 입맛, 배고픔과 배부름을 모르는 신체감각, 식탐
- 잘못된 감정표현, 우울하거나 스트레스 상황일 때 자신을 괴롭히는 방법으로의 음식 섭취

회복에 방해가 되는 요소들로 대표되는 이와 같은 예시들은 모두 섭식장애 치료 초반에 확인했던 비교강박, 낮은 자존감, 인지왜곡, 흑백논리, 완벽주의와 같은 심리적 요인들과 연결되어 있다. '세상의 미적 기준' '다른 사람의 시선' 또는 '타인과의 비교'가 자신의 가치에 큰 영향을 미치는 경우, 회복 과정에서 중요한 역할을 하는 가치관과 자존감이 자신이 아닌 세상과 타인의 기준으로부터 비롯되어 버린다.

'해 봤는데 안 된다.' 혹은 '나는 안 될 거야.'와 같은 부정적 예견, 섭식장애가 낫기 어려울 것이라는 자신감 부족, 나약한 의지, 무기력함 등은 이미 섭식 치료를 여러 번 시도해 봤던 내담자에게서 자주 확인된다. 폭식이나 폭토를 스스로 끊어 내려고 노력했지만 잔존하는 섭식습관으로 인해 실패했던 경험은 학습된 무기력감을 만들어 낸다. 섭식장애는 중독적인 측면도 있고 의지의 문제만으로 해결되기 어려운 심리적·인지적 문제들이 함께 연결되어 있기 때문에 치료를 결심한 환자가 한번에 회복의 단계로 진입하는 경우는 극히 드물다. 치료의 과정 중에 잔존하는 습관을 여러 번 만나고 다시 또 섭식문제

가 반복되기도 할 테지만, 처음부터 완벽할 수 없다는 것을 인정하고 꾸준히 변화를 쌓아 가다 보면 어느새 조금 더 회복된 자신을 발견하게 될 것이다.

섭식장애 환자는 행동적·신체적 변화에 대한 기대감에 비해 심리적 변화에 대한 기대감이 상대적으로 낮다. 잘못된 식습관, 배고픔과 배부름의 구분이 어려운 신체감각, 통제되지 않는 폭식과 구토 등은 치료과정에서 다루는 주요한 행동적·신체적 측면이다. 이 부분이 꾸준히 반복되는 훈련을 통해 긍정적으로 변화할 수 있듯, 심리적 문제도 분명 변화할 수 있다는 기대감을 가지는 것이 좋다. 누구나 자생력이 있는 몸을 가지고 있고, 스스로의 몸을 믿어 주면서 꾸준히 치료의 과정을 거쳐 나간다면 신체와 행동적 기능은 점차 개선될 것이다. 그리고 그 모든 것을 통제하는 심리적인 측면도 신체와 함께 회복된다.

회복에 방해가 되는 심리적 요인들은 스스로 모니터링을 하는 것이 중요하다. 잘못된 감정표현, 우울이나 스트레스 상황에 노출될 때 자해의 수단으로 사용하는 폭식이나 절식은 눈에 보이는 형태로 서술되었을 때 통제받기 쉽다. 그렇기 때문에 섭식일지를 꾸준히 작성하고 그 안에서 식사와 연결된 감정적 요소들을 확인하도록 하는 것이다. 최종적으로 회복을 방해하는 수많은 요소에 생명력을 불어넣고 섭식장애로 스스로를 다시 끌어내리는 역할을 하는 것은 치료를 포기하고 싶은 환자의 마음이다. 다양한 심리문제가 섭식증상을 야기했던 과거력이 있는 만큼 일반적으로 섭식장애 환자는 심리적인 문제들에 취약하다. 남들보다 예민하고 자극에 민감할 수 있다는 것을 스스로 자각하고 있어야 한다. 결국 회복의 길에 이미 접어든 환자가 다시 섭식장애로 되돌아가는 가장 큰 원인은 환경적인 요소도, 신체적인 요소도 아닌 환자 스스로 회복을 포기하고자 하는 마음이다.

PART 6

회복, 그 이후

1. 섭식장애가 더 이상 핑계가 되지 못할 때

"동화에서 어린아이가 사탕 상자에 손을 넣고 사탕을 한 움큼 쥐고선 손을 못 빼는 이야기가 생각났어요. 그게 꼭 제 모습 같았던 거죠. 안 좋다는 걸 알면서도 섭식장애를 놓지 못하는 이유가 뭘까 생각했을 때 손을 잠시 펴서 그 병을 빠져 나왔을 때 사탕 같은 위안이 내게 온전히 다시 주어질 거라는 믿음이 없었던 것 같아요. 그래서 손을 펴지도, 그렇다고 사탕을 먹지도 못하는 모습이 딱 제 꼴인 것 같았어요. 이 병을 그렇게 벗어나고 싶어 한다고 생각했는데 사실은 제가 병을 놓지 않기 위해 견고히 알리바이를 만들고 있는 것 같아요."

–심리상담 치료가 끝나갈 무렵 한 내담자가 망설이며 꺼냈던 이야기 중에서

지금까지는 섭식장애가 무엇인지, 섭식장애 치료를 어떻게 해야 하는지, 치료가 시작되면 어떤 상황을 마주하게 되는지, 치료를 방해하는 요인에는 무

엿이 있는지 등 섭식장애와 치료의 과정에 대해 확인해 보았다. 이제는 섭식장애 치료 이후에 대한 이야기를 해 보려 한다.

오래되어 익숙해져 버린 섭식장애

너무 오랜 시간 섭식장애를 겪음으로써, 이제는 섭식장애가 언제 시작되었는지 기억도 나지 않거나 섭식장애 자체가 마치 자기 자신인 것처럼 익숙해져 버린 내담자가 있다. 이러한 내담자는 섭식장애로부터의 회복을 위해 치료를 시작했지만 모순적으로 회복을 두려워하는 상황을 마주하게 된다. 어쩌면 짧게 섭식장애를 겪고 본래의 생활로 회복된 내담자 입장에서는 조금 공감하기 어려운 부분일 수도 있다. 섭식장애 치료가 진행되면 행동과 인지에 대한 부분이 회복되면서 섭식장애로부터 한 걸음 벗어나는 듯한 모습을 보인다. 그런데 이때 내담자는 자신에게 익숙한 섭식문제가 없어진 새로운 상황에 대한 불안감을 이야기한다. 그 불안감 때문에 불필요한 섭식장애 치료를 계속 붙들고 있는 사람이 생각보다 많다.

앞서 제시한 사례에서 내담자는 섭식장애의 마지막 회복을 앞두고 있는 시점에서 회복에 대한 두려움으로 섭식장애로부터 나아지기를 머뭇거리고 있다. 섭식장애가 다 나아가는 것이 좋기도 하지만, 막상 자신에게 위안이 되고 도피처가 되었던 폭식과 폭토가 점점 사라지기 시작하자 섭식장애만큼의 위안과 도피처가 되어 주는 것이 없을 것이라는 불안감이 생긴 것이다. 이런 두려운 감정을 마주하는 내담자는 섭식장애가 많이 호전되었음에도 불구하고 계속 섭식장애를 고치지 못할 이유들을 끊임없이 생각해 낸다. '아직은 내 의지가 약해서' '회사 이직을 앞두고 스트레스가 심해서' '심리상담이 끝나면 분명히 원래대로 다시 돌아갈 것 같아서' 등 다양한 핑계가 있다.

이러한 경우, 상담을 통해 섭식장애의 종료를 두려워하는 수많은 이유를

Part 6 회복, 그 이후

차례로 확인해 가다 보면 환자의 의지나 환경 문제가 아닌, 가장 바닥에 숨겨져 있던 '회복 이후의 삶에 대한 불안감'이라는 문제에 마주하게 된다. 섭식장애가 빨리 나아야 한다는 시선에서 본다면 섭식장애가 다 나을까 봐 두렵다는 것이 무슨 말인지 조금 이해하기 어려울 수 있다. 그렇지만 오랜 시간 섭식장애를 겪어 온 상황일수록 현실을 마주하는 것은 쉽지 않을 수 있다.

현실적 문제

섭식장애를 오래 지속해 온 내담자가 회복되어 가면서 그동안 섭식장애 치료를 최우선으로 두고 치료를 해 오느라 미뤄 두었던 취업이나 공부와 같은 사회적 문제들, 정상적인 생활패턴, 가족 구성원으로의 역할 등 다양한 현실과 직면하게 된다. 마주할 상황은 개인마다 다르지만 섭식장애를 핑계로 혹은 실제 섭식장애로 인해 그동안 수행하지 못했거나 훼손되었던 역할들이 분명히 있다. 그리고 완치가 가까워질수록, 그 역할을 미뤄 놓은 시간이 길면 길수록 그 현실을 직시하기란 버겁다. 이렇게 현실적인 상황을 마주하는 것이 두려운 내담자는 심리상담 현장에서 다음과 같은 이야기들을 하기도 한다.

"치료가 끝나고 시험 공부를 다시 시작하면 우울증과 섭식장애가 도질 것 같아요."
"상담을 곧 종료한다고요? 저 아직 다 나은 것 같지가 않아요."

섭식장애의 호전을 반기기보다는 부정하는 것이다. 섭식장애가 문제해결의 도피 수단으로 선택되었을 경우, 혹은 자해의 수단으로 선택되었을 경우 섭식장애의 종결을 회피하거나 회복을 부정하는 증상은 특히 더 심해진다.

"5년이라는 세월 동안 우울증과 섭식장애로 공부도 못 하고 취직도 못 하고 간간히 알바만 했어요. 친구들을 만나는 것도 나만 너무 뒤처진 사람인 것 같아서 만나기 싫었거든요. 지금도 내가 우울증과 섭식장애로 보낸 시간을 생각하면 너무 억울해요. 부모님께도 너무 죄송하고요. '처음 노량진에서 공부를 시작했을 때, 그때 내가 스트레스를 잘 해결할 줄 알았더라면…….' '그때 그런 식으로 섭식문제로 도피해서 시작하지 않았더라면…….' 이런 생각을 하루에도 수백 번씩 해요."

씹뱉 증상으로 상담치료를 받았던 30대 여성 내담자의 이야기이다. 내담자의 이야기를 들어보면 우울증과 섭식장애로 흘려보낸 자신의 지난 세월을 안타까워하는 것이 느껴진다. 하루라도 더 빨리 섭식장애를 끝내고 공부도 하고 친구도 자유롭게 만나고 싶어 하는 것 같다. 그러나 치료가 시작되고 섭식장애 증상이 호전되고 회복되어 가면서 어느 순간부터 몇 주째 계속 제자리를 맴도는 상황이 반복되었다. 심지어 어느 상담 시간에는 마치 치료되기를 거부하는 것처럼 보이기도 했다. 도대체 무엇이 호전을 멈추게 하고 치료의 과정을 맴돌게 만든 것일까.

사실 이 내담자는 치료에 호전이 없는 것이 아니었다. 다만, 내담자 스스로 치료의지를 꺾고 멈춰 버린 것이었다. 그녀는 이미 주변 친구들보다 뒤처졌다는 생각, 그리고 이제 와서 스스로 할 수 있는 일이 없을 것 같다는 생각 때문에 회복 이후가 두려워진 것이다. 스스로 정신적으로 힘들다고 생각하는 동안에는 무언가 잘하지 못하더라도 핑곗거리가 있었다. 대학 졸업 후 공무원 시험 준비를 하면서 생긴 우울증과 섭식장애는 자신의 앞길을 막고 시간을 허비하게 하는 장애물 같았지만, 열심히 공부하지 않고 취직에 힘을 쏟지 않아도 괜찮을 수 있는 현실에 대한 방어막이 되었던 것이다. 방어막이었던 우울증과 섭식장애가 사라지면 당장 취직이든 뭐든 해야만 할 것 같다는 부담감과 부모에 대한 죄책감이 회복 이후의 삶에 대한 두려움을 가중시켰다.

'섭식장애 = 나'의 공식

마음연구소를 방문했던 또 다른 내담자는 유학을 시작하던 15세에 섭식장애가 시작되어 20년 간 섭식장애와 싸우고 있었다. 그녀는 성인이 되고 직장생활을 하는 지금까지도 신체적인 기능 저하, 폭토 후 몰려오는 자괴감, 힘들어진 대인관계 속 고립감 등 섭식장애로 인해 발생하는 고통을 고스란히 겪고 있었다. 그녀는 10대 때는 이런 증상이 섭식장애인지도 몰랐고 무엇이 잘못되었는지도 모르고 살아 왔다. 그녀는 외롭거나 우울하거나 화가 나거나 혹은 스트레스를 받으면 폭식과 폭토를 했다. 폭식의 횟수가 늘어나고 폭토가 힘들어지자 그녀는 씹뱉도 시도해 보았다. 씹뱉은 폭토만큼 만족감을 주거나 감정의 해소에 도움이 되지 않았다. 이제 그녀에게 먹고 토하는 것은 일상이 되어 다른 사람과 식사할 때도 토하고 돌아와 자연스럽게 디저트를 먹었고, 토를 해도 그다지 목이 아프지도 않다고 덤덤하게 말했다. 이 내담자가 처음 마음연구소를 방문했을 때 폭토를 중단하는 것은 치료의 목표 선택지에 포함되어 있지 않았다. 폭토 때문에 힘들어서 심리상담을 받으러 왔지만 폭토를 그만둘 것이라는 기대감 자체는 없었던 것이다.

> "저는 어차피 폭토를 끊는 것은 생각도 안 하고 있어요. 그냥 그 이후에 오는 자책감 그리고 불행한 마음을 조금 가볍게 하고 싶어요."

그러나 그녀의 예상과는 달리 몇 개월간 진행된 심리상담은 그녀를 빠르게 회복시켰다. 그녀는 치료과정에서 스스로 변해 가는 모습을 신기해하고 낯설어했다. 이상 섭식문제가 점차 호전되던 어느 날, 그녀가 가져온 섭식일지에는 다음과 같은 내용이 적혀 있었다.

> "섭식치료가 잘 진행되고 증상들이 나아지면서 나는 왠지 모를 불안감, 두려움이 생겼다. 이전과는 다른 불안감과 두려움이다. '섭식장애 = 나'라는 공식이 있었나 보다. 섭식문제를 뺀 나는 뭐가 남는 걸까. 24시간 내내 매일매일 생각하던 '먹고 토하는 것' 그리고 '음식에 대한 집착'을 뺀 나의 일상에는 무엇이 남을까……."

이 내담자처럼, 어린 시절 섭식장애가 시작되어 오랜 시간 증상이 지속된 사람은 섭식장애가 곧 자기 자신이라는 공식을 만들어 놓는 경우가 있다. 오랜 시간 함께했고 고착되었던 만큼 섭식장애가 없는 삶은 어색하고 두렵고 막연하게 느껴지는 것이다. 섭식장애가 없는 삶을 상상한다는 것 자체가 어려울 수도 있고, 어쩌면 한 번도 생각해 본 적 없어 익숙하지 않을 수도 있다. 그녀에게 필요한 것은 회복 이후의 삶을 머릿속에 구체적으로 그려 보고 얼마나 많은 소중함을 스스로 놓치고 살았는지 발견해 나가는 것이었다.

섭식장애가 사라져 음식과 체형이 아닌 다른 일상의 고민을 하며 살아가는 자신을 떠올려 보자. 이제 친구들과 마음 편히 예쁜 카페에서 케이크를 먹으면서 수다도 떨 수 있고, 마음껏 외식할 수도 있다. 음식에 구애를 받지 않으니 어디든 방문할 수 있고, 건강해지니 몸에 힘도 날 것이다. 섭식장애를 들킬까 봐 전전긍긍하거나 불안해하지 않아도 된다. 무엇보다 스스로를 자책하거나 못난 사람이라고 미워하지 않아도 된다. 지금 당장 떠올리기에는 손에 닿을 것 같지 않은 막연한 신기루처럼 느껴질 수 있지만, 이런 행복한 일들은 모두 과거의 자신이 해 왔던 일이고, 지금의 자신도 누릴 수 있는, 눈물 나게 평범한 일상이다.

익숙하지 않은 것을 두려워하는 것은 당연하다. 그래서 다가오지 않은 미래를 생각하며 불안해하고 걱정한다. 걱정은 건설적인 계획을 세우도록 도와주는 감정이지만, 익숙하지 않은 미래를 생각하며 불안해하고 걱정하기 위해 현재의 가치 있고 소중한 것들을 놓치고 있다면 그 걱정은 소비적인 감정일 뿐이다. 변화가 무조건적으로 새로운 것을 경험하게 하지는 않지만, 지금의 익숙한 상황을 통해 중요한 것들을 놓치고 있는 것은 확실하다. 익숙하지 않은 것은 무조건 불편한 것이 아니다. 익숙하지 않은 만큼 기대감을 가질 수도 있고 설렐 수도 있다.

20년간의 섭식장애를 종결한 그녀에게는 다음에 먹을 음식을 기대하고, 배부르고 편안한, 지금껏 경험하지 못한 세계가 기다리고 있었다. 회복 이후의 삶에 대한 두려움으로 시작했던 그날의 상담은 회복 이후의 긍정적인 미래에 대한 자신의 모습과 기대감을 구체적으로 떠올려 보는 것으로 마무리되었다. 그 이후에는 일상을 채웠던 폭식과 폭토가 다른 것들로 대체된 하루를 구체화해 보는 시간으로 이어졌다. 그녀는 섭식장애 회복 후의 삶을 두려움이 아닌 설렘으로 채워 나갈 수 있게 되었다.

2. 섭식장애에서 완치란

'섭식장애는 과연 완치될 수 있을까?'

이 질문은 어쩌면 섭식장애로 오랜 시간 힘들어하는 사람들이 가장 자주 떠올리는 것일 수도 있다. 이 질문 안에는 완치에 대한 불신이 가득하다. 이미 치료를 위해 회복식, 약물치료, 상담치료 등 수많은 노력을 해 보았지만 결국 실패를 경험했었기 때문이다. 섭식장애의 발병 시기와 지속 기간은 치료기간과 밀접한 연관이 있고, 긴 시간 섭식장애를 겪은 환자가 짧은 기간 안에 치료되기란 쉽지 않다. 통상적으로 단기간 섭식장애를 겪었을수록, 또 같은 기간을 겪었더라도 어린아이일수록 회복 속도가 빠르다.

섭식장애는 많이 먹거나 적게 먹는 식사행동을 동반하기 때문에 환자의 의지로 충분히 개선될 수 있다고 생각하는 사람이 많다. 그렇기에 자녀나 배우자가 섭식장애일 때, 혹은 아주 가까운 친구가 섭식장애라는 이야기를 들었을 때에도 의지 부족이라고 생각해 버리는 것이다. 심지어 환자 본인조차 자신이 의지가 부족하고 치료계획이 완벽하지 않아서 실패했다고 말하기도 한다. 절식이나 구토, 씹뱉과 같은 이상 섭식행동은 음식을 그냥 시간에 맞춰 먹으면 치료되는 것이라 생각하는 사람도 있으나 식사 패턴이 회복되더라도 아직 음식이 무섭고, 다른 사람과 먹는 것이 불편하고, 머릿속으로는 음식의 칼로리와 양을 여전히 계산하고 있다면 이것은 회복되었다고 말하기 어렵다.

섭식장애가 오래 지속되는 이유

음식을 잘 먹거나 적당히 먹기만 하면 될 것 같은데 섭식장애 치료는 왜 이렇게 어렵고 이토록 오래 걸릴까. 섭식장애 증상이 오랜 기간 유지되는 이유는 다양하나, 전문가들은 크게 다음의 5가지 요인을 언급하고 있다.

첫째, 섭식장애는 중독 증상과 유사하게 나타나는데, 니코틴 중독이나 알코올 중독과 같이 멈추기 위해서는 의지력과 함께 추가적인 보조치료가 꼭 필요하다. 예를 들어, 스트레스를 받을 때 폭식으로 감정을 계속 해결하게 되면 음식중독과 같은 쾌감에 빠져 회복해야겠다는 의지만으로는 변화하기 어려운 상황에 놓일 수 있다.

둘째, 섭식장애 환자는 치료과정의 잦은 실패로 인해 학습된 무기력 상태에 놓이게 된다. 학습된 무기력이란 극복하거나 피할 수 없는 상황에 지속적으로 노출되면 스스로 이제는 어떤 노력과 시도를 해도 결과를 바꿀 수 없다고 여기고 무기력에 빠진 상태를 의미한다. 섭식장애 환자는 완벽주의적 성향을 가지고 있다. 섭식장애를 완벽하게 치료하려고 노력할수록 자신이 설정한 완벽이 아닌 상황을 실패로 간주하게 되고, 실패율이 높아지면서 학습된 무기력을 더 많이 경험하게 된다.

셋째, 섭식장애 행위는 혼자만의 공간에서 가해지는 행동이기 때문에 다른 사람에게 숨기는 것이 가능하다. 폭토와 씹뱉은 가족이나 주변 사람이 없을 때 할 수 있으며 다른 사람 앞에서 식사를 할 경우에도 다른 핑계를 통해 음식을 먹지 않는 이유를 설명할 수 있다.

넷째, 섭식장애 환자의 이상 섭식행동은 스스로 문제행동으로 인지되지 않을 수 있다. 단순하게 일시적인 스트레스 해소라고 여길 수도 있고, 스스로 섭식장애임이 의심되더라도 인정하지 않기도 한다.

다섯째, 날씬하고 마른 몸매, 다이어트의 성과에 대한 사람들의 칭찬과 관심은 매력적이다. 이런 매력적인 이유는 외모에 대한 긍정적 평가를 끊임없이 갈구하게 만들고 날씬해야 타인에게 인정받고 이성의 관심을 받을 수 있다는 인지왜곡을 만들어 내어 섭식장애 증상을 더 오랜 시간 유지하도록 한다. 섭식장애 환자는 다양한 인지왜곡을 통해 섭식장애 증상을 강화하기도 하고 유지하기도 하는데, 그중 대표적인 사고는 다음과 같다.

- 체중이 50kg이 넘으면 나는 뚱뚱한 사람이 되는 것이다.
- 오늘부터 절대 폭식과 구토를 하지 말아야지. 혹시라도 하면 난 쓰레기이다.
- 내가 살 빠지니까 가게 점원들까지 친절하게 대해 주는 것 같다.
- 지금 이 과자를 먹으면 내일 배가 엄청 나올 것이다.
- 내가 먹는 걸 다른 사람이 보면 '뚱뚱한 애가 또 먹네.'라고 생각할 것이다.
- 사람들이 나를 쳐다보는 건 내 다리가 너무 두껍기 때문이다.
- 이 세상에 내가 통제할 수 있는 것은 먹을 것밖에 없다.
- 내가 여기서 44사이즈가 된다면 특별한 존재가 될 것이다.
- 탄수화물은 살찌기 때문에 쌀밥은 무조건 먹으면 안 된다.
- 모든 사람이 나를 사랑해 주고 인정해 주어야 한다.

소금인형 커뮤니티에서 섭식장애 환자들에게 완치의 개념을 물었을 때 섭식장애 발병 이전의 상태로의 복귀라고 대답하는 회원이 많았다. 음식에 대한 강박도 완벽하게 없고, 자유롭고 행복하게 먹는 상태를 기준으로 삼은 것이다. 그러나 완벽한 회복이라는 기준은 사실상 도달하기 어려운 목표이다. 만약 이 수준에 도달하지 못하는 것이 치료의 실패라고 정의된다면 실질적으로 섭식장애 환자의 대다수는 치료에 실패한 것이 된다. 그러나 완벽하게 회복되지 않더라도 섭식장애의 치료과정을 거친 많은 환자가 치료 전보다 훨씬 나은 삶을 살고 있으며, 삶의 질이 높아진 것을 기준으로 자신의 치료가 성공적이라고 판단한다. 식사의 폭도 넓어지고, 다른 사람과의 외식도 가능해지고, 식사가 끝날 때까지 그 자리를 지키면서 불안해하지 않을 수 있다면 치료는 성공적으로 이루어진 것이다.

섭식장애 회복의 기준

섭식장애가 치료되어 회복되었다고 말할 수 있는 정신의학적인 기준점은 크게 신체적 회복과 인지적 회복으로 분류된다.

먼저, 신체적인 회복은 체중이 돌아와 안정화되고 전해질과 호르몬의 수치가 균형 잡히면서 생리가 다시 정상적으로 진행되는 상태를 의미한다. 섭식장애 기간 동안 동반된 우울이나 불안 등의 심리 상태가 나아지는 것도 신체적 회복 단계에 포함될 수 있다. 또한 우울증 치료제인 프로작을 80mg 먹던 환자가 회복기에 20mg 정도의 소량으로 약을 줄였을 때 큰 문제없이 잘 지낸다면 회복 단계에 접어들었다고 말할 수 있다. 여전히 약은 먹겠지만 '나는 아직도 약을 필요로 하니 불치이다.'라고 생각하는 것보다 '약의 용량이 많이 줄 정도로 내 상태가 좋아졌구나.'라고 생각하는 것이 회복에 도움이 되는 방향이다. 섭식장애 치료의 개념을 완벽한 치료로 설정하지 말고 삶에 도움이 되는 치료를 받는 것으로 받아들이면 오히려 치료가 수월해질 수 있다.

다음으로, 인지적 회복은 폭식, 식이제한, 보상행동 등의 행동문제가 정상으로 돌아오고 왜곡된 신체상 사고가 교정된 상태를 의미한다. 예를 들어, 식사 후 구토를 하던 사람이 더 이상 구토를 하지 않게 되고, 피어푸드로 설정한 음식을 먹을 수 있게 되고, 변비약을 더 이상 먹지 않게 되는 것이다. 치킨 한 조각만 먹어도 뚱뚱해질 거라는 생각을 하지 않고 자신의 몸매를 더 이상 실제로 보이는 것보다 뚱뚱하다고 판단하며 괴로워하지 않는 하루를 보내게 된다. 신체와 인지의 두 가지 기능이 회복되었을 때 일반적인 섭식장애의 치료는 종결된다.

그러나 회복의 과정에서 놓치지 말아야 할 부분은 최종적인 삶의 질의 향상이다. 섭식장애의 치료가 되었다고 판단하는 기준은 환자의 삶이 적응적 수준으로 복귀하는 것을 의미하는 것으로, 섭식장애가 더 이상 일상생활에 큰 방해가 되지 않을 때 삶의 질이 향상되었다고 말할 수 있다. 섭식장애 전문가들은 증상이 완벽하게 사라지지 않아도 삶의 기능을 수행하는 데 섭식장애가 큰 방해가 되지 않는다면 치료가 잘 되어 가고 있다고 설명한다. 환자가 더 이상 음식으로부터 고통받지 않고 편해지는 것, 뚱뚱하거나 날씬한 것에 상관없이 스스로를 사랑하고 만족스러운 삶을 살아가는 것, 식사가 즐거운 일이 되는 것, 자신이 완치인지 아직 섭식장애인지를 더 이상 생각하지 않는 것, 완벽주의적 성향이 줄어 음식과 식사에 대해 지나친 규칙에서 벗어난 것 등은 모두 삶의 질 향상에 대한 이야기이다. 즉, 신체기능, 약물, 음식강박 등이 완벽한 정상 수준이 아니더라도 삶이 적응적인 방식으로 흘러갈 수 있는 것 역시 회복의 단계라고 정의할 수 있다.

섭식장애 전문가는 완치라는 단어를 함부로 쓰지 않는다. 섭식장애가 완치되었다고 자신 있게 말하던 환자도 뜻하지 않은 사건으로 인해 섭식장애가 재발되는 사례를 많이 보았기 때문이다. 그래서 전문가는 완치라는 말 대신에 '완화'와 '회복'이란 용어로 섭식장애의 변화 단계를 설명한다. 정신의학적으

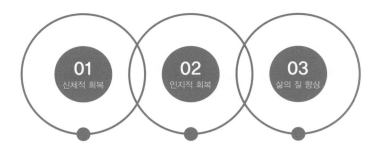

▶그림 2-1 섭식장애 회복의 기준점

로 치료가 되었다는 개념을 알기 위해서는 완화와 회복의 차이에 대한 이해가 선행되어야 한다.

완화(Remission)는 주로 자가면역 질환이나 암과 같은 만성질환에 쓰이는 표현으로 급성기 증상이 호전되어 병이 가라앉은 상태를 의미한다. 매일 폭토를 하던 사람이 주 2회로 폭토 횟수를 줄였을 때, 음식을 거의 먹지 않았던 저체중 환자가 하루에 한 끼를 식사할 수 있게 되었을 때 완화되었다고 말할 수 있다.

회복(Recovery)은 완화가 일정 기간 동안 지속되어 정상 상태로 돌아온 것을 의미한다. 주 2회 폭토를 했던 환자가 더 이상 폭토를 하지 않을 때, 저체중인 환자가 칼로리에 구애받지 않고 하루 세 끼를 먹게 되었을 때 회복 단계에 이르렀다고 말할 수 있다. 치료를 결심한 대부분의 환자가 긍정적 변화를 통해 먼저 완화를 경험하고, 그 이후에 회복이라 불리는 단계에 접어들기를 희망할 것이다. 회복에 대한 의지와 소망은 고무적이나, 회복의 단계에 이르기 위해 완벽하게 증상을 없애 버리려는 마음은 오히려 회복에 방해가 될 수 있다. 치료를 진행하는 도중에 분명 실패하는 날도 있을 것이고, 정체기라고 생각되는 시기도 올 것이다. 이때 더 빠르게 좋아지지 않는 자신을 질책하기보다는 이 정도로 회복을 향해 노력하는 자신을 칭찬해 주는 것도 중요한 치료적 요인이다.

완화와 회복의 개념이 설명하고자 하는 점은 명확하다. 섭식장애 증상이 개선되어 치료를 종료하는 것이 섭식장애의 완전한 회복을 의미하는 것이 아니라는 것이다. 섭식장애의 경우 통상적으로 3개월 이상 증상이 유지되어야 진단이 내려지듯, 치료의 과정에서도 약 3개월 정도 이상 섭식행동이 없는 것을 완화라 간주하고, 1년 이상 섭식장애 증상이 없는 것을 회복이라 간주한다. 그 후 오랜 시간이 지나도 섭식장애가 일상생활에 전혀 방해되지 않고 음식과 다이어트에 대한 강박이 사라졌다면 비로소 완치에 가까운 상태가 되었다고 말할 수 있을 것이다. 이렇듯 섭식장애에서 완치라는 단어는 쉽게 단정 짓기 어려운 개념이지만 자신만의 완치를 정의해 보는 것은 치료의 동기부여를 위한 긍정적인 역할을 할 수 있다. 섭식장애의 회복과 완치에 대한 기준은 전문가마다 정의하는 것이 다르므로 여러 전문가의 의견을 참고해 보고 지금 자신이 가진 섭식장애의 특수성을 고려하여 완치 및 회복의 기준을 스스로 설정해 볼 수 있을 것이다.

섭식장애 환자가 생각하는 섭식장애 완치의 시기

- 먹고 싶은 음식을 칼로리나 양에 대한 강박 없이 자유롭게 먹을 수 있을 때
- 배부르면 기분 좋게 수저를 내려놓고 후회하지 않을 때
- 타인의 음식 섭취에 관심이 없을 때
- 식사나 음식 섭취에 예민하게 반응하지 않고 신진대사가 잘 될 때
- 체중이 증량 혹은 감량되었든 건강한 정신 상태가 유지될 때
- 몸무게와 자신의 가치를 동일시하지 않을 때
- 감정의 허기나 일상의 스트레스를 음식으로 풀지 않을 때

- 과식 후에도 제거행동을 하지 않고 평범한 하루를 보낼 수 있을 때
- 음식을 자신의 감정 쓰레기통으로 여기지 않을 때
- 음식 생각이 하루를 지배하지 않을 때
- 타인과 함께하는 식사, 약속에 대해 거부감이 들지 않을 때
- 음식이 내 인생의 일부분, 즐거움이 되었다고 느낄 때
- 생리를 하고 신체적인 기능이 회복되고 돌아 왔을 때
- 보통 사람들처럼 식사시간에 밥 먹고, 간식을 생각 없이 먹을 때
- 나의 체형과 체질을 받아들이고 자신의 있는 그대로의 모습을 아껴 주고 사랑할 때

출처: 2020년 섭식장애 커뮤니티 소금인형

3. 재발에 대처하는 자세

　모두에게 회복 기간이 동일하지 않은 것처럼 재발이 일어나는 것 역시 누구에게나 동일하지 않다. 정해진 회복의 길은 없다. 누군가는 직진으로 달려갈 수도 있고, 누군가는 주변에 보지 못했던 풍경을 보면서 천천히 걸어갈 수도 있고, 누군가는 평탄하지 못한 길을 걸어갈 수도 있고, 누군가는 길이 공사 중이라서 빙 돌아가야 할 수도 있다.

섭식장애에서의 재발이란

　섭식장애에서 재발은 단순히 굶거나 폭식하거나 토하거나 씹고 뱉는 이상 섭식행동을 시작하는 것만 의미하는 것이 아니다. 섭식장애를 만들었던 습관에 다시 의지하고, 체중과 체형, 옷 사이즈, 음식 칼로리에 다시 지나치게 집착하고 이로 인해 부정적 자기대화를 시도하는 모든 것을 포함한다. 그런데 섭식장애의 정도가 모두에게 달랐듯, 재발의 수준 역시 모두에게 다르게 찾아온다.

회복 과정에서 만나는 재발의 수준은 영어 단어 'Lapse'로 잘 설명될 수 있는데, Lapse는 실수를, Re-lapse는 재발을, Col-lapse는 붕괴를 의미한다. 아주 조금의 미끄러진 실수와 다시 섭식장애의 중심으로 빠져드는 것은 천지 차이이다. 그런데 충분히 되돌릴 수 있는 실수를 한 것뿐인데도 환자는 붕괴해 버렸다고 착각해 버리기도 한다. 실수는 회복의 실패를 의미하는 것이 아니다. 회복의 과정에서 굴곡이 있을 수는 있지만, 결국 실수를 받아들이고 계속해서 나아가는 것은 잘 회복해 가고 있다는 증거이다. 실수를 했다면 무엇이 이 실수를 유발했는지, 이 실수로부터 무엇을 배울 수 있고, 다음을 어떻게 준비해야 하는지를 아는 것이 중요하다. 미끄러져도 괜찮고 실수해도 괜찮다. 미래의 비슷한 상황에서 다시 반복하지 않는 것이 중요하다.

다시 돌아갈 수 있다는 가능성

섭식장애의 재발률은 약 35%로 보고되고 있다. 그리고 첫 치료 이후 18개월 동안 재발률이 가장 높다. 재발에 취약한 사람은 존재할 수 있으나, 정신건강의학과 전문의나 섭식장애 전문 심리상담사 모두 누가 재발할지에 대해서는 확신할 수 없다. 그러나 명백히 저체중인 상태에서 치료를 그만둔 사람의 재발 가능성은 체중을 회복한 상태에서 치료를 종결한 사람보다 높다.

'더 이상 살찌고 싶지도 않고, 이쯤이면 생리도 했고……. 너무 마른 것도 아니니 이제부터 적당히 먹으면 되겠지.'

충분히 회복되지 않은 상태에서 치료를 중단할 경우, 조금만 음식을 덜 먹거나, 다이어트를 시작해 버리거나, 자신의 트리거 상황에 노출되었을 때 섭식장애 회로가 쉽게 재가동되는 것이다.

재발하였다고 하여 다시 회복되지 못할 것이라고 단정 짓거나 이 모든 부담감을 혼자 짊어지고 가야 한다고 생각하지 말아야 한다. 다시 집중하거나 약간의 도움을 받음으로써 다시 일어서는 것은 어렵지 않기 때문이다. 스스로가 현재 회복의 길에서 벗어났다는 것을 알고만 있다면 다시 회복의 길로 돌아가는 것은 이미 경험했던 방식으로 시도할 수 있다. 그러나 언제든지 재발할 수 있다는 가능성은 열어 두는 것이 좋다.

치료를 시작한 대부분의 섭식장애 환자가 완벽하고 지속적인 회복을 바랄 것이다. 그러나 재발을 염두하지 않은 환자의 경우, 어떤 이유로 다시 섭식장애를 만나게 되면 지금까지의 노력이 와르르 무너져 내렸다는 사실에 분노하고 혼란스러울 수 있다. 반대로 섭식장애 환자가 재발의 가능성에 대해 알고 미리 준비를 한다면, 약간의 재발의 신호에도 재빠르게 반응하여 다시 회복의 길로 돌아올 수 있으나, 회복하는 과정에서 나아진 줄 알았던 폭식과 폭토가 다시 나타날 수 있다. 그렇다고 해서 섭식장애가 다시 건네는 부정적 자기대화에 집중할 필요는 없다.

'역시 난 변하지 않았어.'
'돈이랑 시간 들여서 치료해 봤자 아무짝에 쓸모없었어.'
'주변에 치료됐다고 다 얘기했는데 괜히 얘기했어.'

섭식장애가 건네는 이러한 말들에 일일이 반응하며 마음 쓸 필요는 없다. 섭식장애가 건네는 말이 틀렸다는 것은 회복 과정 중에서 이미 충분히 경험했기 때문이다. 의기소침해져서 방 안에서 혼자 밥 먹지 말고, 일부러라도 다른 사람과 식사하는 것을 계속 하는 것이 좋다. 갑자기 불안 수준이 높아진다면 조금 더 편한 음식으로 바꿔도 괜찮다. 섭식장애가 재발하려고 할 때 피어푸드를 무조건적으로 밀어붙여 스스로를 궁지로 몰 필요도 없다. 영양소가 충분히 공급되는 영역이라면 식단은 상황에 따라 얼마든지 바뀔 수 있다.

예방을 위한 준비

재발은 예방할 수 있고 최소화될 수 있다. 그러기 위해서는 의식하지 못하는 사이에 다시 섭식장애의 패턴으로 접어들고 있는 것은 아닌지 스스로를 자주 점검하는 것이 좋다. 식사를 건너뛰고 있지는 않은지, 주변 사람에게 살 빠진 것을 들키지 않으려 헐렁한 옷들만 입고 있지는 않은지, 거울 앞에 자주 서성이고 있지는 않은지, 음식을 안 먹은 것에 대해 구구절절 변명을 하고 있지는 않은지, 식사 시간을 피하거나 혼자 있고 싶어 하지는 않는지 등을 점검한다.

이러한 핑계의 상황을 인식하였다면 이 상황을 글로 적어 보는 것은 매우 효율적이다. 자신의 머릿속을 불안하게 맴도는 생각을 확인하고 구체화시킬 수 있기 때문이다. 그다음으로는 회복을 결심했던 이유, 회복이 자신에게 필요한 이유, 회복을 했을 때 좋았던 점들을 모두 적어 내려가 본다. 부정적 생각에 갇혀 자신의 가치감 중 그 어떤 것도 떠올릴 수 없다면 부모, 혹은 자신만을 바라보고 있는 고양이나 강아지의 시점에서 글을 써 내려갈 수도 있다. 스스로를 사랑할 수 있는 힘을 잃었을 때, 자신을 사랑하는 사람의 힘을 빌려 쓰는 것은 매우 현명한 방법이다. 도움되었던 명언, 먼저 회복한 누군가의 진심 어린 조언, 회복하고 싶게 만들었던 내용들은 어떤 것이라도 적어도 좋다.

자신만의 트리거는 늘 감시의 대상이 되어야 한다. 스트레스, 불안, 우울, 외로움, 심심함, 분노, 타인으로부터의 평가 등 트리거는 개인마다 다르다. 이때 도움되었던 행동이나 생각들은 차곡차곡 메모해 놓는 것이 좋다. 다음번에 유사한 트리거를 만났을 때 대비가 가능하고 재발 확률을 최소화할 수 있기 때문이다.

섭식장애를 겪었던 사람은 스트레스나 외부의 환경 변화에 더 취약성을 가지고 있다. 그렇기에 환경이 바뀌는 상황이 온다면, 섭식장애가 재발할 가능성을 염두에 두고 생각과 행동이 다시 방향성을 잃지 않도록 주의를 기울이는 것이 중요하다. 이사, 이직, 임신이나 출산과 같은 큰 생활의 변화는 섭식장애를 유발할 수 있는 요인들이 될 수 있다. 환경이 바뀌는 상황이 예상될 때 섭식장애가 재발하지 않도록 스스로 신경 쓴다면 그로 인한 재발은 충분히 예방될 수 있다.

행복하게 살기 위해서는 이기적으로 살아야 한다. 이기적으로 살아야 한다는 말은 다른 사람의 시선이나 욕구보다 자기 자신을 더 소중히 여겨야 하고, 엄습해 오는 섭식장애의 재발로부터 스스로를 보호할 수 있는 방법은 뭐든 시도해 보는 것이 좋다는 의미이다. 좋아하는 음악을 듣거나, 스트레칭을 하거나, 바람을 쐬거나, 그림을 그릴 수도 있다. 하고 싶은 것이 타인이나 사회에 피해를 주는 수준이 아니라면 뭐든 시도해 봐도 좋다. 섭식장애를 회복하느라 일도 못하고 치료비를 내느라 벅찬데 이런 여유를 즐겨도 되는지 생각할 수도 있겠지만, 다시 재발의 길에 들어서는 것보다 위협을 느꼈을 때 조금의 사치를 통해 회복의 길에 머무르게 하는 방법은 효율적인 방법이다. 좋은 펜션을 잡고 고기를 구워 먹으면서 와인 한 잔을 하는 즐거운 시간을 보내며 음식이 위협이라는 잘못된 생각으로부터 다시 벗어날 수 있다면 이는 충분히 투자할 가치가 있다.

회복을 멈추지 말자

섭식장애 치료의 시작은 정말 어렵다. 그렇기에 시작을 했다면 그것만으로도 대단한 용기를 낸 자신을 칭찬해 주어야 할 것이다. 치료를 시작하기 전의 불안 정도, 시작한 후의 불안 정도, 그리고 치료 도중에 만나는 불안 정도를 숫자로 측정해 본다면 더욱 이해가 빠를 것이다. 섭식장애의 심리치료 과정에서는 매 식사의 포만감, 자기조절감, 우울감, 불안감 등을 숫자로 기록하도록 하는데, 가장 낮게 느끼는 것은 1, 가장 높게 느끼는 것을 10으로 측정된다. 음식을 먹는다는 불안감은 처음에 누구나 10일 것이다. 만약 그 이상을 선택할 수 있다면 20, 30, 100을 체크하고 싶을 정도로 엄청나게 불안하다. 악어가 득실거리는 늪에 한발 한발 내딛어야 하는 과정이기 때문이다. 그리고 배가 아프고, 몸이 붓고, 피곤해지는 불편함이 유쾌할 리도 없다. 회복 도중 마주하는 다양한 요인들로 인해 불안감은 7이 될 수도 있고, 3으로 떨어질 수도 있다.

불안이 엄습해 오면 '혹시 그 사이 너무 살쪘 거 아니야?'라는 생각과 함께 체중계에 올라가고 싶어질 것이다. 체중도 궁금하고 허리 사이즈도 궁금하고, 갑자기 다시 체형 확인을 하고 싶어진다. 이때, 나의 가치를 숫자에서 찾으려 하는 것은 그토록 고통스러웠던 섭식장애 시작점이었다는 사실을 기억해야 할 것이다. 불안이 시작되었다고 해서 밥 먹기를 중단하는 것은 가장 좋지 않다. 회복에 대한 믿음을 버리지 않는 이상, 삶의 질은 계속 상승하고 있다. 이 모든 증상은 회복 과정의 일부이고, 음식 섭취는 멈추지 말아야 한다.

섭식장애는 음식을 제한하면서 원했던 목표와 정반대의 결과를 가져오기에 환자에게 절망감을 준다. 타인에게 더 좋은 평가를 받고 싶은 마음에 음식을 제한했지만, 사람들과의 식사가 힘들어지고 결국 대인관계가 망가졌다. 자존감을 높이려고 시작한 음식제한은 결국 자존감을 낮췄고, 없던 우울감과 불안감도 생겼다. 건강하기 위해 시작한 음식제한은 결국 건강을 해쳤다. 다시 사람들과 즐거운 식사를 하고, 자존감을 높이고, 건강해지기 위해서는 음식을 먹는 과정에서 느끼는 불안에 지배당하지 말고 치료를 멈추지 않아야 한다. 회복한다면 식사 약속이 잡혔을 때 토할 수 있는 장소를 신경 쓰지 않아도 되고, 점심을 늦게 먹어 배부르다는 거짓말도, 속이 좋지 않다는 거짓말도 더 이상 하지 않아도 된다. 토사물이 묻은 부은 얼굴과 충혈된 눈에서 눈물이 뚝 뚝 떨어지는 모습을 보지 않아도 되고, 씹뱉용 통도 집에 가지고 있을 필요가 없어진다.

밥도 먹고, 간식도 먹고, 휴식도 취하고, 먹다가 안 먹기도 하고, 폭식도 하고, 다시 굶어도 보기도 하고, 무너지기도 하고, 울기도 하고……. 회복의 과정을 거치면서 시간이 어느 정도 지나고 더 이상 음식이 자신에게 위협되지 않는다는 것이 학습되고, 또 학습되면 규칙적으로 밥과 간식을 정해서 먹지 않아도 되는 순간이 올 것이다. 악어가 가득했던 늪을 건너는 것에 성공한 것이다. 그리고 늪을 모두 빠져나가고 뒤를 돌아보면 깨닫게 될 것이다. 사실상 그곳은 늪이 아니었고, 위험한 악어도 존재하지 않았다. 섭식장애가 있기 전의 식사는 재미있고 행복하고 즐거운 시간이었을 것이다. 음식은 처음부터 그런 존재였다. 회복한 후 혼자 웅크려 있던 바위를 되돌아본다면 지나왔던 늪이 사실 맑은 물이었고, 악어라고 착각했던 것은 예쁜 물고기였다는 것 역시 깨닫게 될 것이다. 물고기를 악어로 만든 것도, 맑은 물을 늪으로 만든 것도 모두 섭식장애였다. 음식은 단 한 번도 누군가를 위협한 적이 없다.

저자 소개

김소울(Kim Soul)

홍익대학교 미술대학 졸업

가천의과학대학교 임상미술학과 석사

Florida State University 미술치료학과 박사

현 플로리다마음연구소 소장

　　국제임상미술치료학회 회장

　　한국열린사이버대학교 상담심리학과 겸임교수

　　가천대학교 조형예술대학 객원교수

<저ㆍ역서>

치유미술관(일리, 2019)

그림으로 그리는 마음일기장(학지사, 2017)

식욕의 배신(DSBOOKS, 2017)

집단미술치료 프로그램 핸드북(역, 교육과학사, 2017) 외 다수

오정연(Oh Jungyeon)

한양대학교 상담심리학과 대학원 재학 중

미술심리상담사 1급

현 섭식장애 커뮤니티 '소금인형' 매니저

　　소금인형 심리치료센터 소장

　　국제임상미술치료학회 정회원

　　한국상담심리학회 정회원

김태언(Kim Taeun)

한국치과위생사임상연구회 회장

현 치과위생사

　　치아중심 섭식장애 전문 상담가

　　섭식장애와 치아관리 세미나 전문 강연자

　　치과위생사 멘토 및 동기부여 강연가

최혜윤(Choi Haeyoon)

홍익대학교 미술대학 졸업

Lesley University 미술치료학과 석사

현 플로리다마음연구소 부소장

　　미술심리상담전문가

<저ㆍ역서>

나와 만나는 시간(공저, 교육과학사, 2020)

자존감 향상을 위한 미술치료(공역, 교육과학사, 2018)

기관 소개

플로리다마음연구소 섭식장애 전문 심리상담기관으로 섭식장애를 겪는 환자가 자신의 섭식문제의 원인을 찾도록 돕고 그에 맞는 심리치료상담을 제공해 준다. 치료 프로그램은 개인치료부터 집단치료, 온·오프라인 치료까지 다양하고, 섭식장애 치료와 더불어 자존감, 스트레스 완화케어 등에 대한 치료를 함께 진행한다. 섭식장애의 근본적인 원인을 찾고 다양한 심리치료적 접근방식을 통해 통합적으로 치료함으로써 섭식장애로부터의 회복뿐 아니라 재발의 가능성을 낮추는 데 중점을 두고 있다.

www.floridamaum.com

https://blog.naver.com/floridamaumlab

주소: 서울특별시 송파구 오금로87 잠실리시온 2007호 / 02-6140-0028

카카오톡 채널: @플로리다마음연구소

소금인형 2008년에 개설된 우리나라 최대 규모의 섭식장애 커뮤니티로 섭식장애 치료와 회복을 위한 공간이다. 온·오프라인 상담, 세미나 등 다양한 활동을 통해 섭식장애 치료 및 홍보에 앞장서고 있다.

https://cafe.naver.com/jahayun

한국치과위생사임상연구회 치과위생사의 상향평준화를 목적으로 2017년에 발족한 단체이다. 치과위생사 회원들의 임상 경험을 바탕으로 치과 방문 환자 사례 연구, 치과 실무에서 활용되는 정보 공유 및 방법 연구 등을 주요하게 다룬다. 또한, 협력 기관인 플로리다마음연구소와 함께 섭식장애 환자를 위한 온·오프라인 치아관리 세미나를 진행하고 있다.

https://kdhcs.modoo.at/

조이의원 가톨릭대학교 임상교수 출신의 여성 정신건강의학과 전문의 원장이 친절하고 따뜻하게 진료하는 정신건강의학과/비만·폭식 클리닉이다. 전문적인 약물치료와 적극적인 상담을 함께 한다. 삶의 어려운 순간이 올 때마다 기쁜 삶으로의 회복을 돕는 병원이다.

주소: 서울특별시 서대문구 수색로 56 성공타워 5층 / 02-6949-5551

한국형 섭식장애를 말하다

All about Korean eating disorder

2020년 9월 25일 1판 1쇄 인쇄
2020년 9월 30일 1판 1쇄 발행

지은이 • 김소울 · 최혜윤 · 오정연 · 김태언
펴낸이 • 김진환
펴낸곳 • (주) **학지사**

      04031 서울특별시 마포구 양화로 15길 20 마인드월드빌딩
대표전화 • 02)330-5114   팩스 • 02)324-2345
등록번호 • 제313-2006-000265호

홈페이지 • http://www.hakjisa.co.kr
페이스북 • https://www.facebook.com/hakjisa

ISBN 978-89-997-2190-8 03180

정가 22,000원

이 도서의 국립중앙도서관 출판시도서목록(CIP)은 서지정보유통지
원시스템 홈페이지(http://seoji.nl.go.kr)와 국가자료공동목록시스템
(http://www.nl.go.kr/kolisnet)에서 이용하실 수 있습니다.
(CIP 제어번호: CIP2020035427)

출판 · 교육 · 미디어기업 **학지사**

간호보건의학출판 **학지사메디컬** www.hakjisamd.co.kr
심리검사연구소 **인싸이트** www.inpsyt.co.kr
학술논문서비스 **뉴논문** www.newnonmun.com
원격교육연수원 **카운피아** www.counpia.com